FIC

ANNE JAMISON

FIC

POR QUE A FANFICTION ESTÁ DOMINANDO O MUNDO

TRADUÇÃO: MARCELO BARBÃO

ANFITEATRO

Título original
FANFICTION
Why Fanfiction Is Taking Over the World

EDITORA ROCCO LTDA.
Avenida Presidente Wilson, 231, 8º andar
20030-021 – Rio de Janeiro, RJ
Tel.: (21) 3525-2000 – Fax: (21) 3525-2001
rocco@rocco.com.br
www.rocco.com.br

Printed in Brazil/Impresso no Brasil

Preparação de originais
EDMO SUASSUNA

Cip-Brasil. Catalogação na publicação
Sindicato Nacional dos Editores de Livros, RJ

J31f Jamison, Anne
Fic: por que a fanfiction está dominando o mundo / Anne Jamison; tradução de Marcelo Barbão. – 1ª ed. – Rio de Janeiro: Anfiteatro, 2017.

Tradução de: Fic: why fanfiction is taking over the world
ISBN 978-85-69474-14-2 (brochura)
ISBN 978-85-69474-15-9 (e-book)

1. Internet – Aspectos sociais. 2. Computadores e civilização.

3. Blogs. 4. Informática. 5. Tecnologia - Aspectos sociais. I. Título.

16-37215 CDD-303.483
CDU-316.4

SUMÁRIO

PARTE TRÊS

PARTE QUATRO

Fanwriting hoje

PARTE CINCO

Fanfiction e escritores que não escrevem fanfiction

Arte não é seu bicho de estimação — é sua filha. Ela cresce e conversa com você.

Joss Whedon

Apresentação

Em 1966, aconteceram três coisas que mudaram a forma como pensamos sobre a ficção. Primeiro, Jean Rhys publicou *Wide Sargasso Sea*, sua febril reimaginação da história de Bertha Mason, a primeira esposa do Sr. Rochester do romance *Jane Eyre*, de Charlotte Brontë. Naquele mesmo ano aconteceu a primeira apresentação, no Fringe Festival de Edimburgo, da peça *Rosencrantz and Guildenstern Are Dead*, de Tom Stoppard, que expande e faz improvisações sobre as breves vidas de dois desafortunados coadjuvantes de *Hamlet*, obra de Shakespeare.

A terceira coisa que aconteceu naquele ano foi a estreia de *Jornada nas estrelas*, em 8 de setembro de 1966 — *Jornada nas estrelas* só teria três temporadas, mas foi uma das primeiras séries a atrair algo mais do que uma audiência; uma comunidade de fãs, um grupo de pessoas que discutiam coletivamente, analisavam, criticavam e ficaram obcecadas. No final, o fandom de *Jornada nas estrelas* se tornou tão intenso que o tecido canônico da série não era mais suficiente. Os fãs precisavam de mais do que os criadores da série podiam entregar.

Então começaram uma revolução — eles confiscaram, como revolucionários, os meios de produção. Começaram publicando e circulando zines mimeografados sobre *Jornada nas estrelas*, com nomes como *Spockanalia* e *T-Negative* (o tipo sanguíneo de Spock), contendo — junto com artigos, ensaios, editoriais e fan art — fanfiction: histórias originais e não autorizadas sobre os personagens da série, situadas no universo da série.

É improvável que Jean Rhys ou Tom Stoppard tivessem se sentido tentados a contribuir com as páginas de *Spockanalia*, mesmo se soubessem que o zine existia, mas de certa forma eles e os *Spockanalians* estavam participando do mesmo projeto: a ruptura do antigo paradigma em que as histórias e os personagens são propriedade exclusiva de seus autores, e no qual os leitores e os espectadores permaneciam em um estado de mudez passiva. Com *Spockanalia*, os fãs ousaram levantar suas vozes e responder à tela da TV — na linguagem da tela da TV, a linguagem da narrativa —, assim como Rhys respondeu a Brontë e Stoppard respondeu a Shakespeare. Eles transformaram o ato de ler e de assistir, antes um consumo silencioso, em uma conversa ativa.

Ao fazê-lo, eles mudaram todo o nosso relacionamento com narrativas. Vieram de direções opostas — Rhys e Stoppard vinham de cima, digamos, da alta cultura, e os fãs de *Jornada nas estrelas* estavam trabalhando a partir de baixo —, mas o objetivo era o mesmo. Como *Wide Sargasso Sea* e *Rosencrantz and Guildenstern Are Dead*, a fanfiction afirma os direitos dos narradores de tomar posse de personagens e cenários das narrativas de outras pessoas e contar suas próprias histórias — expandir e construir em cima do original e, quando for necessário, ajustá-lo e otimizá-lo para cumprir seus próprios objetivos.

Não que eles tenham sido os primeiros a fazê-lo. Tiveram vários precursores. Os fãs já realizavam interações ilícitas e não autorizadas com os personagens e histórias de outras pessoas pelo menos desde o século XIX. A sobrinha de Jane Austen escreveu certa vez uma carta endereçada a Georgiana Darcy.* Em 1893, ninguém menos que J. M. Barrie escreveu uma história com Sherlock Holmes e Dr. Watson. Holmes foi o foco especial da primeira fanfiction: quando um ator norte-americano chamado William Gillette escreveu uma peça de teatro sobre Holmes, ele entrou em contato com Arthur Conan Doyle pedindo permissão para casar Holmes. Doyle respondeu, solícito: "Você pode casá-lo ou matá-lo, ou fazer o que quiser com ele."

Nem todo mundo é tão esclarecido em relação à fanfiction. O ponto de vista predominante, se é que existe um, é que se trata de (a) uma adoração submissa e (b) pornográfica da obra original. Vamos chegar a (b) em um segundo, mas é ainda mais importante corrigir a ideia sobre (a). Não se trata simplesmente de produzir mais e mais iterações de personagens e mundos existentes, ou melhor, não se trata só disso. Ela existe para fazer coisas com estes personagens e mundos existentes que seus criadores não conseguiram ou quiseram fazer. Ela existe para audaciosamente ir aonde nenhum homem ou mulher jamais foi, pois, ah meu Deus, quem teria pensado nisso?

Há uma famosa obra de fanfiction de *Jornada nas estrelas* chamada "Visit to a Weird Planet", de Jean Lorrah e Willard F. Hunt, que manda Kirk, Spock e Magro de volta à Terra (através de uma "inversão de espaço-tempo multiparalela"), e não apenas para a Terra, mas para o cenário de *Jornada nas estrelas*, onde eles conheceram os atores que os representam na série, que estão ocupados filmando um episódio de *Jornada nas estrelas*. Eles se metem em muitas confusões e complicações, em uma veia que só pode ser chamada *stoppardiana*, mas a questão é que a fanfiction não é apenas uma homenagem ao original — é subversiva, pervertida, rompe fronteiras e *sempre foi assim*: "Visit to a Weird Planet" apareceu em 1968, no *Spockanalia #3*. Trata de distorcer, ajustar e minar a fonte material da fanfiction e, neste processo, acrescenta camadas e dimensões de significado que o original nunca teve.

---

* Irmã do personagem principal, Fitzwilliam Darcy, no romance *Orgulho e preconceito*, de Jane Austen. (N. do T.)

E, portanto, o pornô. "A Fragment Out of Time", o documento fundador da slash fanfiction, surgiu em 1974 em um zine chamado *Grup* (abreviação de "grownup" [adultos], uma referência a um episódio de *Jornada nas estrelas* sobre crianças selvagens). Como a primeira representação de uma cena de amor entre Kirk e Spock, não foi só sexy, foi também uma forma de tornar visível a correnteza oculta de atração que corre pelas complexas conexões entre os dois personagens. Elevou o subtexto, transformando-o em texto. Ao fazê-lo, criou todo um universo contorcido e suado de pares românticos e sexuais. Mas o significado de slash não se limita a ser pornô feito a partir de coisas que não eram pornô. Também consiste na promoção do projeto principal da fanfiction, o rompimento de regras, fronteiras e tabus de todos os tipos.

Nestes últimos tempos, a fanfiction se tornou incrivelmente mais biodiversificada do que os trabalhos canônicos dos quais ela brota. Engloba gravidez masculina, centaurização,* troca de corpo, apocalipses, reencarnação e todo fetiche sexual, perversão, combinação, posição e inversão que você pode imaginar, e muito mais coisas que você poderia, mas preferiria não. Derruba limites entre gêneros sexuais e gêneros literários, raças, cânones, corpos, espécies, passado e futuro, consciência e inconsciência, ficção e realidade. Culturalmente falando, este era o papel da vanguarda, mas, de muitas formas, a fanfiction chegou para assumi-lo. Se a corrente literária principal demorou para aceitar, bem, este é o destino comum das revoluções estéticas. A fanfiction é a louca que mora no sótão da cultura convencional, mas o sótão não vai escondê-la para sempre.

Escrever e ler fanfiction não é apenas algo que você faz; é uma forma de pensar criticamente sobre a mídia que você consome, de estar consciente de todas as suposições implícitas que um trabalho canônico carrega, e de considerar a possibilidade de que aquelas suposições poderiam não ser as únicas existentes. Era disso que David Foster Wallace estava falando em seu famoso discurso, "Isto é Água": "Aprender a pensar (...) significa estar suficientemente ciente e consciente para se escolher ao que se presta atenção e escolher como construir significado a partir da experiência. Porque, se você não consegue exercer este tipo de escolha na vida adulta, estará totalmente ferrado." Fanfiction consiste em exercer esta escolha. Ela nos ajuda a não nos ferrarmos.

Ao fazê-lo, a fanfiction está abrindo novos espaços, mas também está tentando retomar o espaço que foi perdido séculos atrás. Antes da era moderna dos direitos autorais e propriedade intelectual, as histórias pertenciam a todos, passadas de mão em mão e de narrador a narrador. Há uma razão pela qual Virgílio nunca foi processado pelos herdeiros de Homero pelo empréstimo de Eneias da *Ilíada* e sua transformação na *Eneida*. Personagens e mundos fictícios eram recursos compartilhados. Mesmo considerando

---

* Capacidade de um personagem de assumir o corpo de um centauro, de forma permanente ou periódica. (N. do T.)

todas as suas implicações e subversões radicalmente novas, que estão perfeitamente teorizadas nas páginas que se seguem, a fanfiction também representa o retorno do pêndulo em direção àquela velha forma de pensar. Quando os fãs de *Jornada nas estrelas* publicaram *Spocknalia*, eles não estavam apenas descobrindo uma nova forma de contar histórias. Eles estavam nos ajudando a lembrar uma forma bastante antiga.

Lev Grossman
Agosto de 2013

INTRODUÇÃO

A Teoria da Causalidade Narrativa

"As coisas acontecem porque a trama diz que assim devem acontecer."

Para ser honesta, eu precisei clicar pelo menos cinco vezes antes de... entender.

"The Theory of Narrative Causality". A história foi muito recomendada — mas os links me jogavam sempre num fórum aleatório com posts de opiniões de fãs. Algum fã de Sherlock Holmes discutindo com outro fã de Sherlock Holmes sobre os filmes de Guy Ritchie/Robert Downey Jr. O *sherlockiano* A não era fã desta comunidade de novatos, e deixava suas opiniões bem explícitas. Por todos os lados. O sherlockiano B não era fã dessas opiniões... e assim continuava.

Tudo bem. Ótimo. Muitos puristas do Sherlock Holmes não gostaram do universo alternativo fanfic steampunk do filme. Não sou nada purista — achei divertido —, e comunidades de fãs brigando sobre vários reinícios ou pro-fic (fanfiction "profissional", licenciada, aprovada, ganhando dinheiro, chamada "pastiche" quando publicada como uma história de Sherlock Holmes, chamada "filme" quando grandes corporações de entretenimento estão por trás) não é nada novo em *nenhum* fandom. Comentários de fãs podem ser inteligentes, às vezes, incríveis, mas não era surpreendente que um fã do cânone de Doyle e do Holmes clássico de Jeremy Brett não gostasse de Downey. Não era *novidade*.

Eu procurava o comentário brilhante de fã que também fosse ficção inteligente e bem-escrita. Essa é a minha tara.

"The Theory of Narrative Causality". Continuava aparecendo, um site depois do outro, um registro atrás do outro. Cliquei de novo, esperando que *este* link estivesse corrigido. O título parecia tão promissor — pelo menos, sabe, para um fã de "teoria" e "narrativa" e, bom, David Hume. (Certo, tudo bem, para fãs de Terry Pratchett, também.)

Só que não. O mesmo fórum de fãs. Fãs criando um "*metapost*" (ou comentário crítico autorreflexivo, como chamaríamos no meu ramo), reclamando sobre o arrogante fã "Consulting Detective" e seus modos arrogantes. Não era algo completamente desinteressante, mas chega um momento no qual, depois que você viu um conflito entre fãs, parece já ter visto todos.

Desapontador, mas acontece. Links quebram. Sites mudam, saem do ar ou trocam de assunto. Quando escritores amadores postam sua ficção online, de graça, capítulo a capítulo, às vezes eles a completam, às vezes, não. Às vezes, você volta a uma história e ela desapareceu: uma mudança de ideia, preocupação com as consequências no trabalho ou família — existem muitíssimos motivos para se remover uma história. O arquivo desapareceu (o Geocities, que já foi o terceiro site mais visitado na web e lar de muitos arquivos fanfic, foi simplesmente tirado do ar um dia — em 26 de outubro de 2009 —, e a maior parte do conteúdo se perdeu). Alguém teve um chilique — deixou a comunidade num acesso de raiva, pânico, ou por uma publicação paga. Nunca se sabe.

Isso também é parte do tema deste livro: não saber. De várias formas, a fanfiction se parece com todas as formas de contar histórias de todas as épocas. As pessoas gostam de compartilhar narrativas, ponto final, e a internet é como uma enorme fogueira de acampamento eletrônica. Esta continuidade com as formas e tradições do passado e também com as fontes contemporâneas pode nos levar (mesmo equivocadamente) a acreditar que a fanfiction é um campo conhecido e familiar. Nem sempre, apesar de, por sua própria natureza, a fanfiction revisitar material conhecido.

Mas ela não faz só isso.

A fanfiction também reage a — e até ajuda a causar — mudanças bastante específicas em tecnologia e cultura, e faz isso de forma mais rápida, ágil e radical do que qualquer um que se beneficia do status quo comercial seria capaz de fazer. Mas a cultura comercial — com sua distribuição maciça, que ajuda a criar as comunidades de fãs que se tornam comunidades de fanfiction — também é parte integrante da equação fanfiction.

Exemplo: As histórias de Sherlock Holmes começaram a ter uma distribuição maciça no *The Strand*, em 1891. O mimeógrafo foi inventado em 1890. Sherlock Holmes alimentou as imaginações da primeira comunidade de fanfic; o mimeógrafo se tornou o motor da publicação de ficção escrita e distribuição por fãs por décadas.

Exemplo: A televisão aberta levou material de ficção científica para vastas novas audiências, incluindo um número maior de mulheres. O fandom que cresceu ao redor da série rapidamente se adaptou a usar telefones, máquinas de escrever elétricas, fotocopiadoras e depois computadores pessoais e editoração digital para criar redes, fazer lobby com os criadores e produtores da série, e, no final, distribuir seus fanworks, criando os mecanismos da cultura fanfic que durou até... a internet.

Exemplo: A fan culture estava à frente de todos os empreendimentos comerciais ao usar a internet como um espaço criativo para a produção, distribuição e promoção da escrita. A publicação de *Cinquenta tons de cinza* chamou a atenção do mundo para esta enorme, mas ainda um pouco obscura, cultura online, e o mundo ainda está tentando entender o que tudo isso significa.

Hoje, agora mesmo, os contratos (sociais e literais, explícitos e apenas subentendidos) entre escritores, leitores e editores estão mudando em relação aos caminhos estabelecidos inicialmente nas comunidades de fãs. Quando uma das minhas turmas na faculdade organizou recentemente uma experiência de ler ficção alternativa autopublicada comercialmente disponível online, pedi que imaginassem sistemas que distribuíssem, avaliassem e editassem esta ficção, facilitando a conexão entre leitores, escritores e histórias. O sistema que os estudantes criaram não se assemelhava à edição comercial, mas às comunidades de fanfiction: coletivos nos quais leitores e escritores assumiam papéis variados e ativos.

Da forma como meus estudantes os imaginaram, tais papéis e expectativas seriam assim: os leitores, por exemplo, poderiam coletar créditos por edições ou comentários oferecidos aos escritores; estes créditos garantiriam acesso a novo material. Nas comunidades de escritores amadores online, no entanto, estes contratos que governam as expectativas nem sempre são explícitos, e, por isso... curtos-circuitos acontecem. Links quebram, são redirecionados. Então você clica na história que todo mundo está comentando como louco, e ela *não está lá*. "É, você tinha que ter estado lá", o fandom na internet dá de ombros solidariamente. "Naquela época. Quando as coisas eram boas. Ano passado. Mês passado. Semana passada."

Minha frustração e descrença ao não encontrar a fanfiction onde a internet disse que estaria reflete expectativas antiquadas de continuidade física. Por muito tempo, a fisicalidade de ler uma história, deixá-la de lado e voltar quando quisesse, era previsível. Temos um livro, colocamos na estante e, a menos que alguém o roube, ele fica ali. Poderíamos não nos lembrar onde o colocamos, mas ele não se *move*. Tal experiência já parecia básica para nós, mas, como tantas das nossas suposições sobre como a literatura é criada, disseminada e consumida, esta expectativa é um desenvolvimento relativamente recente.

Durante a maior parte da história humana, evidentemente, as histórias não eram uma questão de ler e escrever. Os manuscritos e inicialmente até os livros impressos não eram só extremamente raros, mas também inúteis para a maioria da população. Com a melhoria da tecnologia impressa e do papel, além do aumento da alfabetização, versões baratas, condensadas e ilustradas de histórias existentes eram distribuídas em panfletos e outros estilos de publicações efêmeras, que nem sempre fizeram uma óbvia distinção entre gêneros ou até entre fato e ficção.

Imagine isso. Nem sempre era claro exatamente que tipo de coisa você estava lendo.

Mesmo quando a cultura impressa de massa começou a tomar a forma que conhecemos e o romance começou a assumir o papel comercial dominante que ocupa hoje na ficção, *ter* estes livros não era parte da experiência dos leitores. O papel não era barato e a encadernação era exorbitante; assim, os romances eram publicados por assinatura, em volumes caros, disponíveis em bibliotecas circulantes por uma taxa (vejam a paródia escrita por Jane Austen da cultura de leitura de romances em *Northanger Abbey*), ou em publicação em série (ver Charles Dickens). Era muito raro para qualquer um que não fosse um leitor afluente ter em suas mãos mais de um volume de romance de cada vez.

Já há bem mais de um século, no entanto, temos a expectativa de ser capazes de comprar um livro, um objeto distinto, de forma e tamanho mais ou menos uniforme, que podemos levar, depois da compra, para nossa residência, colocar na estante e *deixá--lo ali*. Somos donos desta cópia — ou talvez a pedimos emprestada, tanto faz. Ela pode pegar fogo, ser perdida, nós poderíamos certamente emprestá-la, mas ela simplesmente não desapareceria.

Não é assim com a internet, pensei, olhando com desgosto a discussão da comunidade de fãs de Sherlock Holmes. A história alardeada, "The Theory of Narrative Causality", simplesmente não estava onde a internet falava que estava, sempre substituída por um post em um site de discussões de fandom que nem parecia estar interessado na série (*Sherlock* da BBC) cujos fãs ficavam me mandando um link.

Este tipo de comentário é uma parte integral do ambiente de leitura online que a fanfiction ajudou a criar. Na verdade, meu interesse em fanfiction propriamente dita começou com comentários de fãs, não suas histórias. Eu descobri primeiro os fóruns de fãs quando era professora dando aula sobre *Buffy, a Caça-Vampiros*, em Princeton (curso de Tamsen Wolff sobre teatro musical, inspirado por "Once More, with Feeling", episódio musical da série). Os fãs, aparentemente com frequência, estavam prestando mais atenção e dizendo coisas mais inteligentes do que meus estudantes da Ivy League (ou, por falar nisso, do que a professora deles). Mas os fãs faziam isso por diversão. Eles *gostavam* de participar e criar argumentos baseados em suas observações. Até onde sei, alguns destes fãs *eram* meus estudantes, mas como eu poderia convencê-los a fazer estas coisas *como* estudantes?

Foi atrás desta busca séria em termos pedagógicos que comecei a me envolver com a fan culture. Quando passei para o tipo de comentário que poderia ser encontrado em fic — um desenvolvimento lento, porque as primeiras incursões na fanfiction pareciam trazer à tona invariavelmente textos quase ilegíveis —, comecei a conectar este tipo de escrita a outros interesses de pesquisa. Fiquei interessada nas formas como a fanfiction borra várias divisórias que nós (equivocadamente) achávamos que eram estáveis: entre leitura e escrita, consumo e criação, todo tipo de gêneros, autores e críticos, trabalhos derivativos e transformativos.

"The Theory of Narrative Causality". De certa forma, ao usar este título da fic ausente como meu próprio, eu o estou "fanficcionalizando" — distorcendo, tirando de contexto. Talvez como vingança. Ele me *incomodava*. A história do fandom de Sherlock Holmes é interessante (prometo), mas queria escrever sobre a *ficção*, não sobre a dinâmica do fandom. Eu de fato escrevo sobre a dinâmica dos fandoms, e acho que ela é relevante para a fanfiction como uma cultura de escrita, mas já há muitos estudos etnográficos de fandom, e sou sua professora de literatura, meus queridos, não sua antropóloga. No entanto, considerando que planejei escrever sobre a fanfic de *Sherlock* para este livro, decidi que não seria nada mal me atualizar sobre algumas das personalidades das maiores comunidades sobre Holmes.

Então. Curso Básico de Dinâmica de Fandom de Sherlock Holmes. "Theory of Narrative Causality" continuava linkando para o seguinte conflito: Consulting Detective é claramente um desses "Big Name Fans" [Fãs Importantes] (BNFs), normais em qualquer comunidade de fãs — é um artista, ilustrador. Outros fãs adoram seu trabalho, mas estão fartos de sua mania de dizer a todo mundo o que é bom, o que é ruim, o que postar, o que não postar. Os fandoms estão cheios destes autoproclamados árbitros do bom gosto (que é sempre o deles, claro). Não consegui ler as opiniões de Consulting Detective sobre outras questões, porque muitos dos links nestas páginas estavam estranhamente inativos, apesar de ser um post razoavelmente recente. Por outro lado, a discussão trazia links para algumas fanfictions recentes inspiradas em Conan Doyle. Adoro isso. Adoro que as pessoas ainda estejam escrevendo sobre Sherlock Holmes. J. M. Barrie escreveu fanfiction de Sherlock Holmes quando não estava ocupado escrevendo *Peter Pan* ou colaborando com Arthur Conan Doyle em um drama que não deu certo. Rex Stout estava neste fandom e escrevia "meta" com mudança de gênero, afirmando de forma infame que "Watson era mulher"; alguns especularam que Nero Wolfe de Stout era o filho de Holmes. É como se Conan Doyle tivesse escrito as melhores sugestões da história.

Esta página de discussão repassou algumas das coisas básicas da história deste fandom:

> Assim, o fandom de Sherlock Holmes tem sido pequeno e refinado por muito tempo. (Muitos dirão que este é o Primeiro Fandom da História, e que Holmes/Watson são o primeiro *slash ship* a aparecer, numa época em que todo o material de punheta que os fãs dispunham eram zines e correntes distribuídas por correio.) As histórias originais foram adaptadas à esquerda, à direita e ao centro — ver Basil Rathbone e Bumblin' Nigel Bruce, ou o delicioso Jeremy Brett e seus dois Watsons. E depois houve o filme de 2009 de Guy Ritchie, estrelando Robert Downey Junior como um Sherlock Holmes desgrenhado e surrado, e Jude Law como um John 'GOSTOSO PRA CARALHO' Watson, jogador e conhecedor de armas.
>
> Por isso, o fandom explodiu em muitas e variadas formas. Fanfic foi escrita. Fan art foi desenhada. Houve algumas discussões. Houve alguns desafios. E, pelo menos, dois kink memes.

Online, cada uma das palavras sublinhadas é um link que leva a diferentes cantos da comunidade de fãs de Sherlock Holmes. (Não dá para fazer isso num livro.) É um retrato de um fandom na internet revigorado, mas também consternado por uma nova versão de seu material fonte.

O resto da discussão também entra um pouco nesta cultura de escrita multifacetada, como transpira entre e ao redor de sites, autores e artistas, respondendo a sugestões e desafios (para dar um exemplo famoso do fandom de *Arquivo X*: "Exatamente quinhentas palavras e um batedor de ovos"). Às vezes, nos melhores momentos, a fanfiction é um jogo que os escritores jogam pelo próprio jogo. Um ótimo jogo, para dizer a verdade.

Os fãs de Sherlock Holmes há muito jogam algo que chamam de Grande Jogo, que envolve insistir enfaticamente no "fato" de que um verdadeiro biógrafo chamado John Watson escreveu as crônicas das aventuras reais de um detetive real. No jogo, estas crônicas são conhecidas como "as Escrituras Sagradas", para as quais Sir Arthur Conan Doyle serviu de agente literário, e são discutidas exaustivamente nestes termos. O Grande Jogo é, em si mesmo, um tipo de ficção participativa — um roleplaying game (RPG) no qual os fãs jogam versões exageradas de si mesmos, levando sua obsessão de forma séria e irônica ao mesmo tempo.

Este post do fandom menciona outro tipo de jogo, no entanto, menos decoroso e respeitável: o kink meme. Este jogo nos conduz ao âmago da produção de ficção online de hoje, um subterrâneo da escrita onde as histórias começam e se infiltram. Às vezes, estas histórias evoluem e conseguem aparecer em arquivos menos caóticos, às vezes, não. Às vezes, são terminadas, às vezes, não. É uma misturada de coisas boas e ruins. O mais distante do puro.

Um kink meme tipicamente propõe um pareamento ou agrupamento — qualquer coisa que estiver na cabeça de quem postou — com um "kink". O kink não precisa ser "kinky", ou pervertido, num sentido sexual, apesar, é claro, de geralmente ser; poderia simplesmente ser uma reviravolta ou um elemento da trama (o batedor de ovos, por exemplo, no desafio do *Arquivo X*). Os escritores, então, atendem aos pedidos. Assim, uma provocação estilo kink meme poderia ser Sherlock Holmes, John Watson e uma ave marinha, especificando que precisa ser "fluff" (quer dizer, um texto doce, nada perturbador, com final feliz), ou poderia ser Sherlock Holmes, John Watson e o abuso sexual subentendido de uma ave marinha, com a estipulação de que Sherlock é assexuado.

Apesar de não ter sido, até onde sei, escrita como um kink meme, esta história acabou se tornando um excelente conto de *Sherlock* de A. J. Hall chamado "Breakfast at 221B". (Resumo: "Bom. Já chega das minhas histórias vergonhosas sobre bordéis de irmãos. Conte-me uma das suas.") A história se inspira não só na nova produção da BBC, mas também em deliciosos arcanos holmesianos. O corvo-marinho (a variedade de ave marinha em questão) tem um rico histórico holmesiano, no pastiche escrito por um fã "The Adventure of the Trained Cormorant" [A Aventura do Corvo-marinho Treinado], originalmente publicado em *Blackwood's*, em 1953. Esta história (e as muitas que se seguiram desde então) é um "complemento" de um dos casos ao qual Watson se refere, mas não conta — em "A Inquilina de Rosto Coberto", ele ameaça aqueles que tentaram destruir seu arquivo: "A fonte desses atentados é conhecida, e caso eles se repitam, tenho autorização de Mr. Holmes para dizer que a história envolvendo o político, o farol e o corvo-marinho treinado será revelada ao público na íntegra."* Esta história não contada, por sua vez, tem como base um esboço fotográfico do próprio Doyle, de 1881 (pré-Sherlock Holmes), "Atrás de Corvos-marinhos com uma Câmera", que detalha as aventuras do autor fotografando aves marinhas perto de um farol. Você não precisa conhecer a trívia sobre corvos-marinhos — mas, se souber, será recompensado. A obra de A. J. Hall também se inspira nas adoradas cenas de café da manhã das histórias originais de Holmes/Watson — até leitores casuais das histórias de Doyle vão reconhecer esta alusão. Os melhores escritores de fanfiction são leitores fantasticamente atentos a passagens específicas e detalhes, e escrevem histórias com várias camadas para audiências com várias camadas. Caso contrário, ainda temos a história do bordel. Este é o jogo.

Então, um kink meme também é um jogo — às vezes, um kink meme é um ótimo jogo —, mas as obras que ele produz não são sagradas, nem é esta a intenção. Realmente, não é um lugar para puristas. Esse camarada, Consulting Detective, não se sentiria em casa num lugar assim. Consulting Detective abraça o cânone e o amado Jeremy Brett, e não muito mais. Ele tem críticas mordazes para a franquia de cinema de Guy Ritchie:

> O filme de Ritchie não é nada mais do que um engodo para agradar ao público norte-americano, com muitas explosões e apelos básicos à psique humana impressionável com besteiras sobrenaturais.
>
> Como Massacrar uma Personagem Feminina Forte, ou por que eles transformaram a mulher mais inteligente de todas as histórias em uma *femme fatale* dominada por homens, de calças, boa de briga, com batom vermelho e sem cérebro.

Gostei desses filmes, mas dá para entender a lógica de Consulting Detective. O fandom pode ser bastante exigente em questões de representação de gênero.

Neste ponto, toda a discussão degringola numa enorme "wank" — que significa masturbação em inglês, mas aqui é um termo geral para um tipo especial de drama dos fandoms: normalmente, fãs em uma terrível corrida para derrubar outros fãs. É um padrão de comportamento familiar para qualquer um que passou algum tempo em qualquer fandom. O site fandom_wank (onde este post é aparentemente uma página) é explicitamente dedicado a ridicularizar "ares autolaudatórios. Absurdos 'Fanísticos'. Alisamento circular de egos". Dar a impressão de que se leva a sério a atividade à qual

---

* Tradução original tirada de https://books.google.com.br/books?id=-pnyAwAAQBAJ&pg=PP4&lpg=PP4&dq=a+inquilina+de+rosto+coberto&source=bl&ots=VvIkf0IO86&sig=5LAhwokILpRtEQMjYkXKfTJWdZ0&hl=en&sa=X&ei=DVW-VNqtM8ngaKScgsAN&ved=0CGoQ6AEwDg#v=onepage&q=a% 20inquilina%20de%20rosto%20coberto&f=false

você dedica horas da sua vida pode ser um crime sério na comunidade de fãs. Dá para ver como este Consulting Detective seria um alvo de primeira.

Este, também, é território familiar. Começa a discórdia, depois os insultos, então entra um moderador e tenta acalmar todo mundo. Neste caso, o moderador se chama "let_us_trade" — rá. Lestrade. Oficial de polícia. Mantendo a paz. Engraçadinho. Outra pessoa entra para recomendar uma fic de "jumperfucker", ou "fodedor de suéteres", aparentemente outro Big Name Fan, mas este com um ícone de Martin Freeman. Pelo menos alguém aqui gosta do *Sherlock* da BBC — Martin Freeman é um fabuloso Watson, honrando e atualizando o cânone, e que realmente fica um fofo em seus suéteres.

Mas espere um pouco. Agora estou no meio do post dele no LiveJournal... não no mesmo fanboard, mas na mesma página, quer dizer, na mesma página web, mesmo endereço em que eu estava antes. É confuso. Não é a forma comum de fazer as coisas, não é o protocolo. E então... Estou no meio de uma troca de mensagens particulares entre jumperfucker e Consulting Detective, discutindo como eles se juntaram para algo chamado Sherlock Holmes Big Bang, uma ficção colaborativa e desafio artístico e troca e...

O jogo está em andamento. Ou melhor, como *Sherlock* da BBC — em cujo fandom aparentemente estou dentro — coloca, o jogo está *est*. Esta é a metaficção que eu estava procurando.

The Theory of Narrative Causality. É ficção, é teoria, não, espere — desde quando eu acho que é uma pergunta e/ou? Sinto-me como meus estudantes quando, na aula de teoria literária, mando que leiam "Pierre Menard", de Borges, e eles escrevem dizendo que leram o ensaio de Dom Quixote, mas não conseguiram encontrar a história. Deixei meu julgamento sobre o que estava lendo ser influenciado pelo contexto em que me encontro, e a forma que o contexto me levou a esperar. De todas as pessoas, eu deveria saber que, assim como a arte no sangue, a fanfiction pode assumir as formas mais estranhas. Mas não sabia. Não é *glorioso*?

No final, há um post explicativo; simplesmente não tinha visto. "The Theory of Narrative Causality" nasceu no kink meme do *Sherlock* da BBC. Ganhou o nome por causa de um tropo — uma convenção ou clichê da cultura popular e do fandom — no website TV Tropes, que ele também linka de vez em quando. Na verdade, a história usa muito o TV Tropes para definir seus personagens e avançar o argumento. Até cria um verbete falso no site TV Tropes para Consulting Detective, um verbete que, por sua vez, passa a confundir os leitores do site real, que não se cadastraram para se tornar parte de uma fanfiction.

"The Theory of Narrative Causality" é o que a comunidade de fãs chama de "meta". É ficção como crítica cultural e autocomentário. Não só evoca, mas às vezes até atua em formatos da internet pelos quais a fanfiction — não só a escrita, mas sua atividade de comunidade — é criada e disseminada. É uma fanfiction sobre fanboys escrevendo fanfiction e a fanfiction que eles escrevem lembra muito a fanfiction escrita por fanboys (legais, profissionais) de uma série de televisão da qual "Theory" é fanfic. A própria fonte de "Theory" — esta série criada por fanboys de Sherlock Holmes — é famosa por expandir o que é conhecido como "cânone". Mais ainda, faz isso de dentro do primeiro fandom a usar a palavra "cânone" em seu sentido atual e mais restrito da trama oficial e autorizada. Referir-se às cinquenta e seis histórias de Sir Arthur Conan Doyle como "As Escrituras Sagradas" e, subsequentemente, como "cânone", foi o gesto definidor original do Grande Jogo sherlockiano (e, portanto, do fandom moderno). Mas os criadores de *Sherlock*, Mark Gatiss e Steve Moffat, explicitamente incluem todos os muitos filmes, peças e iterações de pastiche de Sherlock Holmes: "Há uma quantidade enorme de coisas, e tudo é canônico, o filme de Billy Wilder [*A vida íntima de Sherlock Holmes*], os filmes de Basil Rathbone — todos podem servir como fonte para *Sherlock*."[1] Um dos melhores episódios de *Sherlock* recebe o nome de Grande Jogo. O fandom é canônico. Está *tudo bem*.

"The Theory of Narrative Causality" desenrola uma história de origem alternativa e irreverente para o *Sherlock* da BBC — mas não joga apenas com enredo e personagem. Também faz fanfic com o método de *Sherlock*: seus relacionamentos com autoria, mídia e material fonte. Onde *Sherlock* atualiza as tecnologias investigativas e comunicativas (John bloga; Sherlock prefere SMS) e seu modo de contar histórias (efeitos muito produzidos, o blog de John Watson está realmente na internet), "Theory" transforma as tecnologias de fandom de internet tanto em artifícios de trama quanto em meio da narrativa. Ela cria e se conecta com a ficção e a arte de seus personagens; organiza "maratonas" de produções anteriores de Sherlock Holmes para que membros fictícios da comunidade possam comentar sobre os próprios predecessores enquanto avançam os próprios enredos. Mostra os personagens de *Sherlock* da BBC como personalidades do fandom com papéis centrais apropriados à internet. O irmão de Sherlock, Mycroft, e o Inspetor Lestrade da Scotland Yard como moderadores; o supervilão Moriarty e seus vários *sock puppets* (pseudônimos) como trolls obsessivos; Mike Stamford como o homem que apresentou John ao fandom — todos contribuindo, no final, de acordo com a lógica da fanfiction, com a criação da própria história.

Como em qualquer fandom na internet, em "Theory", "wanks" criados anonimamente provocam o drama sobre os BNFs. Nesta fanfiction, o drama acontece ao redor da fanfiction, especificamente "Real Person Fic" [Ficção com Pessoas Reais] (RPF) — fanfiction sobre pessoas reais em vez de personagens criados —, escrita sobre os próprios BNFs. Na comunidade de fãs ficcionais de "Theory", a RPF é banida e ridicularizada — como em muitos outros fóruns de fanfiction na vida real (virtual, online). Quando as próprias "pessoas reais" (ficcionais) jumperfucker e Consulting Detective aceitam a RPF e até começam a escrever eles mesmos, sobre eles mesmos, o enredo, bem, se complica. E, numa sequência de eventos razoavelmente comuns depois dessa complicação, o enredo se dispersa, se espalha.

Os personagens neste mundo ficcional têm contas "reais" de mídia social — identidades virtuais ativas. Estas contas têm comentários, alguns de personagens ficcionais, alguns de personagens não ficcionais (de pessoas reais ou pelo menos de personas reais de internet. Pessoas reais virtuais, então). Mas estas contas ficcionais de personagens ficcionais não eram recrutadas pelo autor "original" da "história de origem", "derivativa", "original" (quer dizer, da fanfiction inicial "The Theory of Narrative Causality"). Foram os leitores que os criaram e começaram a jogar — levando a ficção em diferentes direções da intenção do autor "original" (primeiro?). É difícil saber quais são os leitores ficcionais e quais são os "reais", onde um autor/personagem/leitor termina e outro começa. As codificações visuais que marcam nossa presença (virtual) nestes locais virtuais são exatas o suficiente para enganar os especialistas — não apenas observadores profissionais, como eu, mas as pessoas que administram as comunidades de Sherlock Holmes (eu perguntei por aí). (O autor [real, não ficcional] não produziu essas codificações, mas um amigo as alistou.)

Como parte de seu enredo e de sua história, "The Theory of Narrative Causality" mostra um momento da atividade do fandom, a troca de ficções e as típicas relações da comunidade. Também transpõe a história de suas fontes e inspirações nos termos e na dinâmica de sua própria mídia online. E, ao reescrever a "origem" do *Sherlock* da BBC como se tivesse acontecido entre os fãs, não conta nada mais que a verdade: Os criadores de *Sherlock* estão alegremente criando fic por fic por fic.

Claro que estão. Como Jacques Derrida (frequentemente escalado por seus detratores como um supervilão literário) poderia dizer se encontrasse uma fic de *Sherlock*, é isso que os escritores *fazem*.

Mas "The Theory of Narrative Causality" não para aí; fica toda Roland Barthes, e os leitores tomam o controle. A história se transforma em um RPG multijogador da internet. Continua fora de si mesma, como histórias e personagens bem-sucedidos sempre fizeram — mas com uma diferença. Por mais similar que seja às formas antigas de histórias coletivas, isto é algo novo.

Esta novidade tem a ver com tecnologia, velocidade, formato e as convenções e formas que estas mudanças permitem. As comunidades de fanfiction juntam pessoas que podem estar muito distantes no espaço físico e as conecta, em uma proximidade no espaço virtual, através de atividades quase simultâneas de autoria, edição, resposta e ilustração. Nem o códex nem nossa noção contemporânea de autoria literária poderiam acomodar os modelos de autoria que vemos em "The Theory of Narrative Causality". É a fic que não é. O autor não está morto; o autor é *legião*.

Não posso deixar de pensar na "Theory" em termos de, bem, teoria — do tipo literária e crítica. Conheço estas coisas; eu dou aula disso. Gosto dessas coisas. Apostaria que alguns escritores, leitores e colaboradores da "Theory" também conhecem o assunto, apesar de que também apostaria que muitos deles não. Toda esta teoria não impediu que esta ficção me surpreendesse completamente, várias vezes — mesmo que, conhecendo a estrutura do show, eu já soubesse o que iria acontecer em uma ficção onde "as coisas acontecem porque o enredo diz que devem acontecer". *Como* a ficção chegou a estes pontos foi uma surpresa infinita.

Este elemento surpresa é o que eu amo na fanfiction em geral, que na "Theory" está concentrado e se torna explícito, e talvez também seja pós-modernamente inteligente demais para alguns leitores. Mas eles não precisam gostar desta aqui — o mar está cheio de outras fanfics. Uma dinâmica similar se desenvolve na fic mais tradicional, especialmente quando tomada como um grande corpo de narrativas reunidas, interativas e relacionadas, em vez de histórias fixas e isoladas. A maioria dos fãs-leitores lê por todas as partes de seus fandoms; alguns leem em variados grupos de gostos parecidos por gênero (dor/alívio, slash, gen, fluff, BDSM, PWP, movidos por enredo etc.), mas eles leem *por todas as partes*, geralmente seguindo muitas histórias que se desdobram simultaneamente. Essas histórias são lidas de forma comparativa, uma cita a outra, pegam e levam coisas emprestadas. As linhas de enredo se cruzam, se tornam confusas, criam padrões — se não nas histórias individuais, então geralmente na cabeça dos leitores. A fic experimentada desta forma se parece mais a uma rede (algo bem apropriado) do que a uma série.

Muitos teóricos literários diriam que isso é o que sempre está acontecendo na literatura. Eles usariam uma palavra como *intertextualidade* (se fossem Julia Kristeva) ou *palimpsesto* (se fossem Gérard Genette). Então se lembrariam, junto a Walter Benjamin, que *texto* vem da palavra latina para teia, e se abraçariam com um sorriso. A fanfiction faz com que toda teoria seja muito, muito aparente, e faz com que esses teóricos sejam um pouco redundantes.

Uma boa parte da teoria literária do último meio século foi dedicada a desmantelar a ideologia da obra de arte única e autônoma como um padrão literário. Mas nenhuma fic sequer *finge* ser uma obra de arte autônoma. A fic em momento algum afirma que "é autossuficiente". Não precisa que ninguém aponte seus adereços e fontes, porque ela não os esconde; ao contrário, se orgulha deles. Um trabalho de fic *poderia* ser autossuficiente enquanto história — poderia ser inteligível para leitores que não conhecem a fonte —, mas não é este o objetivo. Perguntar se a fic é autossuficiente é "interrogar o texto a partir da perspectiva errada" — para usar uma famosa citação da famosa oponente da fic Anne Rice, num contexto que ela provavelmente odiaria. Fic pode ser desconfortável para escritores que acreditam que criam de forma autônoma em um vazio. A fic permite que suas costuras apareçam de maneiras que outras obras, que também são construídas a partir de fontes e predecessores, se matam para esconder — até, aparentemente, de seus próprios autores (mais tarde no mesmo texto, em resposta a uma resenha da Amazon, Rice afirma que para ela "escrever um romance é uma performance de virtuose. Não é uma arte colaborativa". Alguém deveria contar a Bram Stoker e John Polidori).

Comecei este livro com "The Theory of Narrative Causality" porque ela condensa o universo da fanfiction: alimenta-se de seus predecessores e contemporâneos, interage com eles, torna-os novos. Está em um constante estado de conversa e troca. Geralmente não está claro onde estão seus limites. Geralmente não está claro quem é o escritor e quem é o leitor, e qual é a diferença. Às vezes faz referências a eventos do "mundo real"; às vezes cria elementos ficcionais mascarando-os como reais. Extrai o que normalmente transpira por muitos textos e os coloca numa rede virtual metade real, metade ficcional. Também é engraçada, romântica, e às vezes erótica. Ilustra relacionamentos complexos, que ora são preocupantes e angustiosos, ora muito doces. Como seu importante predecessor, *Tristram Shandy*, "The Theory of Narrative Causality" é, ao mesmo tempo, bastante típica e pouco típica de seu gênero.

Tudo bem. "The Theory of Narrative Causality" me impressiona porque — assim como a fanfiction, mas de uma forma bastante condensada — fragmentou minha mente um pouco. Mas tenho gostos peculiares nestas questões.

Os salários do pecado, Watson, os salários do pecado.

Imagens de "The Theory of Narrative Causality". Esta história começou com o kink meme de *Sherlock* da BBC. O autor falling voices credita o usuário mishav0529 por "formatar e codificar o que anteriormente era uma terrível confusão de links quebrados e confusão de html em entradas reais LJ, artigos de TV tropos e chat por gmail". (O LiveJournal tem sido uma plataforma popular da escritores e leitores de fic desde 2000 e continua a ser usado hoje.)[A]

LIVEJOURNAL

Home Create an account Explore Shop LJ Extras

Username

Password Log in

Remember Me

Create an Account

Forgot your login or password?

Il advint qu'un beau soir; (falling_voices) wrote,
2011-07-31 23:40:00

fic: the theory of narrative causality; i

things happen because the plot says they should.

lass_sirene posted in fandom_wank,
@ 2011-03-27 20:43:00

In Which consulting_detective Would Like You All To Know His Thoughts About Sherlock Holmes

Thanks for the mousies at wank_report for the beginning of this account; I filled in the rest.

Right. consulting_detective. Best damn fanartist in Sherlock Holmes fandom, makes you take one look and jump under the cold shower, master snarker, deadpan cynist, canon lover, sneers at everyone who's in his way, etcetcetc. If you'd like reminders of his previous antics, see here, here, and here. (And here, if you want to be scarred forever.)

So Sherlock Holmes fandom has been small and refined for the longest time. (Many would have it that it's the First Fandom Ever, and that Holmes/Watson is the first slash ship sailin' the seven seas, back when all fapping material fans had were 'zines and mail chains.) The original stories have been adapted left, right, and center — see Basil Rathbone and Bumblin' Nigel Bruce, or the scrumptious Jeremy Brett and his two Watsons. And then there's been the '09 movie by Guy Ritchie, starring Robert Downey Junior as a disheveled, scruffy Sherlock Holmes and Jude Law as gambling, gun-savvy John 'REALLY FUCKING HOT' Watson.

Fandom, as a result, exploded in many and various ways. Fanfic was written. Fanart was drawn. Discussions were had. There were challenges. And at least two kinkmemes.

There's been a bit of a lull recently, but after the confirmation of an upcoming sequel in winter 2011, and several set photos being let loose, fandom is sizzling once again.

(This background info was brought to you by extensive reading on holmesian_news.)

In the wake of these set pictures, sarah_s publishes this thread on holmeschat , linking back to this cast list in which Kelly Reilly, who plays Watson's fiancé, is recorded as Mary Morstan (as opposed to Mary Watson) and asks the community whether 1. this means they are not yet married, and 2. what it signifies for the Holmes-Watson relationship.

For a while the discussion is pretty civil, with several suggestions and polite disagreements (possible spoilers behind the links). And then consulting_detective comes in, and everything goes to hell in a hand basket.

consulting_detective is reputed for being an out-and-out canon supporter; his fanart is resolutely canon-based, with inspiration taken from the original Paget pictures and the Granada series starring Jeremy Brett. His dislike for the '09 movie is an open secret, but so far he'd been pretty quiet in his criticism outside out of his journal. Here, though, he really lets himself go.

Highlights include:

Downey would be not be able to play Holmes if he stuck a mop stick up his arse and drank his tea with one pinkie outstretched, and even then he would still be a suger-hyperactive monkey with no proper sense of manners and the most ridiculous face in the history of christendom

The Ritchie movie is nothing more than American-bait with many explosions and basic appeals at the impressionable human psyche with supernatural stupidities

How To Butcher A Strong Female Character, or why they turned the most intelligent woman of the entire stories into a trousers-wearing, fighting-savvy, men-dominated femme fatale with red lipstick and no brains of her own

Read | Unread | Delete — Page 1 of 1 | Previous | Next

From: shbigbangmod
To: jumperfucker

Hello,

You have been paired with consulting_detective for your entry in the Sherlock Holmes Big Bang. Please discuss the details of your association with them.

If you drop out, please let us know at least two weeks before the final submission date so we can reassign them.

Best of luck,

From: jumperfucker
To: consulting_detective

Hello. So, uh, we've been paired together in the shbigbang, and I was wondering — I know you got sent the first draft and all, but is there anything you want to know about the story? I mean, I can give you a general outline or maybe send you everything I've written so far, and then you can draw whichever passage you like.

Also, what type of art do you think you'll do? a big one? small ones? Just, well. Just let me know if you want to talk about it.

Cheers,

John

Reply | Add as friend | Mark as Spam

jumperfucker

Actions

19:09 **you:** alright. how about this? go on, hit me.
no profile; journal's friends-only. you've only got the one thread.

19:10 **consulting.detective:** Russian. Either very young or trying to sound younger than they really are; probably the second — I should say twenty-six or twenty-eight years old.
Their spouse or partner has recently run out on them and they have been forced to find new lodgings; they use fandom as a means of concretizing their real lives frustrations, but do not quite succeed in the endeavour. Good education; upper middle class to say the least.

19:12 **you:** ... and you got all that from a thread about manga.
how — no, hold on
okay. tell me.

19:16 **consulting.detective:** The overuse of exclamation points and 1s indicates either youth or the wish for it. The lack of capitals and otherwise perfect spelling and use of grammar indicate that it is probably the latter, and that

Pop-in

Por que Fic?

POR QUE FIC? Por que *Fic*?

Fic. Fan writers chamam de "brincar na caixa de areia de outra pessoa" ou "pedir emprestado os brinquedos do vizinho". Eu chamo de "escrever". Os oponentes chamam de "roubo" — e eu chamo isso de palhaçada. Independentemente de como chamamos, no entanto, hoje entendemos a fanfiction basicamente como uma escrita que continua, interrompe, reimagina ou apenas faz alusão a histórias e personagens que outras pessoas já escreveram. Fanfiction significa que seus escritores molham os pés, sujam as mãos — e, mesmo que outras partes do corpo às vezes também fiquem molhadas e sujas nessas histórias, não significa que elas não possam ser inteligentes. Quando chamamos um trabalho de fanfiction, normalmente (mesmo que nem sempre) entendemos que não foi publicado para gerar lucro.

Já faz algum tempo que estudo as comunidades de fanwriting, mas nunca participei de verdade de uma delas, não de dentro. Acabei escrevendo algumas fics, mas elas começaram como um presente de agradecimento a uma comunidade que eu estudava com interesse acadêmico. Sou fã de Sherlock Holmes desde o ensino médio, mas gostava só das histórias e filmes, basicamente os memorizava e seguia em frente. Eu poderia ter lido zines sobre Sherlock quando era mais jovem, se soubesse que existiam — muito mais tarde, ouvi e admirei trabalhos produzidos por fãs para o Grateful Dead —, mas a forma como minha "fãzice" funcionava era mais acadêmica. Gosto de Kundera, então era melhor aprender checo. Escreveria coisas que equivaliam a fanfiction para aulas, mas que não chamava por esse nome — narre *Notas do Subterrâneo* do ponto de vista da prostituta! Escreva Dez Maneiras de Olhar para as Meias! —, só que, como muitos autores que fizeram o mesmo sozinhos no isolamento de um caderno, não dei nenhum nome especial a este tipo de escrita. Ao contrário dos que se chamam "aca-fans", ou fans acadêmicos (coisa que eu não faço), não era uma fã de fato. (Bem, existiram aqueles anos seguindo o Grateful Dead por aí, mas não escrevíamos slash de Jerry/Bobby, uma omissão que pode ser uma prova da existência de um deus misericordioso.)

Fanfiction é uma velha história. Literalmente, claro: fanfiction pega uma velha história de outra pessoa e, discutivelmente, a renova, ou a refaz, ou simplesmente faz mais dela, porque o fan writer ama tanto aquela história que quer que ela continue. Só que fanfiction também é uma velha história no sentido que as pessoas já vêm fazendo isso desde — para citar uma expressão que eu não permito de forma alguma que meus alunos usem — o primórdio dos tempos. Retrabalhar uma história existente, contar histórias de heróis já conhecidos, foi *o* modelo de autoria até muito recentemente. Este livro está organizado para destacar tanto essa forma de continuidade com o passado quanto aquelas coisas que a fanfiction está fazendo de novo, a meu ver. Frequentemente, o que há de novo na história da fanfiction — e na história da própria escrita — é encontrado no relacionamento da escrita com a tecnologia e o meio. Novas tecnologias permitem que novos e diferentes tipos de histórias sejam contadas — e lidas — por diferentes tipos de pessoas. Paradoxalmente, a fanfiction, o empreendimento cultural aparentemente dedicado a revisitar o terreno familiar, acaba nos levando a novos modelos de publicação, autoria, gêneros... e para aliens voyeurs que parecem lâmpadas de lava, pêssegos vampiros, pólen sexual e todo um universo baseado na estrutura de um pênis canino. Nada disso está em Homero (flores de lótus simplesmente deixavam as pessoas sonolentas).

Deixando de lado o pólen sexual, parte da novidade na fic nos últimos anos simplesmente gira em torno da escala. Vejam os mais de 500 mil trabalhos de fic sobre *Harry Potter* somente no FanFiction.Net. Remixagens, cruzamentos, incríveis recombinações estilo Lego (se você conseguir encontrar um "pino A" em qualquer personagem, ele já foi inserido no "orifício B" de alguns outros personagens na fic), mas também narrativas sérias, refeitas com pontos de vista ou finais alternativos: os tipos incluem "o que aconteceria se...", "poderia ter sido assim" ou (mais frequentemente) "deveria ter sido assim"; reescritos porque o autor original, do ponto de vista do fã, se perdeu, entendeu errado, precisa ser corrigido, ou talvez porque esse autor sugeriu um caminho diferente que não pôde ou não quis ver ou explorar completamente por conta própria. Quem sabe seus personagens deveriam ter acabado no espaço, ou numa TARDIS, ou simplesmente em uma cafeteria — mundos alternativos imaginados e povoados com vozes familiares e adoradas.

Quem escreve estas coisas? Crianças. Pais. Professores. Casais — juntos. Escritores profissionais em seu tempo livre, longe das pressões do mercado. Adolescentes resolvendo questões sexuais e gramaticais online, simultaneamente: histórias desajeitadas sobre a "primeira vez", escritas desajeitadamente por e sobre alunos do ensino fundamental que escrevem pela primeira vez. E, antes que nós nos esqueçamos deles, legiões de fan writers horrorizados com todo esse sexo, temendo que, com a publicação de *Cinquenta tons*, seus trabalhos fiquem conhecidos só pelo sexo. O mundo da fanfiction é muito grande e muito misturado.

A maioria desta escrita sem fins lucrativos é feita por mulheres ou, quando não são mulheres, por homens que querem ser confundidos com mulheres. Conversei com alguns homens escritores de fanfiction — longamente, em alguns casos — e com vários escritores de fanfiction que se recusam a se identificar em termos de gêneros binários. Na internet, o gênero está longe de ser transparente da forma que nós acreditamos (equivocadamente) que ele seria no mundo offline. É importante notar que a fic cada vez mais oferece um espaço onde o gênero, como a sexualidade, não é um fenômeno e/ou, e as divergências, ou mesmo rebeliões, de gênero e sexuais há muito fazem parte da história da fic. Uma das minhas fan writer favoritas (wordstrings, entrevistada aqui) está escrevendo um romance erótico sobre um personagem assexuado. Está longe de ser a única. Hoje à noite cliquei em uma recomendação e o resumo me avisava: "Este não é um episódio especial de série de TV sobre gente trans." Romances eróticos homem/homem escritos por mulheres heterossexuais para mulheres heterossexuais foram apenas o começo. A fanfiction transforma hipóteses que a cultura mainstream rotineiramente faz sobre gênero, sexualidade, desejo e em que grau queremos que elas se encaixem. Às vezes não se encaixar é exatamente a questão — há todo tipo de possibilidades que poderíamos querer imaginar ou considerar, até (especialmente?) nos casos em que preferências ou genitálias possam impedir nossa real participação.

Em relação a esses gêneros binários que ainda governam o mundo em que a maioria de nós vive: é importante que na fanfiction as mulheres estejam dominando. Onde mais isso é verdade? Hoje, menos de 30% dos roteiristas de televisão são mulheres;[2] no cinema o número cai para menos de 20%.[3] Diretoras de cinema indicadas ao Oscar? Quatro. Em 2012, mulheres representavam por volta de 30% dos escritores resenhados pelas forças combinadas de *New York Times Book Review*, *Times Literary Supplement*, *New Yorker*, *Atlantic Monthly* e *Paris Review*.[4] As mulheres dominam a área de livros românticos (às vezes, no próprio romance também) — só para ter suas conquistas zombadas ou ignoradas pela cultura literária mais ampla, que não deixa de ser financiada pelo lucro dos trabalhos dessas mesmas mulheres. Resumindo, tais números significam que há uma grande variedade de mulheres talentosas das quais nem ouvimos falar. Muitas destas mulheres estão escrevendo fic.

Novamente, não são *só* mulheres, e eu realmente não posso enfatizar isso o suficiente: a fic fornece um espaço para todo tipo de escritores distantes da cultura oficial, seja por sua classificação demográfica, habilidade ou gosto. Faz sentido, no entanto, que aqueles que estão menos excluídos dos sistemas estabelecidos de crédito e prestígio econômico e cultural se voltem com menos frequência a uma forma cultural que não só não é paga, mas ainda é bastante estigmatizada. Conheço muitos homens que escrevem fic, mas conheço ainda mais homens que escrevem histórias parecidas com fic, com métodos parecidos com fic. Quando o fazem, no entanto, eles as vendem, são mencionadas no *Times*, chamadas de *pós-modernismo* ou *pastiche* ou simplesmente *ficção*. Meu estudo das comunidades de fic enfatiza como o desequilíbrio de gênero na literatura e na produção cultural de massa não afeta apenas o canal, a oportunidade e a recepção a escritores ativos; afeta até aquelas pessoas que só querem tentar. Afeta as pessoas que apenas *afirmam* que estão tentando. A fanfiction deu a muitos escritores permissão e encorajamento para fazer algo que nunca imaginaram que poderiam fazer — em parte porque podem fazê-lo de forma privada, sem parecer que estão arrogantemente reivindicando o título culturalmente valioso e pomposo de "escritor". Além do mais, as comunidades de fanfiction oferecem uma rede de apoio para escritores iniciantes de uma forma que nenhum empreendimento comercial poderia. Hoje, centenas de milhares de novos escritores — jovens, crianças — crescem escrevendo não no isolamento, mas com uma comunidade pronta de leitores e comentaristas que já adoram os personagens e o mundo sobre os quais escrevem. Isso é muito diferente.

Também é verdade que o mundo da fanfiction não é sempre uma anarquia feliz. Acadêmicos tendem a enfatizar o potencial da fanfiction para colaboração, relações não hierárquicas, dissensão e resistência. Esse não é o resumo da ópera (ou do seriado, ou do livro). A fic pode ser conhecida por criar mundos nos quais qualquer coisa pode acontecer (homens podem ficar grávidos! Por que não?), mas comunidades e indivíduos podem policiar estes mundos e suas fronteiras com uma vigilância tremenda. Mais de um escritor deste volume mandou um ensaio para protestar contra a inclusão de outro escritor ou ponto de vista — em alguns casos, o meu mesmo — que eles acreditavam violar os princípios básicos do fandom ou até da decência. Outro escritor se recusou a participar de qualquer forma, porque sentiu que minha fórmula padrão de indagar sobre personas online ("identifica-se como") era ofensiva — uma pena para o volume, pois ele é um dos melhores escritores que já vi. Guerras em torno de relacionamento de personagens, de que tipo de histórias deveriam ser contadas sobre quais personagens e por quê, podem destruir amizades. Mesmo que muitos fan writers sejam tímidos ao revelar suas atividades de fic na vida real, no mundo online são um grupo cheio de opinião que fala com franqueza — e nunca em uníssono.

Ao considerar como fazer este livro, uma coisa ficou clara para mim: não queria que a fanfiction fosse representada por uma única voz, muito menos só a minha, quando, em sua própria essência, a fanfiction desafia este modelo de autoria. Quando *Cinquenta tons* estava conseguindo muita atenção da imprensa, que por sua vez me consultava, senti que minha influência sobre este tópico era um pouco desproporcional, e isso fez com que eu me sentisse um pouco desconfortável. Estudo dos fãs é um campo, não apenas um professor. Fanfiction é uma tradição coletiva, não só um livro de um fandom. Muitos escritores publicados saíram da fanfiction, não só nos últimos dois anos. Muitos escritores de fanfiction de sucesso não têm nenhum desejo de publicar da forma tradicional. Queria que *Fic* refletisse esses dois grupos e muito mais; escritores literários e comerciais que não tinham nenhuma conexão com a fanfiction podem usar algumas técnicas num estilo bem fic. Também queria examinar, a partir de uma variedade de perspectivas, por que e quando parece aceitável apropriar-se, adaptar ou reciclar elementos de trabalhos ou vidas existentes, e por que e quando tais práticas levam ao desprezo, ou à ameaça de ação legal. (Também quero fazer tudo isso sem falar nas questões legais eu mesma. Não é minha área.)

O desejo de hospedar esta conversa deixa *Fic* em algum ponto entre uma monografia e uma coletânea editada. Poderia ajudar a pensar no livro como um passeio por uma exposição curada que eu organizei, guiei e formatei — o que é mais, com toda a honestidade, do que eu intencionara originalmente, só que os editores também são parte da autoria, e o meu é excelente e geralmente certo. No final, mesmo que *Fic* não tenha transformado a autoria tão extensivamente quanto "The Theory of Narrative Causality", espero que acolha uma conversa em harmonia com o espírito de seu assunto vasto e amplo. Tentei, no processo, pisar leve, deixar as vozes intactas. O "discurso inflamado" é um gênero na comunidade de fã tanto quanto a própria fic. Não quero aparar as arestas.

Dito isto, a fanfiction é um assunto que, como alguns de seus personagens favoritos, realmente precisava de alguns limites rígidos. Um livro não pode ser coextensivo com toda a história da literatura e a vastidão atual da internet. Limitei o tópico, como sugeri, à fanfiction escrita: sua produção, sua disseminação. *Fic* não tem a ver com fanart e não tem a ver com vídeo, mesmo que eu reconheça que essas formas estejam cada vez mais inter-relacionadas e integradas com o trabalho escrito dos fãs. *Fic* foi organizado em torno daqueles que considerei momentos cruciais de mudança, que também ilustram uma continuidade com seus predecessores. Restringi a discussão em sua maior parte a fandons baseados em livros e mídia, excluindo, portanto, um bom número de áreas vastas e produtivas como anime e mangá (que possuem suas próprias culturas distintas) e esportes. Mesmo dentro de sua área de foco, *Fic* dificilmente poderia exaurir o tema; há muitas franquias vastas sobre as quais o livro não trata, além de um número aparentemente infinito de fandoms menores e fascinantes. A inclusão aqui deveria não ser considerada como um veredito sobre importância, qualidade ou até minha própria preferência — *Veronica Mars* inspirou algumas das minhas fics favoritas (um incrível crossover com H. P. Lovecraft ganhou meu coração), mas não marcou uma mudança de paradigma na relação da fic com a tecnologia ou com as normas culturais mais amplas. Coloquei o foco sobre os fandoms que o fizeram. Em uma tentativa de ilustrar como a fanfiction opera de forma coletiva e interativa com suas fontes e com outras fics, optei por focar diferentes aspectos de poucos fandoms em vez de tentar representar a incrível amplitude de fontes que atraem fic. Por último, como o material de fanfiction permanece desconhecido para muitos leitores, enfatizei as comunidades de fãs com suficiente ressonância cultural para que o terreno temático, pelo menos, fosse familiar a muitos, mesmo que o modo de participação pareça estranho.

Algumas limitações eu não precisei impor; elas eram inevitáveis. Nem todo fan writer quer ser impresso; alguns guardam sua privacidade, ou não desejam qualquer tipo de comercialização de fic. Entre os escritores de fic com quem conversei, um número desproporcional dos que se identificavam como homens e pertencentes a diferentes grupos étnicos se recusou a participar por uma variedade de razões, incluindo preocupações profissionais ou simplesmente tempo. O tempo também foi um fator limitador de outras maneiras, algumas delas específicas à mídia. A parte quatro, que oferece um apanhado de elementos e questões da fanfiction hoje, foi compilada com o conhecimento que "hoje" já será ontem quando o leitor tiver o livro em mãos, porque uns poucos meses são história antiga em termos de internet. Esta discrepância entre o tempo necessário à publicação impressa e aos posts de internet ajuda a ilustrar a velocidade com que a fanfiction se desenvolve.

Esta rápida evolução — ou melhor, mudança, para evitar qualquer implicação de que eu esteja falando de uma história de progresso em vez de fluxo — é movida por experimentos, e me refiro não apenas ao processo de criação e seus produtos, mas à forma coletiva e porosa em que a fanfiction é publicada e lida. Entretanto, por mais diversas que as comunidades da fanfiction e sua escrita possam parecer, elas não se encaixam na imagem comumente atribuída aos escritores experimentais ou vanguardistas, e por uma boa razão. Vanguardas literárias tendem a atrair e ser descobertas por aqueles que já manifestavam um desgosto notável pelo status quo do entretenimento tanto literário quanto comercial. As comunidades de fanwriting desfrutam e consomem vorazmente a cultura comercial, a celebram, até quando desafiam e transformam seus produtos para os próprios propósitos, às vezes radicais. A escrita experimental na fanfiction é encontrada e desfrutada por pessoas que compartilham de pelo menos um gosto popular, um gosto que *foi* abastecido pela cultura de massa. Muitos desses leitores, no entanto, também têm gostos que a cultura de massa *não* satisfaz, gostos que podem ser descobertos em primeiro lugar pela leitura de fic. Persuadidos pela presença de seus personagens favoritos, até os leitores menos aventureiros às vezes abraçam histórias apresentando sexualidades e gêneros alternativos, ou desfrutam de um material mais desafiador em termos estilísticos e temáticos do que teriam acesso de outra forma. Porém, a fanfiction é em sua maior parte motivada pelo amor àqueles mesmos elementos — narrativa e personagem —, que boa parte da escrita experimental do último meio século buscou questionar e criticar.

Ao mesmo tempo, a fanfiction demonstrou que muitos dos princípios estilísticos do establishment comercial e literário — economia, continuidade, ritmo, "mostre, não fale", claridade de estilo e de gênero (em qual estante da livraria ele vai ser colocado) — podem ser ejetados ou sistemática e propositalmente violados desde que outros gostos e acordos sejam cumpridos: sempre avisar sobre gatilhos, mortes de personagens, tipos específicos de sexo; especificar se os finais são felizes ou não; indicar claramente os pares em um relacionamento. E, por mais que a fanfiction *possa* ser quase indistinguível de livros publicados comercialmente em termos de conteúdo, estilo e estrutura, normalmente não são. Uma fic pode representar relacionamentos e personagens que seriam considerados pouco universais ou populares para justificar o investimento de tempo e capital de uma editora — e pode fazê-lo tanto em 250 como em 250 mil palavras. Movida por uma conexão com a cultura comercial, mas livre das restrições de mercado dessa mesma cultura, a fanfiction pode flertar com o popular — sem necessidade de financiadores, nenhuma necessidade de vender o produto antes de estar pronto, e com o luxo de uma audiência que já estava ansiosa para ver seu trabalho.

Como vimos recentemente, alguns destes experimentos na escrita de fãs acabaram tendo enorme valor comercial. Considerados coletivamente, alguns estão mudando como vemos a cultura comercial e a literatura em geral — como vemos autores, leitores, produtores e consumidores. O capital não apenas econômico, mas cultural — aquela nebulosa riqueza não financeira de crédito, conhecimento e acesso —, está sendo alterado, e os pioneiros foram aqueles que não tinham este capital ou, em alguns casos, aqueles que tinham e o dispensaram pelo prazer de escrever fic.

A fanfiction também está transformando a maneira como os leitores encontram material. Arquivos usam cada vez mais uma variedade de tags ou rótulos que ajudam leitores a ordenar e localizar histórias. Muito antes da Amazon, os leitores e autores fãs tinham descoberto novas formas de categorizar sua ficção, permitindo assim que ocupasse mais de uma "estante" ao mesmo tempo (por kink, por casal, por deficiência, por falta de par sexual, por aventura, por uma fonte de crossover em particular). Histórias também podem ser criadas sob encomenda, escritas como parte de jogos, trocadas como presentes, escritas como reação a sugestões e desafios. Foram criados novos hábitos de escrita e leitura que agora são compartilhados por comunidades de fãs escritores e leitores, que, somadas, superam imensamente o número de leitores de praticamente todos os trabalhos de ficção publicados comercialmente. A maioria das histórias da fanfiction não é viável comercialmente por um ou outro motivo — incluindo as preferências dos próprios fan writers —, mas medir sua influência e importância em termos comerciais é um completo mal-entendido.

Há certa preocupação de que a comercialização da fan culture levará à sua destruição. Mesmo excluindo potenciais processos dos detentores de direitos, introduzir o potencial de lucro individual no que tem sido um empreendimento coletivo pode romper o equilíbrio. Dediquei toda uma seção do livro a estas discussões. A maior parte dessas perguntas apareceu naqueles que eu chamo "megafandoms" (os fandoms grandes o suficiente para elevar a leitura online de algumas poucas fics seletas à ordem dos milhões de acessos), ou em sites de literatura com fins lucrativos como Wattpad ou Kindle Worlds, a recém-anunciada plataforma da Amazon para o licenciamento limitado de fic. Pelo menos por enquanto, a maioria das fanfictions não funciona dessa forma. Só há um *Cinquenta tons*, só que, para cada sucesso editorial, mesmo que moderado, a brotar da fanfic, há literalmente centenas de milhares de fics que não estão no mercado e nunca estarão. Para cada franquia vasta, há dezenas de fandoms de nicho — lembro-

-me de um grupo de fãs de *A Bela e a Fera* em Michigan que se encontra mensalmente desde o final da década de 1980 — cujos intensidade e compromisso são gigantes para seu pequeno número.

Parece inevitável que a cultura de fanwriting irá mudar como consequência do relacionamento com a cultura mais ampla. Ela vai continuar a mudar em consequência das tecnologias de publicação ou postagem e organização que forem surgindo; não há uma forma única de escrever ou postar fic, e até o momento os canais continuam a se proliferar. As forças comerciais certamente terão efeito — como sempre têm. Uma coisa parece clara para mim, no entanto, depois de ter conversado com centenas de fan writers e editado talvez uma boa quantidade deles também: não parece mostrar nenhum sinal de que vai acabar em um futuro próximo.

parte um

ESCREVER A PARTIR DAS FONTES

De Mimesis ao Fandom de Sherlock Holmes

Uma Pré-História da Fanfiction

> "É escrever, Jim, mas não como conhecemos, não como conhecemos, não como..." LOL foi mal. É totalmente escrever como nós conhecemos. Apenas não sabemos que conhecemos.
>
> – Mashup: "Star Trekking" e minha persona na internet

1.

Aristóteles foi um filósofo grego que teorizou que a arte era primariamente uma imitação da natureza. (Ele tinha muito mais a falar e suas teorias estão disponíveis por toda a internet, mas esta é uma versão resumida.) Dionísio de Halicarnaso foi um historiador e retórico grego que nasceu algumas centenas de anos depois de Aristóteles, e via as coisas um pouco diferente. Ele afirmava que a arte — pelo menos a arte de escrever — era mais verdadeiramente uma arte de imitar outros bons escritores que tinham escrito bem antes de você. Mas é assim que o mundo funciona. As comunidades de escritores e a forma como veem seus próprios trabalhos mudam. Poderíamos dizer que a escrita é uma comunidade cuja única constante é a mudança, mas então imediatamente teríamos que emendar nosso clichê para incluir o "wank" constante — um termo que recentemente evoluiu para designar discussão irritante e estridente — que a mudança constante causa. (Mas não se preocupe. Este sentido especial de *wank* demorou um par de milênios para aparecer.)

De qualquer maneira, Dionísio (não o deus sexy e selvagem, mas o historiador) via a boa escrita como *imitatio*, e esta compreensão substituiu completamente a concepção aristotélica, *mimesis*, entre os escritores latinos da época. Na verdade, a teoria de Dionísio predominou por muito mais tempo do que a maioria das pessoas hoje em dia faz ideia. Este conflito entre *imitatio* e *mimesis* acontece com maior ou menor intensidade até este exato minuto, quando em um blog perto de você um escritor de fic sobre Edward/Bella está detonando um escritor de fic Rob/Kristen com algo próximo à violência extrema.

As brigas eram feias e sujas no século XVIII, também — como vemos nos debates sobre o trabalho de Charlotte Smith, que se apropriou das linhas de Shakespeare e outros em seus influentes sonetos. Ela estava apenas mantendo a elegante tradição da imitação? Ou estava *plagiando*?

Escrita. A comunidade cujo único constante é o extremo deleite com o qual um escritor diz a outro escritor: VOCÊ ESTÁ FAZENDO ERRADO. Foi o que Platão disse a todos os poetas, afinal.

2.

Del CHEVALIER DE LA CHARRETE
Comance Crestiens son livre;
Matiere et san li don et livre
La Contesse, et il s'antremet
De panser, si que rien n'i met
Fors sa painne et s'antancion

Aqui Chrétien começa seu livro sobre o Cavaleiro da Carreta. A Condessa fornece o material-fonte e o rumo que ela gostaria que ele seguisse, e ele assume a tarefa de pensar como juntar a coisa toda. Ele só está acrescentando seu próprio trabalho duro e algumas ideias sobre contexto e narrativa.

– Chrétien de Troyes, aprox. 1171; nota do escritor para *Lancelot da Carreta* do kink meme de "Arthur material", tradução minha.

O bem conhecido romance medieval *O Cavaleiro da Carreta* se anuncia como um preenchimento da sugestão da Condessa, aparentemente um pedido de Arthur/Lancelot/Guinevere com uma carreta (as palavras exatas do pedido foram perdidas). Há alguma evidência que sugere que Chrétien acrescentou todo o enredo do adultério, que acabou se tornando um cânone. Não há provas, no entanto, de que Chrétien não tenha inventado o próprio pedido em primeiro lugar (um pedido de uma condessa faz você parecer importante, afinal). Chrétien diminui seu próprio papel, como se espera dos fan writers, e trata com muita deferência sua fonte e os poderosos. Mas, como acontece às vezes, parece que a versão de Chrétien era mais interessante que sua fonte, se julgarmos pela longevidade. É difícil julgar o mérito, já que a fonte de Chrétien se perdeu. Como todos sabemos na era da internet, isso acontece o tempo todo; textos simplesmente explodem. Causas naturais.

Minha própria tradução (transposição?) do francês antigo para um inglês de fanfiction global contemporâneo é incrivelmente livre. Tipo, *muito*. Tão livre, na verdade, que poderíamos considerá-la fic do original — mas, então, tradução é o que chamamos quando pessoas muito sérias reescrevem e geralmente fazem confusão com as palavras de outra pessoa *em outro idioma*, o que torna tudo muito respeitável. Nós até falamos sobre a diferença entre tradução fiel e livre de uma forma que mapeia facilmente a discussão sobre o cânone (a história como contada pelo autor original) e o universo alternativo (UA) em fanfiction. Minha versão de Chrétien é definitivamente UA, mas isso não é verdade com todas as leituras contemporâneas de Chrétien? Mil anos é muito tempo e nenhum de nós possui um TARDIS.

3.

Em algum momento por volta de 1600, mais ou menos, William Shakespeare escreveu fic para o Ur-Hamlet. Mas, novamente, como às vezes acontece, parece que a versão de Shakespeare era melhor que sua fonte — difícil julgar, no entanto, já que o original foi perdido. Como todos sabemos na era da internet, isso acontece o tempo todo; textos simplesmente explodem. Causas naturais.

Dizemos que Shakespeare escreveu *Hamlet*. Quando eu levanto essa questão de leve, não é para sugerir que algum outro cara escreveu, como gostam de argumentar os teóricos da conspiração que invariavelmente se sentam ao meu lado em aviões e em casamentos, mas quero dizer que a autoria dramatúrgica da Renascença era uma questão mais porosa e colaborativa do que imaginamos. Pesquisas recentes mostram como as peças de Shakespeare incorporavam as inovações de atores e outros envolvidos com sua companhia, a King's Men, assim como múltiplas fontes, incluindo histórias, romances e outras peças. Ninguém se importava realmente, porque você não ganhava dinheiro como dramaturgo vendendo cópias de sua propriedade intelectual escrita (se este tivesse sido o caso, descobrir a composição exata de qualquer uma das peças de Shakespeare não seria uma questão tão complicada). Se havia alguém que ganhava dinheiro vendendo cópias das peças, era o livreiro. O dramaturgo ganhava dinheiro com a encenação da peça — assim, quanto mais divertidas elas fossem, melhor. Por essa razão as peças eram (e ainda são) emendadas depois das primeiras apresentações, ajustando-se à reação da audiência.

Shakespeare era e ainda é uma marca, ou seja, um nome que indicava um certo padrão e estilo de entretenimento, mas também o cara que fez o esforço maior de escrita e, por isso, merecedor da maior parte do crédito. Funciona assim em várias indústrias hoje em dia — muita gente participa da produção de um roteiro de filme ou de uma série de televisão, mas normalmente apenas um ou talvez dois roteiristas recebem o crédito.

4.

Em 1614, Alonso Fernández de Avellaneda (um pseudônimo para algum escritor desconhecido) escreveu uma continuação para o *Dom Quixote* de Miguel de Cervantes. Esta continuação pode ou não ter ajudado a inspirar Cervantes a escrever sua própria continuação. Em sua dedicatória àquela continuação (independente de quem inspirou), o verdadeiro Cervantes afirma que o verdadeiro Quixote está "'com suas esporas, e à caminho', (...) de forma a afastar o ódio e o desgosto causado por outro Dom Quixote que, sob o nome de Segunda Parte, saiu mascarado por todo o mundo".[5] É bem assim que Anne Rice se sente sobre fanfiction, também.

Por outro lado, como o comentarista de internet "Berk" argumenta, "eu não chamaria [o Quixote "charlatão"] de fanfic, nem brincando — acho que a ideia principal do cara foi ganhar dinheiro em cima da popularidade da obra-prima de Cervantes, não prestar uma homenagem aos personagens que ele amava ou algo assim; esta é a impressão que tive das notas para as versões que li, pelo menos".[6]

No final do século XVI, no entanto, escrever com base no trabalho de outros escritores não era necessariamente uma *homenagem*; era simplesmente, como vimos, uma prática padrão. O que coloca este "Falso Quixote" à parte é que Avellaneda estava publicando seu trabalho *como a sequência real* — não uma versão alternativa, uma paródia explícita, ou homenagem, como o próprio Quixote estava fazendo com a tradição do romance. Se as leis de direitos autorais existissem naqueles dias, Cervantes provavelmente poderia ter aberto um processo, mas elas não existiam, portanto ele não teve outra escolha a não ser escrever sua própria e melhor sequência, na qual o verdadeiro Quixote (ficcional) descobre e zomba de seu impostor. De uma perspectiva *literária*, esta solução funcionou melhor do que um processo, de qualquer maneira.

5.

Em 1748, uma fã que se chamava Belfour escreve a Samuel Richardson sobre seu romance *Clarissa*, preocupada com o destino de seus personagens — ela estava preocupada com spoilers, tendo "ouvido que alguns dos conselheiros [de Richardson], que se deleitavam com o horror, (...) insistiam em estupros, ruínas e destruição".[7] Ela implora por um final melhor. Acontece que a principal preocupação desta fã não é com a heroína, mas com seu potencial estuprador: "Mas você precisa saber (mesmo que eu fique corada novamente) que, mesmo que isso me matasse, não poderia deixar de gostar de Lovelace. Um triste canalha! Por que você o fez tão perverso e, mesmo assim, tão agradável?"

Outra constante: nós amamos os caras maus, mas também amamos imaginar que eles são, na verdade, bons por dentro — talvez assim não tenhamos que corar muito. Belfour reescreve Lovelace de acordo: "Ele diz, às vezes deseja ser um bom homem (...) e, como desculpa para meu gosto por ele, preciso dizer, eu o fiz assim, de acordo com o desejo de meu próprio coração: um marido impecável, foi assim que o fiz." Ela pega uma característica que Richardson insinuou e se agarra a ela. Como Joss Whedon aconselhou mais tarde — talvez em circunstâncias similares —, se você não gosta da forma como uma cena acontece, reescreva você mesmo.

Como muitas fangirls, Belfour preferiria que o cânone funcionasse do jeito dela, e usa outras estratégias além de pedir: "Se você me desapontar, (...) que o ódio de todas as jovens, lindas e virtuosas o acompanhe para sempre! E que seus olhos nunca vejam nada mais do que idade e deformidade!" Independentemente da maldição carregada de preconceito de idade, Belfour também não gostaria de estar associada com o grupo demográfico errado: "Talvez você possa pensar que tudo isso vem de uma garotinha tonta de dezesseis anos; mas saiba que já passei a fase romântica da vida, apesar de ser jovem o suficiente para desejar que dois amantes sejam felizes no casamento." Fangirls de meia-idade de todas as eras odeiam ser confundidas com adolescentes — pelo menos, com base nas suas leituras e escrita.

Assim começa uma longa correspondência, porque Richardson é esperto o suficiente para se sentir adulado por tão intenso relacionamento com sua história. Ele leva de *forma muito séria* essa correspondência com uma interlocutora anônima que ameaça amaldiçoá-lo. Expressa remorso pela dor que causou, reconhece que também a sente e que ela não é "única" em seu desejo de "um final feliz, como é chamado", mas, mesmo assim, ele segue explicando por que decidiu dar à sua audiência não o que eles querem, como Whedon mais tarde colocaria, mas o que eles *precisam*. Richardson confessa que foi uma questão de surpresa "e na verdade de alguma preocupação" que um personagem que ele criou como sendo tão perverso desde a primeira letra "tenha encontrado tantos favores das boas e virtuosas". Esta mesma preocupação, ele diz, ajudou a convencê-lo da "necessidade" da "catástrofe" que ele realmente escreveu.

Como Richardson argumenta, ele poderia construir um salafrário como Lovelace, que estupra e seduz jovens mulheres virtuosas durante sua juventude, e depois, quando ele teve a sorte de conhecer a Escolhida, uma paladina de virtude sem igual, o recompensasse com ela e, algo ainda mais injusto, a recompensasse com ele? Na verdade, "não pode existir uma noção mais perniciosa, do que esta que é tão comumente recebida, de que um ~~vampiro~~ vigarista reformado pode se tornar o melhor marido. Foi esta noção que tive a intenção de combater e expor".

Mesmo assim, Richardson, o autor, não quer realmente que Belfour abandone seu romance. Ele fica "desencorajado e mortificado" quando ela diz que não vai aceitar "os volumes quando completados, se a catástrofe não for [como deseja]". Ele envia o volume seguinte mesmo assim — ela lê, lamenta, censura. A correspondência continua, e acontece uma reviravolta dolorosa; quando a ruína de Clarissa termina, Belfour anuncia que o está abandonando de novo, e Richardson escreve, essencialmente, que não se pode esperar que ele valorize muito a felicidade terrena quando ele mesmo perdeu seis filhos, uma esposa e duas filhas. Clarissa vai para o Céu. Já não está bom?

Assunto encerrado.

Richardson também quer deixar claro que ele se vê como um defensor das mulheres, um defensor de seu valor contra aqueles que as menosprezam, e que realmente fica chateado por ter inadvertidamente criado um homem muito ruim que, mesmo assim, as atrai. Ele provavelmente não foi o último escritor homem a ficar perplexo.

No final, Belfour — a identidade de Lady Bradshaigh dentro do fandom de *Clarissa* — usou o mesmo remédio de tantos outros colaboradores de *Fic*: reescreveu o maldito romance como bem queria. Foi o que também fez, como Elizabeth Judge explica, a irmã de Lady Bradshaigh, Lady Echlin, com quem Richardson também se correspondia, mas cujas preferências por um final um pouco menos trágico também sofreram a resistência por parte dele, mesmo que "brincando, ele tivesse escrito que Lovelace poderia também terminar sendo o governador de uma colônia americana".[8] (Que é, por falar nisso, exatamente como ele teria terminado, se Richardson tivesse vivido um século depois e se chamasse "Dickens", cujas obras também eram parodiadas e transformadas em pastiche.)

Judge, uma acadêmica em leis de propriedade intelectual que também é doutora em literatura, escreveu de forma mais extensa sobre estes e outros exemplos de fanfiction do século XVIII, e fala detalhadamente das reações de Richardson e outros autores perante o "sequestro" de personagens. Judge explica que, ainda que Richardson fosse cortês com "Belfour" e outras fãs que lhe escreviam, ele ficava profundamente desagradado com as muitas versões indecentes e continuações de seu primeiro livro, *Pamela*. Na verdade, seu desgosto ao ver sua heroína anterior usada tão mal o levou a matar a seguinte. É uma sorte, então, que ele nunca tenha vivido para ver a mais notória "fanfic" de *Pamela, ou a virtude recompensada*, que é *Justine, ou os infortúnios da virtude*, do Marquês de Sade. Em comparação, Richardson poderia ter ficado feliz em aceitar qualquer um dos cômicos finais felizes alternativos de Belfour, que Justine decididamente não vê. Como os escritores de fic erótica empolgados tendem a fazer depois que começam a escrever, @oDivinoMarquês deixa sua fic (Justine/Todo mundo — proibida para menores, NSFW, aviso de todos os gatilhos conhecidos e mais alguns) continuar por algumas centenas de milhares de palavras.

Neste ponto da história, a autoria crescia e se aproximava de algo mais semelhante à forma como a entendemos hoje. As fundações do direito autoral já estavam instaladas desde 1710 com o Estatuto de Anne; a alfabetização cresceu exponencialmente, criando uma audiência popular cada vez maior; bibliotecas itinerantes e jornais diminuíram o custo da leitura; e a propriedade intelectual era algo com a qual você (ou o editor para quem você vendesse) poderia lucrar através da circulação de cópias de seu trabalho. Se Richardson (caso ele tivesse vivido tempo suficiente) poderia ter processado o Marquês de Sade por violação dos direitos autorais é algo a ser debatido, mas também muito improvável — o padrão emergente estabelecido pela jurisprudência britânica desenvolvia uma noção de uso justo que argumentava mais em prol do trabalho investido em um livro específico do que na originalidade deste livro. (Além disso, não só Richardson estava morto, mas *Justine* foi publicado na França revolucionária de 1791, quando a Inglaterra e a França tinham questões para resolver além dos direitos autorais internacionais.) Um processo de direitos autorais teria feito pouca diferença no destino de Sade, de qualquer forma. Ele já tinha sido preso (escreveu *Justine* na Bastilha, antes da Revolução), libertado, e acabaria sendo preso novamente e internado como insano por ordem de Napoleão Bonaparte. O Imperador tinha ouvido falar em *Justine*. Na verdade, ele o chamou de "o livro mais abominável já criado pela mais depravada imaginação", e mandou que fosse destruído. (A menos que esteja me confundindo com o que algumas ativistas ultrajadas disseram sobre *Cinquenta tons de cinza* antes de queimarem seus livros. As pessoas podem ser muito *mal-humoradas* quando se trata de fic erótica. Se Simone de Beauvoir concluiu que não precisávamos queimar Sade, no entanto, duvido que ela tivesse muito tempo para queimar a versão *light* de Sade.)

6.

Em uma epígrafe para um capítulo de *Middlemarch*, seu muito adorado e quase perfeito romance, George Eliot conta uma história sobre duas crianças leitoras que sabemos ser autobiográfica. É uma história familiar — pelo menos para muitos escritores de fic. Estas crianças se apaixonam por um livro, seu mundo, e seu autor, cujo nome "tomou suas almas e mexeu com tantas emoções ali" e "[fez] o pequeno mundo que suas infâncias conheciam/Grande" — grande não só com paisagens novas e selvagens, mas com "maravilhosa crença no amor/A Walter Scott".

Em outras palavras, muito antes que Mary Ann Evans se tornasse George Eliot, um dos romancistas mais respeitados e sérios de todos os tempos, ela era uma fangirl de romances históricos. Mas a pobre tinha se apaixonado por um livro emprestado! Foi devolvido antes que ela pudesse acabar de ler! O que uma romancista bebê faz? Termina a história ela mesma, claro; "em linhas", ela nos conta de uma forma um pouco opaca, "irregulares como as feitas por aranhas gordas".

É isso mesmo. George Eliot deu uma de fangirl e então escreveu fic.

Não era lá muito boa, ela sugere. Nunca vamos saber; aquelas aranhas fugiram. A fic primordial de George Eliot desapareceu. E, como Naomi Novik, a autora e ex-escritora de fanfic histórica (da série *Master and Commander*), sinto que esta fic perdida é uma parte importante da história literária e gostaria que tivesse sido preservada. Para evitar este destino de aranha para a futura fanfiction, Novik ajudou a gerir a Organization for Transformative Works, instituição sem fins lucrativos, que não só fornece um arquivo independente e estável (Archive of Our Own), mas também informa os fan writers sobre seus direitos legais em relação a seus fanworks. Claro, muitos escritores continuam a fazer o máximo possível para apagar as origens de sua fanfiction.

Tudo bem. Ainda temos o pastiche dos romances sentimentais que Jane Austen escreveu aos catorze anos e as histórias sobre o duque de Wellington da família Brontë para ler.

Esta é, então, a história da fanfiction, seu caminho para legitimidade e respeito? O aprendizado literário de jovens romancistas sobre seu futuro ofício, metendo seus dentes nos mundos de outros até crescerem e conseguirem ficar em seus próprios pés? Um bom número de escritores neste volume ainda vê suas carreiras de fanfiction iniciais desta forma: uma fase a ser ultrapassada, um playground da infância — ou uma caixa de areia, como diz a convenção (as notas de autores de fanfiction geralmente explicam que estão brincando "na caixa de areia de outro escritor").

Na verdade, não é tão simples — não era no século XIX, e é menos ainda hoje.

Um colega romancista de George Eliot — já adulto — tinha desígnios similares com os personagens de Sir Walter Scott. Como muitos leitores, William Makepeace Thackeray ficou insatisfeito com o resultado romântico do adorado livro *Ivanhoé*, de Scott. Thackeray sabia que tinha companhia; *todo mundo* queria que o herói ficasse com a corajosa heroína judia, Rebecca, e não com a loira chata. Assim, Thackeray escreveu para fãs com ideias afins, e se dirige especificamente a eles na nota do autor: "Leitores de romance adorados e gentis mecenas de romance, com certeza ocorreu frequentemente a todos vocês que os livros que adoramos possuem conclusões pouco satisfatórias, e terminam de forma muito prematura com a página 320 do terceiro volume."[9] Assim, Thackeray sucumbiu — e só parcialmente irônico — ao canto da sereia por "mais", o que motivou tantas gerações de fan writers. "Mais", claro, mas também, "mais do que *eu* quero."

Thackeray tinha adorado Rebecca desde a infância — mas esta continuação não foi um aprendizado infantil. Como S. E. Hinton hoje, uma romancista respeitada e publicada desde os dezessete anos, mas também conhecida por escrever "*outtakes*" de fanfiction e cenas perdidas de seu programa de TV favorito, *Supernatural*, Thackeray escreveu fic *depois* da publicação de seu trabalho mais conhecido, *A feira das vaidades* (cuja famosa heroína, Becky Sharp, é outra Rebecca). Thackeray escreveu por um conjunto de razões familiares a escritores de fic — uma combinação de realização de um desejo, crítica, paródia e prazer. Como muitos escritores de fic que tenho lido e ensinado, Thackeray teve muitos argumentos sérios a apresentar, entre eles a insatisfação com seu próprio gênero literário. Ele estava frustrado com o final convencional do romance com um casamento e com a escassez de quaisquer heróis e heroínas acima de trinta anos: "Eu perguntaria a qualquer um de vocês se é justo supor que as pessoas depois de certa idade não têm nada digno de nota em suas vidas. (...) Vamos ter romances com pessoas de meia-idade, então." Ele lamenta que muitos de seus contemporâneos abandonam seus personagens mais interessantes e admiráveis quando ainda são "meros moleques", e espera que estes escritores ainda vivos concordem em dar aos leitores um pouco mais.

Só que Walter Scott está morto, e Rebecca sempre foi um desses personagens dos quais os leitores querem ouvir mais. Thackeray também *não consegue* "acreditar que tal mulher (...) pudesse desaparecer completamente perante outra mulher tal e qual Rowena, aquela criatura insípida, de cabelo loiro, que, na minha humilde opinião [IMHO], não era digna de Ivanhoé, nem digna de seu lugar como heroína". William Makepeace

Thackeray era, obviamente, um shipper total. Mas Thackeray, assim como seus descendentes Kirk/Spock, Johnlock e (nos primeiros anos) "Sculder", deve confrontar os problemas do cânone: "Afinal, ela casou com Ivanhoé. O que deve ser feito? Não há o que fazer. Ali está, em branco e preto, no final do terceiro volume." Os leitores são realmente forçados a aceitar que seu adorado Ivanhoé poderia "sentar-se contente por toda a vida ao lado deste pedaço frígido de decência, desta gélida, impecável, puritana, refinada Rowena?".

Não se Thackeray puder fazer algo a respeito. Rowena, em sua continuação, sabe muito bem que era superada pela "Judia", e, como esposa, "estava sempre jogando Rebecca contra Ivanhoé". A Rowena devota se torna uma megera antissemita, uma reclamona — na verdade, um personagem típico na fanfiction, quase um molde para o tipo de caracterização punitiva que gerações de fan writers infligiram às rivais infelizes (mesmo que geralmente bem-sucedidos canonicamente) que ameaçam seu Casal Verdadeiro. Li este personagem — este mesmo personagem, com adaptações menores — como Angel *ou* Buffy, Bella *ou* Jacob, e até, em slash fic, Scully — repetidamente vezes sem conta. Thackeray insiste que está escrevendo um "romance de meia-idade", mas aqui ele parece totalmente a fangirl adolescente. Não — e eu estou falando sério — que haja algo errado com isso.

7.

Nenhuma destas práticas literárias anteriores são *exatamente* o equivalente do que entendemos como fanfiction hoje. As razões para esta diferença estão, espero, claras a partir dos próprios exemplos como eu os expliquei: nossa compreensão das relações centrais — as que existem de forma variada entre escritores, textos, leitores, editores, objeto publicado e fonte — muda com o tempo. O que não muda, ou melhor, o que nunca desaparece, é o hábito comum de escrever a partir de fontes. Escritores sempre entraram e intervieram em histórias familiares e estilos, e colaboraram na autoria através de discussões ou outras formas de influência. Apesar dessa multiplicidade de fontes e processos, temos há muito tempo dado (ou cedido) crédito, no final, a um único nome autoral — e a fanfiction, com todo seu deleite colaborativo, continua esta tradição. Conversamos sobre o trabalho de Ivy Blossom, Nautibitz, tby789 ou Snowqueens Icedragon, mesmo que estes escritores estivessem sempre incorporando sugestões e se baseando numa coleção de outros escritos — como outros escritores fazem. A fic simplesmente não esconde.

Hoje, algumas destas práticas historicamente estabelecidas são chamadas de "fanfiction", outras de "adaptação", "sampling", "apropriação", "inspiração" ou "homenagem". Diferenças em nomenclatura têm a ver com direitos autorais, posse, atitude autoral e produto final. Estes nomes *podem* sugerir importantes diferenças criativas e também legais, e não quero ignorá-las, mesmo que, a meu ver, não sejam diferenciadas de forma confiável por tais palavras. Como muitos dos trabalhos contemporâneos que poderiam ser descritos por estes termos mais neutros e familiares, os exemplos históricos que eu discuti estão *relacionados* ao que entendemos como fanwriting (e há muitos, muitos outros exemplos; eu ousaria sugerir que há tantos exemplos quanto houve escritores na história). O que chamamos de fanfiction hoje é outra coisa, no entanto: não se trata apenas de escrever histórias sobre personagens e mundos existentes — é escrever essas histórias para uma comunidade de leitores que já querem lê-las, que querem conversar sobre elas e que podem estar escrevendo, também.

O Visual da Fic: Década de 1800

Uma página da "fanfiction" sobre Duque de Wellington, das jovens Brontë, como impresso em sua revista familiar, um pastiche da influente *Blackwood's Magazine*. [MS Lowell 1 (7). Biblioteca Houghton, Universidade Harvard.]

O primeiro fandom de fanwriting, e um que está mais forte hoje do que nunca.

O Material de Sherlock Holmes: Um Estudo em Fanfic

SHERLOCK HOLMES praticamente começou na mídia de massa — mesmo que, na verdade, *só* praticamente. As primeiras e mais longas aventuras de Holmes — *Um estudo em vermelho* (1887) e *O signo dos quatro* (1890) — foram publicadas como livros e só conseguiram um sucesso modesto. Mas, a partir de 1891, os contos de Sherlock Holmes começaram a aparecer na revista *The Strand*, e o detetive imediatamente motivou as vendas. Em sua autobiografia, de 1924, Doyle afirma que começou a escrever os contos mais curtos como uma forma de publicar na *The Strand* — a forma, assim, modificada pelas oportunidades do mercado:

> Considerando estas várias revistas com suas histórias desconectadas, me ocorreu que um único personagem repetindo-se em uma série, caso ele conquistasse a atenção do leitor, iria prender aquele leitor àquela revista em particular. (...) Olhando ao redor para meu personagem central, senti que Sherlock Holmes, que eu já tinha publicado em dois livros, facilmente poderia funcionar em uma sucessão de contos.[10]

E funcionou. Uma sucessão de cinquenta e seis histórias na *Strand*, frequentemente ilustradas, apareceu em seguida, ajudando a aumentar rapidamente a circulação da revista para 500 mil exemplares. Os romances mais populares de Dickens venderam essa quantidade (e alguns, mais) ao longo de toda sua vida; Doyle alcançou esse número de leitores simultaneamente, e de forma repetida, durante muitos anos.

Este relacionamento próximo do material com a mídia e com a nova e mais avançada forma de distribuição de mídia continuou. Sherlock Holmes produziu o maior número de continuações, pastiches e adaptações, no maior número de mídias, de todos os tempos. Foi a primeira fandom formal — com regras. Com uma *constituição.* ("Artigo III: Para serem aceitas como membros, todas as pessoas devem passar por um exame nas Escrituras Sagradas aplicado por representantes da sociedade.") Os Baker Street Irregulars — este fã-clube tão formal e exclusivo — ainda estão nas notícias; eles processaram recentemente os herdeiros de Doyle, afirmando que Sherlock Holmes está em domínio público e, na verdade, pertence a todos nós.

Discussões legais à parte (e, na maior parte, este livro fica distante disso — sou professora de literatura, não advogada de propriedade intelectual), Sherlock Holmes ajudou a estabelecer um gênero tremendamente popular: as histórias de detetives. Ele é parte de nosso vernáculo, e quando eu falo "nosso", estou falando em um sentido global. As primeiras adaptações para o cinema alemãs datam do começo do século XX; *O Xangô de Baker Street* o coloca no Rio. Há dramas de rádio com Sherlock Holmes em hindi, um desenho japonês chamado *Sherlock Hound.* A televisão soviética produziu uma adaptação russa muito apreciada. Hoje, Sherlock Holmes é conhecido no mundo todo até por gente que nunca leu uma palavra das histórias originais de Doyle. O número bruto de grandes adaptações correntes — três enormes franquias de mídia (os filmes de Guy Ritchie/Robert Downey Jr./Jude Law; o *Sherlock* da BBC; e *Elementary*, da CBS, com seu gênero travestido) — garante uma certa atualidade contemporânea, e isso só no nosso próprio momento histórico. Sherlock Holmes gerou uma vasta história de adaptações igualmente bem-sucedidas. O Holmes de William Gillette no palco. John Barrymore. Basil Rathbone e Nigel Bruce. Raymond Massey. John Gielgud no rádio. Leonard Nimoy no palco. Peter O'Toole em dublagem. Christopher Plummer. Michael Caine. John Cleese. *A vida íntima de Sherlock Holmes*, de Billy Wilder, sobre a sexualidade bastante reprimida e ambígua de Holmes. *Visões de Sherlock Holmes* sobre vício em cocaína e a psicanálise. A clássica série da Granada Television estrelando Jeremy Brett, cuja dedicação ao papel danificou tragicamente sua saúde mental e física. *The Return of Sherlock Holmes*, com sua Watson mulher. *O enigma da pirâmide. As peripécias do ratinho detetive.*

Eu cresci assistindo a Sherlock Holmes. Minha mãe e meu pai também. E os pais deles. Minha filha adolescente tem brincos do *Sherlock*. O século anterior fez com que a adaptação, continuação, transposição e reinterpretação de Sherlock Holmes se tornasse familiar e popular o suficiente para apoiar a atual obsessão cultural de nosso próprio século. Estamos muito acostumados a reconhecer Sherlock Holmes em múltiplas versões, por múltiplos autores. Então, se ainda parece algo estranho para alguns leitores pensar em escrita e autoria nestes termos, quando chamamos isso de "fanfiction" e a lemos online, poderíamos lembrá-los que, para a cultura comercial e para escritores amadores, Sherlock Holmes foi "um ponto fixo em uma era de mudanças". Do ponto de vista criativo, como estes impulsos para recontá-lo e readaptá-lo diferem?

As Primeiras Aventuras Apócrifas de Sherlock Holmes

No mundo da fanfiction literária, dois nomes predominam: Jane Austen e Sherlock Holmes.

Logo de início, isso parece um paralelismo falso. E é.

Os fãs de Austen são os "janeitas". Eles demostram reverência ao redor da própria autora, "a Divina Jane", enquanto os fãs de Sherlock Holmes são "sherlockianos" ou (em uma designação mais antiga e formal) "holmesianos". Um dos princípios do fandom de Holmes (um fandom oficial, na verdade) é insistir na primazia dos personagens, entender Arthur Conan Doyle como agente literário do verdadeiro autor, John Watson, que estava simplesmente, como afirmam as histórias, registrando suas aventuras com seu amigo detetive. Estes fãs possuem pouco ou nenhum interesse nas outras obras de ficção não holmesiana do "agente".

Doyle notoriamente percebeu que algo desse tipo ia acontecer, e não tinha nenhum desejo de ser eclipsado por suas criações. Estava escrevendo ficção histórica séria — *Micah Clarke* (1888), por exemplo, ou *A Companhia Branca* (1891) — e não tinha a intenção de ser lembrado apenas por seus trabalhos puramente comerciais. Se houve um escritor que conheceu a verdade profunda do provérbio de Joss Whedon de que "a arte não é seu bicho de estimação", esse foi Doyle. Realmente, o que ele mais queria com Sherlock Holmes e John Watson era ganhar um pouco de dinheiro. Ele se divertia com os dois. Tenho certeza de que gostava deles, desfrutava de levá-los para brincar. As pessoas o conheceram por seus "bichos de estimação" (como aqueles de nós que frenquentamos parques de cachorros sabemos que acontece), e ele temia que logo seria conhecido só por isso: "Eu vi que corria o risco de ser identificado inteiramente pelo que via como um estrato menor de conquista literária."

Por isso ele tentou matar Holmes. E não funcionou.

Claro, de certa forma, funcionou bem demais. A novidade se espalhou rapidamente. A publicação em dezembro de 1893 de "O Problema Final" relatava a queda de Holmes em uma garganta nas Cataratas de Reichenbach, na Suíça. Jornais publicaram obituários para o personagem ficcional. Pessoas marcharam nas ruas usando braçadeiras negras. Também continuaram a fazer o que já faziam antes: comprando os outros trabalhos de Doyle em quantidades muito menores, por mais respeitados que fossem em sua época, enquanto traziam Holmes à vida de outras formas: no palco e em paródias e pastiches — alguns perfeitamente legais, outros simplesmente não contestados.

Em 1893 (antes que a morte de Holmes iniciasse o período que os fãs chamam de O Grande Hiato), a revista *Punch* publicou oito histórias e pastiches sob o título de "The Adventures of Picklock Holes", incluindo uma escrita por um membro liberal do Parlamento. Também em 1893, J. M. Barrie, famoso por *Peter Pan* — que tinha trabalhado com Doyle em uma peça malsucedida —, escreveu uma paródia que agradou muito a Doyle, tanto que este a incluiu em sua autobiografia. "The Adventures of the Two Collaborators" começa com Holmes e Watson em seus quartos na Baker Street: Watson estava escrevendo, Holmes, "divertindo-se com um pouco de prática com o revólver. Era seu costume nas tardes de verão atirar em volta da minha cabeça... até criar uma foto minha na parede oposta". Watson invariavelmente "se levanta num salto" em um assombro perpétuo, enquanto Holmes vê dois "personagens literários" e reconhece um como "aquele camarada grande" que roubou o crédito da maioria das conquistas de Holmes (Doyle não era um homem pequeno). Doyle e Barrie entram e exigem que Holmes deduza por que o público se recusa a ir assistir à peça fracassada deles, e o detetive o faz de forma brilhante: "Eles preferem ficar longe." O autor tenta forçar a criatura a ir ao teatro e, com sua recusa, decide matá-lo. As últimas palavras de Holmes: "Louco, louco! Eu o mantive no luxo por muitos anos. Com minha ajuda você andou extensivamente em táxis, algo que nenhum outro autor conseguiu fazer. *A partir de agora, você vai andar de ônibus!*"

No final, em resposta à exigência popular (e, talvez, por ter que andar de ônibus), Doyle acaba "encontrando" outros escritos de Watson. O primeiro retorno do detetive, *O cão dos Baskervilles*, apareceu como série em *The Strand* em 1901-1902, mas foi ambientada antes da morte de Holmes — ele estava de volta, por assim dizer, mas não havia voltado dos mortos. Finalmente, no entanto, toda uma década depois de tentar matá-lo, Doyle trouxe Holmes de volta à vida em "A casa vazia" (ele aparece, Watson desmaia, mas a Sra. Watson está convenientemente morta, então foi melhor assim).

Os holmesianos foram "descobrindo" novos casos desde então, geralmente preenchendo as várias alusões oblíquas com as quais Watson apimentou seus escritos originais — casos política ou socialmente muito sensíveis para serem relatados ao público ou aqueles para os quais, como o Rato Gigante de Sumatra, "o mundo ainda não estava preparado". Muitas destas histórias, como foi o caso com um dos pastiches mais conhecidos, "Adventure of the Unique Hamlet", escrito por Vincent Starrett em 1920, foram impressas de forma privada e circularam entre amigos antes de serem reunidas em volumes como o *Misadventures of Sherlock Holmes*, de Ellery Queen, em 1944. As paródias continuaram a aparecer: a primeira venda de A. A. Milne foi "The Rape of the Sherlock" (o título ["O estupro de Sherlock"] é uma brincadeira com um poema satírico de Alexander Pope, não tem relação alguma com uma convocação não consensual a um kink meme) e todo mundo, de Mark Twain a O. Henry e Bret Harte a John Lennon, parece ter escrito uma, em algum momento. Com muita frequência estes casos "apócrifos" foram publicados com algumas mudanças mais ou menos veladas no nome (Schlock Holmes, Solar Pons) ou foram licenciados pelos herdeiros de Doyle; enquanto, em outros exemplos, uma genuína confusão foi criada, com a dúvida se uma história "encontrada" era realmente de Doyle. Pelo menos uma vez, o próprio Doyle, sem saber, contribuiu para um caso de identidade equivocada.

Em sua apresentação a *The Further Adventures of Sherlock Holmes*, Richard Lancelyn Green conta o incidente de uma destas histórias que foi "Encontrada!", como a revista *Cosmopolitan*, de William Randolph Hearst, afirmou em uma manchete de 1948. No entanto, quando os sherlockianos leram esta suposta história, ficaram pouco impressionados por sua qualidade e logo começam a se espalhar rumores de que seria uma falsificação, ou uma imitação feita pelo (ressentido) filho de Doyle, Adrian. No final, descobriu-se que não era nenhum dos dois. Um arquiteto chamado Arthur Whitaker a tinha escrito no seu tempo livre e enviado a Doyle em 1911, esperando que pudesse colaborar em novas histórias de Holmes. Doyle respondeu em uma carta de 17 de março de 1911: "Caro senhor, li sua história. Não é ruim e não vejo por que o senhor não poderia mudar os nomes e tentar publicá-la. Claro que o senhor não poderia usar os nomes de meus personagens."[11]

Doyle explicou mais a fundo que, dentre suas razões para recusar, a colaboração com outro escritor faria com que seus editores diminuíssem seus pagamentos em 75%. Ele também, no entanto, ofereceu-se para comprar a ideia para a história, algo que fez com outros autores que escreviam sobre Holmes, desde que Whitaker concordasse em renunciar a todos os direitos e créditos, e entendesse que Doyle não tinha assumido nenhum compromisso de usar a ideia. Doyle recomendou de novo que Whitaker publicasse ele mesmo, mas, em vez disso, Whitaker aceitou a oferta de comprar o conceito. Encorajado por este sucesso, Whitaker escreveu várias outras histórias, uma das quais foi publicada, com um detetive chamado "Harold Quest". Este incidente explica a confusão da origem da história, e também ilustra como a questão de "raspar os números de série" — revisar fanworks para publicá-las como "originais", ao estilo de *Cinquenta tons* — nem sempre gerou a mesma controvérsia e irritação como hoje. Da mesma forma, August Derleth, fundador da editora de ficção de gênero Arkham House, começou sua série Solar Pons obviamente inspirada por Holmes com "The Adventure of the Circular Room", um pastiche completo de Sherlock Holmes, no *Baker Street Journal*, em 1946. Em 1951, ele a publicou, com os nomes dos personagens mudados, em *The Memoirs of Solar Pons*.[12]

Mudar o sexo dos personagens, outra prática comum na fanfiction que atualmente vem encontrando sucesso comercial (como em *Elementary*, da CBS), parece ter começado na fandom Sherlock Holmes com o discurso (um tanto) irônico de Rex Stout aos Baker Street Irregulars, "Watson Was a Woman". Stout (mais conhecido por seu imenso detetive montenegrino Nero Wolfe) gerou polêmica com esta leitura atenta, encontrando abundantes evidências "n'As Escrituras Sagradas" do gênero feminino de Watson em suas reclamações constantes a Holmes quanto às drogas, ao cigarro e aos palavrões — e se isso não fosse suficiente: "Imagine um homem pedindo a outro homem para tocar *Lieder* de Mendelssohn no violino!"

Inicialmente, Stout se preocupa com a possibilidade de o casal viver em pecado: "Era inquestionavelmente uma mulher falando de um homem, sim, mas se era a esposa de um marido ou a amante de um homem... Admito que fiquei ruborizado. Fiquei ruborizado por Sherlock Holmes e fechei o livro." Ele alivia sua preocupação sobre a moralidade da intimidade entre Doutora Watson e Sherlock Holmes deduzindo que eles estão casados por outras observações tiradas do texto: a asserção de Watson de que ela é "o mais longamente sofredor dos mortais" e sua reclamação de que ela se tornara um "hábito" para Holmes — "como uma instituição, eu era tal qual o violino, o tabaco, o velho cachimbo preto, os livros de índice e outros talvez menos desculpáveis."

Quanto à questão "quem era esta pessoa cujo *nom de plume* era 'Doutor Watson'?, de onde ela veio?". Stout, em um *tour de force* anagramático bastante incrível de decifração e decodificação, criou o nome "Irene Watson". Claro, aquela que sempre fora conhecida como "*a* mulher", como afirma o conto de Sherlock Holmes "Um escândalo na Boêmia", era conhecida como Irene Adler. Adler, Stout afirma, "alguém que... aturde. Estonteia. Confunde". Aí, é fácil para Stout "deduzir" o casamento — Holmes estava presente no casamento dela, afinal:

> Foi relatado que ele estava lá como testemunha, mas é pura besteira. O próprio Holmes afirma: "Fui meio empurrado até o altar e, antes de saber o que se passava, percebi que murmurava frases..." Estas não são as palavras de uma testemunha indiferente, mas de um homem forçado, enganado, relutante — resumindo, um noivo.[13]

Stout conclui especulando que pesquisas mais profundas podem jogar um pouco de luz sobre os pais de outro detetive literário, Lorde Peter Wimsey.

Stout está, em essência, jogando o clássico "Grande Jogo", aplicando os métodos de "crítica elevada" às "Escrituras Sagradas" com toda a seriedade devida à Bíblia. A autora de Lorde Peter (podemos dizer, sua mãe), Dorothy L. Sayers, também era uma notória participante do Jogo, e explicou que ele "deve ser jogado de forma tão solene quanto uma partida de críquete no Lord's". Ela também escreveu muito sobre a "ascendência" de Holmes ou as influências sobre o gênero escolhido, até por seu personagem, mas também fez com que os dois detetives se conhecessem em um drama radial para a BBC. Sherlock Holmes aparece no trabalho de Rex Stout, também. Não apenas o próprio detetive gênio misógino de Stout, Nero Wolfe, e seu assistente e cronista estilo Watson, Archie Goodwin, vivem juntos, mas em cima da mesa de Archie há uma foto de Holmes.

Em seus anos finais, Doyle estava muito mais preocupado com as vidas das fadas do que com os detetives particulares. Ele também tinha um interesse sério na vida após a morte. Mas quem teve uma vida após a morte realmente incrível foi, claro, seu detetive e seu amigo longamente sofredor.

Ao contrário da maioria do material neste volume, a história que acabei de apresentar foi bastante estudada e mencionada em livros populares, publicados profissionalmente, assim como em várias revistas amadoras e profissionais devotadas ao estudo de Sherlock. Pastiches no estilo canônico clássico ainda estão sendo publicados, mas isso não é o foco da fanfic da internet relacionada a Sherlock Holmes hoje em dia. Em vez disso, este foco está no *Sherlock* da BBC, que atrai um grupo eclético e talentoso de escritores, alguns dos quais escreveram em outros fandoms de Sherlock Holmes e assim mantêm uma conexão explícita com encarnações anteriores — algo parecido com a própria série da BBC. As regras e o campo de jogo, como aprendemos com o fandom contemporâneo de Sherlock, mudaram consideravelmente. Mas o jogo ainda está rolando.

O Visual da Fic: Década de 1920

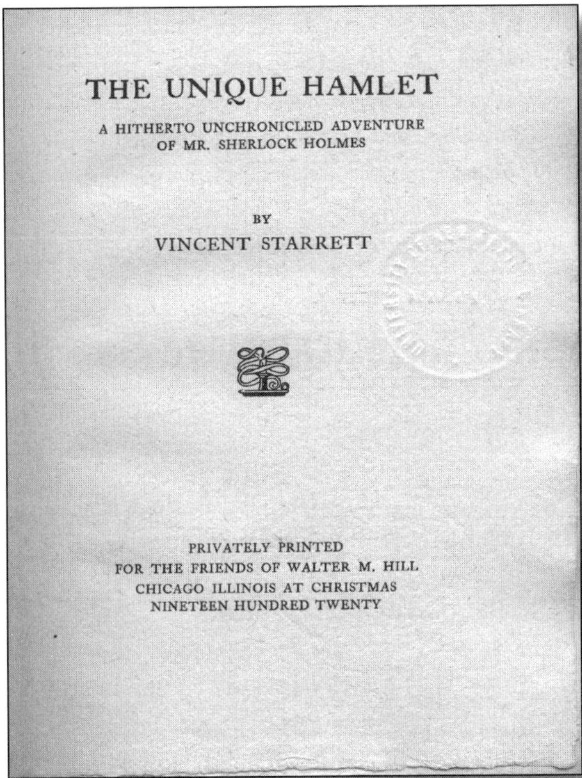

THE UNIQUE HAMLET

A HITHERTO UNCHRONICLED ADVENTURE
OF MR. SHERLOCK HOLMES

BY

VINCENT STARRETT

PRIVATELY PRINTED
FOR THE FRIENDS OF WALTER M. HILL
CHICAGO ILLINOIS AT CHRISTMAS
NINETEEN HUNDRED TWENTY

Pastiche de Sherlock Holmes impresso de forma privada.

Starrett, Vincent. 1920. *The unique Hamlet: a hitherto unchronicled adventure of Mr. Sherlock Holmes*. Chicago, Illinois: Impresso em particular para os amigos de Walter M. Hill. [Página de rosto cortesia do Center for Southwest Research, Biblioteca Universitária, Universidade do Novo México.]

Com mais de 400 mil palavras de fanfiction publicadas nos últimos dois anos, Atlin Merrick pode ser um dos peixes mais ocupados no agitado lago do fandom de Sherlock. Enquanto aparentemente tenta superar a produção de 600 mil palavras sobre Holmes do próprio Arthur Conan Doyle, ela "nada também nos lagos do Twitter e Tumblr, criando e reblogando coisas que você não deveria olhar quando está trabalhando".

Aqui, Atling Merrick nos apresenta o mundo da fanfiction contemporânea de Sherlock, deixando evidentes algumas das rupturas mais notáveis com a tradição em tom de sépia do pastiche vitoriano. Ela também argumenta, no entanto, que o foco do fandom contemporâneo no relacionamento íntimo entre o Sherlock e o John reimaginados da BBC está construído sobre uma base claramente estabelecida nas histórias de Doyle.

Louca como uma Caixa de Sapatos

Wendy C. Fries (Atlin Merrick)

Rápido, no que você pensa quando eu falo de Sherlock Holmes?

Homens com 1,80 metros perambulando por cenas de crimes com saltos de 13 centímetros?

Caveiras falantes dando conselhos sobre sexo?

Médicos dando uma de detetives entre perseguições, casos e pistas?

O quê? Ah, me desculpe. Você estava pensando em iluminação a gás, chapeuzinhos com abas, carruagens puxadas por cavalos e charnecas nebulosas, não é mesmo?

Bom, pode passar o lubrificante, Toto, acho que não estamos mais no Kansas.

O nascimento de uma lenda brilhante

Para um homem com mais de 125 anos — a primeira história de Sherlock foi publicada em 1887 —, o único detetive consultor do mundo parece estar fantasticamente saudável. Isso se o visual do ator britânico Benedict Cumberbatch for alguma indicação e, julgando pela sua súbita e vertiginosa ascensão à fama, com toda e absoluta certeza é.

A série *Sherlock*, da BBC, traz o detetive e seu médico militar para a Londres do século XXI, trocando cartolas por celulares e paralelepípedos por táxis negros, mas a modernização reteve os encantos que ajudaram estes personagens a durar mais de um século.

O renascimento de uma lenda brilhante e sexy

Agora, considerando seu tempo e lugar, é improvável que Doyle pensasse em John e Sherlock como sendo algo mais que amigos, mas isso não o impediu de escrever, em quatro romances e cinquenta e seis contos, algo muito parecido com um caso amoroso.

Porque, honestamente, somente o amor verdadeiro poderia explicar que um homem tão irritante quanto Holmes estivesse disposto a domar sua língua por um amigo, e somente uma afeição profunda e duradoura poderia evitar que um ex-soldado como Watson estrangulasse o gênio mal-humorado na cama deles.

Eu falei cama *deles*?

Bom, parece que isso nos trouxe de volta ao sexo, às caveiras, ao salto alto... e à fanfiction.

Quando Doyle mandou Sherlock e seu arqui-inimigo, Moriarty, para a morte nas Cataratas de Reichenbach há mais de 100 anos, devotos do detetive fizeram, com suas canetas, com que ele ressuscitasse muito antes de Doyle, dez anos depois. Porque é o que os humanos fazem: pegamos mitos adorados e os mantemos vivos muito depois que os contadores param de contar. Nós contamos *histórias*.

Olhe alguns poucos sites de ficção de *Sherlock* e você vai encontrar histórias de uma caveira que fala na cornija da lareira; um médico do exército que também é um lobisomem, vampiro ou professor; um detetive consultor com asas, ou óleo e metal, em vez de carne e osso; e muitas vezes você vai encontrar dois homens que entregam seus corações — e corpos — ao seu único amigo. E, apesar de existir muita fic que pode ser lida por crianças, também há sexo, sexo, *muito* sexo.

Que Doyle nunca tenha dito que Watson e Holmes eram amantes será para sempre irrelevante. Nestes nossos tempos, um pouco mais tolerantes, aqueles que quiseram escreveram as histórias não contadas, tumultuosas histórias de romance e sacanagem, de aventura, amor e necessidade.

Então, com a ajuda de sites de fanfiction como Archive of Our Own e LiveJournal, os fãs de *Sherlock* criaram dezenas de tropos, dos esperados — um médico militar provavelmente *seria* um filho da puta durão — até o possivelmente insano — este mesmo homem como um felino que ama geleia e veste suéter?

Como se não fosse suficiente, alguns escritores de *Sherlock* também editam sua ficção em formatos incomuns. Uma história 5 + 1 — "Cinco vezes em que Sherlock gemeu o nome de John e uma vez que ele cantou", por exemplo — consiste de cinco vinhetas onde Sherlock faz o primeiro e termina com uma vinheta onde ele faz o segundo.

Os rapazes da 221B Baker também inspiraram um estilo viciante de contar histórias chamado 221B. Estes pequenos contos são histórias completas contadas em exatas 221 palavras, com a última começando com B.

Acrescentando gasolina ao fogo, o Tumblr — um tipo de blog comunitário — provou ser um solo fértil para o surgimento de ideias. Através desse website centrado principalmente em fotos e arte, os fanworks do Tumblr deram espaço muitas vezes a tropos de fandom ridículos, mas adoráveis— John Watson usa cuecas vermelhas, Sherlock Holmes adora salto alto, os dois gostam de plaquinhas de cachorro —, que então encontram espaço em pequenas fics de Tumblr, que assim podem crescer como uma nova arte, e isso continua sem fim...

Uau.

Então, qual é a raiz desta louca criatividade?

Louca como uma caixa de sapos, sério

Há muitas razões pelas quais os fãs de *Sherlock* da BBC são completamente loucos, incrivelmente criativos e muito tarados.

Primeiro de tudo, eles estão famintos.

Devotos das séries norte-americanas recebem vinte e dois episódios por ano. Fãs da maioria das séries britânicas recebem seis, oito, talvez uma dúzia.

O fandom de *Sherlock* recebe três. O fandom de *Sherlock* recebe três episódios de televisão entre cada dezoito e vinte e quatro meses. O fandom de *Sherlock* está profunda, contínua e inventivamente *faminto*. Com três #@%$& de episódios produzidos a cada ano e meio, é claro que *alguém* precisa preencher o vazio.

E é o que fazemos, com histórias dos rapazes de Baker Street cheias de amor e desejo. Eles podem ser casados, namorados ou pais. Às vezes estão em um caso em Londres, ou procurando pistas no Louvre ou em Hogwarts, ou nos Estados Unidos. E para todo lugar que você olhar eles estão fazendo sexo. Sexo por *todo lado*.

Não há nenhum pequeno lugar solitário sem amor na fandom de *Sherlock*. Você tem um fetiche por um homem magro de salto alto, talvez usando um terno feito à mão e andando ao redor de uma cena de crime? Este fandom cuida de você.

Quer ver aquela mesma criatura atraente em meias 7/8 e calcinha indecente? Aqui está.

Talvez você sinta tesão por diferenças de altura, chicotes de montaria, uniforme de exército, dragões? Talvez você tenha uma queda por sexo em público, sexo lento, sexo rápido, sexo silencioso, sexo escandaloso? Você gosta de falar sacanagem, chuva dourada, comidas deliciosas? Tem um app para isso — bem, tem dezenas de fanfictions para isso.

E as histórias são geralmente excelentes. Possivelmente porque, ao contrário daquelas ótimas séries de TV com o rei e o mago, os adolescentes-lobo eternamente sem camisa ou os irmãos e o anjo, este fandom conta com muitos seguidores de mais de trinta e de quarenta anos, e um número surpreendente deles escreve livros de verdade de dia e depois relaxa escrevendo fanfiction de *Sherlock* à noite.

Mas a fome não é a única coisa alimentando as chamas da caldeira criativa dos fãs de *Sherlock*. A humanidade dos personagens também é um atrativo.

Em segundo, Sherlock é um super-herói que paga um preço.

Em *Sherlock*, nada é de graça. Perturbe sua nêmese e ele amarra uma bomba em seu melhor amigo. Continue a chacoalhar a jaula do louco, e ele pode convencê-lo a pular de um telhado para salvar as vidas daqueles que você ama. Para cada caso que Sherlock resolve com suas heroicas deduções, há aqueles que insistem que o gênio plantou as provas, improvisou as pistas, que ele mesmo deve ter colocado o cadáver ali.

Nada vem sem consequências para este brilhante idiota com a habilidade super-humana de deduzir tanto a partir de tão pouco, mas que frequentemente tem a inteligência emocional de uma criança. E há algo profundamente empoderador nisso.

Quando você escreve sobre este Sherlock moderno, ele pode voar metaforicamente, ascendendo acima de todos enquanto seu olhar perspicaz absorve *tudo* rapidamente. Porém, depois de contar histórias do quase impossível, você precisa voltar à terra e falar do coração dele, como o que ele faz afeta as pessoas, como isso às vezes fere mais do que cura.

É uma combinação brilhante, dar rédeas soltas a sua imaginação, inventar venenos e improbabilidades e ao mesmo tempo trazer tudo de volta ao mundo real porque os criadores, os atores, todo mundo envolvido com *Sherlock* fez exatamente isto — eles enraizaram a mágica na realidade mundana, onde irmãos estão desapontados com você, onde os melhores amigos vão embora furiosos e onde você está à beira do abismo e chorando porque há muitas coisas para dizer, mas não há tempo suficiente.

Para citar a mais conhecida escritora de fanfiction no fandom de *Sherlock*: "Sherlock apenas passa uma sensação de... *real*." Verity Burns sabe que Sherlock Holmes não o é, mas isso não a impediu de escrever quatro longos mistérios para *Sherlock*, e não impediu que outras pessoas escrevessem milhares de histórias. Para tantos de nós, estes personagens fantásticos e frágeis parecem complexos e críveis mesmo quando voam, mas especialmente quando caem.

Outra razão pela qual acho que o fandom de *Sherlock* é tão fantasticamente criativo assim:

Os atores e escritores nos deram muito material para trabalhar.

Você viu Benedict Cumberbatch?

Uma estrela ascendente que ultimamente está em todos os campeões de bilheteria — vilão em *Jornada nas estrelas*, herói de guerra em *Cavalo de guerra*, o dragão de voz grave em *O Hobbit* —, os talentos de Cumberbatch vão muito além de seu rosto bonito.

Como Sherlock Holmes, ele pegou um gênio antissocial e, através de puro talento de ator, deixou o homem quebradiço e ousado, irritante e cativante, terno, duro, um pouco malvado *e* lindo.

Também tem Martin Freeman como John Watson.

O dom de Freeman é uma habilidade esplêndida de parecer real. Tão bonito quanto Cumberbatch, mas de uma forma mais pé no chão, você vai esquecer que Freeman *não* é John, e se pegar reclamando todas as vezes que ele aguentar os insultos de Sherlock, ou comemorando quando ele derruba o vilão com um único tiro.

Também tem o roteiro. Tudo começa com o roteiro.

Mark Gatiss e Steven Moffat, os cocriadores de *Sherlock* e seus principais roteiristas, adoram o material-fonte, cresceram lendo as histórias e, como roteiristas veteranos de *Doctor Who*, também, eles têm talento para o fantástico.

O Sherlock deles não apenas conhece Londres; ele tem cada rua piscando como um mapa neon brilhante em sua cabeça. Ele não corre apenas; voa sobre os telhados, o casaco comprido esvoaçando como asas. Ele não é apenas extraordinariamente brilhante; também é problemático, tão aleijado por sua própria genialidade que, até John Watson aparecer, o mais próximo que ele chega do afeto é quando um colega mal-humorado o chama de esquisito.

E então John Watson de fato aparece.

Em *Sherlock*, John não só chama a atenção de Sherlock por suas excentricidades antissociais, mas também elogia seus dons. Ele ajuda Sherlock com O Trabalho quando consegue, e tenta acompanhar quando não dá. Em troca, Sherlock dá a um inválido ex-médico do exército a excitação do campo de batalha, mas com menos balas e muito mais blogs.

Tão complementar é a união deles que, quase a partir do momento que se encontram, todos os outros personagens da série assumem que os dois são amantes e *dizem isso*. É de se estranhar que tantos escritores de fanfiction alegremente tenham colocado estes dois na cama assim que fosse ficcionalmente plausível?

No final, sempre tem a ver com amor.

Não nos apaixonamos por explosões ou espaçonaves ou mistérios. Nos apaixonamos por pessoas. Tantos sherlockianos escritores de fanfictions se apaixonaram pelo amor entre estes personagens, independente de terem escolhido se expressar com sexo e saltos altos ou corridas loucas pelas ruas escuras da Londres noturna.

Talvez *Merlin*, *Supernatural*, *Vingadores* e outros fandoms ofereçam a mesma riqueza, mas eu ficaria surpresa. A fome deste fandom, a amplitude de idade e os dons e paixões de seus criadores ajudaram a criatividade dos fãs.

Conheci mais de um fanwriter de *Sherlock* que passou a escrever e vender trabalhos autorais, e conheci artistas talentosos que ganham dinheiro com lindos trabalhos inspirados em *Sherlock*. Há muitos benefícios neste fandom: o senso de comunidade que cria, os amigos feitos, mas o mais lindo tem sido este fogo que ele acendeu em tantos de nós, esta crença lá no fundo de que *nós podemos*.

Podemos sair do nosso mundo silencioso e começar a conversar com pessoas que adoram isso que fazemos. Podemos criar trabalhos artísticos incríveis ou editar vídeos de fãs com qualidade de Hollywood. E, acima de tudo, podemos escrever e escrever e encontrar uma audiência que quer, aprecia e absolutamente *se delicia* com o que fizemos.

No final, como qualquer paixão, seja fanfiction ou futebol, degustação de vinho ou maratonas, se você sente prazer, se faz você crescer, quem se importa com o que os outros pensam? Prazer é prazer e, se ele nos aproxima, então vale a pena, não importa a forma que toma.

No final, aquele prazer pode ser uma inspiração incrível. Como Atlin Merrick, escrevi mais de 400 mil palavras de fanfiction de *Sherlock* nos últimos dois anos e, por causa disso, conheci pessoas e fiz amigos para toda a vida, escrevi trabalhos originais e portas maravilhosas se abriram para mim — as oportunidades de escrever este ensaio, roteirizar um documentário de TV e inspirar outros escritores em convenções e encontros são apenas algumas delas. E tudo isso porque eu me sentei uma noite para assistir a uma série de TV chamada *Sherlock* e pensei comigo mesma depois, *será que...*

Desculpem-me agora, há um fandom louco aí fora e quero voltar a ele. Memes estão sendo feitos, histórias estão sendo escritas, sonhos estão sendo formados. Alguns ridículos, alguns sexy, mas todos eles interessantes.

Venha se juntar à loucura. (Traga seus próprios sapos.)

"O Amor é um Motivador Muito Mais Cruel"

Ele é o Napoleão do crime, Watson.
– Sherlock Holmes de Arthur Conan Doyle

Você é o Edgar Allan Poe do amor.
– John Watson de wordstrings

Escritores têm acrescentado um toque de romance a seus enredos de mistério desde que... Arthur Conan Doyle fez isso no segundo romance de Holmes. Na cena de abertura de *O signo dos quatro*, os próprios personagens discutem entre eles sobre a questão da mistura entre gêneros literários. Como vimos, o detetive consultor em suas várias encarnações — incluindo esta primeira — tende a ser um pouco purista. Não é surpresa, então, que Holmes se incomode com a confusão de gêneros, culpando a redação de Watson de *Um estudo em vermelho:*

> — Detecção é, ou deveria ser, uma ciência exata, e deveria ser tratada da mesma maneira fria e despida de emoção. Você tentou tingi-la de romantismo, o que produz o mesmo efeito que se você tivesse incluído uma história de amor ou uma trama de amantes em fuga na quinta proposição de Euclides.
>
> — Mas o romance estava ali — protestei. — Eu não poderia adulterar os fatos.

Esta fascinante discussão de gêneros é interrompida pela chegada da amada de Watson, Mary Morstan. Que meta. Em *O sinal dos quatro*, claro, a corte de John Watson é uma história secundária menor. Nenhum livreiro precisa duvidar se deve colocar as histórias de Sherlock Holmes nas prateleiras do gênero literário que ele ajudou a estabelecer. Uma identidade de gênero literário clara é uma convenção importante da publicação contemporânea, a questão de "em qual prateleira ela vai ser colocada" é um teste constante para escritores que visualizam vários tipos de cruzamentos de estilo.

A fanfiction não precisa estabelecer estas linhas claras — o uso de tags pode classificar facilmente uma história em muitas categorias ao mesmo tempo sem insistir em uma hierarquia entre elas. Há excelentes fics de *Sherlock* que focam os mistérios — "The Green Mile", de Verity Burns, está entre as mais conhecidas e mais bem-sucedidas fics de casos policiais, incorporando, como faz, um enredo empolgante e longas cenas dedutivas enquanto também explora o relacionamento platônico, mas intenso, entre

Sherlock e John. Muitos outros seguem enredos de romance e de mistério com igual atenção, vários que discuto aqui entram nesta categoria.

Meu objetivo principal aqui, no entanto, é mostrar como as fics de *Sherlock* que se centram nos relacionamentos românticos e sexualizados também exploram inovações nos territórios narrativo, representacional e psicológico. Estas fics servem para nos lembrar que histórias românticas, majoritariamente ignoradas pela grande crítica e ridicularizada por autores literários, podem ser literárias na sua forma narrativa e incluir uma ampla variedade de tópicos e motivações, assim como trabalhos de conteúdo erótico. No nível da representação, também, o fandom de *Sherlock* geralmente favorece o romance atípico, explorando as possibilidades de amor como seria experimentado por deficiências neurológicas ou físicas, doença mental, vícios, assim como através de gradações de assexualidade, bissexualidade, demissexualidade e outras formas de não heterossexualidade. Estas formas diferentes também não são apresentadas simplesmente como mecanismos de avanço do enredo ou do personagem. São exploradas, às vezes de forma chocante, por suas possibilidades românticas, eróticas e estilísticas — com uma complexidade, ritmo e nuances que seriam difíceis de colocar no mercado editorial comercial, mas que provavelmente, por seu gênero literário, seriam excluídos do mundo editorial literário também. Em seus melhores momentos, o fandom de *Sherlock* encarna a promessa literária da fanfiction online — produzindo consistentemente experimentos temáticos e formais que uma audiência dedicada está disposta a testar e, frequentemente, a aceitar pelas perspectivas novas e as variações que oferecem dos tão adorados personagens e cenas.

A fanfiction de *Sherlock* tira muito de sua inspiração do "cânone" de uma série que está fazendo manobras parecidas, mesmo que esta dê um pouco menos de ênfase ao erótico (apesar de ter reimaginado Irene Adler como uma Dominatrix — com bastantes detalhes). Sherlock, o personagem canônico (assim como seu panteão de fontes), combina gênio analítico e sobrecarga perceptiva com uma falta de inteligência emocional às vezes debilitante; um entusiasmo por experiências e riscos com um distanciamento emocional extremo; uma rejeição de todas as coisas corpóreas com uma necessidade constante de estímulo — tudo isso filtrado através da qualidade sem precedentes de suas observações e da precisão com a qual ele insiste que estas estão relacionadas. Ao contrário do original de Doyle, no entanto, a série da BBC insinua transtornos diagnosticáveis de pensamento e afetivos. Na fanfiction que *Sherlock* inspira, os altos e baixos do relacionamento humano — do romance, seja de natureza sexual ou não — são desfamiliarizados pela perspectiva externa de Sherlock.

Este detalhamento surpreendente e o incomum filtro da consciência que deve filtrá-lo são os benefícios que a percepção hiperintensa de Sherlock oferece aos escritores. A observação atenta de Sherlock desfamiliariza o familiar, mas também funciona como exercício de desenvolvimento do personagem. Ela ajuda os escritores de fic a fazerem do personagem, sua voz e até erotismo o que Viktor Chklovsky queria da arte: "Transmitir a sensação de coisas como são percebidas e não como são conhecidas."[14] Sherlock é o *ostranenie* do romance.

Um exemplo: "The Progress of Sherlock Holmes", de Ivy Blossom, começa com Sherlock acordando. Muitas histórias começam com o personagem principal acordando — é um tropo, um que foi há muito acusado nos meios editoriais profissionais de ser um clichê ultrapassado. Este não é o caso aqui:

> Meio segundo de desorientação que se dissolve rapidamente em consciência perfeita. A dor irradiando do meu rosto. Uma dor lancinante nas costelas como um soco no estômago. Uma costela quebrada, provavelmente. Mais de uma? Incerto. Dói quando aspiro e quando expiro. Manhã.
>
> Estranho sonho permanece. John com xícaras de chá no lugar de olhos, lâminas de barbear descartáveis como dedos: perturbador. Sensações estranhas encolhidas no peito, como respiração que não ficou. Aflição.
>
> [...]
>
> Não quero abrir os olhos ainda; a realidade nunca é tão interessante quanto o interior da minha cabeça. Xícaras no lugar dos olhos? Que bizarro. John estava nu naquele sonho. Nu e com 4 metros de altura. Ainda irrelevante. Eu era pequeno; ele poderia me segurar na palma de sua mão, me prender com seus dedos de lâmina de barbear descartável. Meu subconsciente está louco.
>
> Os olhos estão grudentos, o nariz parece achatado, uma leve dor no incisivo lateral da mandíbula esquerda. Senti com minha língua. Solto, mas não vai cair.

Esta é nossa visão restrita de todo o curso da história: um Sherlock quebrado, às vezes meio sentimental, no estilo de *Watt*, de Beckett, um observador acabado que não consegue evitar reconhecer em si mesmo "os sinais e sintomas de estar desesperado e totalmente apaixonado".

> Imagine um anacoreta, escondido em uma caverna por décadas, vivendo uma vida de sono e oração, não falando com uma alma por anos e anos, depois tentando formar palavras com cordas vocais que foram tão pouco usadas que esqueceram seu propósito; o corpo humano precisa ser usado para estar em função completa. *Como seu coração*, diz o terceiro homem, meu conhecido subconsciente. *Como seu coração, Sherlock*. Como um anacoreta tentando falar. Metáfora: não é realmente minha praia.

Como a própria conta, os principais interesses de Ivy Blossom ao escrever ficção são a voz e o personagem. Há um enredo, mas não está no que meus antecessores formalistas e estruturalistas chamariam de "primeiro plano". Sua história mais longa, "The

Quiet Man", relata as tentativas de John e sua final incapacidade de lidar com a perda de Sherlock, uma perda combinada com a igualmente debilitante incapacidade de John de compreender sua própria importância para Sherlock. No espaço lento e excruciante de dor e ansiedade, John incorpora o peculiar filtro do amigo morto em seu próprio pensamento. Quando faz isso, a narrativa muda entre a primeira e a segunda pessoa, o "você" sempre sendo o amigo ausente, a pessoa perdida que John recria como uma figura mais articulada e romântica do que era em vida — mesmo quando John se preocupa de que estas compensações psicológicas estejam apagando a personalidade de seu amado. Como escritora, Ivy Blossom está interessada em experiências na voz *como* enredo, e ela realmente *alonga* o *desejo*. Quando chega a ação, a consciência que a filtra é espessa. Ivy Blossom encontra uma audiência desejosa destes esforços; na fanfiction, a dificuldade, o longo e o complexo geralmente coincidem não apenas com o romântico e o erótico, mas com o popular. Esta audiência já decidiu, afinal, que mais é melhor.

thisprettywren faz experiências diferentes. Partindo, como muitos na comunidade de Sherlock, de diferenças de perspectiva e habilidades, thisprettywren criou um "disability!verse" (chamado de SenseVerse), no qual os únicos "anormais" (um insulto frequentemente usado contra Sherlock nas séries e nas suas fics) são aqueles com todos os cinco sentidos. Em "Quintessential", Sherlock não possui a capacidade do tato, enquanto que John, o transcritor, o blogger, não fala — um avox, historicamente o alvo do maior desprezo. Na nova era de pensamento politicamente mais iluminado (pelo menos oficialmente), estes preconceitos contra deficiências refletem muito mal na pessoa preconceituosa.

Aprendemos sobre esse mundo e suas regras através de uma série de memorandos fajutos e outros detritos burocráticos — páginas de manuais universitários oficiais, por exemplo — que explicam na linguagem neutra do governo como as várias habilidades e sua ausência devem ser discutidas e tratadas. Mycroft Holmes, MP, Subsecretário de Estado para Saúde Pública, distribui um memorando sobre "Emendas Anuais do Manual de Registro Total de SensoVariantes" que estipula várias exigências de testes. Os manuais do University College de Londres, por exemplo, explicam o que se pode fazer com "Seus Colegas Anópticos" (pode "relatar luzes piscantes em aparelhos de ecolocalização") e o que não se pode (não "hesite em convidar estudantes anópticos para galerias de arte e outros eventos; sempre há interpretações variantes apropriadas para que eles possam desfrutar!"). Todo este material converge ao redor de enredos relacionados com *Baskervilles*, transmitidos aos personagens da história assim como aos leitores em grande parte via blog e mensagem de texto, pois John não pode falar.

Seguindo o caminho do próprio *Sherlock* da BBC, atualizado em termos tecnológicos (que seguiu o interesse do Holmes canônico nos últimos métodos e tecnologias), a autora de fic greywash também experimentou novas formas de contar histórias: códigos visuais de texto, blog, entradas na Wikipédia, buscas no Google e outros formatos diversificados na internet. A fic de greywash, "the sensation of falling just as you hit sleep", também tenta registrar o território familiar da ausência pós-Reichenbach de Sherlock (conhecido como O Grande Hiato). Sherlock tenta se comunicar com John sem revelar a seus inimigos que sobreviveu, e acompanha estes inimigos com a mesma tecnologia. Sempre há um pseudônimo e (como é verdade em todas nossas comunicações eletrônicas) nunca estamos muito seguros da identidade por trás dele. Nesta fic, na verdade, a identidade se transforma. Vemos John receber esses comunicados e duvidar da realidade desencarnada deles — um jogo com a desencarnação que é revertido de forma grotesca e ao mesmo tempo estranhamente tocante quando John se apaixona por uma fotografia do cadáver de Sherlock —, que é tão falsa quanto nua. Com a ajuda de programação habilidosa, todos vemos isto se desenrolar em vários formatos eletrônicos. Tem até uma trilha sonora. John e Sherlock se reencontram e, quando a fic muda o foco para seu novo relacionamento (hiperconscientemente) sexual, abandona a forma eletrônica em favor de comunicações mais (muito mais) pessoais e monólogos interiores:

> Enquanto se beijavam, as mãos de John se moviam muito. Ele toca: o cabelo de Sherlock (mais ou menos constantemente, com uma das mãos ou a outra), o pescoço de Sherlock (12% do tempo), os ombros de Sherlock (entre 15% e 22% do tempo, dependendo de onde ele coloca as linhas do ombro), o peito de Sherlock (entre 21% e 24% do tempo, mesmo motivo), as costas de Sherlock (entre 34% e 38% do tempo, e como Sherlock odeia a imprecisão), o quadril de Sherlock (3% do tempo) e o que, sem dúvida, são as nádegas de Sherlock (8% do tempo, apesar de uma quantidade não trivial de tempo que as mãos de John passam nas suas costas fazer com que Sherlock sinta arrepios suficientes a ponto de sentir que aquela linha divisória em especial deveria ser movida bem mais para cima, que se danem as realidades anatômicas).

Uma precisão imparcial na descrição do conteúdo erótico não é exatamente uma informação *nova*. O Marquês de Sade, há muito tempo, catalogou uma coleção quase completa de recombinações sexuais com toda a paixão de uma enciclopédia, mas Sade é a antítese do romântico. O ponto mais importante aqui, no entanto, é que greywash usou métodos eletrônicos para contar histórias quando fazia sentido e outros métodos quando não fazia. O estilo de greywash não é uma apelação, está integrado à narrativa e à caracterização.

Atualizar a narrativa para um contexto visual e tecnológico mais do século XXI está de acordo não só com a atualização que *Sherlock* fez do Holmes vitoriano, mas também com as técnicas atualizadas da série da BBC: sua presença visual, sua edição estilosa, seu uso de mensagens de texto e blogs. Estas inovações, por sua vez, estão de acordo com a fonte da *série*. Em outras palavras: a inspiração não é apenas o conteúdo. Ao publicar em *The Strand*, Arthur Conan Doyle usou os meios de comunicação de massa no extremo de suas capacidades da década de 1880 — assim como seus personagens usavam as mais recentes tecnologias de detecção. Por toda sua vida, Doyle autorizou e colaborou em adaptações para teatro e alguns dos primeiros filmes; da mesma forma, *Sherlock* não apenas representa, mas também mantém uma presença transmidiática. Os blogs que aparecem na série — O Blog de John Watson e A Ciência da Dedução de Sherlock — estão online, comentam um no outro e até incluem o conceito de Doyle de fazer referência a histórias que nunca foram contadas — por Doyle, quer dizer —, mas que foram contadas por outros depois. Um livro da série até registra as interações entre John e Sherlock através de notas em etiquetas amarelas — parece uma fic visual para a própria série.

Como o método de narrativa multimídia de greywash, o enredo da fic de greywash reage diretamente à série da BBC, mas muito menos no espírito de *homenagem* do que no já conhecido espírito de irritação do fandom. Aparentemente, greywash teve alguns problemas com a segunda temporada de *Sherlock* e se perguntava o que deveria "ejetar" para conseguir receber a temporada em fic. E, então, ela muda de ideia:

> Eu decidi que ia parar de ser uma chorona e aí decidi que tinha que manter *alguma coisa* dela, e depois me peguei com a cabeça inclinada para um lado e me perguntei, e se eu mantivesse *tudo*? E se eu pegasse as coisas que me incomodam e as tornasse *centrais*?[15]

Apropriadamente, a trama de greywash é complexa: Sherlock complica demais as coisas e é atrapalhado por uma compreensão adolescente do amor; os personagens que mais se amam são os que mais mentem um para o outro. Usar a insatisfação como inspiração é uma estratégia comum e muito produtiva na fanfiction, mas também é uma das menos compreendidas por gente de fora.

A frustração também pode, claro, ser compartilhada por alguns dos personagens. A fic de Sherlock apresenta seus vários John Watson apaixonados como um tipo de estratagema perigoso: o excitante escrutínio que desfamiliariza o dependente e confortável e o torna exótico, erótico e excitante é geralmente o escrutínio do louco. Ninguém — quero dizer, ninguém que conheça e que escreva hoje em qualquer lugar, não apenas no fandom de Sherlock — explora este estratagema com mais precisão narrativa, lexical e emocional do que wordstrings.

A Paradox Series de wordstrings é atordoante, assombrosa. Este Sherlock nos lembra que usamos os grossos filtros da convenção para nos ajudar a esquecer: que a vida nos dá "quantidades chocantes de detalhes para peneirar". George Eliot — que já conhecemos como escritor de fanfiction de Sir Walter Scott — tinha espaço para mais em seu livro *Middlemarch* do que uma homenagem estilo epígrafe de sua infância de fangirl. Ela também escreveu algo mais conhecido, sobre o que a vida poderia ser sem estes filtros da convenção.

Se tivéssemos uma visão precisa e a sensação de toda a vida humana comum, seria como ouvir a grama crescer e a batida do coração de um esquilo, e morreríamos com aquele rugir que existe do outro lado do silêncio.

O Sherlock de wordstrings vive naquele rugido.

> Só por um instante, *que não haja nada*, ele pensa.
> E não houve nada.
> Por exatamente três segundos, não houve nada.
> *Deus fez tudo ao contrário, não é mesmo, todas as coisas no mundo, todas as coisas inúteis, pequenas, empoeiradas, descuidadas, esquecidas, ignoradas do mundo, é uma completa pena, não é, a forma como existem tantas coisas individuais com seus cheiros e texturas individuais, e metade delas torta e quebrada, e verde e verde-azulado sendo tão diferentes e existindo milhares de variedades de azul, no mínimo eu me pergunto se precisamos de tudo isso, e Deus provavelmente não existe de qualquer maneira, mas se Ele existisse, isso seria uma piada, não seria, deixar alguém sozinho aqui que pode ver tudo ao mesmo tempo e sabe que o rosa tem um gosto diferente do vermelhão de certa maneira,*

O louco Humbert Humbert traz à *Lolita* algo deste tipo de atenção, este tipo de desconforto, mas John Watson não é mais uma garota de catorze anos. Ele é de *meia-idade*. Então podemos nos sentir menos estranhos sobre como vemos o desenvolvimento da obsessão de um sociopata autodiagnosticado. Talvez. John é o objeto voluntário, desesperadamente desejoso, desta obsessão. Seu único medo é que a obsessão desapareça. Ele fica bravo, claro:

> John toca o lábio inferior com sua língua, ainda furioso. É como assistir à National Geographic, pensa Sherlock, quando algo muito pequeno e peludo e macio de repente parece feito só de dentes.
> Está relativamente quieto em sua cabeça no momento, mas isso é temporário. Então ele pensa no que deveria levar a John como forma de desculpas por ser quem ele é.

Para qualquer um que tenha lutado com alguma doença mental, ou amado alguém que lutou contra isso, a série de wordstrings ecoa, como fica atestado na seção de comentários. Para quem não lutou, é como uma amostra. John não é o único objeto deste escrutínio de Sherlock; os exames mais implacáveis catalogam seus próprios desejos aberrantes, suas temidas falências morais, e o terror por sua orgânica incapacidade para distinguir o certo do errado. Ele transcreve e categoriza rigorosamente seus vários desejos em duas listas, que marca como “Legal” e “Não Legal”; um dos conflitos centrais da série é que ele não consegue estabelecer a diferença de uma maneira confiável. Em um ponto, depois que Sherlock estripou todos os Dez Mandamentos em sua viagem para se tornar uma pessoa mais funcional, John o convence a compartilhar o conteúdo completo das listas (leitores só têm acesso a partes) e depois insiste em mudar várias delas. (Divórcio, por exemplo, que Sherlock categorizou como "Legal" porque é normal, e muitas pessoas fazem isso, John muda enfaticamente para a lista de "Não Legal".) Vemos estas agonias se desenvolverem de dentro, através das lentes distorcidas da doença mental de Sherlock (ou neuroatipicalidade), e de fora, do meio da adoração impotente de John por alguém que ele acredita ser "O William Shakespeare da Moral Atrozmente Distorcida".

Nas cenas eróticas de wordstrings, como em muitas outras, as habilidades observadoras e dedutivas de Sherlock — nas versões mais canônicas e oficiais, um personagem fortemente assexual — foram uma bênção. Até leitores devotados de literatura erótica reclamam que tais cenas têm uma tendência a se tornarem banais, rotineiras. Isso pode ser ainda mais verdade quando as cenas se desenvolvem repetidamente entre os (versões dos) mesmos personagens. Como na fanfiction.

Ou, você sabe, com a monogamia.

Os relacionamentos eróticos e românticos do Sherlock e do John da fanfiction oferecem esperança que, sob o tipo certo de escrutínio, com o tipo correto de atenção prestada, até uma pessoa média possa continuar a ser muito surpreendente.

Desta forma, "Johnlock", como um par romântico, geralmente vive à altura, apesar de estar em uma configuração diferente, do sonho do romance "de meia-idade" de Thackeray. O Sherlock e o John da BBC têm seus trinta e poucos anos, mas nas histórias de Doyle, eles envelhecem juntos. Eles se visitam quando estão aposentados. Esta longa parceria — da qual os leitores nunca se cansaram, ao contrário do autor — apresenta um relacionamento que permanece (às vezes) excitante e recompensador na velhice, mesmo que também — como aponta Rex Stout — às vezes pareça um hábito. Fic da aposentadoria é todo um subgênero de *Sherlock*. No total, a fic de Johnlock apresenta a exclusividade do longo prazo sob uma luz complexa, e com uma atenção que muito da cultura produzida profissionalmente parece achar impossível ou pouco atrativa. Porém todos os Johns e Sherlocks continuam a se achar mutuamente fascinantes, irritantes e reconfortantes — como os originais pareceram ter feito durante as (primeiras) décadas de parceria ficcional.

A "Slasher" que não É uma (Uma Entrevista com Katie Forsythe e Wordstrings)

Duas das mais admiradas e conhecidas escritoras no vasto e multicamadas universo(s) de Sherlock Holmes são Katie Forsythe, que já vem escrevendo literatura erótica estilo vitoriano com perfeição temática há muitos anos, e wordstrings, discutida anteriormente. O verbete sobre Katie Forsythe[16] na Fanlore a chama de "provavelmente a escritora mais reconhecida das histórias de Holmes/Watson". Estas histórias fizeram com que outro fã (damned_colonial) propusesse o termo *forsythiano* como uma alternativa aos termos *doylista* (no qual a quebra de continuidade no cânone é devida a erro do autor) ou *watsoniano* (no qual a quebra de continuidade no cânone é devida a erro ou estratégia de Watson):

> Uma perspectiva forsythiana interpreta o excerto do ponto de vista do texto *como escrito por Watson enquanto tentava distrair a atenção do relacionamento homossexual dele com Holmes*. Qualquer discrepância, como salto no tempo, buracos no enredo ou bizarros *non sequiturs* (como, por exemplo, Holmes contemplando uma rosa durante The Naval Treaty) acontecem por causa desta tentativa de reescrever a história. Quanto mais irreconciliável a discrepância, mais quente é o sexo que está sendo escondido.[17]

O verbete na Fanlore sobre a Paradox Series de wordstrings é mais extenso, incorporando textos online de vários tamanhos e grande quantidade de exemplos de fanart, vídeo, mixagens musicais e traduções que a série inspirou — coisas que a escritora recebe positivamente e sobre as quais ela se declara "chocada e lisonjeada".

Apesar de seus estilos, cenários e caracterizações muito divergentes, os universos escritos tão diferentemente por Katie Forsythe e wordstrings compartilham um interesse pelas complexidades da codependência, doença mental e vício. Cada uma também aborda com precisão perturbadora as particularidades dos desejos individuais e o fracasso desconcertante da linguagem em comunicar — especialmente quando misturada a esses desejos — exatamente quando e o que mais precisamos que comunique.

Estas preocupações compartilhadas tornam menos surpreendente que Katie Forsythe e wordstrings sejam a mesma pessoa, um fato que se tornou de conhecimento público só recentemente, quando ela anunciou em seu perfil. Depois que esta entrevista foi realizada, wordstrings apagou sua conta no LiveJournal, onde todos os milhares de comentários sobre sua ficção estavam guardados, pela razão declarada de que a grande resposta pessoal a suas histórias e personagens tinha se tornado demais para ela. Seu trabalho como wordstrings está no Archive of Our Own; seu trabalho como Katie Forsythe está em liquidfic.org.

O que a levou primeiro a escrever sobre Sherlock Homes?

Li as histórias quando era criança, como muitas pessoas. Mesmo quando eu era jovem, meus livros favoritos tinham o que eu chamo de amizades masculinas estilo "eu morreria por você" — *Senhor dos anéis*, Sherlock Holmes etc. Algo sobre a abundância de amor no cânone realmente me levou ao mundo de Holmes e seu amigo médico.

Quando eu tinha dezessete ou dezoito anos — dezessete, acho, tenho só trinta e poucos agora — descobri aquele clássico site de H/W, However Improbable. E, até onde posso me lembrar, sexo ainda não tinha realmente entrado na minha conscienciazinha de slasher, pelo menos em relação a Holmes e Watson. Imaginava-os em todos os tipos de situações perigosas de dor/conforto, mas não sabia que outras pessoas estavam escrevendo material que interessaria diretamente a mim — escritores de fic como Pandapony e Irene Adler. Fiz uma tentativa e o resultado foi "The Sign of Change", a primeira parte a qual ainda pode ser vista em However Improbable. Antes que eu pudesse entender de verdade o que estava acontecendo, já havia material pra cacete.

Eu tive uma formação católica muito conservadora — estava cheia com todo tipo de questões sexuais e bissexuais sem realmente perceber, gênero e homossexualidade eram um espectro que nunca analisei muito de perto. Enquanto isso, eu sou uma garota pequena de aparência superfeminina (eu pareço um pouco com aquela personagem odiada de *The L Word*, Jenny Schecter), e slash era uma forma de descarregar muita angústia e conflito pessoal.

Você escreve outros tipos de obras — ficção, poesia, não ficção — ou sua escrita está centralmente focada na fic?

Sou uma garota fic.

Em termos de cânone, seu vocabulário — incluindo gírias historicamente apropriadas para homossexualidade — é muito apurado e autêntico. Que tipo de pesquisa você faz?

Ou será que você passou tanto tempo imersa na literatura do período que isso acaba vindo naturalmente a esta altura?

Acho que é a segunda opção. Adoro literatura de época, então não preciso fazer muita pesquisa, mesmo que em algumas ocasiões eu tenha usado dicionários de gírias. E igualmente amo a história da cultura gay, então isso não é nenhum desafio. Quanto ao resto dos cenários históricos, "The Presbury Letters", por exemplo, Deus abençoe o Google.

Por que você escolheu escrever sob um novo pseudônimo?

Oh céus, e nem todo mundo sabe que sou Katie Forsythe, por mais que a maioria das pessoas saiba (não estava mantendo nenhum sigilo forte). Bom, por um lado, meu material no universo do cânone é exatamente isso, universo do cânone, e queria mantê-lo assim. Por outro, e isso vai parecer horrível, eu estava ficando um pouco amedrontada com o nível de resposta a meu trabalho e sentindo uma estranha responsabilidade por criar mais coisas ainda, e queria um pequeno e pacato LJ (LiveJournal) onde pudesse postar fic sobre *Sherlock* da BBC ainda mais louca e que ninguém veria. Com toda a seriedade, este era o plano.

Enviei mensagens a uns quinze amigos mais próximos do fandom, dizendo que postaria com o nome de wordstrings, e depois postei a fic no grupo de *Sherlock* da BBC e no Cox & Co. Funcionou perfeitamente até "The Death and Ressurrection of the English Language", e aí eu abri meu inbox um dia e havia algo como 300 comentários. Foi completamente inesperado. Eu literalmente me afastei do meu laptop em choque.

Você escreveu fic para outras versões ou sequências do mundo de Arthur Conan Doyle? Se sim, quais? Se não, o que há de especial no *Sherlock* da BBC que a inspirou a assumir um novo estilo e identidade?

Não, só cânone e BBC. O *Sherlock* da BBC simplesmente conseguiu capturar a intensidade da relação deles muito bem. E tem um tom muito mais sério do que a versão da Warner Bros, que eu adoro também. Não sei; existe uma luz nos olhos deles quando estão no meio da aventura juntos. Eu estava um pouco cansada de preencher os vazios canônicos em alto estilo vitoriano e achei que seria divertido brincar nos jardins da BBC. Onde tudo é sol, margaridas e suéteres felpudos. Então, muitas coisas aconteceram na minha vida pessoal e o mundo do universo Paradox deu uma virada forte para as trevas.

Comentaristas descrevem seu Sherlock como "neuroatípico". Você tem um diagnóstico que prefere?

É mesmo? Bom, a maior parte do meu trabalho se baseia na série, apesar de que muitas, muitas pessoas me informaram (e eu concordo totalmente com elas) que meu Sherlock é mais louco e sombrio do que o que aparece na série. Admito que, quando a segunda temporada começou e Sherlock drogou John e o trancou em um laboratório fazendo barulhos de cachorro-demônio, eu comentei comigo mesma, é, aí está meu sociopata insano favorito. Para ficar claro, não acho que o Sherlock da série seja de fato um sociopata, mas o Sherlock do universo Paradox se apresenta como um. Ele é também simplesmente um gênio e sofre de sinestesia e episódios parecidos de desordem bipolar, um tópico que, infelizmente, eu conheço muito bem. Outras coisas, como as letras brancas, foram completamente inspiradas no design de produção.

Seu Sherlock às vezes fica sobrecarregado com os detalhes e acredita que é único — você concorda? Ele é "Sherlock atípico" da mesma forma que ele é "John-sexual" — uma singularidade totalmente ficcional?

Se ele fosse inteiramente ficcional, se não estivesse baseado em seres humanos reais, ninguém reagiria à série da forma que faz — quero dizer, de forma muito entusiástica, e por isso sou muito grata pela generosidade de espírito dessas pessoas. As questões de Sherlock são únicas para ele, sim, mas eu acho que todo mundo passa por essas experiências de agir de alguma forma egoísta, apesar de saber que não deveria, alguns desejam poder desligar a cabeça, pois estão machucando sem querer as pessoas que amam. É um personagem que se sente profundamente desconfortável dentro de si mesmo, e eu entendo isso, e acontece com outras pessoas também. Meu Sherlock apenas pega estes sentimentos e os eleva a onze.

Existem experiências negativas que você teve como resultado desta fic (pessoas bravas com o conteúdo, por exemplo, quando Sherlock aparece como um "gay enrustido" estereotípico, ou simplesmente por sua fama na internet)?

Bastante. Não culpo ninguém por isso, mas minhas histórias têm a tendência a trazer muitos sentimentos à tona, e as pessoas tendem a expressá-los diretamente para mim. Por exemplo, uma das razões pelas quais eu dei um tempo no universo canônico foi porque pessoas muito bondosas estavam me contando todos os aspectos de suas próprias experiências com problemas de saúde mental, vícios e abuso, e eu estava tentando me livrar das loucuras da minha própria cabeça através da escrita, e todo o processo se transformou em outra coisa totalmente diferente. Várias pessoas me contaram que eu impedi que cometessem suicídio. Claro, isto é uma honra muito grande, é uma declaração incrivelmente corajosa e completamente inacreditável, e algo que vou carregar comigo para o resto da minha vida. Justifica minha existência no planeta de alguma forma. Mas o volume se tornou grande demais para mim, apesar de não ser culpa direta de ninguém.

Meu Sherlock Paradox tem admiradores e detratores, mas ficou muito claro, desde que a série ficou mais sombria, que ele não é um modelo para ninguém. Ele é só um cara muito estragado que ainda consegue amar e ser amado. Algumas poucas pessoas ficaram bravas por causa da cena de humilhação gay, em parte porque não avisei com antecedência, mas tudo bem, é legítimo e conversamos sobre isso. Meu Sherlock é simplesmente demissexual, então ele não se vê como gay. Ele vê que ama John. E é por isso que mais tarde, quando ele adora Irene, acho que sua declaração de que ele não é exatamente gay e poderia ter feito sexo com uma mulher se encontrasse a mulher certa se torna completa. Algumas pessoas queriam vê-lo como um defensor dos gays e, na verdade, ele é um lunático. Então elas estavam destinadas ao desapontamento. Estavam destinadas a mais desapontamento no clímax de "Entirely Covered in Your Invisible Name", quando queriam que ele fosse um sociopata bonzinho e inofensivo, mas ele não é. Mas é ficção; não é um guia para a vida, assim como *Lolita* não é. Também houve a grande confusão BDSM, que causou repugnância em algumas pessoas, mas eu sou uma depravada... então, é isso aí.

A fama no fandom é algo que tento minimizar o máximo possível, falando o menos possível sobre mim mesma e só postando fic quando ela existe — não sou árbitro de gosto e não me meto em discussões ou dramas no fandom com muita frequência. Eu leio, eu escrevo, eu observo. Admiro os outros a distância. Esta entrevista é meio que uma aberração para mim.

Sherlock tem dificuldades com a ética. John é "bom em" diferenciar o certo do errado — mas nem sempre em coisas que importam para Sherlock. Você já se sentiu igualmente dividida em relação à ética do que está representando? Ou alguém já desafiou você quanto à ética de representar um relacionamento eticamente deficiente mas eticamente consciente (até mesmo obcecado)?

Sim e não. Sim, as pessoas me disseram ou mencionaram em listas que o relacionamento é praticamente abusivo, e absolutamente disfuncional. Eu concordo com essas pessoas. E, sim, as pessoas conversaram comigo sobre a ética de retratar isso. Mas eu também recebo muita correspondência de pessoas que gostam que seja moralmente complicado, que ninguém seja completamente inocente ou totalmente imperdoável, que sejam pessoas completamente estragadas, mas que ainda mereçam amor. Todas as minhas histórias tratam do amor. Se o amor não estivesse lá, se fosse apenas Sherlock ameaçando matar seu parceiro ou John se chamando de uma das "coisas" de Sherlock, ou algum dos outros aspectos completamente doentios das histórias, não consigo imaginar alguém que quisesse lê-las. E Sherlock, com todos seus terríveis problemas, é bem-intencionado, e acho que John pode viver com isso.

Por que você prefere postar online em vez de publicar de forma tradicional?

Porque as histórias não são para leitores, são para mim e minha cabeça muito barulhenta, e então quando acontece de as pessoas lerem e gostarem ou até se sentirem um pouquinho melhor, este é um bônus completamente inesperado. Cobrar dinheiro com isso seria como ser paciente de uma cirurgia do coração e depois cobrar o médico pelo privilégio de trabalhar em mim. Às vezes eu preciso escrever estas histórias loucas para me livrar de todo o lodo em meu peito, e nunca sonharia em cobrar dinheiro de alguém pelos resultados. É por esse motivo que permito adaptações do universo Paradox sem precisarem pedir minha permissão também... o mesmo motivo pelo qual você pode fazer *podfic* de tudo que eu escrevi como wordstring ou Katie Forsythe ou imprimir em uma camiseta ou traduzir ou o que quiser, e sem meu conhecimento (se bem que eu adoraria que me mandassem o link, se fosse possível). Eu já fiz minha terapia escrevendo a fic, e foi escrita por razões egoístas. Então eu coloco online e pertence a todo mundo; pegue ou deixe como quiser.

Isso não quer dizer que não aprecie meus leitores, ao contrário. Adoro meus leitores. Eles me dão muita alegria. Mas eu, Katherine de vários nomes no LJ, não esperava por eles. São uma perene surpresa agradável.

As suas histórias são influenciadas pela resposta da comunidade? Você tem pré-leitores?

Não e não. Porque, mais uma vez, elas são para mim e para o que eu preciso. Acho que um dos lados não intencionais deste isolamento é que me deixou com menos medo em relação tanto ao estilo quanto à substância. Não tenho medo de mostrar Sherlock e John negativamente, e não fico nervosa ao tentar truques estilísticos que poderiam não funcionar. Por outro lado, se eu tivesse um beta, meus rabiscos certamente teriam menos erros.

Acho sua fic incrivelmente intensa. Eu me pergunto se escrever Sherlock desta forma leva a mente do escritor desconfortavelmente perto da loucura descrita. Isso acontece?

Em grande parte, estas pessoas são *locas* porque eu sou *loca*. Por exemplo, sou uma obstinada altamente funcional, e assim é Holmes em meus mundos canônicos. Agora, não, não sou uma sociopata, nem gênia, nem sinestésica nem um soldado com

Transtorno de Estresse Pós-Traumático. Mas sou uma doida e meu cérebro corre em múltiplas faixas sem botão de desligar. Escrevo para eliminar sentimentos ruins do meu peito e depois coloco todos na internet e fujo. Escrever sobre alguém ainda mais doido do que eu numa escala bem mais louca, por falar nisso, parece fazer bem para minha saúde mental. E é por isso que os escrevo desta forma. São pequenas catarses embrulhadas com um lacinho.

Normalmente seus universos são bem distintos entre si (a forma como os homens se referem uns aos outros como "amigos" foi um dos pontos em comum que eu vi). Você pretende que seu universo ACD [Arthur Conan Doyle] se misture com o universo Sherlock? Vê estes universos como algo conectado?

Eles não se misturam de propósito. Tenho três versões de Holmes, na prática (meu Watson tende a variar menos). Primeiro, o clássico cavalheiro irascível das histórias canônicas, da forma como é sempre recortado — arredio, não consegue expressar emoções, ama Watson desesperadamente, mas lida com isso de forma oblíqua, tão bom em relacionamentos quanto um repolho no vapor. Em seguida, o Holmes em minha coleção *Love*, que foi pensado como um namoradolegal!Holmes depois que escrevi sobre o cavalheiro irascível por muito tempo e pensei: e se eu estou atormentando demais esse cara? E também Sherlock, que é mais louco do que um saco cheio de furões.

Mas acho que no fundo, bem lá no fundo, Sherlock e John e Holmes e Watson são amigos, antes de tudo. Sou uma slasher, então eles estão sempre transando, mas isso tem a ver com este amor gigante e impossível de conter que eles sentem um pelo outro, então, sim... Acho que eles são sempre amigos. Esta parte passa de uma história para outra porque foi o que me atraiu neles em primeiro lugar. Eles são os melhores amigos que já vi.

parte dois

UMA HISTÓRIA SELETIVA DO FANDOM DE MÍDIA

Uma Narrativa Ilustrativa de Tecnologia, Continuidade e Mudança

Ficção Científica, *Jornada nas Estrelas* e o Nascimento do Fandom de Mídia

> Aqui descobrimos o que significa ser fã. Nosso herói, Jophan, acordou para uma nova vida ao descobrir os fanzines. Ele se move por um cenário simbólico povoado por pessoas com nomes simbólicos, procurando "O Duplicador Encantado", com o qual será capaz de publicar o fanzine perfeito e se tornar um Fã Verdadeiro. No final, nosso Fã Comum sobrevive às dificuldades técnicas, a sua própria inexperiência, às duras críticas e aos elogios exagerados, e se torna um Fã Verdadeiro quando conhece a si mesmo, quando ele automaticamente pode devolver aos outros o que recebeu.
>
> – Andy Sawyer, de "The Enchanted Duplicator"

A fanfiction é alimentada por relacionamentos e alimenta relacionamentos. Ela os cria. Quando fanwriting era uma atividade predominantemente solitária, os relacionamentos principais eram entre o escritor e a fonte, e depois entre o escritor e a história. As revistas de família parecidas com as criadas pelas jovens Brontë não eram incomuns, mas não tinham grande circulação, pois a reprodução era uma questão de copiar à mão. Com o progresso do século XX, os fãs — principalmente de Sherlock Holmes ou, alternativamente, de ficção científica — descobriram que podiam entrar em sociedades, receber e contribuir com revistas, e, de vez em quando, fazer suas próprias pequenas publicações, ou zines. No caso de Sherlock Holmes, alguns fãs-críticos publicaram pastiches, como vimos, mas a maioria dos primeiros fanzines era de natureza crítica e histórica. Nos fandoms de ficção científica, os zines eram dominados por comentários — e os escritores publicados geralmente participavam também. Muitos profissionais também se incluíam entre os fãs ou começaram como fanwriters antes de publicar profissionalmente.

Antes da década de 1960, a fanfiction como termo (ou melhor, "fan fiction", com um espaço) era a designação da ficção original escrita por autores amadores publicados em fanzines. Levou muitos anos para que a fanfiction no sentido de histórias baseadas em mundos e personagens existentes começasse a aparecer nos zines de ficção científica (entretanto, há relatos de zines assim sendo produzidos e circulando em pequena escala). Mesmo assim, a importância da cultura do zine para o desenvolvimento da fanfiction como existe hoje não pode ser enfatizada em excesso. A publicação de zines pode não parecer tão sexy quanto inventar a fic erótica entre Kirk/Spock que acabou levando, entre outras coisas, ao nascimento do gênero contemporâneo de fic de gravidez masculina (eles não planejaram isso), mas quando você conversa com os primeiros fãs de ficção científica, até os primeiros fãs de mídia, eles querem falar sobre zines: escrever conteúdo para garantir que pudessem ter acesso a algumas cópias. A experiência tátil dos objetos feitos à mão. Os preços caros que às vezes estavam dispostos a pagar. Fazê-los. Grampeá-los. As festas de montagem. Os encontros. Ouvi estas histórias muitas vezes, tanto dos que abandonaram os fandoms depois da ascensão da internet quanto daqueles que abraçaram completamente a cultura da internet. Zines foram o primeiro passo para criar a cultura produzida por fãs; assim que os fãs obtiveram os meios de produção, eles produziram.

No começo, a cultura fandom e seus zines — nos primeiros dias, chamados de revistas amadoras — eram quase inteiramente dominados por homens. O significado dos zines e o significado da fanfiction mudaram quando as fontes dos fandoms passaram do impresso (literário) para interesses baseados na mídia. A cultura de fanwriting também mudou em resposta à tecnologia, o que permitiu cada vez mais que a fanwriting chegasse a mais leitores, assim como a televisão chegou a mais fãs — pelo menos a mais fãs simultaneamente — do que a mídia impressa. Parte dessa cultura parece familiar, mas alguns elementos seriam surpreendentes para muita gente ativa nos fandoms de hoje.

Como é especialmente aparente nos maiores fandoms de hoje, pode existir muito descontentamento causado por BNFs que se acham superiores aos outros. Eu vi muita raiva dirigida contra fãs que se acham "escritores de verdade" ou "artistas de verdade" ou, de alguma forma se colocam no nível dos criadores da fonte do fandom. Nos anos 1950, nas comunidades de ficção científica, no entanto, os escritores geralmente *eram* fãs ativos. Ray Bradbury, por exemplo, sempre foi um fanboy; ele escreveu para artistas e autores que admirava pedindo um autógrafo durante toda sua carreira — muito depois de ter se tornado não apenas um escritor, mas alguém conhecido globalmente. Em seu ensaio neste livro, Jacqueline Lichtenberg detalha a interação que teve desde que era jovem com os escritores que lia, através de cartas de comentários em zines, e conta que mais tarde continuou a usar estas colunas de cartas para receber comunicação de seus próprios fãs. Nos primeiros dias, o fandom de ficção científica no geral poderia parecer menos como nós (fãs) vs. eles (criadores/detentores de direitos), e mais como nós (mundo da ficção científica) vs. eles ("mundanos" ou não fãs).

Então é aqui que começamos nossa história muito seletiva do fandom de mídia e sua fanfiction: com uma definição diferente de fanfiction e um conjunto anterior de fãs, assim como o fandom de fanfiction de *Jornada nas estrelas*, há muito considerado o primeiro grupo moderno de escritores de fic, que surgiu a partir dele.

Andy Sawyer, bibliotecário da Coleção de Ficção Científica da Biblioteca da Universidade de Liverpool, pesquisador de ficção científica, professor, editor e fã, fala sobre uma era esquecida e um significado completamente diferente para "fan fiction", que data da Irlanda da década de 1950.

Enormes controvérsias em fandoms surgem hoje ao redor tanto da Real Person Fic (RPF, ou fanfiction baseada em pessoas reais em vez de personagens) e Big Name Fans (BNFs). Tais conflitos são ficcionalizados na fic de Sherlock "The Theory of Narrative Causality" e ressurgem como tópicos em todo este volume. Mas em um elemento muito esquecido da história da fanfiction, que introduz a especificidade da cultura fandom local para uma troca cada vez maior de zines internacionais, vemos que algumas destas primeiras fanfictions de ficção científica eram essencialmente RPF de BNFs — e foram recebidas incólumes e sem escândalos.

A internet acabou com muitas culturas locais distintas que surgiram ao redor de fandoms especiais em lugares especiais. Este grupo preservou um pouco disso para nós de forma ficcionalizada, em zines de ficção científica que circulavam pelo Reino Unido e pelos Estados Unidos.

Fábulas do Fandom Irlandês

Fanfiction nos Anos 1950 e 1960

Andy Sawyer

Na maior parte da história do fandom de ficção científica, a fanfiction não representava ficção tendo como cenário o universo do livro/série de TV/filme favorito do fã. Em vez disso, era ou ficção escrita por fãs e publicada em fanzines (em oposição à publicada por escritores profissionais em revistas profissionais) ou ficção *sobre* fãs e fandoms, escrita como uma brincadeira para as pessoas que eram retratadas de forma gentil. Um dos maiores expoentes disto foi John Berry, cujas "Fables of Irish Fandom" foram publicadas em vários fanzines britânicos e norte-americanos entre 1954 e 1965, e reimpressas em cinco volumes pelo fã britânico Ken Cheslin, entre 1998 e 1999.[18] Tendo publicado por volta de sessenta destas "Fábulas", Berry descreveu as vidas do grupo de Belfast, na Irlanda do Norte, em um tipo de novela das vidas dos fãs.

Archie Mercer, um fã de ficção científica que escreveu sua própria ficção (*Meadows of Fantasy*) na qual aparecem membros do fandom levemente disfarçados, escreveu uma vez para Berry, dizendo: "Quando ele começou a ler minhas Histórias da Fandom Irlandesa, tudo parecia estar perfeitamente organizado e racional, mas quando tinha terminado de ler os artigos, sentiu que havia sido transportado para um mundo de fantasia, mas era incapaz de apontar onde estava a transição" ("Down Memory Lain"[19]). Berry, um escritor prolífico,[20] era membro do grupo de fãs que girava ao redor de Walter ("Walt") e Madeline Willis nos anos 1950. Suas histórias começaram como piadas, algumas sendo levadas longe demais; Berry também notou que "os principais atores geralmente ficavam irritados por minhas frequentes revelações". Elas são um retrato afetivo e incrível de uma subcultura e indivíduos ainda reverenciados por certos setores do fandom britânico. Através das histórias de Berry, fãs no resto da Grã-Bretanha e Estados Unidos ficaram conhecendo o "Grupo de Belfast". Mas este conhecimento foi construído a partir da forma como os fãs se conheceram, uma amizade que difere da forma comum pela qual as pessoas conhecem seus amigos. A comunicação aqui raramente era pessoal — a participação em convenções de ficção científica era pouco frequente para muitos fãs — e normalmente através da troca de fanzines. As fábulas de Berry permitiam que você se sentisse parte do grupo.

O contexto dentro do qual Berry estava escrevendo é melhor explicado por ele, em sua história de 1958, "Star Struck".[21] Aqui, ele fala das "facetas fundamentais de um verdadeiro fã de ficção científica". Ele continua: "Eu me considerava muito bem doutrinado em todas as necessidades básicas... educado em THE ENCHANTED DUPLICATOR... um curso concentrado de QUANDRY, OOPSLA e SLANT... seguido por apreciação em alta pressão de GRUE... lendo ASTOUNDING, GALAXY etc... louco pelos profissionais... STURGEON, BLISH, BRADBURY, WHITE e SHAW etc..."[22] Quando Berry começou a ler ficção científica na "era dourada" do final dos anos 1940, as revistas norte-americanas eram importantes (só foi depois da guerra que as revistas britânicas como *New Worlds*, *Nebula* e *Authentic* ofereceram ficção científica a fãs no Reino Unido). *Astounding*, estabelecida em 1930 e editada por John W. Campbell, foi fundamental. *Galaxy Science Fiction*, fundada em 1950 por H. L. Gold, foi uma das várias revistas bem-sucedidas em desafiar *Astounding* na década de 1950. Os escritores profissionais norte-americanos que Berry nomeou — Theodore Sturgeon, James Blish, Ray Bradbury — tinham raízes nas revistas, mas seus romances apareceram em forma de livro dos dois lados do Atlântico nas décadas de 1940 e 1950. Dois outros nomes naquela última lista, James White e Bob Shaw, eram amigos e companheiros do Fandom Irlandês que tinham se tornado profissionais, e cujo trabalho estava começando a ser publicado durante o início dos anos 1950.

É significativo, no entanto, que Berry começa sua lista de "facetas fundamentais de um verdadeiro fã de ficção científica" com referências a fanzines e atividades de fãs em vez de ficção científica de verdade. *Quandry*, *Oopsla*, *Slant* e *Grue* foram fanzines populares na época, escritos por fãs e distribuídos em troca de outros fanzines, contribuições ou cartas de comentários. Neles, a ficção científica era geralmente discutida, mas, cada vez mais, o foco era a atividade de fandom em si. O documento definidor desta atividade foi *The Enchanted Duplicator*, uma alegoria pseudoépica publicada por Walter Willis e Bob Shaw em 1954 como um livreto mimeografado.[23]

Aqui descobrimos o que significa ser fã. Nosso herói, Jophan, acordou para uma nova vida ao descobrir os fanzines. Ele se move por um cenário simbólico povoado por pessoas com nomes simbólicos, procurando "O Duplicador Encantado", com o qual ele será capaz de publicar o fanzine perfeito e se tornar um Fã Verdadeiro. No final, nosso Fã Comum sobrevive às dificuldades técnicas, à sua própria inexperiência, às duras críticas e aos elogios exagerados, e se torna um Fã Verdadeiro quando conhece a si mesmo, quando ele automaticamente pode devolver aos outros o que recebeu.

Walter Willis, reconhecido líder do Grupo Belfast e o principal instigador de *The Enchanted Duplicator*, estava, quando John Berry o conheceu, trabalhando no Serviço Civil da Irlanda do Norte. Ele nasceu em Belfast, numa família protestante que se mudou do sul da Irlanda. Mesmo que os tempos mais violentos ainda estivessem por vir, a Irlanda do Norte já tinha problemas pela divisão sectária entre as comunidades protestante e católica, e Willis, que morreu em 1999, deve ter passado por uns anos difíceis na região. Ele, portanto, manteve sua vida como empregado civil separada da vida de fã. O fandom era um hobby, e quando deixou de ser tão gratificante, ou as pressões de vida diária começaram a ficar maiores, ele diminuiu sua participação. O emprego formal de John Berry era na força policial, portanto, pressões similares podem ter se aplicado sobre ele. Apesar de ter continuado a se corresponder com fãs individuais, a maior parte de sua atividade de fã já tinha se encerrado em meados dos anos 1960. Ele morreu em 2011.

Os Willises eram leitores de FC — na verdade, eles contaram a história de como se conheceram em uma livraria que vendia revistas de FC —,[24] mas não conheciam o fandom até que Walter descobriu uma edição norte-americana de *Astounding* em um sebo, e os dois perceberam que as edições britânicas que tinham lido eram bastante resumidas. Acima de tudo, elas não traziam o que fazia possível o fandom: as colunas de cartas, onde os leitores expressavam opiniões e através das quais (pois os endereços postais geralmente vinham impressos) eles poderiam entrar em contato. No final de 1948, Willis e White tinham montado seu primeiro fanzine, *Slant*, seguido por trinta e seis edições de *Hyphen* de 1952 a 1965. Além de uma coluna regular sobre fandom em *Nebula*, de 1952 a 1959, um conto em coautoria, uma reimpressão em 1972 de *The Enchanted Duplicator* em *Amazing*, e um livro, *The Improbable Irish* (Ace, 1969, sob o nome de Walter Bryan), praticamente todos os escritos de Willis apareceram como fanwriting amador.

Mesmo que Willis certamente não tenha sido o único fã a enfatizar humor, sátira e um foco sobre personalidades de fãs em vez de um desejo de escrever ou criticar a ficção científica, ele foi rapidamente identificado como um mestre dos gracejos e da coluna humorística. Seu estilo leve, mas incisivamente inteligente, tornou-o popular dos dois lados do Atlântico. Ele amava o que lia, mas não levava a sério, se por "sério" queremos dizer "solene". Na verdade, porque ele levava muito a sério o que lia, Willis encorajava a sátira das idiossincrasias do fandom e da própria ficção científica.

Nós primeiro encontramos o Grupo Belfast em "Coming Up for the Third Time", inicialmente publicado em *Hyphen*, de Willis (1954). Berry, um inglês que tinha mudado para a Irlanda do Norte em 1949 para ficar com sua noiva, Diane, entrou para a polícia de Belfast. Descobrindo referências a um grupo de fãs na cidade, Berry escreveu a Willis e foi convidado a conhecê-lo. Em "Coming Up", ele descreve seu nervosismo para conhecer WALT WILLIS (as maiúsculas são dele). No começo, distraído por uma foto bastante proeminente de Marilyn Monroe (uma leve lascívia era uma presença constante em suas histórias), Berry passa a conversar com Willis e é convidado a voltar para conhecer o resto do grupo: Bob Shaw, James White e George Charters, descrito como um inveterado criador de trocadilhos, mas que nas histórias posteriores é gozado (como o membro mais velho do grupo) por ser um velho meio surdo e senil em uma cadeira de rodas.

As histórias de Berry são normalmente oportunidades para tirar sarro de seus amigos em vez de ficções com enredos específicos: cada um deles recebe personas específicas. São histórias escorregadias porque começam com a hipótese de que seus leitores conhecem estas personas e depois parte para a sátira gentil. Não são uma fonte estável para biografias. Charters era mais velho, mas não muito mais velho. "Bob Shaw" está cercado por máquinas decrépitas e devora gulosamente os bolos de Madeline. James White trabalhava em uma loja de roupas, e é representado, portanto, como sendo elegante e sempre pronto para vender roupas a um amigo. Cada escritor é tanto admirado por ser um "profissional" quanto gozado por sua produção prolífica: "Se eu correr para casa agora", conta James White em "Star Struck", "Terei tempo de escrever outro capítulo para Carnell antes de Peggy acordar."[25] Willis é o "gênio" do grupo e líder natural. O próprio Berry é o "neófito", idolatrando ingenuamente seus novos amigos. Em "Arrested Development" (*Triode*, 1955; incluída em *A Time Regained*), ele escreve como Bob Shaw quer entrar na força policial e como Walt Willis inventa um "exame" diabolicamente difícil para ele. Berry trata Shaw como "Sr. Shaw" todo o tempo e Willis como "Sir".

Uma história típica é "Bob and the Typewriter" (*Oopsla*, 1957; incluída em *The If Files*),[26] que brinca com a conexão entre Shaw e as máquinas. Berry expressa o desejo de ter uma máquina de escrever. Willis coloca as coisas em movimento, afirmando: "Aqui está um cliente para sua máquina de escrever, Bob." Estamos prontos para a piada das ações de vendedor de Shaw quando ele prepara o inocente para a morte. Berry enfatiza a diferença no status entre o autor neófito e profissional: "Que gloriosa oportunidade, pensei. Eu, conseguindo uma máquina de escrever de autor profissional." Shaw oferece a Berry a oportunidade para testá-la. Um datilógrafo experiente, apesar de lento ("eu consigo escrever com os olhos vendados, então não há necessidade de remover a camada de espuma de cima das teclas"), Berry tenta, mas não consegue escrever a palavra teste. Shaw justifica o fracasso de sua máquina de escrever com um palavreado técnico ("algo errado com a alavanca de retorno da grade") e finalmente a oferece "absurdamente barata". Quando Shaw sugere três libras por um objeto que Berry já tinha calculado que custaria várias vezes esta quantia para ser consertado, Berry está dividido entre não querer ser ludibriado e a ligação dos dois como fãs. A piada, claro, é que Bob está oferecendo três libras para "levar esta porcaria embora".

Mais ficcionalizadas são as histórias da Goon Defective Agency [Agência de Capangas Defeituosos],[27] nas quais John Berry se reescreve como "Goon Bleary" [Capanga Estúpido], um detetive desajeitado que investiga casos nos quais a fandom e fanzines aparecem proeminentemente. Parodiando as aventuras dos detetives durões de Raymond Chandler, as histórias também devem algo ao surreal programa de comédia da rádio britânica, *The Goon Show*, que foi transmitido de 1951 a 1960. "Goon", claro, também é uma gíria para um brutamontes tonto, e Goon Bleary resolve seus casos mais por sorte do que julgamento. "This Goon for Hire" (cujo título lembra o filme de 1942, *This Gun for Hire)* recoloca o Fandom Irlandês e seus personagens em um romance *noir*. Goon é convocado à residência dos Willis por um telegrama de Walt:

> Madeline abriu a porta.
>
> — Que que há, irmã? — grunhi.
>
> Ela olhou para mim. Estava pálida, apreensiva.
>
> — No andar de cima — sussurrou ela.
>
> Eu passei por ela, depois parei. Achei que ouvi um barulho de metralhadora. Fui na ponta do pé até a porta da esquerda... ouvi. O barulho em estacato parou.
>
> — Acabei de completar a página noventa e dois da minha nova história — ouvi uma voz cansada arquejando.[28]

(O escritor produzindo ficção em alta velocidade é Bob Shaw.) Goon Bleary entra no estudo de Willis e fica sabendo de um novo caso: alguém roubou a cópia autografada de Willis do fanzine *Star Rockets*. A piada aqui é que *Star Rockets* era, como uma nota na história que aparece na reimpressão de Ken Cheslin nos conta, um fanzine "fabulosamente horrível". Goon resolve o caso e recebe sua recompensa — porém Willis renega sua oferta original de uma coleção de revistas indecentes e joga sobre ele um conjunto completo de... *Star Rockets*.

Outra história, "The Fan Who Never Was,"[29] mistura a confusão de identidades no filme de 1956 *The Man Who Never Was*, sobre um cadáver que foi plantado durante a guerra com cartas forjadas para enganar os alemães e fazer com que pensassem que a invasão aliada da Sicília aconteceria em outro lugar, a um famoso hoax sobre o fandom britânico nos anos 1950. Goon Bleary é chamado pelo serviço de segurança para investigar um problema no Gabinete de Guerra. Um dos personagens principais é "Sergeant H. P. Sanderson" — como os leitores de Berry iriam imediatamente entender, um fã chamado "Sandy" Sanderson, que era sargento no exército. Há oportunidades para muitas piadas internas quando o agente de segurança não consegue entender o que Bleary quer dizer quando cita títulos de fanzines e expressões de fãs, mas no final Bleary é plantado, disfarçado como datilógrafo no Royal Army Corps feminino, no escritório de Sanderson. A oportunidade aqui para uma risada lasciva não está perdida ("Ele olhou para mim de cima a baixo. 'Entre, minha querida', falou, meio que turgidamente."),[30] mas o mais importante é o enredo, que está entre os mais bem realizados de Berry. Assim como um agente está espionando Sanderson, alguém está seguindo o agente. Acaba sendo o assistente de Bleary, Art, que está ajudando uma jovem mulher, profundamente prejudicada por Sanderson, a conseguir sua vingança.

O nome da mulher, Joan Carr, é a dica. Em 1952, o "verdadeiro" Sanderson tinha decidido enganar o fandom inventando uma fã completamente fictícia. Parcialmente porque havia poucas mulheres no fandom na época, e parcialmente porque iria ressaltar sua engenhosidade se conseguisse, ele decidiu se passar por uma mulher. Então nasceu "Joan Carr". "Joan" era, como Sanderson, membro das forças armadas, servindo no exterior, então sua ausência das convenções não era incomum. "Ela" se correspondia com outros fãs e no final se tornou uma das editoras de *Feminize*, junto com a cúmplice de Sanderson, Frances Evans. A piada acabou revelada em 1956.

Para "The Fan Who Never Was", Berry inventa uma Joan Carr verdadeira que "sabia que não poderia ir às convenções e escrever para as pessoas e dizer que era Joan Carr, porque eles iriam rir".[31] Joan continua dizendo que "eles iriam rir dela, insultá-la, talvez até sugerir que seria uma fraude e estava usando o nome só para ter notoriedade". Certamente foi argumentado que a fraude, apesar de bem-intencionada, dificultou a participação de mulheres no fandom pelas mesmas razões.

Joan conseguiu que Sanderson fosse enviado ao Pacífico, destruindo sua vida no fandom. Goon Bleary resolve o caso fazendo ao agente uma oferta que ele não consegue recusar (o número de telefone de uma mulher que faz "poses artísticas"), mas também salva Joan Carr de ser processada pelas autoridades por entrada ilegal e falsificação, ao apontar a lógica da situação. Se ela fosse presa e processada pelas autoridades por entrada ilegal e falsificação, seria possível fornecer provas documentais e centenas de testemunhas que jurariam que ela não existe.[32]

Apesar de seus próprios escritos, e da ficção de Berry, o núcleo do fandom irlandês — os Willises, Bob e Sadie Shaw, White, George Charters, o próprio Berry e uns poucos "membros honorários" como o artista Arthur Thomson (Atom) — se tornou famoso. Era principalmente um grupo masculino. Madeline Willis e Sadie Shaw e, mais raramente, Peggy White, ocasionalmente participavam das atividades sociais. Madeline fornecia o chá e o bolo para as reuniões na casa de Willises, a Oblique House (em referência ao fanzine *Slant*, mas também a um trocadilho com *Bleak House*, de Charles Dickens). Mas a esposa de Berry, Diane, é especificamente identificada como "não fã" e nenhuma das mulheres parecia muito interessada em ficção científica. É um mundo conectado através de rituais compartilhados — jogar ghoodminton (uma lendária versão fã de badminton na qual diziam que as "regras não eram existentes"),[33] trocar "prozines", escrever e publicar — e provocações pesadas, mas afetuosas. É um mundo que o fandom de hoje, infelizmente, perdeu.

Sou uma Mulher, Leia Minha Fic

Na história da fanfiction, *Jornada nas estrelas* cumpriu sua missão: audaciosamente ir até onde nenhum fã jamais esteve. Enquanto os fanzines focados em comentários eram a norma na ficção científica nos anos 1960, zines devotados à fanfiction, no sentido de histórias amadoras estabelecidas em um universo já criado, não eram. Como Andy Sawyer explicou, o fandom de ficção científica tinha "fan fiction" que tratava os fãs como personagens; zines também publicavam histórias de ficção científica originais de fãs em vez de escritores publicados comercialmente. Mas enquanto os textos individuais que lembram o que deveríamos agora chamar de fanfiction existem há *muito* tempo, não eram um elemento nos primeiros zines de ficção científica. Com *Jornada nas estrelas*, eles explodiram na cena.

Jornada nas estrelas, e seu corpo de fanworks mais ainda, criou a ficção científica centrada em relacionamentos, sejam platônicos, românticos ou (controversamente) sexuais. *Jornada nas estrelas* não foi, como já vimos, o primeiro fandom de fanfiction, nem o primeiro a ser impulsionado por uma relação próxima entre dois homens. Houve, na verdade, uma significativa sobreposição entre estes primeiros fandoms de fic. Vários dos pioneiros do fandom *Trek* também eram ativos nos círculos de Sherlock: Ruth Berman, que fundou *T-Negative*, estava por trás de *SH-sf Fanthology* (1967–1973), um zine que juntava uma grande variedade de escritos sobre Sherlock Holmes e ficção científica; o terceiro número de *Spockanalia* inclui especulações pelo sherlockiano John Boardman sobre as origens holmesianas do Sr. Spock; e Roberta Rogow (editora do zine *Grip*, além de cantora folk e arquivista de fandom) escreveu uma série de pastiches de Sherlock Holmes que foram publicados. Mas *Jornada nas estrelas foi* o primeiro fandom em que a fanfiction se tornou tão central que poderia sustentar vários fanzines devotados exclusivamente para tal. Com *Jornada nas estrelas*, a fanfiction se tornou uma jornada... realmente coletiva, o tipo de comunidade supersocial de hoje.

A transmissão na mídia de massa do material-fonte, o acesso crescente às tecnologias de reprodução (inicialmente mimeógrafos, depois impressoras offset, fotocópias e impressão eletrônica), a revolução sexual e até o feminismo, tudo isso se combinou para criar as condições para que essas fãs mulheres tomassem o controle. Principalmente através dos esforços delas, começando no final de 1960, a fanfiction se tornou um setor vibrante, ativo, eclético e até impulsionador da atividade das fãs. A fanfiction de *Jornada nas estrelas* não é o terreno exclusivo das mulheres, e nunca foi, mas *Jornada nas estrelas* foi o primeiro fandom a agrupar um número realmente substancial delas. As mulheres formaram um grande grupo de escritoras de fic de *Jornada nas estrelas*.

Conforme a cultura fic de *Jornada nas estrelas* evoluiu, ela iniciou a tendência a incluir conteúdo erótico em fanfiction (mesmo que, claro, aventuras libidinosas ou pornográficas usando personagens e histórias existentes não fossem nada novo — veja "Uma Pré-História da Fanfiction" e o destino das heroínas virtuosas de Richardson). Como Jacqueline Lichtenberg explica em seu ensaio "Lembranças de uma Festa de Montagem", no entanto, esta tendência da fanfiction coincide e é influenciada pela crescente inclusão da sexualidade na ficção científica central e na literatura de fantasia. O elemento mais controverso foi que *Jornada nas estrelas* também inspirou o primeiro fandom slash (slash, aqui e em todo este volume, é definido como romance homoerótico, normalmente entre personagens canonicamente pintados como héteros), por mais que esse elemento não tivesse sido exatamente aceito ou mesmo tolerado pela maioria dos fãs.

Ao focalizar o seu interesse, as fãs de *Jornada nas estrelas* surpreenderam os criadores da série desde o começo. Eles tinham achado que o Capitão Kirk seria a atração principal e estruturaram a série dessa maneira, mas Spock provocou a maior reação dos fãs, especialmente das mulheres. Os primeiros zines, *Spockanalia* e *T-Negative* (por causa do tipo de sangue de Spock), refletem este entusiasmo. Os criadores da série usaram estes zines como uma fonte valiosa para descobrir os gostos e preocupações dos fãs e ocasionalmente até contribuíram através de cartas dos atores — normalmente assinando como os personagens.

Como Samuel Richardson antes deles, os criadores de *Jornada nas estrelas* logo descobriram a sabedoria de levar a sério os gostos e interesses das fãs, tão assertivas e articuladas. Por exemplo, por sugestão de Isaac Asimov (um bom amigo de Roddenberry), o show buscou ajudar Kirk a receber parte do interesse feminino dedicado a Spock, tornando esta amizade ainda mais central para a série. Esta reação, por outro lado, deu às "Enterprising Women" [Mulheres Empreendedoras] (usando emprestado o título do trabalho inovador de Camille Bacon-Smith) ainda mais material com o qual trabalhar.

Focar este relacionamento central influenciou muito a dinâmica da série e a fanfiction que ela inspirou. O relacionamento de Kirk com as mulheres seguia o modelo do "mulherengo solitário", sempre disponível para um novo par romântico — e para as fantasias da telespectadora: uma fórmula estabelecida e muito usada para personagens centrais na televisão. Com Spock, no entanto, Kirk sustentou um compromisso complexo e de longo prazo de afeição e respeito mútuo. Spock, sempre lógico e contido (coisas sempre excitantes, aparentemente), manteve e valorizou tal relacionamento com Kirk — mas não com uma mulher (por mais que a Enfermeira Chapel tivesse tentado). O relacionamento deles *fascinava* os telespectadores — e mais de quarenta anos depois, continua fascinando.

Mesmo que a fanfiction de *Jornada nas estrelas* explore muitos relacionamentos, o par Kirk-Spock (e mais tarde, Kirk/Spock) teve o maior impacto e provou ser a maior atração. Um relato comum da evolução de slash explica que as fãs mulheres queriam explorar as possibilidades de uma relação romântica ou sexual no contexto de um relacionamento complexo e de longo prazo entre iguais: uma estrutura que a cultura mainstream não oferecia em lugar nenhum e certamente não em *Jornada nas estrelas*. A série permitia a possibilidade de um relacionamento, mas seus modelos de intimidade, confiança e amor sustentados eram entre homens. Quando ligações heterossexuais intervinham (ou, alguns poderiam argumentar, interferiam) na amizade Kirk-Spock, como no ritual de acasalamento vulcano pon farr (p.ex., em "Amok Time", Spock é controlado pela necessidade de acasalar e acredita que matou Kirk) ou no planeta de pólen sexual (p.ex., em "This Side of Paradise" Spock se apaixona como resultado de esporos e negligencia seu dever), é Kirk que traz Spock de volta para seus deveres e a amizade deles — inspirando uma igualmente poderosa emoção negativa: ódio aos insultos raciais que Kirk grita a ele. Quando Spock demonstra emoção não causada por esporos ou ciclos de acasalamento, só acontece em relação a Kirk. (Esporos sexuais e ciclos de acasalamento irresistíveis se transformaram em tropos existentes há muito tempo em múltiplos fandoms, que seguem fortes ainda hoje.)

As explorações da fanfiction desta amizade central não foram predominantemente slash — principalmente não no começo. Dor/conforto (demonstração de vulnerabilidade, amizade testada e provada) no contexto de uma amizade estritamente platônica foi algo extremamente popular e continua sendo um dos gêneros mais populares em todos os fandoms. Nos primeiros dias, na verdade, o slash (como em Kirk/Spock ou K/S) que hoje identifica uma relação sexual só indicava que o relacionamento era central para a história. Muitas fics deram tanto a Kirk quanto a Spock interesses amorosos femininos, com encontros eróticos inicialmente insinuados e, nos anos seguintes, detalhados com especificidades. O slash no sentido contemporâneo não começou a aparecer nem nos zines antes de 1974 (porém, já circulava antes disso), quando o relacionamento Kirk-Spock como interesse motriz da fic já tinha sido estabelecido há muito tempo.

O fato da publicação nos zines ter ocorrido muito depois da existência e circulação underground de histórias slash foi estabelecido anedoticamente. E, por mais que o auge do slash K/S só tenha acontecido nos anos 1980 e 1990, a ideia de Kirk e Spock como parceiros românticos potenciais era suficientemente comum em 1979 para que Gene Roddenberry, o criador da série, mencionasse o tema em resposta à seguinte questão:

> Há muita coisa escrita no movimento *Jornada nas estrelas* comparando o relacionamento entre Alexandre e Hefêstion com o relacionamento entre Kirk e Spock — focando a proximidade da amizade, o sentido de que eles morreriam um pelo outro...
>
> [Roddenberry:] Sim, certamente existe algo disso — certamente com tons amorosos. Amor profundo. A única diferença é que, o ideal grego — nunca sugerimos isso na série — inclui o amor físico entre os dois. Mas nós certamente tivemos a sensação de que a afeição era suficiente para isso, se este fosse o estilo especial do século XXIII.[34]

Escrevendo como Capitão Kirk na novelização de 1979 de *Star Trek: The Motion Picture*, Roddenberry usou a linguagem vulcana e uma nota de rodapé, para comentar timidamente sobre a natureza de Kirk–Spock:

> Nota do Editor: O conceito humano de amizade é praticamente duplicado no pensamento vulcano pelo termo *t'hy'la*, que também significa irmão e amante. A lembrança de Spock (de onde este capítulo foi tirado) é que foi um dos momentos mais difíceis para ele, pois realmente considerava que Kirk tinha se tornado seu irmão. No entanto, como *t'hy'la* pode ser usado como amante, e como a amizade de Kirk e Spock era extraordinariamente próxima, isso levou a alguma especulação sobre se eles eram realmente amantes. A nosso pedido, o Almirante Kirk forneceu o seguinte comentário sobre este assunto:
>
> "Nunca tinha ouvido este rumor sobre sermos amantes, apesar de terem me dito que Spock ouviu isso várias vezes. Aparentemente, ele sempre o descartou com sua característica levantada de sobrancelha, que normalmente significava uma combinação de surpresa, descrença e/ou contrariedade. Da minha parte, apesar de não ter objeções morais ou de outro tipo para o amor físico em nenhuma das muitas formas terrenas, alienígenas e misturadas, sempre senti mais gratificação por aquela criatura chamada mulher. Também não gosto de ser considerado tão tolo a ponto de selecionar um parceiro amoroso que só entra no cio sexual uma vez a cada sete anos."[35]

A discussão dos fãs sobre esta passagem foi — claro — bastante longa. Paratextual, parassexual e, incrivelmente esquiva, a famosa nota de rodapé mostra as excelentes qualificações de Roddenberry para a diplomacia da Federação. Aparentemente, coloca um final no rumor de "amantes" sem fazer nenhum julgamento negativo sobre homossexualidade e, além do mais, faz uma interpretação razoável sobre bases linguísticas assim como uma suposição lógica baseada na incomum proximidade dos homens. Lendo mais a fundo — como fãs e professores de inglês costumam fazer, e porque os modelos de notas chamam a atenção para a linguagem e para si mesmos —, acentuam-se algumas provocações adicionais: que a "maior gratificação" de Kirk tem sido por mulheres certamente supõe uma experiência mais variada. A reação de Spock não é dada em primeira mão, e o fato de que sua levantada de sobrancelha "normalmente significa" uma série de reações deixa explicitamente aberta a porta para outras. Que Kirk "não gostaria de ser visto como" alguém que escolhe um parceiro sexual tão raramente ativo fala mais da percepção do que da realidade. É cuidadosa, brincalhona. Está pedindo interpretação. E recebeu. Os criadores de *Jornada nas estrelas* reconheceram a importância de falar com os fãs desde o começo, mesmo que essas conversas nem sempre tenham sido tranquilas entre todos os lados (veja a sátira que Shatner fez dos Trekkies em um episódio de 1986 de *Saturday Night Live*).

Os primeiros dias do fandom de *Jornada nas estrelas* foram documentados em *Star Trek Lives!*, em *Enterprising Women*, *Textual Poachers* e vários outros artigos e ensaios acadêmicos e menos acadêmicos. Claro, o fandom Trek não é *só* história. Está bem vivo hoje, com fics ainda sendo escritas para a série original e suas várias continuações. *The Next Generation*, *Deep Space Nine*, *Voyager* e *Enterprise* continuam a inspirar fics, assim como, claro, *The Original Series*. Mais recentemente, a reprise da série original por J. J. Abrams inspirou toda uma nova geração de escritores de fic. Fãs mais velhos às vezes gostam do novo influxo de fãs que cada encarnação traz, mas também podem tratá-los com suspeita, até escárnio. O primeiro fandom de *Jornada nas estrelas* enfrentou uma rejeição similar da cultura de fã mais geral, quando os "fãs literários" de FC impressa atacaram a suposta superficialidade dos "fãs de mídia", que também eram rejeitados por seu gênero (geralmente mulheres).

Patricia Poole, uma advogada civil canadense aposentada e ainda escritora ativa de fic (atualmente escrevendo para *Sherlock*, seu décimo segundo fandom), oferece sua própria perspectiva histórica sobre a evolução do fandom e seus conflitos de gênero e de geração:

> Sou uma "dinossaura" de *Jornada nas estrelas*. Vi a série quando foi transmitida pela primeira vez em 1966-69. Aos 57 anos, continuo comprometida com o fandom, mesmo que ele tenha se transformado em algo muito diferente. (Ou talvez eu esteja "comprometida por causa do fandom" :-))
>
> Ao mesmo tempo em que eu estava "escrevendo por dinheiro" em meu emprego, escrevia fanfic por amor em fanzines do final dos anos 1980 e começo dos 1990 (*Jornada nas estrelas*, *Quantum Leap* e uma peça pseudoacadêmica sobre referências literárias nos episódios de *A Bela e a Fera*).
>
> Meu pai era um aficionado por quadrinhos e ficção científica desde os anos 1930, quando o termo "fandom" foi criado. Ele me inculcou algumas das crenças que quase todos os fãs possuem, mas não necessariamente o mundo "mundano" da época: "O futuro será muito melhor do que podemos imaginar." "Não há limites para o que uma pessoa dedicada pode mudar e realizar." Ele me fazia assistir a *Jornada nas estrelas* com ele. Convenceu minha mãe a mudar minha hora de dormir para que eu pudesse assistir.
>
> Eu fui à minha primeira convenção no Halloween de 1973. StarCon foi uma convenção de *Jornada nas estrelas* em Detroit. A participação estava bem dividida entre homens

e mulheres, mas a idade média era muito menor do que a maioria das convenções de FC da época. O "Efeito Descoberta" estava no ar naquele fim de semana, mais sedução do que feromônios.

Fui uma das muitas fãs que se correspondia com Jacqueline Lichtenberg, Sondra Marshak e Joanie Winston através da minha amiga Carol Frisbie sobre este "Efeito Descoberta" e outras questões relativas a fãs. O livro resultante, *Star Trek Lives!*, pode ter sido o primeiro sobre fandom. Lembro de ter ficado espantada por encontrar coisas que tinha escrito transformadas em páginas em um livro de verdade, mesmo não tendo recebido crédito.

No final dos anos 1970 e começo dos 1980, o crescimento do número de mulheres no fandom de ficção científica coincidiu com a FC aparecendo em outros lugares além dos livros. Criou-se uma divisão. "Fãs de mídia" estavam interessados em FC, mas principalmente da forma como era mostrada na TV ou em filmes. "Fãs literários" afirmavam que a verdadeira FC estava nos livros impressos.

Nestes primeiros dias, os fãs de mídia eram apenas 60-75% mulheres. Mas fãs de mídia que escreviam *fanfic de mídia* eram quase 90% mulheres. Fãs literários eram ao redor de 90% homens.

Aqui em Michigan e Ontário, com as pessoas que eu conhecia em particular, e pelo que eu podia ver ao meu redor, parecia uma verdadeira Batalha dos Sexos para mim. Certamente os epítetos proferidos estavam divididos em termos de gênero.

Muitas outras cismas se seguiram depois, como os galhos de uma árvore lógica que se espalhavam. Os fandoms certamente são muito mais diversos e difusos do que costumavam ser.

Participei de uma dezena de fandoms. Inicialmente, todos estavam relacionados com FC. Com os anos, as ligações com a FC em meus interesses pessoais se tornaram tênues. Meu fandom mais recente não tem nada a ver com FC.

Porém, eu ainda estou na lista de e-mail de um grupo no qual a maioria dos membros se autoidentifica como fãs de FC "literária". Recentemente me envolvi em uma discussão sobre "Dar as Boas-Vindas a Novos Fãs". Eles trocavam comentários lastimando a escassez de jovens fãs entrando para o grupo. Os membros especulavam por que os novos sócios tinham "interesses diferentes" e "não participavam das convenções".

Os comentários foram ficando cada vez mais ridículos até que eu surtei e respondi: A Convenção Mundial de Ficção Científica de 2012 em Chicago teve 5.000 participantes, muito menos que no passado. Mas a Dragon*Con 2012 em Atlanta (que se descreve como uma convenção de "cultura multimídia popular") teve 52 mil participantes e 130 mil fãs apareceram na Comic-Con 2012 em San Diego.

Também lembrei que o clube "literário" nunca tinha tradicionalmente "dado as boas--vindas" a quem tinha "interesses diferentes". Na verdade, alguns dos atuais membros falando deste assunto eram as mesmas pessoas que "me deram as boas-vindas" há 30 anos com as palavras: "Oh, Jesus, outra garota idiota fã de mídia!"

> Eu ainda me identifico como uma fã de "mídia". Mas os termos "literário" e "mídia" são risíveis e ultrapassados. Alguém fora da minha geração sabe o que significam?
>
> Mesmo assim, discriminação de raça, credo ou capacidades físicas era definitivamente menos comum do que na sociedade mundana dos anos 1970, 1980 ou até 1990. Mas fãs discriminavam e brigavam por coisas incrivelmente ridículas. Ainda não eram chamadas de flamewars, mas elas queimavam tudo. Alguns fãs mais antigos especulam que os fandoms pré-internet não eram tão negativos por causa da velocidade mais lenta da comunicação entre fãs na época. Telefones funcionavam bem para espalhar as piores fofocas.

Fandom é realmente fandoms, plural — uma esfera sempre diversa e briguenta. As representações de mídia de massa da fanfiction e da fan culture são apresentadas quase sempre como um "mundo estranho", ou mais tipicamente como um bastião de pessoas ineptas, física, social e literariamente. As narrativas acadêmicas do fandom compensam, geralmente apresentando imagens utópicas de colaboração entre irmãs e crítica feminista. Utopias e distopias, no entanto, não são universos paralelos, mas realidades que se cruzam. Isso é certamente uma das grandes lições de *Jornada nas estrelas* — e de seu fandom.

Jacqueline Lichtenberg vem sendo uma empreendedora, mobilizadora e uma peça importante na ficção científica e no fandom da ficção científica há décadas, tanto como fã quanto como escritora. Ela também atuou como arquivista e historiadora do fandom da série original de Jornada nas estrelas *(TOS) — tanto no formato zine e, com Joan Winston e Sondra Marshak, em* Star Trek Lives! *(1975), o primeiro livro publicado sobre um fandom de mídia. É notável a forma como usa o começo da cultura de zines de fanfiction para criar e, no final, administrar e coletar, um universo de fandom multiautor e multigênero, completado com suas próprias regras e convenções distintas: Kraith.*

Kraith permanece notável entre produções de fãs por voltar um olhar crítico a questões de tensão étnica e racial, imaginando como raças e culturas minoritárias — principalmente os Vulcanos, foco de Lichtenberg — responderiam à governança da Federação, tão centralizada na Terra e nos humanos, *como foi mostrado nas séries. O universo Kraith recebeu atenção da crítica mainstream desde 1986 (do* New York Times*) e foi discutido em livros pioneiros de cultura fandom como* Enterprising Women, *de Camille Bacon-Smith (1992), e* Textual Poachers, *de Henry Jenkins (1992). Apesar de não ser sexualmente explícito (normalmente) nem impulsionado por um casal em especial, Kraith mesmo assim mostra as complexidades das políticas sexual, reprodutiva e de gênero, incluindo um guia para aqueles que desejam começar a escrever dentro de suas fronteiras. Lichtenberg também é a criadora do universo Sime~Gen, uma série de trabalhos publicados (e, logo, um videogame) que cria um sistema de troca interespécies ainda mais detalhado e incomum.*

Aqui, Lichtenberg explica como várias influências, de escritoras de fantasia, zines, fandoms de ficção científica e encontros convergiram quando o fandom de Jornada nas estrelas *estava criando a cultura de fanfiction como a conhecemos hoje — incluindo a criação de mídia social em um mundo analógico.*

Lembranças de uma Festa de Montagem

Jacqueline Lichtenberg

Era uma tarde tranquila e ensolarada em um subúrbio afastado de Manhattan, em uma rua sem saída margeada por árvores de bordo, sem calçadas, entradas de garagem sem pavimento, casas reformadas da década de 1920, sem cercas, grandes quintais e bandos de crianças da vizinhança enchendo as ruas, que estavam lotadas de carros estacionados, principalmente dos meus convidados.

Era o começo dos anos 1970 e *Jornada nas estrelas* não podia ser encontrado em nenhum lugar naquele subúrbio, exceto talvez em minha pequena sala de estar.

A ocasião era chamada de "festa de montagem". Minha memória não é clara sobre o que estávamos montando, mas suspeito que era ou o volume um ou volume dois de *Kraith Collected*, minha série de fanfic de *Jornada nas estrelas*; o volume um foi publicado pela primeira vez em 1972. A maioria das pessoas envolvidas, incluindo Joan Winston, que fez a viagem a Manhattan de ônibus, eram amigas do fandom de *Jornada nas estrelas*. Muitos deles, como Joan e como Devra Langsam, bibliotecária infantil e editora do primeiro fanzine *Star Trek*, *Spockanalia*, eram membros do primeiro comitê da Convenção de *Jornada nas estrelas* de Nova York. (Vários membros daquele comitê, e outros membros dos Lunarians, que ainda dirigem uma das primeiras convenções de ficção científica, Lunacon, apareceram em diferentes festas de montagem, então não me lembro exatamente quem estava em qual festa, mas sempre nos divertíamos.)

No meu porão, onde eu guardava armários cheios de fanzines de *Jornada nas estrelas*, sentou-se Roberta Rogow, uma das futuras luzes estelares dos historiadores Trek. Como Devra, Roberta era uma bibliotecária infantil na época. Ela catalogava minha coleção de zines Trek porque esta continha itens que ela não vira em nenhum outro lugar, um verdadeiro tesouro de Trekdom. Roberta mais tarde publicou seu índice de histórias de fãs de *Jornada nas estrelas* como um fanzine, e também se tornou uma escritora de mistério de grande sucesso. Logo depois desta festa de montagem na minha casa, Roberta publicou suas histórias slashy/raunchy em um fanzine que se chamava, acho, *GRIP* (uma paródia dos zines *Grope* e *Grup*), e publicou muitas histórias engraçadas de escritores de slash que posteriormente ficariam famosos. Mas tudo isso ainda estava no futuro e, naquela festa, ainda não tínhamos ideia do que estava por vir.

No andar de cima todo mundo circulava em torno de mesas dobráveis, pegando uma página de cada pilha de folhas impressas para montar uma cópia completa de um zine, e entregando as pilhas para que os verificadores conferissem se cada página estava certa, de cabeça para cima. Então eles passavam as pilhas para os grampeadores, que davam as três grampeadas unindo as páginas e colocavam os zines em caixas de gráfica para serem enviados a várias convenções, de Toronto a San Diego. Quando você tem uma dezena de pessoas ajudando, montar mil zines demora só umas poucas horas.

A razão pela qual as pessoas apareceram, além de uma refeição grátis, era para conversar. Isso foi antes do Twitter e do #scifichat de toda sexta-feira, antes do Facebook, quando você usava telefones (só para ligações) ou ia a convenções para ter uma conversa inteligente sobre a literatura rara e difícil de encontrar que você mais adorava, e sobre o prazer culpado da série de TV para o qual sonhou novas histórias.

Então enquanto marchavam de um lado para o outro da grande mesa o mais rápido possível, as vozes tinham que se elevar acima do *BAM!* dos grampeadores. De vez em quando, as pessoas mudavam de trabalho para evitar a tontura, e conciliar várias conversas gritadas sobre o crescente estrépito em meias sentenças. Era um dia agradável.

As janelas estavam abertas. Os vizinhos sem dúvida pensavam que estávamos doidos. Não perguntei a eles.

Como anfitriã, não dei muitas voltas naquele dia. Lembro que estava indo e vindo da cozinha, espalhando o cheiro das cebolas e da carne pela casa, mexendo nas batatas assadas, correndo para fora para conter meus dois filhos, gritando para que as pessoas tirassem os carros para que meu marido pudesse entrar e sair do jardim e descendo correndo para ter certeza de que Roberta estava encontrando todos os zines enfiados nos cantos mais escuros.

Num momento, com o jantar quase pronto para ser servido, eu estava passando pelo escritório de casa, notei uma cópia de *Os destruidores de mundos*, de Marion Zimmer Bradley, e o levei para a multidão que gritava um para o outro com a mesa de cozinha no meio, esperando que se sentassem para comer. Deveria haver pelo menos três diferentes conversas por dupla na mesa. Era como assistir a um stream de chat via Twitter, e é por isso que me sinto tão em casa nos chats online. Era como uma família conversando na mesa de jantar. Gritei para o grupo barulhento e tentei explicar para eles que Darkover era Trekkish (já que Spock é um mestiço telepata).

Se você não leu *Os destruidores de mundos*, eis um resumo. Humanos naufragados neste mundo alienígena chamado Darkover se misturaram com os remanescentes dos nativos inteligentes, os *chieri*, e produziram sete famílias de telepatas e *espers* que são apenas parcialmente humanos. Muitas gerações depois, o último dos *chieri* entra em um relacionamento sexual com um dos descendentes majoritariamente humano no qual se conecta telepaticamente.

Marion mais tarde me contou que *Os destruidores de mundos* foi inspirado em *A mão esquerda da escuridão*, de Ursula K. Le Guin, em que os nativos do planeta Inverno podem mudar a orientação sexual (por mais que Marion tivesse incluído a mudança de fisiologia sexual nos *chieri* de Darkover mais de uma década antes da publicação de *Mão esquerda*, em 1969). A novela de Le Guin foi considerada uma intrusão "literária" na ficção científica tradicional e criou muita controvérsia por isso. Ganhou tanto o prêmio Hugo (votado por fãs) quanto o Nebula (votado por escritores profissionais de FC), não tanto por causa da exótica sexualidade alienígena, mas por causa do puro poder literário do texto, que era necessário, em 1969, para tornar a abordagem à sexualidade perdoável. Quando Marion leu *A mão esquerda da escuridão*, sua reação à cena de sexo foi que Le Guin tinha feito o que Marion estava tentando me ensinar a não fazer — amortecer o golpe, não mantendo a promessa do subtexto feito ao leitor. Marion escreveu *Os destruidores de mundos* para ilustrar como esta cena de sexo tinha que ser; agora eram os anos 1970, e as coisas poderiam ser ditas em voz alta (mesmo que apenas em particular), algo que não poderia ter acontecido alguns anos antes.

Depois do jantar, a conversa girou ao redor de *Os destruidores de mundos* e, claro, de *Jornada nas estrelas*. O grupo não conseguia parar de conversar. Meu marido colocou as crianças para dormir e nós (todas mulheres) ficamos agrupadas na minha pequena sala de estar enquanto eu deliberadamente não queria pensar na pilha de pratos na pia. De repente, alguém mencionou uma cópia da história de *Jornada nas estrelas* que tinha circulado de mão em mão. Acredito que a história era a famosa "The Price of a Handful of Snowflakes". O website 1001 Trek Tales lista a data de copyright de "Handful of Snowflakes" como 1979, que pode ter sido sua primeira impressão em um fanzine encadernado. Acredito que esta história foi disseminada, em primeiro lugar, como uma história oral, depois em cópias carbono clandestinas e finalmente publicada, explodindo na cena. Mas é possível que a história agora conhecida por este título não seja a mesma que a oral que ouvi neste primeiro encontro.

O tópico da história era sexualidade, um tópico que a ficção científica impressa quase nem tocava naquele momento, nunca procurando suas dimensões eróticas. Hoje você não consegue vender fantasia sem uma cena de sexo, de preferência umas doze ou mais. Com o tópico da sexualidade abordado, o tropo padrão, os mestiços como apresentados em *Jornada nas estrelas*, de repente abriu uma questão: como você pode ter um mestiço sem sexo? Bom, exatamente como foi? Sabemos que era "a coisa lógica a fazer", mas o que foi feito e por quê? E onde isso deixava Spock? Com quem ele faria, e por quê?

Aquele comentário perdido na minha sala de jantar se transformou numa intensa e muito longa conversa sobre as histórias eróticas, ainda amplamente mantidas escondidas, que estavam sendo criadas por outros fãs de *Jornada nas estrelas*. E foi durante esta discussão que eu ouvi pela primeira vez da existência de ficção slash, como parte da conversa maior. Muito maior.

Jornada nas estrelas me pegou no momento certo para reacender a enorme frustração que sofria ao crescer — uma frustração, no final, que uma alta porcentagem de adolescentes sofre. Resumindo, é: "Mas eles estão escrevendo tudo errado!" E, para uma porcentagem estreita destes adolescentes, esta frustração resulta em histórias sonhadas e/ou escritas e escondidas debaixo da cama, no final queimadas com profundo embaraço por termos sido tão jovens e ingênuos. Hoje, este material está postado em FanFiction.Net.

Eu cresci dentro do fandom da ficção científica desde que estava na sétima série, quando escrevi minha primeira carta para o editor, neste caso para Fred Pohl, o escritor de ficção científica premiado e fã de toda vida que, como editor na Bantam, no final, comprou *Star Trek Lives!*. A carta, que foi publicada com meu endereço, atacava artistas por incorreções, e me trouxe muitas cartas de outros leitores de ficção científica e membros da Federação Nacional de Fãs de Fantasia (n3f.org). Conheci escritores profissionais através do fandom e vi como eles interagiam com seus fãs em fanzines.

Quando *Jornada nas estrelas* foi cancelada (pela primeira vez), Devra teve a reação típica da fã de ficção cientifica, que eu compartilhei: "Ah, é? Você e qual exército?"

Foi a partir desse dilúvio de indignação, compartilhada com outros fãs experientes de ficção científica, que Devra começou *Spockanalia*. Deveria ser "um único número" e teve muito pouca ficção. Mas a demanda explodiu, as pessoas mandaram suas histórias e ela produziu outros números. Eu fiz um pequeno ensaio de fã para o número quatro, chamado "O Sr. Spock sobre a Lógica", e através da *Spockanalia* descobri Jean Lorrah, que se tornaria uma boa amiga e coautora, através de uma contribuição que ela fizera.

Em Minneapolis, Ruth Berman quase simultaneamente teve a mesma ideia de Devra a partir da mesma reação indignada, e fundou o famoso fanzine *T-Negative* (por causa do tipo sanguíneo de Spock). Assim que ouvi o título do fanzine, escrevi uma história para ele (a primeira história de Kraith) — e, sim, na época achei que seria uma única história, solitária no único número de um fanzine e a coisa acabaria por aí.

Toda esta indignação dos fãs cozinhando e fermentando durante estes anos — como eles ousam cancelar *Jornada nas estrelas*! — tinha encontrado uma válvula de escape: os fanzines.

O que acabou se tornando meu livro *Star Trek Lives!* começou como um sentimento de perplexidade e um sentido de horror profundo dentro do estômago: "E se eu estiver perdendo um fanzine?!" Eles estavam aparecendo tão rapidamente, desaparecendo e ressurgindo editados por outras pessoas — era confuso e não havia fonte central de informação onde você pudesse ter certeza de que não estava perdendo algo.

Então, com medo de perder um zine, eu circulei uma planilha de assinatura por correio, pedindo aos editores que listassem os zines que eles conhecessem e que não estavam listados na planilha, para mandá-la para alguém que não estivesse nela e pedisse que acrescentassem o que soubessem.

Isso nunca funcionaria hoje, mas era como a fandom funcionava na época. Hoje você encontraria um blog ou uma wiki. Na época não era um método inovador de juntar informações, só algo que eu sentia necessidade de fazer, apesar de colocar muito esforço em minha máquina de escrever.

Todos os novos fanzines surgindo nos mantinham interconectados porque eles publicavam "cartas de comentários" (LoC em inglês) com os endereços dos fãs que escreviam. Fãs escreviam uns para os outros, tanto diretamente quanto via colunas de cartas de fanzines sobre comentários em números anteriores ou histórias publicadas em outros fanzines por diferentes grupos de pessoas. Quando as pessoas começaram a copiar minhas planilhas de assinatura de zines e entregá-las a grupos que eu nem conhecia, mas com meu endereço como destino final, descobri que tinha um arquivo cada vez maior de zines. Não tinha dinheiro para comprar tantos zines, então escrevia histórias para eles. A tradição dos fãs é que os zines não pagam pelas histórias. Contribua com uma história ou uma carta de comentários, e você recebe uma cópia grátis. Então escrevi uma história para Kraith ou uma LoC para todo zine que encontrei. É por isso que Roberta estava em meu porão durante aquela fatal festa de montagem. Eu recebi todos eles.

Tendo crescido em uma família de jornalistas, sabia que tinha uma boa reportagem nas mãos quando o número de zines explodiu. Sabia como escrever uma história para o jornal. Quem. O quê. Quando. Onde. Por quê. Quantos? Eu sabia quantos fanzines havia, e poderia contar os colaboradores, mas os leitores que compraram zines e não contribuíam não podiam ser contados. Então eu circulei (e pedi que os zines imprimissem) um questionário perguntando quem/o quê/quando sobre os leitores do fanzine de *Jornada nas estrelas*. Neste momento, eu só queria escrever um artigo para meu jornal local, e pensava em tentar publicar no *New York Times*, porque parecia que eu tinha uma grande matéria. Quando os questionários começaram a voltar e o número de zines continuou crescendo, comecei a pensar não em uma matéria para um jornal, mas em um livro.

Eu ainda estava pensando na ideia de um livro sobre o fandom de *Jornada nas estrelas* quando participei da primeira convenção de *Jornada nas estrelas* e encontrei Gene Roddenberry parado no meio de um corredor. Fui até ele, estiquei minha mão e anunciei: "Oi! Sou Jacqueline Lichtenberg." Claro, ele não sabia "quem" eu era, mas foi gentil mesmo assim. Ele ainda estava provavelmente flutuando na recepção entusiástica recebida da multidão quando falou mais cedo.

Contei a ele sobre meu projeto de circulação de um questionário e os resultados, e propus a criação de um Welcommittee de *Jornada nas estrelas* e um diretório de fanzines. Ele parecia pensar que era uma boa ideia, então, encorajada, eu disse a ele que propunha juntar toda a história do advento do fandom de *Jornada nas estrelas* em um livro, e perguntei se ele escreveria a apresentação. Ele falou que sim. Então me deixou estupefata ao me dar o número de telefone de sua casa. Precisei prometer que não ia contar a ninguém, mas ele falou para ligar quando eu conseguisse um contrato para o livro.

Passei os anos seguintes escrevendo o livro, mas também passei muito tempo naquele período sentada aos pés de Gene Roddenberry (literalmente, com um gravador) em vários quartos de hotel por todo o país, entrevistando-o e a vários atores e roteiristas. Então, quando liguei para contar que tínhamos um contrato de publicação, ele não ficou surpreso.

Na época daquela vital festa de montagem, além de escrever e fazer marketing de contos para revistas de ficção científica, antologias e trabalhar no que se tornou *Star Trek Lives!*, eu estava no meio de dois outros projetos: minha série para fanzines de *Jornada nas estrelas*, Kraith, e reescrever e tentar vender meu livro original, *House of Zeor.*

Além de escrever minhas próprias histórias na série Kraith, eu também estava editando/gerenciando uns cinquenta escritores e artistas que contribuíam para a mitologia de Kraith, e designando números oficiais para as histórias de Kraith, para que assim pudessem ser montadas em ordem cronológica por leitores que os encontravam espalhados entre vários zines. Em vez de ser uma história de um único autor, Kraith era uma estrutura de histórias baseadas em *Jornada nas estrelas* que eu criei, para o qual convidei outros a acrescentar suas próprias histórias, tendo deixado deliberadamente "buracos" para serem preenchidos. Assim, organizar todas as histórias não foi uma tarefa fácil. Kraith foi publicado em uma pletora de fanzines, geralmente reimpresso em outros e no final coletado por dois fãs que conheci em Nova York que viviam em Michigan. Eles redatilografaram tudo (em estêncil) (ou todas as histórias que conhecíamos na época; outras não oficiais mais tarde apareceram na Inglaterra) de outros fanzines ou de cópias carbono indistintas para publicação como um único volume, primeiro mimeografadas e então, depois de redatilografadas, em offset com mil ou 1.500 cópias.

Kraith foi a razão pela qual estávamos todos na minha cozinha aquele dia, falando de *Jornada nas estrelas* e *Os destruidores de mundos* e as histórias Kirk/Spock, que ainda não eram conhecidas como slash, mas aquela festa de montagem me levou a algo que afetou minha vida tanto quanto *Jornada nas estrelas*: o endereço da casa de Marion Zimmer Bradley.

Em resposta à minha gritaria sobre a adição de Darkover à *Jornada nas estrelas* para chegar a Kraith, aquele dia, Devra sumariamente descartou Darkover dizendo algo sobre o que Marion havia dito em uma Lunacon. E eu, tipo, "OH MEU DEUS, VOCÊ CONHECE MARION ZIMMER BRADLEY!!!" E ela meio que dando de ombros, falou: "Quem não conhece?" Eu sabia que através de fandom, os leitores/fãs regularmente interagiam com escritores profissionais, mas minhas pernas ainda estavam fracas. Eu tinha lido Marion desde a faculdade e minha maior ambição era me tornar uma escritora tão boa quanto ela.

Foi por causa desta conversa que Devra contou a Marion quem eu era. Marion me escreveu, então eu datilografei uma carta de cinco páginas em espaço simples analisando o que estava "errado" com *Os destruidores de mundos*, mas também o que fazia com que fosse um livro importante para mim: a relação sexual e especialmente o capítulo treze, onde humanos e alienígenas fazem sexo alienígena. Somente no fandom de ficção científica este tipo de audácia desavergonhada tem resultado, por isso começamos a trocar correspondência. No final, ela me pediu para mandar a ela o rascunho de *House of Zeor* no qual eu estava trabalhando.

No universo Sime~Gen de *House of Zeor*, a humanidade tinha sofrido uma mutação e se tornou Simes e Gens (não há humanos como você e eu naquele universo). Simes precisa de energia vital, selyn, dos Gens para poder viver. Mas só tomar o selyn geralmente mata os Gens. "Canais" são uma submutação de Simes que podem tomar selyn de um Gen sem matá-lo, depois passar a outros Simes. Mas todos os canais devem participar em um ato íntimo com um Gen uma vez por mês — um ato chamado Transferência, que é ainda mais íntimo do que o sexo.

Em uma cena em *House of Zeor*, respondendo a uma das notas de Marion, eu inseri um aviso de que não existem canais gays. Não era um elemento de construção do mundo acrescentado por qualquer tipo de homofobia. Todas as três mutações, Sime,

Gen e canal, existem como macho e fêmea, e eu criei Simes e Gens como tendo a mesma porcentagem de pessoas gays que temos hoje. Em Sime~Gen, ser gay não é nenhum tipo de estigma ou questão social. Também, graças em grande parte àquela festa de montagem, fui gradualmente conhecendo a vibração elétrica K/S que existia na fandom de *Jornada nas estrelas*. Eu nem teria "revelado" as regras de não existência de canais gays em *House of Zeor* exceto que, para fazer uma das cenas funcionar, a explicação deveria ser incluída. Mas a regra dos canais não gays irritou muito os fãs — o que pode ter sido uma coisa boa. Fãs irritados produzem fanfic como ostras irritadas produzem pérolas.

Eu diferencio Transferência da sexualidade em todos os detalhes. Não faz diferença aos personagens se a Transferência é homem-mulher, homem-homem ou mulher--mulher. De nenhuma maneira... para os personagens. Leitores? Outra questão. Nem todo mundo entendeu. Mas através do fandom de ficção científica, havia uma forma para que os leitores/fãs interagissem com escritores profissionais, por isso recebi muitas perguntas. Depois de *House of Zeor*, todos os livros Sime~Gen foram escritos especificamente como resposta às perguntas que os fãs mandaram para mim ou para Jean Lorrah, minha coautora em muitos livros Sime~Gen. O primeiro livro que coescrevemos começou a ganhar vida em um esboço que ela preparou para um zine Sime~Gen chamado *Ambrov Zeor.* Ela me mostrou em uma convenção Trek em Michigan, e eu falei que ela deveria trabalhar em uma proposta e então eu a tentaria vender para a Doubleday. Ela fez isso. Eu também. Uma fã se tornando minha coautora poderia parecer estranho para alguns, mas não para mim. Por participar em fandom e trabalhar em *Star Trek Lives!*, eu já estava acostumada a pensar na linha entre leitores e escritores como algo fluido.

Acredito que este tipo de comunicação com leitores e reação a eles foi o que permitiu que a série de Sime~Gen continuasse por tanto tempo. Hoje, um dos fanzines originais Sime~Gen, *Companion in Zeor*, ainda aceita ficção para publicação online, e há um grupo ativo de jogadores de RPG produzindo ficção online; os dois estão em simegen.com. Com o advento do videogame Sime~Gen, espero que a contribuição do leitor para a direção da história se torne um fator maior. Mas uma filosofia interativa, orientada para comunidades há muito é parte da minha visão para a comunidade Sime~Gen, assim como era fundamental para o universo Kraith.

Hoje, alguns programas de TV fornecem links interativos que você pode ler com um app para telefone, o que o leva ao website do programa para novas ideias, mais histórias e cenas fornecendo base, textura e profundidade adicionais. Isto é precisamente o que visualizei quando os escritores de fanzine de *Jornada nas estrelas* começaram a preencher os vazios dos episódios transmitidos, explicando incongruências ao acrescentar personagens e contradizendo abertamente a intenção dos roteiristas do programa. É preciso mais de um meio para contar uma história. Cada meio tem seus pontos fortes, então use todos. Escritores de fanfiction fazendo pastiches de tantos programas de TV finalmente chegaram aos produtores de TV. Espero que tenha ajudado, mas de qualquer forma este é o mundo em que nasci.

Por que eu estava fazendo isso enquanto criava meus filhos? Tinha a visão de um mundo interativo onde os escritores e criadores de programas de TV e romances poderiam ouvir e incorporar o que os espectadores pensam e sentem sobre os personagens, onde os criadores de ficção recebem feedback dos consumidores de ficção e todos participam na criação das histórias. Sei agora que estou vivendo esta visão e não poderia estar mais feliz com a forma como isso aconteceu.

O Visual da Fic: Década de 1970

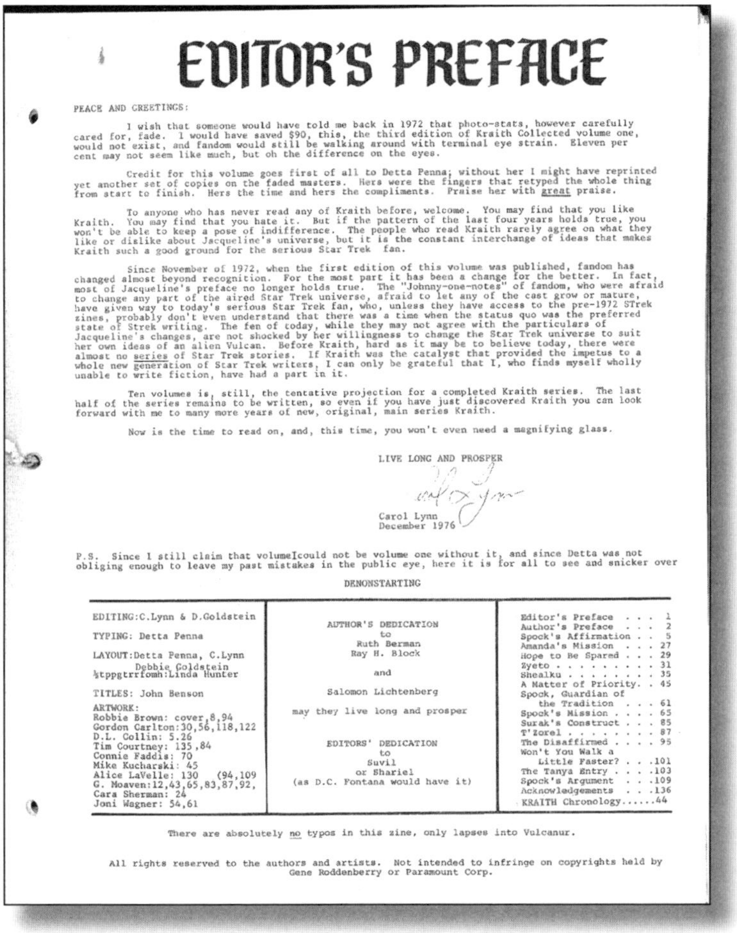

EDITOR'S PREFACE

PEACE AND GREETINGS:

I wish that someone would have told me back in 1972 that photo-stats, however carefully cared for, fade. I would have saved $90, this, the third edition of Kraith Collected volume one, would not exist, and fandom would still be walking around with terminal eye strain. Eleven per cent may not seem like much, but oh the difference on the eyes.

Credit for this volume goes first of all to Detta Penna; without her I might have reprinted yet another set of copies on the faded masters. Hers were the fingers that retyped the whole thing from start to finish. Hers the time and hers the compliments. Praise her with great praise.

To anyone who has never read any of Kraith before, welcome. You may find that you like Kraith. You may find that you hate it. But if the pattern of the last four years holds true, you won't be able to keep a pose of indifference. The people who read Kraith rarely agree on what they like or dislike about Jacqueline's universe, but it is the constant interchange of ideas that makes Kraith such a good ground for the serious Star Trek fan.

Since November of 1972, when the first edition of this volume was published, fandom has changed almost beyond recognition. For the most part it has been a change for the better. In fact, most of Jacqueline's preface no longer holds true. The "Johnny-one-notes" of fandom, who were afraid to change any part of the aired Star Trek universe, afraid to let any of the cast grow or mature, have given way to today's serious Star Trek fan, who, unless they have access to the pre-1972 STrek zines, probably don't even understand that there was a time when the status quo was the preferred state of Strek writing. The fen of today, while they may not agree with the particulars of Jacqueline's changes, are not shocked by her willingness to change the Star Trek universe to suit her own ideas of an alien Vulcan. Before Kraith, hard as it may be to believe today, there were almost no series of Star Trek stories. If Kraith was the catalyst that provided the impetus to a whole new generation of Star Trek writers, I can only be grateful that I, who finds myself wholly unable to write fiction, have had a part in it.

Ten volumes is, still, the tentative projection for a completed Kraith series. The last half of the series remains to be written, so even if you have just discovered Kraith you can look forward with me to many more years of new, original, main series Kraith.

Now is the time to read on, and, this time, you won't even need a magnifying glass.

LIVE LONG AND PROSPER

Carol Lynn
December 1976

P.S. Since I still claim that volumeIcould not be volume one without it, and since Detta was not obliging enough to leave my past mistakes in the public eye, here it is for all to see and snicker over

DENONSTARTING

EDITING:C.Lynn & D.Goldstein

TYPING: Detta Penna

LAYOUT:Detta Penna, C.Lynn
Debbie Goldstein
¼tppgtrrfomh:Linda Hunter

TITLES: John Benson

ARTWORK:
Robbie Brown: cover,8,94
Gordon Carlton:30,56,118,122
D.L. Collin: 5.26
Tim Courtney: 135 ,84
Connie Faddis: 70
Mike Kucharski: 45
Alice LaVelle: 130 (94,109
G. Moaven:12,43,65,83,87,92,
Cara Sherman: 24
Joni Wagner: 54,61

AUTHOR'S DEDICATION
to
Ruth Berman
Ray H. Block

and

Salomon Lichtenberg

may they live long and prosper

EDITORS' DEDICATION
to
Suvil
or Shariel
(as D.C. Fontana would have it)

There are absolutely no typos in this zine, only lapses into Vulcanur.

O prefácio e a página de créditos da coletânea de fanfiction de *Jornada nas estrelas*, *Kraith Collected*, volume um. 1976 reimpressão da primeira edição de 1972. Histórias individuais eram impressas primeiramente em outros zines.[B]

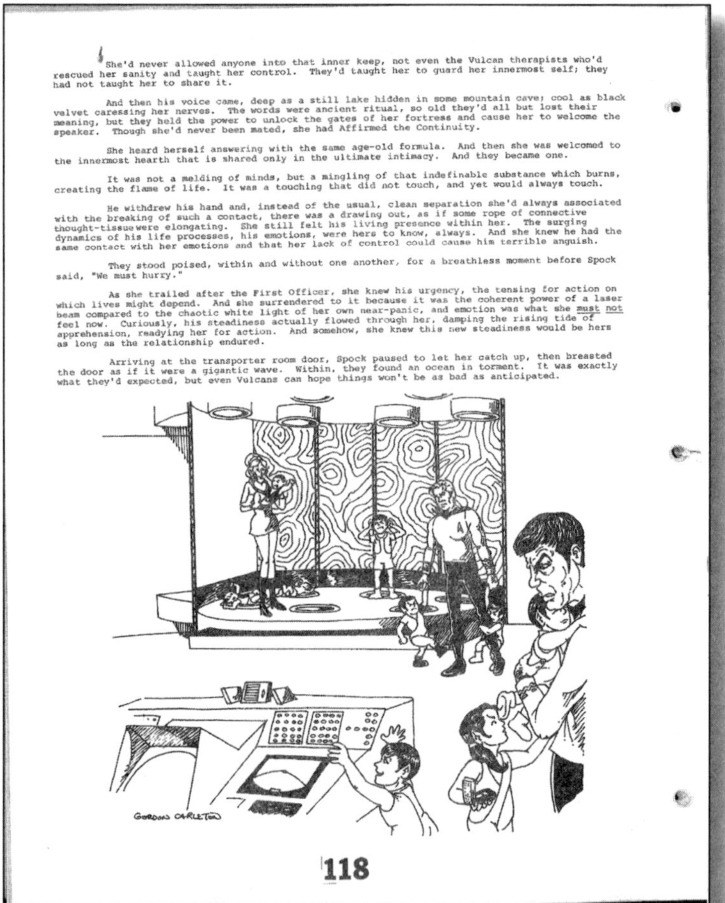

She'd never allowed anyone into that inner keep, not even the Vulcan therapists who'd rescued her sanity and taught her control. They'd taught her to guard her innermost self; they had not taught her to share it.

And then his voice came, deep as a still lake hidden in some mountain cave; cool as black velvet caressing her nerves. The words were ancient ritual, so old they'd all but lost their meaning, but they held the power to unlock the gates of her fortress and cause her to welcome the speaker. Though she'd never been mated, she had Affirmed the Continuity.

She heard herself answering with the same age-old formula. And then she was welcomed to the innermost hearth that is shared only in the ultimate intimacy. And they became one.

It was not a melding of minds, but a mingling of that indefinable substance which burns, creating the flame of life. It was a touching that did not touch, and yet would always touch.

He withdrew his hand and, instead of the usual, clean separation she'd always associated with the breaking of such a contact, there was a drawing out, as if some rope of connective thought-tissue were elongating. She still felt his living presence within her. The surging dynamics of his life processes, his emotions, were hers to know, always. And she knew he had the same contact with her emotions and that her lack of control could cause him terrible anguish.

They stood poised, within and without one another, for a breathless moment before Spock said, "We must hurry."

As she trailed after the First Officer, she knew his urgency, the tensing for action on which lives might depend. And she surrendered to it because it was the coherent power of a laser beam compared to the chaotic white light of her own near-panic, and emotion was what she must not feel now. Curiously, his steadiness actually flowed through her, damping the rising tide of apprehension, readying her for action. And somehow, she knew this new steadiness would be hers as long as the relationship endured.

Arriving at the transporter room door, Spock paused to let her catch up, then breasted the door as if it were a gigantic wave. Within, they found an ocean in torment. It was exactly what they'd expected, but even Vulcans can hope things won't be as bad as anticipated.

118

Uma página da fanfiction *Jornada nas estrelas*, "Spock's Argument", de Jacqueline Lichtenberg, de *Kraith Collected*, volume um. Ilustrações de Gordon Carleton.[C]

Interlúdio:
Crescendo com a Fic

A fanfiction como funciona hoje não tem a ver só com histórias escritas sobre outras histórias (como sempre aconteceu). Fanfictions são histórias sendo escritas sobre a mesma história, tudo ao mesmo tempo. É o compartilhamento destas histórias com um aumento da facilidade e da velocidade e a diminuição dos custos. Os zines foram o primeiro passo na criação desse tipo de cultura escrita.

A cultura dos zines de fanfiction estava decolando enquanto os custos de produção de televisão e filmes — as obras que cada vez mais inspiravam a fic — disparavam. Para a maioria dos fãs, participar criativamente nestas produções de mídia de massa era um sonho muito menos possível do que publicar uma ficção científica tinha sido para os fãs anteriores. Com a criação dos "originais" que os fãs de mídia adoravam firmemente nas mãos dos produtores oficiais, os zines mesmo assim deixavam que os fãs controlassem a produção e a disseminação de seu próprio trabalho.

A cultura da fanfiction de mídia revolveu e se desenvolveu ao redor de zines por uns bons vinte e cinco anos, com as técnicas de produção independente melhorando e o número de zines se proliferando. Com a cultura de criação de zines crescendo ao redor das grandes franquias de mídia — as séries *Jornada nas estrelas*, *Guerra nas estrelas*, *Starsky and Hutch* e *A Bela e a Fera*, todas tiveram enormes fandoms de fanfiction pré-internet —, a linha entre cânones e "fanon", ou cânone do fandom, era cada vez mais vista como dependente da mídia. Todo mundo — aqueles com dinheiro, direitos, crédito e aqueles sem — estava contando versões de histórias e personagens; eles apenas o faziam de formas diferentes.

Esta era também marcou o aumento de outro tipo de paraescritas conectadas para estas vastas franquias de mídia: o romance de conexão. Não apenas fãs, mas enormes corporações aumentaram, expandiram e mudaram levemente histórias contadas nas telas com as histórias contadas no impresso. Falando legalmente, claro, estas histórias foram sancionadas, encomendadas, oficializadas. Mas falando *criativamente* — nas mentes dos jovens que cresceram lendo-os —, havia uma diferença tão grande assim entre a novelização de *Jornadas nas estrelas* que uma corporação apresentou, e uma que você mesmo poderia escrever no Atari do seu pai?

O período também viu a explosão (nas prateleiras das lojas de brinquedos, nos quintais usando fogos artifícios bem colocados) do brinquedo licenciado. Toda franquia de mídia parecia implorar: brinque com nossas histórias com estes brinquedos. Donny e Marie foram à guerra contra Han Solo e Cookie Monster em porões por toda parte. Que mensagem esta atmosfera gerada pelas corporações de entretenimento comunicava às crianças, como futuros criadores? O que eles esperavam que estas crianças aprendessem? No mínimo uma mensagem muito confusa: você brinca com nossas histórias com brinquedos, pelos quais você tem que pagar. Escritores brincam com nossas histórias no papel, pelas quais você tem que pagar. Mas *você* não brinca com nossas histórias no papel, porque isso seria roubar.

A mensagem que as corporações mandavam não era nada consistente, mas de qualquer maneira, a fanfiction é sempre uma história de consequências descontroladas pelos donos dos direitos. As mensagens consistentes que, *sim*, parecem ter sido transmitidas? Mais é mais. Quanto mais gente, melhor. Misturar e combinar.

O Império, claro, no final contra-atacou. Não é que os donos dos direitos não *tenham tentado* controlar a criatividade dos fãs. Por algum tempo a Lucasfilm permitiu a fic familiar, mas nada adulto. Quando a internet começou a aparecer, a Lucasfilm atacou fansites independentes, fazendo o melhor para dominar as consequências que seu marketing de massa tinha iniciado ao focar toda a atividade de fãs em seus próprios sites corporativos. Cartas de "cease and desist" não eram incomuns. *Guerra nas estrelas*, como uma entidade, não queria outras entidades de outros universos brincando com seus brinquedos. George Lucas não queria ver ninguém diluindo o poder de sua criação com criaturas ofensivas e ridículas de outros universos, ou histórias de amor pouco convincentes, ou até — Deus nos acuda — alterando elementos das histórias originais, distorcendo arcos de personagens ou cenas icônicas. Porque isso seria *horrível*. Tenho certeza de que muitos dos próprios fãs de *Guerra nas estrelas* teriam adorado entregar uma ordem de "cease and desist" a alguém que tivesse tentado fazer algumas destas coisas.

Da mesma forma, no final dos anos 1980, os fãs de *A Bela e a Fera*, depois de fazer uma campanha para salvar a série, no formato clássico pré-internet, ou seja, pelo telefone e por cartas, ficaram horrorizados quando o programa voltou... diferente. Os Donos da Bola tinha matado o enredo do amor — e da heroína. Alguns fãs teriam gostado de uma ordem de "cease and desist", também (eles não precisariam, a série não durou muito). Em vez disso, escreveram mais fic, contando as histórias que queriam ouvir. Alguns deles ainda estão escrevendo. A CW tentou lucrar com isso recentemente — mas fãs da série original não ficaram nada encantados. Nem toda fic é bem-sucedida, afinal.

Certamente, nem todos os escritores e criadores que cresceram nesta era passaram a escrever fanfiction. Alguns largaram estes brinquedos para sempre. Alguns deles (apesar de serem uma distinta minoria) cresceram e se tornaram Joss Whedon. Como Rex Stout especulando sobre o parentesco de Lorde Peter Wimsey, Whedon tinha passado algum tempo considerando a linhagem de seus próprios personagens em relação à cultura da nossa juventude: "Se você vai me dizer que Han Solo não é o pai de Malcolm Reynolds, então vou rir e rir e rir... Kirk também era, eu diria, o tio estranho de Malcolm."

Alguém poderia me arranjar uma fic disso?

Como o escritor e crítico Ron Hogan relembra, crescer na era de Jornada nas estrelas: A Série Original, Guerras nas estrelas, *e suas histórias além-mundo cheias de merchandise deu às crianças muitos pontos de entrada diferentes nas histórias que inspiravam. Hogan não se tornou um escritor de ficção (ou ainda não), mas desempenhou um papel instrumental na apresentação da literatura à internet ao fundar Beatrice.com como um website de entrevistas de autores em 1995, depois de ter lido um artigo sobre o Netscape, um dos primeiros browsers. Hoje, Hogan continua a celebrar ficção "literária" e de "gênero" em igual medida na web; seu projeto mais recente é uma série de recomendações de leitura personalizada de autores e livreiros chamada TheHandsell.com. Aqui, Hogan explica como uma vida de leitura irrestrita e sem filtros nesta era de "mistura e combinação" ajudou a moldar seus futuros projetos críticos.*

Recreio Literário

Ou Uma Infância Moldada pela Fic

Ron Hogan

I.

Guerra nas estrelas (ainda era apenas *Guerra nas estrelas*, então, nenhuma "nova esperança" anexada) foi lançado pouco antes de meu sétimo aniversário. É o primeiro filme que me lembro de ter visto nos cinemas mais de uma vez; meus pais tinham acabado de se separar, então era fácil para meu irmão e para mim convencer um, depois o outro, a nos levar. Talvez a separação deles — ou melhor, um esforço para nos manter felizes durante a separação — também tenha feito com que fosse mais fácil adquirir uma coleção substancial de bonecos Kenner do filme, assim como veículos e guerreiros espaciais e até a Estrela da Morte, com seu "compactador de lixo" no nível do porão cheio de pedaços de espuma.

Qualquer que seja a motivação, parece que me lembro de ter quase todos os personagens, que frequentemente usávamos para recriar cenas do filme — mas isso só era divertido até certo ponto. Naturalmente, começamos a criar nossas próprias cenas: Darth Vader e Luke Skywalker tinham estes pequenos sabres de luz de plástico no braço direito, então fazia perfeito sentido que lutassem um contra o outro, antecipando em alguns anos o clímax de *O Império contra-ataca*. (Temos que reconhecer que não imaginamos o ângulo familiar.)

Quando fomos ficando mais velhos, e o mercado de bonecos de ação se expandiu, compramos personagens de outras franquias; eu vagamente me lembro de Killer Kane de *Buck Rogers* se tornando parceiro de Vader enquanto Han Solo se juntou ao Capitão Decker, o personagem de Stephen Collins em *Jornada nas estrelas: The Motion Picture*. Faz tempo que esqueci qual explicação, se existiu alguma, nós inventamos para que todos eles estivessem no mesmo mundo. Suspeito que depois de um grande influxo da linha Fisher Price Adventure People, a gente simplesmente tenha começado a improvisar.[36]

Aquela brincadeira de criança é o coração da fic.

II.

Depois de alguns anos — por volta de 1980 ou 1981, pelo que posso me lembrar —, descobri as adaptações de *Jornada nas estrelas* de James Blish em minha biblioteca pública e comecei a lê-las, em ordem. Sei que já eu gostava de Trek a essa altura;[37] lembro-me de ter uma versão em forma de *fotonovela* do episódio do gângster de Chicago, "A Piece of the Action", quando eu estava na primeira ou segunda série, assim como um livro onde você mesmo podia montar réplicas de papéis de phasers e tricorders. Mas acho que eu poderia na verdade gostar mais dos desenhos dos anos 1970 do que da série original, que eu não tinha visto muito naquele momento. (Na verdade, nunca tinha visto "Space Seed" até um tempo depois do lançamento de sua "sequência", *A ira de Khan*, mas graças a Blish eu pelo menos conhecia o histórico da trama do filme.) Em retrospectiva, estes livros parecem um ponto de mudança, um momento no qual eu poderia ter, subconscientemente, percebido que havia algo mais do que o mundo de Trek — neste sentido, *The World of Star Trek*, de David Gerrold, também naquela biblioteca, foi uma introdução crítica à noção de que o significado de franquia poderia ser ampliado além do conteúdo dos episódios originais.

Logo depois, quando encontrei *Trek to Madworld*, de Stephen Goldin, foi o endosso de Gerrold na capa que me convenceu a comprá-lo e lê-lo, e isso abriu o caminho para outros livros sobre *Jornada nas estrelas*. Realmente não pensei que seriam subprodutos "oficiais" de *Jornada nas estrelas*; nesta época, eu tinha lido a antologia *New Voyages*, que mostrava contos que se passavam na *Entreprise* apresentados por membros do elenco e em algum momento eu assumi que os fãs do programa tinham começado a escrever histórias próprias.

Para um pré-adolescente como eu, fazia sentido que "todo mundo" estivesse criando suas próprias histórias de *Jornada nas estrelas*, e algumas delas estavam sendo publicadas.

III.

Pulemos uns dois ou três anos à frente. Agora totalmente disposto a ler histórias de ficção científica sobre outras pessoas além da tripulação da *Enterprise*, fui avançando sobre toda a coleção na seção infantil da biblioteca pública, e depois subi para a seção adulta. Foi onde encontrei *Tarzan Alive*, de Philip José Farmer, uma "biografia definitiva de Lord Greystoke". Eu não tinha lido, na verdade, nenhuma das histórias de Edgar Rice Burroughs, mas claro que eu sabia quem era Tarzan, então dei uma olhada — a partir do que minha mente ficou tomada pelo conceito literário de que havia uma pessoa real por trás do personagem e que Farmer tinha conseguido encontrá-la.

Mas eu estava mais encantado pela "árvore genealógica de Wold Newton", encontrada em um apêndice perto do final do livro.[38] Aqui, Farmer expandiu sua premissa inicial: não apenas Tarzan seria uma figura histórica real, mas também muitos dos outros lendários personagens da literatura popular dos séculos XIX e XX, de Sherlock Holmes a Doc Savage. Na verdade, eu lembro que já estava pelo menos 50% convencido da ideia de que Holmes era real, pois já tinha devorado meu volume das histórias completas com anotações de W. S. Baring-Gould e — mesmo enquanto avançava pela seção de ficção científica da biblioteca — já tinha vasculhado as estantes de mistério procurando *The Seven-Per-Cent Solution*, de Nicholas Meyer e sua sequência, *The West End Horror*, junto com *Enter the Lion*, de Michael Hodel, que era uma memória do irmão mais velho de Sherlock, Mycroft.

Talvez eu fosse apenas um jovem leitor especialmente suscetível, mas estava disposto a aceitar a proposta de que Holmes e Watson eram reais e que os autores posteriores a Conan Doyle estavam apenas descobrindo novos manuscritos de Watson. (Parte do prazer das continuações talvez esteja nas histórias que os autores inventam para explicar como encontraram documentos anteriormente desconhecidos.) A partir dali, não era preciso muita fé para assumir que outras histórias eram "realmente verdadeiras" também, e aqui estava Philip José Farmer, amarrando todas juntas em um pacote incrível — e, no processo, me entregando uma lista de histórias e personagens que eu deveria rastrear.

Eu só alcancei um sucesso mediano em encontrar os outros "documentos primários" da família Wold Newton. Tive muita sorte ao conseguir ler outros livros dos quais Farmer tomava emprestado personagens clássicos, de Doc Savage e Phileas Fogg a Glinda, a Bruxa Boa, e, ou contava "a história por trás da história" ou dava a eles novas aventuras. Até hoje, ainda estou meio convencido de que Glinda estava por trás da morte de Warren G. Harding, como sugerido em *A Barnstormer in Oz*.

Como esta última linha indica, eu poderia ser especialmente ingênuo quando se tratava da presença das pessoas da vida real na ficção, e Farmer não era a única pessoa a me distrair com uma versão bastante idiossincrática da história... mas esta é uma história para outro ensaio. Por enquanto, a moral da história é que desde muito novo eu aprendi que contar histórias com os personagens de outras pessoas, enfiar-se no mundo das histórias originais e dar seu próprio giro, era — bem, talvez não fosse perfeitamente — ordinário, porque eu tinha lido o suficiente para saber que estas histórias de Farmer eram um pouco notórias (em oposição às outras histórias de Farmer, que eram notórias por sua franca sexualidade). Então, ordinário, nem tanto, mas natural? Sim.

IV.

Pode começar, como descrevi antes, quando tratamos as histórias com as quais crescemos não apenas como textos para serem lidos, ou filmes ou programas a serem assistidos, mas como brinquedos com os quais podemos brincar. Em alguns casos, este processo é facilitado pela existência de brinquedos reais; mesmo sem objetos físicos, no entanto, nossas imaginações podem tomar conta dos elementos das histórias e ajustá-los a nosso gosto — seja um pitaco simples aqui e ali ou o desenvolvimento de uma narrativa completamente nova.

Alguns de nós simplesmente avançam para outro estágio, onde, em vez de extrair os resultados de nossa imaginação brincalhona de dentro das nossas cabeças ao mover bonequinhos pelos nossos quartos ou pela mesinha de centro da sala de estar, nós os colocamos no texto. Isso facilita seu compartilhamento e levanta um conjunto complexo de questões — um conjunto que certamente será abordado de forma muito melhor por outras pessoas neste livro. Às vezes, no entanto, você tem sorte: ou os "brinquedos" se tornaram propriedade comum, e ninguém se importa se você pegá-los emprestados, ou as pessoas que são donas dos "brinquedos" na verdade convidam todos a brincar com eles.

Mesmo se isso nunca acontecer, no entanto, "brincar" com as histórias de outras pessoas é uma atividade criativa que eu comparo a outras nas quais a participação de crianças — e adultos — é aceita como bastante natural. Assim como você não precisa ter sérias aspirações de se tornar um músico profissional para aprender a tocar "Para Elise" no piano, e pode carregar um caderno de desenho por aí sem a presunção de se tornar um pintor, deveríamos encorajar todo mundo a criar suas próprias histórias de *Jornada nas estrelas* (ou *Guerra nas estrelas* ou *Harry Potter* ou o que for) simplesmente como uma forma de exercitar sua própria imaginação.

Por enquanto, vou deixar os aspectos práticos da proteção dos interesses econômicos do criador para serem elaborados por outros colaboradores. O que eu sei, o que posso atestar, é que cresci em um mundo de fic que me estimulou a passar mais tempo ligado profundamente às histórias que amava, descobrindo os elementos estruturais que as faziam funcionar. Como Michael Ann Dobbs sugere em um post em io9.com, ler fic oferece valiosas lições de redação criativa, incluindo (mas não limitado a) um respeito saudável por todos os personagens em uma história e suas motivações fundamentais.[39]

Ler fic também me ensinou a procurar as linhas que unem histórias aparentemente disparatadas, e essa foi uma lição que eu trouxe para muitas das minhas tentativas de crítica cultural. Quando eu li *Lipstick Traces* pela primeira vez na época em que era universitário, fui preparado para a rede de conexões de Greil Marcus indo de Dada passando pelo Situacionismo até os Sex Pistols, tendo sido doutrinado profundamente na história secreta da cultura pulp quando adolescente. Quinze anos depois, quando trabalhava na tese central do meu estudo sobre Hollywood nos anos 1970, *The Stewardess Is Flying the Plane!*, nunca houve nenhuma dúvida em colocar filmes como *Empire of the Ants* e *Americathon* em pé de igualdade com *Annie Hall* e *O franco-atirador*. Fazia muito sentido para mim que eles fossem todos parte da mesma história sobre a cultura norte-americana; eu só tinha que entender qual era esta história.

Felizmente, a seção de *Guerra nas estrelas* já estava bem clara em minha cabeça. Afinal, eu tinha trabalhado com este material por mais de trinta anos.

Arquivo X, *Buffy, a Caça-Vampiros* e o Crescimento dos Fandoms de Fic na Internet

Com o advento da computação pessoal nos anos 1980 e da internet nos 1990, a fanfiction foi cada vez mais produzida eletronicamente e distribuída digitalmente. Os efeitos desta mudança na comunidade, na literatura que ela produz e na leitura e escrita mais amplas estão realmente apenas começando a ser entendidos. Com histórias como "The Theory of Narrative Causality", escritores de fic estão trazendo esta mudança de meio para dentro de suas narrativas, e a atmosfera visual e social do fandom de internet já está muito distante do ponto onde começou, em grupos de Usenet e listas de discussão. Desde as primeiras encarnações da rede, no entanto, um tremendo efeito destas mudanças se manteve: velocidade. Comunidades, conflitos e convenções se formam mais rápido do que nunca — provavelmente por ordens de magnitude. Como descobri com meus estudantes, os gêneros se desenvolvem e se espalham como raios — seja dentro de um único cânone (*Sherlock* pós-Reichenbach ou as histórias depois do final de *Buffy, a Caça-Vampiros*, por exemplo) ou entre fandoms (UA de coffee shop, gravidez masculina, o universo BDSM no qual gênero e orientação sexual são secundários para as identidades D/s).

Além de velocidade, a internet trouxe o anonimato. Endereços físicos ou números de telefone não eram mais necessários para receber as notícias do fandom. No começo, e-mails e IDs (anônimos ou pseudônimos) bastavam, e depois os fanboards apareceram — muitos sem exigir registro. A fanfiction se tornou livre, aberta, pública. Leitores tinham liberdade para se ocultar. Escritores continuavam tão anônimos quanto quisessem — até para aqueles que dirigiam os sites. Séries geek — como *Buffy* e *Arquivo X* — atraíram fãs que estavam distantes da cultura geek e que dificilmente criariam um zine físico ou participariam de uma convenção, mas que adoravam ler e escrever na privacidade de suas próprias telas. Revelar a identidade e a localização de alguém "na vida real" rapidamente foi visto como um pecado gravíssimo, enquanto que, nos dias de zines, tal informação era compartilhada de forma comum.

A opção do anonimato levou à possibilidade de brincar com a identidade. Muitas pessoas que nunca sonhariam em se vestir de Princesa Leia ou de Klingon em uma convenção de fãs eram atraídos a criar personagens online que eram, em si, um tipo de ficção. Enquanto nos primeiros dias da internet as possibilidades sinistras deste anonimato eram usadas como bicho-papão para assustar crianças e seus pais, na realidade (virtual) elas deram às pessoas a oportunidade de tentar novos estilos, gêneros, sexualidades e aparências — para viver de forma diferente, às vezes com mais ousadia, do que faziam na vida real. Hoje, nas comunidades de fic com maioria feminina, uma escritora mulher pode assumir uma identidade masculina para conseguir atenção, para experimentar a interação como homem ou, às vezes, para provar uma questão política.

Um homem entusiasta pode se passar por mulher e evitar a atenção extra. As pessoas geralmente não demonstram nenhum gênero ou raça ou orientação, mesmo que muitos encontrem as mesmas questões e tensões ressurgindo em comunidades online ou fiquem cansados das hipóteses feitas sobre eles. Às vezes escritores assumem identidades fantasmas para elogiar e promover seu próprio trabalho e destruir o trabalho de seus rivais. A internet, em outras palavras, já teve seus altos e baixos para escritores de fic, seu trabalho e suas comunidades; como um tutor estruturalista ortodoxo uma vez me corrigiu, "Literatura não evolui; ela muda". A internet mudou a fanfiction. Ponto final.

Não foi a tecnologia que mudou a fanfiction, claro. Como qualquer outro aspecto da cultura, a fanfiction reage e molda outras transformações culturais mais amplas. A mudança na tecnologia durante os anos 1980 e 1990 também coincidiu com vários programas que inspiraram fic e que se interessavam em brincar com gêneros e suas convenções — assim como a fic fazia. Tanto *Arquivo X* quanto *Buffy* tiveram grandes e inovadores fandoms de internet muito influentes, e cada um a sua maneira pegou tropos estabelecidos de gêneros ficcionais e de filmes e transformou-os, dando papéis centrais a personagens femininos fortes e dinâmicos. *Arquivo X* jogou com a dinâmica Sherlock-Watson e Spock-Kirk racionalista-e-intuitiva, mas o "médico" agora era o racionalista e o racionalista era uma mulher — uma mulher que de nenhuma forma se subordinava em termos de cargo a seu parceiro masculino. Em uma mudança ainda mais dramática, *Buffy, a Caça-Vampiros*, pegou a vítima de filmes de horror e transformou-a em super-heroína. Estas reversões não estavam restritas à representação, também. Enquanto a vasta maioria dos muitos roteiristas de *Arquivo X* eram homens, o criador de *Buffy*, Joss Whedon, inovou e contratou mulheres, entre elas Marti Noxon e Jane Espenson, cada uma delas recebendo mais créditos de roteiro do que qualquer outra pessoa, tirando o próprio Whedon. Noxon acabou se tornando a produtora. Certamente outros programas mainstream e até outros programas inspiradores de fanfic já tinham empregado mulheres: D. C. Fontana escreveu tanto para o *Jornada nas estrelas* original quanto para a *Próxima geração*, por exemplo, e esta última série contratou várias roteiristas e incluiu personagens mulheres fortes, por mais que tanto a equipe de roteiro quanto a própria série fossem dirigidas por homens. *Xena*, que antecedeu imediatamente *Buffy* no departamento de papéis centrais femininos e produziu boa quantidade de fanfic, empregou roteiristas mulheres em um punhado de episódios. Com *Buffy*, no entanto, as mulheres não eram apenas personagens proeminentes, mas também roteiristas-produtoras, e ainda mais, quando a internet fez tantas informações mais facilmente acessíveis em todas as partes, as roteiristas de *Buffy* foram vistas, e ouvidas, em fóruns da internet de uma forma que era muito nova.

Claro, se um programa inspira fic, isso tem mais a ver com relacionamentos na tela do que por trás dela e os dois shows expandiram as fronteiras de gênero sexual nesse aspecto. Conforme cada série progrediu, elas ousaram cada vez mais em termos de gênero sexual e sexualidade. Em um episódio de *Arquivo X*, a tatuagem falante de outro personagem (com a voz de Jodie Foster) ajudou a inspirar Scully a fazer uma tatuagem também, o que pareceu levá-la a um nível de promiscuidade sexual distante de seu personagem — mas possivelmente apenas reprimida. Mulder tinha um vício em pornografia e um médium sugeriu que ele morreria de "asfixiação autoerótica" — a primeira vez, certamente, que este termo apareceu em uma série do horário nobre. *Buffy* exibiu as primeiras amantes lésbicas em horário nobre; sexo com menores (que, de forma controversa, desencadeou um supervilão a partir de seu herói); e uma exploração de uma temporada inteira de consentimento dúbio, sexo bruto e tropos de BDSM. Tanto a televisão em horário nobre quanto o fandom tinham mudado muito desde o começo dos anos 1970, quando o conteúdo erótico era relegado a histórias orais furtivas como as que Jacqueline Lichtenberg descreveu. A fanfiction erótica já era grande o suficiente para ter zines exclusivamente devotados a het e slash, e todo esse conteúdo logo passou a ser encontrado online, organizado por perversão e casais. Mas, com estes programas, o cânone logo seguiu o exemplo.

Em termos de temática, tanto *Arquivo X* quanto *Buffy* também tinham muito a dizer sobre a dinâmica de poder entre forças contrainstitucionais e renegadas e as instituições para as quais parecem trabalhar. No final, estas dinâmicas repetiam as relações que se desenvolveram entre as comunidades de fãs e os donos corporativos dos direitos autorais ao longo dos primeiros dias do fandom na internet. Mulder e Scully, a Scooby Gang de Buffy, e fanwriters com suas comunidades, todos viviam sob a constante ameaça de serem encerrados, ou pelo menos de terem seu trabalho desvalorizado e sofrer interferências caso chamassem muito a atenção do oficialismo — seja pelo FBI ou uma conspiração alienígena (*Arquivo X*); o mundo do Conselho dos Guardiões (*Buffy*); diretores de escolas, pais e polícia (*Buffy* e fandom); ou ordens de "cease and desist" de executivos da Fox (fandom). "O Sistema" era uma frase usada na cultura de fãs para se referir aos criadores oficiais e aos tomadores de decisão de um programa, e que no final foi até adotado pelo derivado de *Buffy*, *Angel*, para se referir aos supervisores sobrenaturais de um escritório de advocacia do Mal. Fanwriters poderiam ver os personagens do programa como compatriotas em um mundo "nós contra eles".

Os dois lados do fandom de mídia dos anos 1990, fãs e criadores oficiais (pagos), tinham algo mais em comum: os dois tomaram permissões, precedentes e possibilidades da série de curta duração *Twin Peaks* e a cultura de fãs, muito ampla apesar de também de curta duração, que ela criou. No começo dos anos 1990, "a rede estava lá fora", e os fãs de *Twin Peaks* foram pioneiros no potencial desta nova tecnologia de assistir coletiva e ativamente, reagindo à televisão.

A cultuada série de Mark Frost e David Lynch recebeu o crédito de ter aberto o caminho para o *Arquivo X* em termos de criatividade, assim como nas mentes dos executivos de televisão (e em termos de elenco!). Claro, *Arquivo X* era uma série muito diferente — mais metodológica, mais ficção científica, um híbrido episódico/arco-mítico, ao contrário da natureza intensamente serializada de *Twin Peaks*. *Twin Peaks* também abraçava seus lados novela e mistério paranormal de forma igual, enquanto em *Arquivo X*, a novela — como as narrativas centradas nos relacionamentos geralmente são chamadas de forma depreciativa — era algo que Chris Carter insistiu (apesar de não ter tido sucesso) em resistir, pelo menos nos primeiros dias. Ainda assim, levar David Duchovny, um agente do FBI no mistério paranormal de *Twin Peaks*, para agente do FBI na trama paranormal de *Arquivo X* ajudou a trazer os fãs dedicados de alt.tv.twin-peaks na Usenet para a nova série. (Falando de ser ousado em termos de gênero e sexualidade: o personagem de David Duchovny em *Twin Peaks* era um agente do FBI nem um pouco feminino, mas que preferia usar vestidos.) O uso do Major Briggs (o pai de Bobby de *Twin Peaks*) como o pai de Scully no primeiro episódio centrado em Scully também ajudou a cimentar esta relação.

Igualmente importante foi o fato do fandom eletrônico de *Twin Peaks* ter aberto o caminho para os X-Philes. Como os primeiros zines de ficção científica, o pioneiro alt.tv.twin-peaks — ativo na época em que a maioria das pessoas nunca tinha ouvido falar em algo chamado "a net" — era devotado principalmente à discussão, dissecando os muitos mistérios, dicas e desvios de *Twin Peaks*, em vez de reescrever estes elementos como nova ficção. Claro, com a obsessão por *Twin Peaks*, a multidão da Usenet estava apenas fazendo online o que tantos de nós fazíamos em nossas casas e escritórios. Eu fiquei obcecada com *Twin Peaks* em um apartamento no West Village com um grupo de amigos. Não estávamos escrevendo fic, mas gostávamos de fazer "spec" — um descendente direto, ainda que não escrito, do Grande Jogo de especulação sherlockiana — refletindo os mesmos "e se" ("Você viu isso?", "O que você acha que isso *significa*?") que também inspiram a fanfiction. Enquanto pesquisava para este livro, encontrei muitos futuros escritores de fandom — e mais de um colaborador deste volume — que também assistiam a *Twin Peaks* naqueles dias. Descobri que o mesmo era verdade para escritores e produtores de televisão que não eram participantes de fandom (quer dizer, oficiais e pagos); nosso pequeno grupo de fãs incluía diversas pessoas que depois teriam bem-sucedidas carreiras na televisão (um produtor, um roteirista e mais de um ator).

Não éramos só nós. Hoje um executivo da NBC/Universal, Tom Lieber esteve envolvido com os programas geeks que misturavam gêneros temáticos, *Battlestar Galactica (BSG)*, *Caprica*, *Warehouse 13* e, algo pertinente aqui, *Psych*, que transmitiu um episódio de homenagem a *Twin Peaks* que parecia muito com uma fic. Considerando tal fato, não é surpreendente que Lieber seja um entusiasta de *Twin Peaks* apesar do que parece ter sido uma introdução um tanto traumática:

> Eu estava na quinta série quando *Twin Peaks* ia ao ar, e o único motivo pelo qual entrou em meu radar foi porque meu pai me forçou a assistir a um episódio, dizendo que achava

que eu ia gostar. Eu me sentei para assistir e o primeiro episódio que vi foi aquele clássico, violento e traumático em que BOB/Leland assassina brutalmente sua sobrinha Maddy. Fiquei devastado, enjoado e aterrorizado. Mas meu pai estava certo: Adorei. Não tinha ideia de que a televisão poderia ser tão visceral e perturbadora num minuto e tão engraçada e bizarra no seguinte. O tom esquizofrênico me fascinou, e provavelmente foi o momento divisor de águas, quando quis trabalhar com a televisão.[40]

Jane Espenson — que não só escreveu para *Buffy*, mas também para *Angel*, *Firefly*, *Dollhouse*, *BSG*, seu próprio sitcom online *Husbands*, e muitos outros programas, mais do que se poderia listar — descreve sua reação à mistura de tons e gêneros de *Twin Peaks*:

> Eu estava na faculdade quando começou a passar *Twin Peaks*. Eu me sentei com meus colegas para assistir, algo que eu não fazia normalmente. Estávamos todos encantados. A ideia de um mistério contínuo era persuasiva e incomum, mas era toda a *estranheza* daquilo que realmente me conquistou. O agente Cooper e seus memos de voz e seu amor por torta de cereja... a mulher do tronco... Nunca tinha visto nada tão absolutamente estranho. Era uma mistura de tons, de tragédia macabra a humor surreal, que parecia dever empurrar o telespectador para fora da história, mas não fazia isso. Na verdade, acabou sendo estranhamente realista, porque não tenho certeza se outra pessoa fazendo TV tinha notado ainda que a vida real mistura estes exatos tons.[41]

A ideia aqui — de que a "vida real" mistura tons de uma forma que não se ajusta facilmente aos gêneros ou prateleiras — pode ajudar a explicar a extraordinária ressonância emocional estranha-afetada-trágica-épica de *Buffy*, apesar das emendas aparentes ao redor das orelhas de monstros e coisas assim. O criador de *Buffy*, Joss Whedon, também tinha listado *Twin Peaks* como uma de suas favoritas, e a ideia de que a estranheza não diminui ou interrompe a tragédia é bastante aparente na obra de Whedon (da qual Espenson continua sendo um frequente colaborador).

Independentemente desta influência direta e indireta sobre uma geração de profissionais de televisão, pode-se argumentar que o grupo na Usenet de *Twin Peaks* teve um impacto ainda maior sobre o futuro da cultura da televisão, ao levá-lo de um meio principalmente passivo a um interativo. O grupo na Usenet de *Twin Peaks* conduziu um novo estágio no relacionamento entre os criadores fãs e oficiais. Alt.tv.twin-peaks capturou a atenção dos tomadores de decisão da rede quando seus frequentadores encabeçaram uma campanha para trazer *Twin Peaks* de volta — ainda que o sucesso da campanha tenha sido mitigado pelo evidente declínio na qualidade e audiência do programa, e no final não tenha sido suficiente para evitar o cancelamento. Ativismo de fãs em favor de programas de TV não era nada novo, claro; campanhas memoráveis como as que foram feitas para salvar *Jornada nas estrelas* e *A Bela e a Fera* tiveram sucesso igualmente limitado e qualificado. Mas a campanha online para *Twin Peaks* não só coordenou fax, cartas e outras atividades tangíveis do mundo real, facilmente notadas pelas redes, mas também mostrou o potencial de comunicação rápida da web. Na época, a internet ainda era muito vista como uma província dos geeks, mas viria a mudar a escrita da fanfiction e a experiência de leitura, e depois a experiência de leitura e escrita de todos nós, em pouco tempo.

Arquivo X

Dando um Novo Significado à Palavra Ship

> As coisas estão ficando estranhas, estou começando a me preocupar
> Isso poderia ser um caso para Mulder e Scully
> – da música "Mulder and Scully", de Catatonia

> Não consigo acreditar que você, de todas as pessoas, está tentando me tratar como "Scully".
> – Buffy, "The Pack" (1–6)

De muitas maneiras, *Arquivo X* e seu fandom ficaram adultos junto com a própria internet. Sua premissa e atores fizeram de *Arquivo X* um dos focos principais do tipo de fã recentemente ativo, eletronicamente conectado que tinha se juntado ao grupo de *Twin Peaks* na Usenet, e muitos destes fãs logo se tornaram obcecados pela perseguição das verdades e significados escondidos de *Arquivo X*, assim como os principais personagens do show. O grupo de Usenet alt.tv.x-files iniciou suas atividades em dezembro de 1993, depois de apenas onze episódios da primeira temporada. O grupo de fanfiction alt.tv.x-files.crative foi estabelecido na primavera de 1994. O fandom de internet como um todo, e especialmente a fanfiction de internet, deve muito de seu aparato, terminologia, costumes e conflitos às comunidades de escrita e interpretação que cresceram ao redor de *Arquivo X*.

Em boa parte da fanfiction de *Arquivo X*, tudo se resuma a Mulder e Scully — o não casal que lançou *ship* como um verbo que significa algo diferente de transporte de bens. A relação Mulder-Scully (ou MSR; os X-Philes, como os fãs do programa ficaram conhecidos, adoram um bom acrônimo) trouxe para a retórica atual o significado de que os fãs poderiam *ship* (verbo; torcer por ou defender), ou *shipar* em bom português de fandom, um casal ou par, agora também conhecido como *ship* (substantivo). Aqueles que shipam os ships são os shippers. Obrigada, Arquivo X.

A principal tensão no fandom de *Arquivo X* era entre Shippers (de Mulder e Scully em um relacionamento amoroso) e NoRomos, fãs que, como o criador do programa, Chris Carter, resistiam ativamente a um relacionamento romântico entre os dois protagonistas. Guerras de shippers — que em muitos fandoms futuros lançariam fãs de um ship contra fãs de outro — começaram entre os fãs de Arquivo X como uma batalha sobre a questão "Ship ou Não Ship". A fanfiction se dividiu em linhas parecidas, com a fic Shipper tendendo (pelo menos de acordo com seus críticos) a desenfatizar os enredos investigativos e paranormais a favor do sexo e do romance, e a fic NoRomo tendendo a fazer o oposto.

Não é que tais conflitos fossem novos. Divisões similares entre fics com mais enredo e com mais relacionamentos, amizade e romance — ou het e slash — já vinham provocando rixas entre escritores de fic pelo menos desde *Jornada nas estrelas*. Com a internet, no entanto, tornou-se possível que comunidades com gostos mais específicos se estabelecessem com mais facilidade e velocidade. A tendência em direção a uma especialização maior tanto de pares quanto de gêneros de fanfiction (kink, slash, hurt/comfort etc., cada um com seus acrônimos de acompanhamento) na forma de grupos dedicados e listas e eventualmente arquivos digitais viram suas primeiras iterações na fandom de *Arquivo X*.

Do começo até o meio dos anos 1990, a cultura fandom ainda transpirava principalmente em zines, em convenções, e através de conversas entre amigos e conhecidos. A maioria dos fãs ainda escrevia em cadernos ou processadores de texto desconectados. Fanwriters novatos geralmente não entendiam o que estavam fazendo como sendo "fanfiction", como parte de uma tradição fanwriting; nem sabiam com frequência de qualquer comunidade de escritores que pensava igual. Para encontrar zines, você quase tinha que procurá-los. Tinha que conhecer a fandom, ir a convenções — ou pelo menos conhecer pessoas que sabiam e não tinham medo de falar sobre isso. Como estudante em Gales, por exemplo, a escritora de fanfic de *Arquivo X*, Bethan Jones — que vamos conhecer melhor mais adiante como escritora de fic e acadêmica — teve poucas oportunidades de entrar online e menos ainda para encontrar zines normalmente vendidos em convenções de fãs ou distribuídos através do correio. Quando ela encontrou um fã de *Arquivo X* que era seu professor e pediu que "escrevesse um Arquivo X" como tarefa, foi uma sinergia, uma feliz coincidência de gosto. Mas, poucos anos depois, se tornaria uma prática comum que um jovem (ou velho) digitasse o nome de um programa ou livro em um motor de busca e em segundos encontrasse centenas ou milhares de discussões e histórias relacionadas. *Arquivo X* e sua fanfiction desempenharam um papel forte nessa transição, especialmente nos primeiros dias.

Mesmo que Chris Carter frequentemente afirmasse nunca ter visto um episódio de *Jornada nas estrelas*, o paralelo de Mulder/Scully com Kirk/Spock ajudou a forjar muito da compreensão dos fãs sobre o Mulder intuitivo e lobo solitário como personagem central (assim como os criadores de *Jornada nas estrelas* tinham estruturado Kirk), com a hiperlógica (apesar de quase sempre errada) de Scully como a assistente estilo Spock. Com Kirk/Spock, esta dinâmica reverteu a dinâmica do Holmes lógico e seu ajudante intuitivo Watson. A diferença de gênero entre os dois protagonistas de *Arquivo X* acrescentava as dificuldades da dinâmica homem-mulher.

Poderíamos imaginar que parceiros de sexos diferentes fariam com que a união entre personagens fosse menos controversa, pois não teriam o tabu da homossexualidade para superar. Errado. No fandom de *Arquivo X*, a intensidade da posição NoRomo — sancionada por Chris Carter e outros criadores do programa — poderia fazer com que o romance Mulder/Scully parecesse tão tabu e tão menosprezado e rejeitado quanto o slash era em outras áreas do fandom. Talvez ainda mais. Um escritor NoRomo, por exemplo, poderia abraçar Skinner/Scully (a chefe subordinada), Skinner/Mulder (o chefe subordinado slash) ou até Mulder/O Canceroso (slash com o inimigo ou enemy slash) desde que a relação central Mulder-Scully permanecesse não sexual. Para NoRomos, o maior tabu de todos era sexualizar o relacionamento central, heterossexual — ou melhor, heterossocial — da série. Para estes telespectadores, mexer com aquela parceria e sua natureza não sexual ameaçava o próprio coração da série. As razões para resistir a Mulder/Scully eram muitas — medo da "síndrome de *Moonlightining*" (matar um programa ao resolver a tensão que o alimentava); medo da novela (foco no relacionamento marcando um declínio na qualidade ou complexidade); medo de refocalizar (distanciar-se da crítica ao governo ou da exploração mitológica); medo da diluição política (diminuição do enredo de um relacionamento profissional de iguais entre um homem e uma mulher).

E quanto aos Shippers... bem, eles se sentiram excluídos do cânone, irritados porque as pérolas deixadas para eles pelos roteiristas do programa nunca eram desenvolvidas. Eles levantaram suas próprias questões. Por que um relacionamento romântico ou sexual sustentado entre iguais seria tão desvalorizado? Eles se sentiam provocados, irritados e, como Jacqueline Lichtenberg explica mais atrás neste livro, "fãs irritados produzem fanfic como ostras irritadas produzem pérolas". Também, claro, havia as preferências *dentro* da comunidade shipping. Você queria Mulder e Scully juntos apenas no final da série? Você queria que eles finalmente tivessem um bebê? Ou você queria banir o bebê como algo profundamente broxante... ou talvez que eles fizessem um ménage com Skinner? Mesmo dentro de um par central — e esta é uma das grandes sacadas da fanfiction em todos os lugares —, as possibilidades e permutas são infinitas.

Na internet, estes pares e preferências poderiam receber seus próprios acrônimos, concursos e arquivos dedicados. Nos primeiros dias de *Arquivo X*, alguns deles apareceram em zines, mas de novo a internet aumentou o acesso, a velocidade e a especialização. Antes dos mega arquivos e da FanFiction.Net (que começou com fãs de *Arquivo X*), fóruns menores, listas de e-mail e arquivos básicos começaram a proliferar. Arquivos nasciam para ships dentro de ships, kinks dentro de kinks. O trabalho de publicação de fics se tornou a criação de listas de e-mails, construção de sites e manutenção, administração e moderação de fóruns de discussão. Os fãs de *Arquivos X* estavam estabelecendo a base para uma escrita, edição, curadoria, revisão e discussão quase em tempo real, perto da simultaneidade, que hoje se tornou uma marca da fanfiction. "The Jedi Shipper", que entrou no fandom de *Arquivo X* quando era adolescente depois do filme de 1998, descrevia a vida da fandom desta forma:

> Em termos de similaridade [com seu atual fandom], o sentido de unidade era incrível. Todo mundo no fandom tem um "trabalho". [No *Arquivo X*], tínhamos os criadores de imagens, os administradores do site (porque, na época, sem Twitter, tudo se resumia a fóruns e salas de chat), os escritores de fanfic e os leitores. Éramos uma comunidade que precisava um do outro e todos participávamos. Como eu era uma shipper... minha equipe dissecava todos os episódios atrás de todos os toques de intimidade, o que estava nas entrelinhas para encontrar a história de amor. Era um pouco insano... e incrível.[42]

A Jedi Shipper — uma escritora ainda ativa em outros fandoms sob o nome de LyricalKris — é típica de uma geração de escritores e leitores que cresceram vendo todas estas atividades como sendo igualmente válidas e necessárias para a experiência de leitura/escrita. Em vez de ver a escrita como uma atividade isolada, ela via como uma parte de um grupo de tarefas relacionadas e recíprocas.

Da mesma forma, o ato de assistir à televisão — há muito menosprezada como uma atividade passiva apesar de já ser bastante participativa para grupos de nicho como o fandom de *Jornada nas estrelas* — estava a caminho de se tornar mais ativo, colaborativo e discursivo para segmentos cada vez mais amplos de telespectadores. Fandoms muito ativos ainda eram grupos pequenos — pelos padrões de hoje —, mas estavam estabelecendo a base social, procedural e cultural que influenciou todo fandom de fanwriting desde então. Ficou cada vez mais comum assistir a um programa e depois entrar online para ver o que todo mundo estava escrevendo sobre ele — ou contra, ou nele, ou ao redor. Shippers escreviam as cenas que achavam que deveriam ter acontecido, feministas escreviam as cenas que sentiam que *elas* teriam feito, teóricos da conspiração escreviam os enredos que sentiam que o programa poderia ter sido impedido de escrever, e por aí vai. Arquivos ajudavam os leitores a encontrar estas histórias, e os fóruns ajudavam todo mundo a discutir sobre tudo isso.

Os Shippers, por falar nisso, acabaram vencendo. Mulder/Scully se tornou um cânone. A fic — como é comum acontecer — chegou lá primeiro.

Muitos daqueles que estudam fanfiction também cresceram escrevendo e lendo fanfiction. Bethan Jones é uma candidata ao doutorado na Universidade Aberystwyth, cujo trabalho foca o relacionamento dos telespectadores com a ficção de televisão e seu retrato de gênero. Vencedora da competição de fanfic de 2009 do Universo Arquivo X, *Bethan já vem escrevendo no fandom há muitos anos. Seu trabalho foi publicado em* Participations, Transformative Works e Cultures, *e na coleção editada* The Modern Vampire and Human Identity. *Ela atualmente coedita revistas sobre crowdfunding e o relacionamento transmídia entre jogos de tabuleiro e filmes, e também atua na diretoria da Fan Studies Network.*

O ensaio de Bethan nos mostra como algumas dessas políticas sexuais e de gênero se desenvolvem na fanfiction tanto heterossexual quanto femslash de Arquivo X.

Mulder/Scully Contra a Mulher-G e The Fowl One

Hetfic e Femslash no Fandom de Arquivo X

Bethan Jones

Quando acordei na manhã de 9 de agosto de 2012, a internet estava tomada por rumores de que David Duchovny e Gillian Anderson, estrelas da cultuada série da TV *Arquivo X*, estavam juntos como casal. Meu feed do Facebook estava cheio de amigos, a maioria dos quais eu nem tinha ideia que tinham assistido ao programa, falando sobre isso; no Twitter, acadêmicos sérios que eu sigo estavam tuitando encantados, até *The Guardian* tinha uma matéria sobre a realização do "sonho maior de todo nerd da Geração X".[43] Para uma série que saiu do ar em 2002 e cujo filme de 2008 foi recebido com resenhas pouco entusiasmadas, a quantidade de atenção midiática dada a estas estrelas era incomum. Claro, para fãs do seriado, Mulder e Scully já estavam juntos há muito, muito tempo.

Não sou, nem de longe, uma shipper (alguém que quer que Mulder e Scully estejam em um relacionamento), mas até eu consigo ver o desejo de que estes personagens atraentes e inteligentes se apaixonem. A química entre Mulder e Scully era um dos principais motivos pelos quais eu assistia ao programa (isso e meu desejo infantil de me tornar uma criptozoologista, inspirada por minha obsessão por fantasmas, OVNIs, Pé-Grande e o Monstro do Lago Ness), e é um dos temas que continuam a povoar a fanfic sobre a série, incluindo a minha. Mas o apelo mais duradouro para mim foi sua representação de uma personagem feminina forte. Apesar da televisão do começo dos anos 1990 não ser conhecida por retratar mulheres fortes, *Arquivo X* tinha mais que sua porção de exemplos. Além de Scully, a série inclui personagens femininas secundárias importantes, como Samantha e Teena Mulder, Monica Reyes, Cassandra Pender, Marita Covarrubias e Diana Fowley (mesmo que, em comparação com a fria e racional Scully, Fowley pareça epitomar o clichê da "vaca estressante e opressora").

Chris Carter (o criador de *Arquivo X*) falou frequentemente em sua reversão deliberada dos gêneros na série: Mulder é intuitivo e empático, aquele que acredita (todas características tradicionalmente femininas), enquanto que Scully é a cientista, a cética, a racional. Mulder e Scully não são personagens principais românticos tradicionais, e isso permitiu que nós escritores de fanfic pudéssemos brincar com as expectativas de relacionamentos, mesmo no contexto do que parecem ser histórias ou premissas românticas tradicionais: Bad!fic Mulder e Scully participam do baile de máscaras anual do FBI e acabam indo embora juntos porque a série nunca os posicionou como personagens que participariam de um evento como esse; Parent!fic Mulder é um pai que cuida dos filhos em casa enquanto Scully trabalha em plantões de doze horas num hospital. (A inversão de gênero, eu argumento, também abriu espaço para outros pares românticos não normativos — em alguns casos, não heterossexuais — no fandom de *Arquivo X*.)

Claro, a aceitação pela fanfiction destes papéis de gênero não tradicionais não significa que não existam problemas com a representação de gênero e sexualidade na série. Esses problemas existem, e a fic é uma das formas através das quais os fãs os desafiaram. Muito da fanfic Mulder/Scully que leio trata de frustrações relativas à representação de Scully; mesmo que ela fosse elogiada como uma personagem feminina forte, a série inclui, como a acadêmica Emily Regan Wills nota em seu ensaio "The Political Possibilities of Fandom", "pelo menos três narrativas diferentes nas quais Scully é feminilizada e representada sem poder: Scully como abduzida, como sexualmente desejável e como mãe (em potencial)".[44] Muitos fãs ficaram frustrados, se não diretamente bravos, com Chris Carter quando, nas temporadas oito e nove, a Scully anteriormente forte e capaz de repente fugia com mais frequência do que brigava e passava mais tempo chorando por causa de um Mulder desaparecido do que tentando encontrá-lo. Mas o maior problema veio quando Scully deu para adoção o bebê que ela desejou ter durante a maior parte da série. Como muitos outros na minha lista de amigos do LiveJournal, escrevi fics nas quais Scully e Mulder observam seu filho de longe enquanto estão em fuga, ou nas quais a família enfrenta a invasão alienígena junta. Este tipo de fic foi uma das formas pelas quais os fanwriters desafiaram a representação de Scully e como foi representada de forma diferente através da maternidade.

Mais recentemente, no entanto, fiquei interessada nos personagens secundários da série, e no desafio de representação de gênero entre eles. Nos últimos anos, comecei a escrever sobre o Canceroso, Teena Mulder, Samantha Mulder e, a mais controversa de todas, Diana Fowley. Fowley foi introduzida na quinta temporada, quando Chris Carter disse que ela "era um personagem que você estava destinado a odiar porque ela concorria com Scully pela afeição de Mulder".[45] Den of Geek classificou Fowley entre os dez personagens femininos mais decepcionantes da ficção científica na TV.[46] Odiar Fowley rapidamente se tornou um dos passatempos favoritos dos fãs. A Brigada de Odiadores de Diana Fowley foi criada em 1999 e contém links para fanfiction, poemas e canções sobre Fowley (quase todos desejando sua morte), assim como uma lista de e-mails. O Anti Diana Fowley Archive, que lista histórias de fanfiction relacionadas a Diana Fowley e inclui títulos como "Die Fowley Die!" e "Diana Fowley dies!!!" também foi montado em 1999. O ódio continuou mesmo depois de sua morte no programa, quando ela sacrificou sua vida para salvar a de Mulder (um ato que, em minha opinião, alinhava Fowley com outras mulheres de *Arquivo X* que fizeram sacrifícios, incluindo Scully).

Em seu exame de fanfiction de *Arquivo X* na revista de *Communication Studies*, Christine Scodari e Jenna L. Felder sugeriram que o ódio em relação à Fowley tinha origem na confiança que Mulder depositava em Fowley apesar do comportamento dúbio dela e a recusa dele em esclarecer seu relacionamento com ela para Scully, fazendo com que os shippers vissem isso como uma quebra na parceria e no romance que se desenvolvia. Muitos shippers notaram a hipocrisia na introdução de Fowley por parte de Carter, com um deles reclamando: "Chris [Carter] tem falado o tempo todo sobre suas objeções a enredos 'de novela', mas ele vai direto e usa a ideia mais noveleira de todas: a intromissão da ex-namorada que volta do exterior."[47]

Muito do antagonismo subjacente contra o relacionamento Mulder/Fowley, que Scodari e Felder mostram, vem da forma como os shippers veem o (potencial) relacionamento romântico entre os dois. Como um shipper citado por Scodari e Felder notou: "Adoro como [Mulder] ama Scully... com paciência, respeito e real afeição. Ela não é uma mulher fácil e ele não queria que ela fosse. Ele gosta da mente dela, sua disposição a desafiá-lo..." Outro sugeriu: "É exatamente por isso que acho a relação M&S tão importante... Acho que estão tentando definir a relação romântica heterossexual para o novo século", enquanto um terceiro concordava: "Acho que as mulheres veem esta força da igualdade e dizem uau — 'isto' é um relacionamento homem/mulher em seu melhor momento."[48] Em contaste, não apenas um relacionamento entre Mulder e Fowley se basearia num enredo de "novela" (que é tradicionalmente considerado um gênero feminino desvalorizado), mas a existência de um relacionamento anterior entre os personagens e a natureza dúbia de Fowley forneceriam uma base pobre sobre a qual se desenvolveria um romance.

Por mais que muito da fanfiction fosse escrito em resposta à frustração dos fãs com esta trama — Scodari e Felder relatam que a "Fanfic reage aos desgostos da sexta temporada declarando nos cabeçalhos que os eventos objetáveis eram ignorados, ou ao reconciliar os agentes e eliminar "The Fowl One", geralmente em um assassinato pelas mãos de Mulder ou Scully"[49] — outros fãs defendiam Fowley. Em seu post para a comunidade halfamoon no LiveJournal, recomendando uma fic centrada em Fowley, wendelah1 escreveu que:

> Diana Fowley é um dos personagens mais negligenciados, incompreendidos e odiados no fandom TXF. Acho que não é nenhum segredo que eu a amo [...] gosto de escrever sobre ela [porque]: (1.) ela é uma mulher inteligente, complicada e de meia-idade com lealdades divididas e (2.) inteligente igual a ela, ainda está apaixonada por alguém que sabe que não pode ter.[50]

Entre as fics que wendelah1 recomendou estava "Something Strange", de maidenjedi, que segue Fowley através de seu retorno para os Estados Unidos. Mesmo que Fowley seja apresentada como desleal e nada confiável na série, em fics suas motivações são examinadas com muito mais detalhes. Através de linhas como: "Ela não tinha certeza de por que tinha concordado em vir. Outra pessoa poderia ter cuidado do trabalho sujo. Ela pensava com saudades no calor e na areia saudita, das vozes árabes. Ela preferia fingir lá, se fosse necessário fingir",[51] o leitor descobre onde Fowley esteve desde que deixou os Estados Unidos, assim como seu estado mental quando voltou. Os sentimentos de Fowley por Mulder ficam evidentes, e maidenjedi nos mostra uma mulher mais vulnerável do que a da série:

> Uma figura pequena com cabelo ruivo se levantou da mesa e alcançou Fox primeiro. Ele baixou o olhar para ela quando esta colocou a mão no seu braço. Ela sussurrou para ele, que respondeu. Toda sua atenção estava sobre ela e Diana sentiu o terror voltar.[52]

É esta vulnerabilidade mal-insinuada que acho interessante tanto como escritora quanto como leitora. Mesmo que os fãs frequentemente reclamem sobre a mania de Chris Carter de deixar pontas soltas, estes buracos permitem que os escritores de fic criem um histórico para Fowley e a transformem numa personagem mais simpática. Fowley, como Scully, não é uma mulher fácil, e Mulder não iria querer que fosse. Ele teria gostado da mente dela e de sua disposição a desafiá-lo, traços que podem ser mais desenvolvidos na fanfic do que nas séries, e que revelam Fowley como mais do que a bruxa manipuladora como foi rotulada. Este tipo de revisão ou melhoria do cânone recebido, a espinha dorsal da fanfiction, pode ser (e num trabalho acadêmico geralmente é) visto como uma forma de resistência.[53]

Uma das formas mais comuns pela qual os escritores resistem aos textos originais, no entanto, é através da ficção slash. Claro, outros gêneros podem ser tão resistentes quanto slash. Na verdade, como Will Brooker argumenta em *Using the Force: Creativity, Community and Star Wars Fans*:

> a ficção slash joga exatamente o mesmo jogo com os textos primários, em um nível formal, como faz... sua contraparte heterossexual. Histórias [gen] que não fazem nada mais do que preencher os vazios... desenvolver [um] relacionamento em evolução... não são menos radicais do que slash em termos de seu relacionamento com os textos primários. Slash se baseia nos [textos] tanto quanto a genfic; genfic se afasta dos [textos] tanto quanto o slash.[54]

Como uma escritora de fanfic que agora passa muito tempo criando histórias sobre Fowley, eu argumentaria que a fanfic que a caracteriza em contraste direto com sua representação em *Arquivo X* é tão resistente quanto a maioria do slash. Mas femslash apresentando Fowley — fics nas quais um relacionamento de mesmo sexo é imaginado entre Fowley e outra personagem feminina que é canonicamente heterossexual — é talvez o mais resistente de todos eles.

Por mais que muito do trabalho acadêmico na fanfiction de *Arquivo X* até o momento tenha se concentrado em Mulder e Scully; a fic que foca Fowley, assim como femslash do par Scully e Fowley, é uma importante ferramenta que os fãs usam para criticar construções de gênero no programa. Ao usar seu conhecimento da série para preencher as histórias com detalhes, os escritores de fanfic são capazes de subverter os clichês e estereótipos evidentes na série.

Uma razão pela qual o slash se torna um gênero atraente de ficção é que um relacionamento igualitário entre um homem e uma mulher não é possível na sociedade patriarcal na qual vivemos, e o slash entre homens permite que os escritores examinem relacionamentos entre personagens que são iguais. Se o mesmo é verdade para o femslash, depende de para quem você pergunta. Os acadêmicos Lamb e Veith[55] argumentam que as mulheres não são iguais em uma sociedade patriarcal, mesmo se elas puderem ser iguais em uma relação lésbica. Bacon-Smith[56] e Green, Jenkins e Jenkins[57] argumentam que o femslash foi largamente ignorado por escritores fic porque não há personagens femininos fortes suficientes na televisão. Em Scully e Fowley, *Arquivo X* oferece dois personagens que se qualificam facilmente. Os papéis delas como agentes especiais do FBI as coloca em postos relativamente altos na cadeia dentro do campo da lei dominado por homens e, mesmo que seja possível argumentar sobre sua falta de igualdade dentro da instituição do governo federal especificamente e a sociedade patriarcal mais no geral, mesmo assim elas são iguais entre si.

A fic de idella, "The Future's So Bright I Gotta Wear Shades", mostra Scully e Fowley desenvolvendo um relacionamento depois do desaparecimento de Mulder na sexta temporada. Engloba cinco "partes", cronológicas, mas não contínuas, e começa pouco depois da aparente traição de Fowley contra Mulder no final da quinta temporada. Scully desconfia das motivações de sua nova parceira, tanto em se juntar à divisão Arquivo X quanto em seu antigo relacionamento com Mulder. Desta forma, os pensamentos e medos de Scully refletem aqueles do telespectador no começo da sexta temporada, assim como os dos leitores de fic: que Fowley não é confiável, e que sua designação para o Arquivo X como parceira de Scully é uma prova de seu papel de espiã. Com o progresso da fic, no entanto, a atitude de Scully (e também a do leitor) em relação a Fowley muda. Num ponto, Scully nota que Fowley está mais quieta do que o normal e se pergunta se é por causa dos comentários feitos pelos policiais (homens) que elas tinham encontrado no campo. Sua preocupação e compaixão pela outra mulher são evidentes: "O que ela poderia dizer que Fowley já não saiba? Fowley poderia repetir os mesmos chavões para ela. Scully vai diminuindo por causa de um semáforo vermelho. 'Cidades pequenas, sabe', ela diz. 'Cabeças pequenas'."[58]

Quando Fowley faz uma proposta a Scully no banheiro de um avião, então, parece quase inevitável; por mais que nenhuma das duas mulheres goste uma da outra, só elas sabem como a outra se sente. Scully/Fowley não são apenas um par slash; são um par enemyslash, entre duas personagens que não gostam ou confiam uma na outra. Catherine Tosenberger sugere que o prazer de um par enemyslash está em ver como os antagonistas superam suas diferenças. Ela escreve que "o desgostar mútuo é refeito na tensão sexual e, quando os personagens são os dois homens, parte do prazer está em ver a negociação deles das expectativas de agressão masculina (em vez de amizade) em termos de desejo."[59] Scully e Fowley, como personagens femininas fortes e não tradicionais, também são capazes de empregar agressão, no entanto, na fic, seus sentimentos de agressão uma contra a outra se transformam em desejo:

> Scully cruza a sala em três rápidos passos e pressiona sua arma contra a cabeça de Fowley. Ela não pisca, mas parece que está prestando atenção agora. Scully dá um passo para trás, mantendo a arma apontada para sua parceira. "Quem está atrás de você?", ela pergunta. "Estão atrás de nós duas?"
>
> [...]
>
> Quando ela abre os olhos, Diana está parada com a cabeça inclinada para um lado, olhando pensativa para Scully. Ela toca seu pulso. Está frio e macio, e Diana se inclina para frente e beija Scully. Os últimos dois meses estão pressionando e o peso deles faz com que ela se deixe cair sobre Diana. Quando se afasta, percebe que ainda está segurando a arma. "É melhor você ir", ela fala.[60]

Fowley também está, assim, reposicionada como um personagem mais forte e mais tridimensional do que é mostrado em *Arquivo X*.

Eu argumentaria que o que está acontecendo em fics como esta não é tão diferente do que ocorre em fanfiction shipper. Pelo menos até a oitava temporada, não há elemento sexual na relação Mulder/Scully. Fãs assim são capazes de encontrar um prazer exótico no texto ao escrever histórias nas quais elas são um casal, chamando a atenção para a reversão de gênero criada por Carter. Fãs, da mesma forma, encontram prazer "queer" no texto através da escrita de fic Mulder/Fowley e femslash Scully/Fowley. Todos eles são pares não normativos, pelo menos dentro do universo *Arquivo X*, e cada um mostra as histórias passadas e motivações numa tentativa de entendê-las melhor. Cada um também se soma às críticas da construção de gênero do cânone, e o papel que ele joga nos relacionamentos românticos.

Na fanfiction, Fowley não é mais elemento de enredo de novela, mas em vez disso se torna um meio através do qual os fãs podem comentar sobre a forma como os roteiristas homens mostram as ex-namoradas, competindo pela afeição masculina, e as mulheres pós-feministas, cujos inimigos não são mais os homens, mas outras mulheres. O poder da fanfiction, então, está na habilidade de reimaginar textos e resistir a significados impostos pelos criadores destes textos. Seja através de het, gen, slash ou femslash, fãs escritores e leitores tomam controle dos personagens que amam e criam histórias, cenários e um mundo que combina com eles.

O Visual da Fic: 1995

```
From: shan@nyx10.cs.du.edu (Steven Han)
Newsgroups: alt.tv.x-files.creative
Subject: "The Calamari"
Date: 5 May 1995 21:32:56 -0600

Hi all,

This story is a spoof of, obviously, "The Calusari", but it is also a
bit of a reflection on recent net events.

The following is a story based on "The X-Files," a Chris Carter/Ten-
Thirteen production.  No copyright infringement is intended.

Here follows "The Calamari", 5/95.

------------------------------------------------------------


Saturday
3:15 p.m.
Atlanta, Georgia

    "Hmm, this looks interesting," mused Pauline as she clicked on an
icon in her America Online window.  "So this is Usenet -- where the
Internet's hippest and wittiest crowd hangs out.  I'll have to check it
out."
    The little lights on the front of her modem flashed intermittently for
a while, and her computer screen faded to black.  The modem lights then
flashed some more, as Pauline began to wonder what was taking so long.
Eventually, her screen started to brighten back up again, but this time,
a strange image of a person's face slowly appeared.
```

A fanfiction de Steven Han, "The Calimari", baseada em *Arquivo X*, postada na Usenet (que também tem a Usenet parcialmente como cenário).[D]

A Era de Bronze

Buffy Encontra a Internet

> Os melhores textos são incoerentes.
> – Joss Whedon

Buffy, a Caça-Vampiros, apareceu nas telas — tanto na televisão quanto nos computadores — numa época em que o uso doméstico destes estava se expandindo rapidamente. Em 1997, quando *Buffy* debutou, uma em cada três casas nos EUA tinha computadores — de uma em cinco em 1993 — mas, então, apenas um em cada cinco norte-americanos afirmava usar a internet. Este número, mesmo assim, representava um forte crescimento no uso, com porcentagens maiores entre os adolescentes e jovens adultos. O canal original de *Buffy* (a então nova, agora extinta, WB) estava numa missão de atrair jovens telespectadores, e assim o programa começou sua vida com um website oficial que logo acrescentou uma zona interativa de comentários — chamada The Bronze, por causa da boate de adolescentes da série e frequente base de alimentação de vampiros. Os fãs se encontravam neste espaço virtual para conversar sobre a série e os criadores do programa podiam ver o que era dito. Logo, os fãs não estavam apenas interagindo uns com os outros, mas com os roteiristas, atores, músicos, compositores, coordenadores de dublês da série e qualquer um que passasse por ali. Os criadores podiam discutir e defender suas escolhas, explicar o processo, especular sobre futuros episódios ou apenas brincar com os fãs: "A série inteira vai ficar nua e gay; você ouviu aqui primeiro"; "acho que todos os pontos de vista em relação a X[ander]/W[illow] são válidos, estou feliz em ver que poderia causar alguma dor e dissidência". No final, havia reuniões "na vida real" — festas de fóruns — com participação também do elenco e da equipe.

Os principais usuários do The Bronze eram, claro, os fãs. Esta experiência dos fãs foi documentada em um filme de uma hora, *IRL (In Real Life)*, de Stephanie Tuszynski, e seu maior ponto de ênfase no geral é o sentido de comunidade que o fórum construiu. Mas fãs também explicavam como a participação do criador da série ajudava a legitimar a atividade online — na cabeça dos próprios fãs. Conversas nos fóruns também criaram uma sensação de que fãs, Joss e companhia, e a própria Buffy estavam lutando contra demônios comuns (metafóricos), sejam executivos corporativos ou garotos populares chatos — ou levando foras do namorado ou lidando com a perda do pai ou da mãe. A experiência geral era de solidariedade. Quando uma fã ficou preocupada que Joss pudesse achar que os Bronzes eram perdedores que ficavam na frente de um computador na noite de sexta, ele respondia: "Aliás, se ficar no site numa noite de sexta faz de vocês uns perdedores, o que isso faz de mim? Buffy é uma série feita por perdedores, para perdedores. Tenham ORGULHO. Os perdedores são o máximo."[61]

Outra fonte de coesão era a linguagem: posts de fãs e roteiristas faziam uso frequente da gíria especial da série, que fornecia uma linguagem comum diferente o suficiente para ser assunto de um livro (*Slayer Slang*, da Oxford University Press, do lexicógrafo e historiador da linguagem Michael Adams). Escritores de fic também poderiam aprender e usar esta linguagem, emprestando um som autêntico à voz do personagem e ao diálogo — e todos faziam isso. *Buffy* começou a inspirar fic quase imediatamente, com o apoio tácito e às vezes mais explícito do criador da série. The Bronze não era, de jeito nenhum, uma comunidade de fic — como é o caso no fandom geral, muitos fãs extremamente ativos eram bastante anti-fic. Whedon, no entanto, tinha sido consistentemente pró-fanfic e, apesar de não discutir histórias individuais, seus posts no Bronze em 1998 mostram uma consciência do que provavelmente inspiraria a fic: "Bom, meu computador esteve quebrado por umas semanas. Muito aconteceu. Terminamos o episódio 9, que eu suspeito que vá gerar MUITA fanfic (tanto adulta quanto outros tipos)."[62] Ele acertou na mosca. O episódio em questão — "The Wish", da terceira temporada — não está longe de fanfic UA, jogando o tipo de universo "e se" que os fanwriters adoram: o que teria acontecido se Buffy nunca tivesse ido a Sunnydale para lutar na Boca do Inferno? Alerta de spoiler! A doce e geek Willow é uma vampira Dominatrix tenebrosa e sádica. O desastrado Xander é seu parceiro de roupa de couro, estilo roqueiro. Angel, meditativo e heroico, agora é mantido como "o cachorrinho" de Vamp!Willow e se encolhe em uma jaula esperando ser torturado. E acima de tudo, cheerleaders são forçadas a usar cores inexpressivas. Bem-vindo ao Wishverse, onde nova fic ainda está sendo postada.

Whedon também não conseguiu resistir à atração do Wishverse. Seguindo a lógica de fic que "mais seria melhor", "Dopplegangland" trouxe parte deste mundo de volta a Sunnydale. Este episódio escrito e dirigido por Whedon praticamente femslashes Vamp! Willow com ela mesma. "Esta sou eu como vampira?" Willow pergunta depois de encontrar seu alter ego vampiro. "Sou tão má e... vadia. E acho que sou meio gay."

Na temporada seguinte, a Willow "meio gay" perde o qualificador e se torna um cânone — em cujo ponto o Bronze e o fandom de *Buffy* em geral explodiram no tipo de controvérsia que... acontece o tempo todo nos fandoms de fic ao redor de casais slash. Mas, desta vez, não foi apenas o fandom. Um dos posts de Joss em Bronze sobre este desenvolvimento da trama em seu princípio ("o relacionamento de Willow e Tara é definitivamente romântico. Assunto espinhoso; os roteiristas e eu tivemos longas discussões sobre como lidar com o assunto responsavelmente, sem escrever uma história que parecesse que as pessoas tivessem passado muito tempo discutindo como lidar com isso responsavelmente")[63] apareceu em público, para sua consternação: "Bom. O fórum. Um lugar para risadas, para romance, para vazamento de informações... Sabe, eu entrei na semana passada, conversei um pouco sobre a dinâmica willow/tara — um par de dias depois estava em *Entertainment Weekly*."[64] Muitos fanwriters também descobriram que é fácil esquecer que os espaços virtuais aparentemente íntimos de fandom online são, na verdade, bastante públicos:

> A verdade é que fiquei um pouco nervoso com toda a comoção que meu post causou. Acho que o pior que poderia acontecer seria que a história willow/tara se tornasse algum tipo de truque publicitário. Acho que se eu digitar algo aqui, os jornais vão pegar isso e não há nada que eu possa fazer para evitar.[65]

Whedon tentou lidar com a situação com humor, soltando alguns spoilers pouco prováveis (todo mundo em *Buffy* a partir de agora vai ficar nu e gay etc.), mas sua frustração era genuína e palpável. Ele estava recebendo muito ódio de fãs homofóbicos e resistência da rede de TV (em uma série que *podia* mostrar Buffy e seu namorado quase transando na maioria dos episódios, as lésbicas não tinham nem permissão de dar um beijo), enquanto, ao mesmo tempo, via posts de adolescentes contando como a história estava fazendo uma grande diferença em suas vidas. Por mais que a fic não receba (ou recebesse) o mesmo nível de atenção da mídia, esta mistura de reação e interação não está longe da experiência de escrever fic para uma audiência ativa.

O pioneiro acadêmico de mídia e fanfiction Henry Jenkins argumenta que o fandom de fic "nasce de um equilíbrio entre fascinação e frustração"[66] — mas sua visão não se aplica apenas à fic. Como fica óbvio depois de uma longa lista de entrevistas e posts em fóruns, Whedon ama a televisão como um meio de contar histórias, mas fica perpetuamente frustrado com suas restrições. No The Bronze, ele postava feliz sobre o que era capaz de conseguir captar pelos censores da rede e que estava "com a batata assando" na WB. Ele compartilhava as frustrações dos espectadores com as transmissões adiadas quando os episódios eram considerados próximos demais de eventos traumáticos (ele concordou no caso de "Earshot", um episódio sobre um tiroteio em uma escola originalmente agendado para ser transmitido na época de Columbine; não tanto quando o final memorável da temporada, com a formatura, foi adiado por meses). Whedon registrou sua insatisfação com a forma como os episódios eram cortados quando reapresentados, com spoilers em comerciais e no *TV Guide*, com os horários de transmissão no exterior, e às vezes com a reação crítica de fãs (ou profissionais). O episódio "Hush", indicado ao Emmy, foi inspirado em parte no elogio/crítica padrão de *Buffy* como sendo forte, mas dependente de diálogo mordazes. Whedon também explica no comentário do DVD que ele estava preocupado em se tornar muito dependente das convenções narrativas da televisão (tomada de uma pessoa falando, tomada da outra pessoa falando, tomada de duas pessoas falando juntas etc.). Então ele fez com que os monstros viessem e roubassem a fala de todo mundo. Frustrações com reação crítica e os limites da televisão também inspiraram fics de *Buffy*, especialmente do tipo "preencher as lacunas" ou "não consigo esperar mais" (fic!Willow/Tara não encarava nenhuma restrição do canal). Quando, depois de duas temporadas da metáfora da bruxaria como amor lésbico, a sexta temporada explode em música e os fãs puderam ouvir e ver Willow assumir sua namorada, nem é preciso dizer que a fic já havia explorado este território há muito tempo (mesmo que não em canções).

Falando de fascínio e frustração, os fãs de Buffy acrescentaram uma palavra para o léxico da fanfiction do universo de fandom: Jossed. É o que acontece quando você planeja meticulosamente uma trama durante um hiato de transmissão só para que o cânone a contradiga, geralmente de forma violenta, quando a série retorna. Os fãs de *Buffy* amavam uma série criada por alguém confessadamente dedicado a lhes entregar "não o que eles querem, mas o que eles *precisam*" — mas não é como se eles sempre *concordassem* com ele sobre o que seria isso. Conhecido por matar brutalmente personagens amados (um sentido secundário de "Jossed"), Whedon parecia se divertir ao fazer personagens e seus fãs sofrerem, como nos posts feitos na Bronze durante a terceira temporada sobre a questão Willow/Xander: "Parecia tão certo — dar a ela o que sempre quis bem quando isso a deixaria infeliz! Este é o jeito *JossY*. Ronrom."[67] Parece mesmo uma declaração de princípios de Whedon.

Nem todo mundo adorou esses princípios e os fóruns nem sempre eram amigáveis. Muitos fãs (e aparentemente a própria atriz principal) se rebelaram contra as trevas alimentadas por sexo, drogas e armas da sexta temporada. A resposta de Whedon para esta crítica dos fãs — em uma versão pós-WB do fórum, criada por fãs, conhecida como Bronze Beta — levou a um tipo de diferente declaração de princípios: uma meditação séria, teórica e obviamente bem pesquisada sobre a ética da representação:

> Certo, você ganhou o prêmio "Não Deixar que o Joss dormisse". (A cerimônia será televisada em 11 de outubro.) Sua pergunta é bem colocada, e é uma que me faço desde que tinha 14 anos e as únicas coisas que escrevia eram para mim mesmo. Qual é minha responsabilidade? Até que ponto eu deveria ser sombrio, quanto deveria fazer com que todos meus personagens representassem um ideal ou uma realidade? Até onde você pode mexer com o mal antes de começar a propagá-lo? Propagar é uma palavra real? Estas são questões que devem ser enfrentadas o tempo todo, e a decisão é sempre diferente. Temos que mergulhar no que é desconfortável e até em lugares horríveis para encontrar o coração de nossas histórias (especialmente com o horror). Estas são histórias de fadas, não manuais do motorista. No entanto, eu tenho uma audiência de massa, preciso mostrar a elas algo além do horror, preciso ter valores...

E por aí vai. O fato é, se você está preocupado com essas questões, está provavelmente preocupado o bastante. Muito de nossa cultura hoje é controlada por pessoas que estão pouco se f****** para suas mensagens, que apenas despejam merda. Não gosto da maioria dos filmes slasher porque eles não gostam de pessoas — elas são apenas bucha de assassino. Agora, também há pessoas pregando uma coisa enquanto glorificam outra, é o que [o teórico de cinema de horror] Robin Wood chama de "Texto Incoerente" de tantos filmes dos anos 1970, onde paz e compreensão podem ser o desejo subjacente, mas horror e violência são a estrutura — ou a diversão...

Acho que a questão é: os melhores textos são incoerentes. Eles PERSONIFICAM a luta que você descreve. O horror é reacionário. Sou liberal. Mas a gente se dá bem.[68]

É claro que isso não era uma resposta superficial (e no que é talvez um aceno para o crítico discutido aqui, um personagem central na temporada seguinte e final chama-se Robin Wood). O engajamento intelectual e criativo genuíno de Whedon aqui parece bastante profundo. Por mais que ele não ficasse tentando agradar os fãs (muitos dos personagens não teriam morrido se ele o fizesse), seus posts no Bronze mostram que ele levava a reação dos fãs muito a sério e, o que é mais importante, se engajava intelectualmente. Em uma entrevista para NPR, ele explicou como seu pensamento mudou ao encontrar a interpretação de um fã que não tinha imaginado:

Fiquei irado. Um fã — alguém escreveu — porque eu conferia o fórum o tempo todo na época porque, você sabe, era uma nova forma de ouvir a audiência, e ainda era muito novo e empolgante. E alguém falou, oh, há um subtexto lésbico. E eu simplesmente fiquei doido. Eu falei, vocês veem subtexto lésbico em todos os cantos. Quero dizer, sabe, quando a mãe de Buffy recebeu a visita de uma amiga, vocês viam subtexto lésbico. E eu pensei, cara, vocês só querem ver as garotas se beijando. Não é subtexto lésbico, aceitem isso.

E a pessoa que escreveu disse, gostaríamos que você fosse a nosso website onde dissecamos todo o episódio e escrevemos nosso tratado sobre o subtexto lésbico. Eu fui até lá, e voltei e pedi desculpas. Tipo, tudo que você falou é verdade. Está tudo ali. E você sabe, é onde eu criei a frase, "traga seu próprio subtexto", porque... percebi que, sabe, parte da arte é ser uma produção das pessoas — é preciso tocar todo mundo de uma forma que seja totalmente pessoal.[69]

Como escritor e diretor, Whedon é conhecido por exigir que suas falas sejam ditas como estavam escritas. Por toda a colaboração criativa da escrita televisiva, Whedon é um dos poucos roteiristas/diretores que conseguiram status de *auteur* para seus seriados de televisão. Fãs e equipe de roteiro fazem tudo que podem para lhe dar o crédito por todas as melhores frases, pontos de tramas e conceitos. Ele tem a reputação de ser um artista muito controlador. Mas os limites de seu controle criativo parecem alimentar e fasciná-lo também — o que ajuda a explicar seu interesse e apoio na fanfiction.

É claro que Whedon e os outros roteiristas do seriado ficavam fascinados, assim como às vezes frustrados — até bravos — com a reação dos fãs. Às vezes, eles também soam defensivos — um dos motivos pelos quais passamos a ver menos deste tipo de interação de coração aberto conforme a internet cresceu. Joss afirmou que "ele não estava ciente do clichê lésbica má/morta"; o roteirista David Fury exigiu que os espectadores de *Angel* reconhecessem que "são os ROTEIRISTAS que trazem humor ao seriado" e até abusou da autoridade, dizendo a um fã "quando você se dirige aos CRIADORES, é Sr. Whedon e Sr. Greenwalt" e que deveria "mostrar um pouco de respeito" (Fury pediu desculpas quase imediatamente). Marti Noxon ficou bastante chateada com fãs que acusaram o seriado de "virar um 'Buffy's Creek'": "Vocês agora estão ficando incomodados pela quantidade de sexo no seriado? Acho que todos aqueles lances de S&m e bondage que fizemos na última temporada não foi captado por seu radar." Só que, apesar de tudo isso, os roteiristas *queriam* saber. Mais de uma vez, o entusiasmo dos roteiristas por feedback e reações era palpável: "Falem comigo, *postifers*! A favor ou contra? (não que isso vá mudar algo — eu só queria saber)."[70]

Este tipo de toma-lá-dá-cá ao redor de histórias desenvolvidas em forma de série é a moeda de troca da fanfiction. Em suas reações online, estes profissionais não eram tão diferentes dos muitos autores não remunerados que escreviam não oficialmente sobre os personagens de Joss Whedon. Como eu espero que esteja claro, não quero que isso signifique nenhum tipo de insulto para a equipe de roteiristas de *Buffy*. Hoje, roteiristas por toda parte *ainda* estão se ajustando à bênção complicada que é o feedback e a interação imediatos que a internet permitiu — e se esta equipe de roteirista foi pioneira naquele esforço, fanwriters foram pioneiros junto com eles. Eu me lembro de ponderações similares sobre a ética da representação da parte de, por exemplo, uma dona de casa cristã devota postando histórias slash Spike/Angel que ela acreditava refletir o ethos do amor e da aceitação de acordo com sua religião, ou defendendo a violência ou a coercividade na fic e na própria série porque tal comportamento representava uma luta real e tinha consequências reais. Exemplos de tal crítica e autorreflexão em resposta à reação de um leitor estão em todos os lugares no fandom de fic.

Uma roteirista de *Buffy* em The Bronze era especialmente encorajadora com os aspirantes a escritores, incluindo, explicitamente, fanwriters. Jane Espenson era entusiasmada com a fic em seus posts em Bronze: "Por falar nisso, eu amo fanfic... não posso ler fanfic de Buffy, mas leio de outros fandoms... há coisas muito boas ali. (também algumas porcarias, mas as pessoas deveriam se sentir livres para ler/escrever isso também)."[71] Ela explicou que ler fic em outros fandoms poderia ajudá-la com sua pesquisa: "Adoro escrever tanto Spike quanto Giles, por mais que eu ache que já esgotei meu suprimento de gírias britânicas... é melhor eu ler mais fanfic de 'Professionals', é lá que eu encontro as palavras!"[72] Espenson foi a convidada de honra na primeira Writercon, uma reunião de fanwriters em 2004, onde ela mostrou seu apoio à fanfiction e seus escritores de maneira muito clara. Ela tem sido consistente em oferecer conselhos concretos a escritores aspirantes e em compartilhar seu próprio processo — seus posts em The Bronze sobre escrita, roteiros, diálogos, voz e como começar a escrever roteiros de televisão são extensos e detalhados.

Notavelmente, as comunidades de fanwriting de *Buffy* também estavam cheias de grupos e fóruns devotados a questões de escrita, estilo, técnicas de ficção, roteiros, guias para gírias britânicas e norte-americanas — e buffyismos. Críticas de linguagem e estilo poderiam ser severas. Alguns arquivos só aceitavam um nível mínimo de qualidade. Fanwriters populares foram recrutados para discutir truques do ofício e seus próprios processos de escrita em fóruns; havia sistemas complexos de premiação e reconhecimento. A plataforma de blog LiveJournal era muito ativa como fórum para postar e discutir fics, fanon, pesquisa e clichês, gentilmente (ou não) zombando de fics ruins e reclamando de má gramática.

Muitos fanwriters de Buffy não estavam presentes no relativamente pequeno círculo de postadores em The Bronze em seu auge. Mas o senso de causa comum da série com as margens menosprezadas da cultura mais ampla — geeks, losers, gays, mulheres e, sim, escritores de fanfic — permaneceu muito depois do fim do fórum The Bronze. Outro efeito colateral desta cultura foi que os roteiristas da série tinham fãs — tinham fã-clubes online até — e agiam genuinamente como fãs uns dos outros. Roteiristas de televisão normalmente não têm uma fanbase, mas, no fandom de *Buffy*, eles eram estrelas de rock. Os fãs prestavam atenção aos créditos do roteiro, sabiam e se importavam com quem tinha contribuído com o quê, e perguntavam repetidamente e foram educados no sistema colaborativo da escrita para a televisão. *Buffy* deixou um legado de respeito mútuo fã-criador que incluía fanwriters mesmo quando outros fãs caçoavam deles. Em uma entrevista de 2012, Espenson reflete sobre os paralelos entre os processos de escrever fic e escrever para televisão.

> Para conseguir um emprego como roteirista em Hollywood — você escreve episódios de séries de televisão [que outra pessoa criou]. E, na verdade, o emprego que você acaba conseguindo na televisão é escrever para personagens que não criou. Escrevo fanfiction todo dia quando me sento para escrever algo para os personagens de *Once Upon a Time*, de certa forma, porque estou escrevendo para personagens que não criei. Estou me colocando no programa de Adam e Eddy, e escrevendo o mais próximo da voz deles que consigo. E é a mesma coisa que os escritores de fanfiction fazem.[73]

Espenson depois afirma que fanfiction é "o melhor treinamento que você poderia ter para se tornar um roteirista de televisão profissional" e concorda com Whedon que a fanfiction é um enorme elogio para um roteirista: "É um sinal de que foi criado um personagem que parece ao telespectador ter uma vida além da tela. Nada poderia ser um elogio maior para um escritor do que outras pessoas querendo escrever para aquele personagem."

As pessoas ainda oferecem esse elogio a *Buffy*, mas The Bronze há muito desapareceu. É um espaço virtual de uma era virtual diferente; o mundo online mudou. Algumas desta interações fã-criador passaram para o Twitter, mas a maioria dos roteiristas de televisão sabe como se manter um pouco mais resguardado — ou aprende bem rápido. A maioria das séries agora *tenta* ter fóruns, mas The Bronze parece um pouco o Velho Oeste comparado com o que você encontraria em fóruns oficiais hoje. Uma das despedidas de Jane Espenson mostra um epitáfio bastante (in)apropriado: "Certo. A gente se divertiu. Um pouco de história. Um pouco de conversa suja de sexo. Muita sífilis." Poderia ser uma sugestão de fic UA.

No mundo da fic dos anos 2000 NautiBitz era uma lenda: como a colega escritora de fic Stultiloquentia a descreve em Fanlore: "A rainha da comédia indecente. Sexy, hilária, vivaz, conspirativa. É bem escrita de 'gênero' — idealizou Spike — mas se você está preocupado com isso, você é um mané." Naqueles dias, Nauti era conhecida por escrever "fic de entrada", o tipo que aparecia quase em todas as listas e no Google, atraindo pessoas para o fandom. Ela escrevia a fic para a qual outros escritores escreviam fic. Inspirava novos escritores a começar a postar: "Nauti[B]itz foi a primeira fanfic Spuffy [Spike/Buffy] que eu li, e uma grande inspiração, então eu realmente queria que fosse a primeira fic que eu postaria, mesmo que tivesse começado a escrever outras." (BloodEnvy, escrevendo em resposta a uma resenha de sua fic postada em Bloodshedverse, um arquivo popular.)

Buffy foi a primeira comunidade de fic que explorei e, conforme eu peruava pelo Fandom NautiBitz, sempre era mencionada como o melhor exemplo, alguém com quem aprender. Nauti até participou de comunidades que davam conselho de escrita e ajuda técnica. (Havia um bom número deles, como os riters-r-us de slaymesoftly no LiveJournal, no mundo da fanfic de Buffy.) Como tantos escritores, leitores, artistas e até pesquisadores, NautiBitz via ajudar a comunidade que tanto tinha incentivado e ensinado como uma parte integral de seu processo.

Como explica em seu ensaio, ela também estava aprendendo. Enquanto outros escritores (como eu mesma) aguentávamos ou desfrutávamos (ou os dois) de horas de workshops de escrita com este ou aquele Escritor Muito Sério, os workshops de NautiBitz eram o coro de fãs lendo suas histórias de sexo cheio de sarcasmo (ou sarcasmo cheio de sexo). Nauti prestava muita atenção à escrita de Joss Whedon, Jane Espenson e Marti Noxon e tentava ao máximo transpor essas vozes em cenas de sexo extremamente explícitas. Com o tempo ela até descobriu... o enredo.

Universidade Fic: Educação Superior Através da Fanfiction

(Ou Como Vários Anos Escrevendo Histórias de Sexo com Personagens Podem Ser tão Valiosos Quanto – e muito mais Baratos que – uma Educação Universitária)

Jen Zern (NautiBitz)

Fanfiction. Quando eu ouvi pela primeira vez, pensei que era uma expressão risível e vergonhosa dos mais nerds dos nerds. Eu era muito cool para algo assim — vivia no Lower East Side! Eu ia a festas com o pessoal das artes! Cantava em uma banda que tocou no CBGB!

E, mesmo assim, de alguma forma acabei escrevendo histórias sobre *Buffy, a Caça-Vampiros* por boa parte de uma década — e como uma consequência imprevista, recebi uma educação (não oficial) que me estabeleceu em uma carreira que nunca tinha considerado.

Vamos voltar a novembro de 2000. Eu ainda estava numa banda (e ainda era cool, claro), mas eu e minha namorada de muito tempo juntamos os trapos, resgatamos um par de vira-latas e nos mudamos para uma casa no subúrbio. Toda quinta à noite, ela e eu ficávamos em casa, nos embolávamos no sofá e assistíamos à nossa série favorita de todos os tempos, *Buffy*.

Adorávamos tudo em *Buffy*: as personagens femininas fortes, a comédia, o pathos, o romance, os personagens secundários e eu, em particular, gostava muito de Spike. Não só porque o videoclipe do seu sósia Billy Idol para "Dancing with Myself" pode ter iniciado minha puberdade, mas também porque ele era hilário e charmoso, com uma surpreendente variedade de emoções para um vampiro sociopata.

Não era uma noite de quinta comum, no entanto. Este episódio terminou com o clímax que agitaria meu mundo: um beijo *tão-errado-que-parece-certo* foi compartilhado no que acabou sendo um sonho, e Spike acordou com a certeza horrível e chocante de que estava apaixonado pela mulher que tinha sido treinada para matá-lo. O "bad boy" se apaixona pela garota boazinha — que grande direção para a série! Claro, Buffy nunca daria uma chance a ele — ela era muito moralista —, mas, cara, como eu queria que isso acontecesse! Imediatamente!

Sim, alguma coisa se quebrou em mim naquela noite. E a única forma de consertar era com FANFICTION.

Bom, eu ainda não sabia disso. Claro, ouvi o distante canto de sereia da fanfiction, mas certamente aquele caminho só levaria a desapontamento — textos horríveis por nerds loucos por sexo, né? Em vez disso, eu tentei os quadrinhos, livros baseados na série, tudo que minhas mãos loucas por Spuffy pudessem alcançar, mas nada foi suficiente. No final, a sereia cantou tão alto e tão insistente, e eu ficava tão desesperada, que sucumbi. Certa manhã, depois de passear com meus cães, liguei meu laptop, fiz uma busca, e, ora, vejam só, ali, disponíveis nas pontas dos meus dedos, havia não uma, não duas, mas *centenas* de escapadas sexuais estrelando Buffy e Spike. As pessoas escreviam sobre os dois ficando juntos desde a *segunda* temporada! Eu tinha três temporadas completas de histórias para ler!

Ignorando tudo que não fosse proibido para menores — porque eu só tinha um objetivo, na verdade —, rapidamente devorei tudo que tinha para ser lido. Várias vezes. Eu fiquei obcecada. Baixei cada história, avaliei como se fosse uma matéria de *Entertainment Weekly*, arquivei por nota e fiz uma referência cruzada por autor. Eu até arrumei os erros de digitação para poder ler sem distração. Eu estava oficialmente louca.

Para minha surpresa, alguns dos textos eram bastante bons. Havia algumas cenas de sexo bem ridículas, e ações de personagens ou escolhas de roupas com as quais não concordei, mas, ei, cavalo dado não se olha os dentes, certo?

A menos... a menos que, em vez de depender de cavalos, tivesse minhas *próprias* histórias de sexo.

As pessoas escrevem fanfiction por diferentes motivos. Algumas querem consertar tudo que acham que está errado com a série. Eu só queria ajustar duas inconveniências menores: o fato de Buffy se recusar a dar uma chance a Spike, e o fato do programa ser transmitido em uma rede com restrição para menores de 13 anos. Também queria ajustar o que eu achava que estava errado com a fanfiction erótica de *Buffy* na época: havia muita coisa genérica, que poderia ser colocada em romances baratos. Não aproveitavam muito da multidimensionalidade nos personagens do programa, as tiradas espirituosas e a forma como os roteiristas da série misturavam drama com comédia de forma perfeita. Assim, de forma estrita para minha diversão e satisfação, eu comecei a escrever cenas de sexo quente apresentando os personagens que conhecia e amava na série, agindo e falando como deveriam agir e falar o máximo possível.

Pegando a dica dos romances oficiais que sempre abriam com um bom gancho de uma primeira linha, eu fiquei com isso:

Buffy Summers estava sendo assada viva.

Ela não estava realmente sendo assada viva, claro, estava tentando dormir durante uma onda de calor miserável enquanto tinha um sonho sexual vívido com Spike — o inverso do sonho dele com ela. Porque é um sonho, ela pode abandonar suas inibições, ceder a suas fantasias mais tenebrosas. Mas então ela acorda, e o Spike Real aparece em seu quarto, perguntando-se por que ela está uivando seu nome e tremendo com os choques de um orgasmo.

Eu poderia ter terminado ali, com um conto curto e fumegante, mas a súbita e incontrolável voz de Spike que tinha se materializado em meu cérebro ficou extremamente curiosa com o que aconteceria em seguida, e eu também.

Os três meses que passei explorando as possibilidades foram talvez os mais divertidos que tive com minha própria imaginação. Enchi dois cadernos com notas, discuti com minha companheira entre café e panquecas, e escrevi sem parar, dia e noite. Tornou-se uma comédia romântica erótica com vários capítulos que chamei de "In Heat".

Curiosa sobre como um homem imortal reagiria à menstruação de sua amante mortal, acrescentei uma cena onde, para nojo e horror de Buffy, Spike arranca o tampão, joga em uma xícara com sangue humano (que ela entregou para que ele não sentisse o odor) e diz: "O tampão de um homem é a bolsinha de chá de outro", antes de comê-lo vorazmente. (Esta linha específica foi imaginada durante um chá em IHOP — e nós rimos muito. Não ficamos com nojo facilmente.)

Como uma mulher bissexual em um relacionamento afetivo e profundo com outra mulher, acho que pude oferecer uma perspectiva única. Poderia descrever um sentido de desejo e ansiedade do ponto de vista masculino e feminino. Para mim, Spike era como uma lésbica. O relacionamento Buffy/Spike era sem dúvida uma relação gay — seus papéis eram tão frequentemente revertidos, Spike tão aberto com suas emoções e Buffy tão resguardada. Fisicamente ela era tão forte quanto ele, se não fosse mais. Talvez era o que mais me atraía na dinâmica deles. Eu sempre me baseava em minha própria relação na fic que escrevia — muitas das citações de Spike (geralmente durante o sexo) vinham diretamente da minha companheira; eu apenas ajustava para que ficassem na voz dele, não na dela.

Finalmente, depois de várias (milhares) de revisões, meu trabalho estava terminado. Eu tinha alcançado meu objetivo: uma fic mostrando como eles transavam. Eu já poderia me aposentar! Mas claro que isso não aconteceria. Quando postei "In Heat", não havia como voltar. Agora eu era parte de uma comunidade. As pessoas adoraram meu trabalho e queriam mais, e não dava para evitar ficar pensando em outras coisas para escrever. Fiz um site e recebi resenhas positivas e aprovação de meus, agora, colegas. Alguém até me deu um prêmio! Um dia, me inscrevi em um grupo do Yahoo! chamado "One Good Day" (referindo-se aos comentários de Spike de que ele conquistaria Buffy um dia) e todos ficaram felizes com a minha chegada. Eu era famosa! Uma recepção com tapete vermelho foi feita para mim, com rosas espalhadas por todos os lados. Na música eu nunca tinha sido tão bem recebida. Como poderia não querer passar todo meu tempo ali?

Não apenas era um grupo que gostava de elogiar, mas a maioria deles eram escritores talentosos também. Fiquei encantada de estar na companhia de tantos indivíduos com a cabeça parecida. Nós nos tornamos amigos rapidamente, trocando conselhos de escrita, nos oferecemos para ser "betas" ou audiências/editores teste para o trabalho em progresso, apresentávamos ideias e geralmente nos divertíamos muito. Tudo porque dividíamos um desejo ardente de ler e escrever smut sobre dois personagens ficcionais.

Universidade Fic: Básico de Autoria via Fanfiction Spuffy

PROGRAMA:

1) **Escrever Smut Sexy Sem Sair do Personagem**
   A) *Se você não ouviria isso na série*, não deveria estar na página. Não use descrições floridas ou frases pretensiosas, a menos que sejam o que os personagens fazem. Não faça o que eu já fiz anteriormente e termine um capítulo sexy cheio de tensão com uma linha brega tipo, "E então, o fogo encontrou o gelo". (Ui.)
   B) *O que dá num bom Smut?* O sentimento de que você está ali, na história, COM eles, ou melhor ainda, que você é um deles. Aproxime-se da cena do ponto de vista de um ou dos dois personagens, não de um narrador imparcial. Traga sua imediatez, emoção, pensamento, toque, visualização e som. Torne-o rítmico e lírico, mas evite (A).
   C) *Macetes para Smut: Fácil E Divertido.* Rotas diretas incluem: sonhos, feitiços, maldições, cadeias e/ou sequestros, trapizongas místicas, demônios com feromônio. Fácil E Divertido. As rotas mais difíceis e menos divertidas incluem: Buffy morre e volta à vida e se odeia e sente-se morta por dentro, então por que não dormir com Spike? (Brincadeira — isso é o que aconteceu na série!)
   D) *Usar TSnR.* Não há nada mais sexy do que Tensão Sexual não Resolvida, então use-a. Continue. Vá o máximo que puder antes de não conseguir aguentar mais e precisar deixá-los pelados. (Eu uma vez escrevi trinta e um capítulos de TSnR de Spuffy. Foi, de longe, uma das minhas fics mais populares.)
   E) *Foda fora da caixa.* Buffy e Spike são duas pessoas muito acrobáticas e fortes. São super-heróis! Provavelmente não vão ficar deitados ali e fazer a coisa lenta e romântica — pelo menos não no começo. (Isso foi confirmado quando eles derrubaram uma casa na série.) Então o que eles fariam? Pense em algo absurdo que não foi feito antes, então prove que poderia acontecer.
2) **Escreva Diálogos Ágeis e Autênticos**
   A) *Ouça Vozes.* Assista a um episódio para refrescar as vozes dos personagens e a cadência de seus padrões de discurso na sua mente. Se você puder ouvi-los falando, pode escrever seus diálogos. Só precisa ter certeza de

que o que estão falando não se afasta muito de suas personalidades ou crenças.

B) *Evite Slogans.* Se Spike está usando a expressão "bloody hell" em todas as frases, ele precisa parar. Se Buffy está dizendo "soooo not ___" ou "___ much?" mais de uma vez por fic, está na hora de pensar em outra coisa para ela falar. Eu cometi este erro algumas vezes nas minhas primeiras fics. Aprendi a não fazê-lo conforme evolui.

C) *Gostaria de um pouco de sexo com este diálogo?* Se você não sussurra nada durante o sexo ou não consegue imaginar as pessoas conversando entre todos os gemidos e grunhidos, não se preocupe com isso. Sou uma pessoa auditiva — preciso ouvir meus personagens trepando além de vê-los. Claro, eles não vão dizer: "Você fez as compras hoje?", porque isso não é sexy (a menos que você *realmente* goste de fazer compras no supermercado). Eles vão dizer algo de tirar o fôlego, quente — e dependendo de como se sentirem, ardentes ou cheios de conflito ou ódio —, em um ritmo que ecoa o ato em si.

Ser parte desta comunidade não foi somente uma grande experiência social, foi como uma rota de colisão no aprendizado da escrita. E com os anos, minha classe cresceu. Todos nos mudamos daquele relativamente pequeno grupo do Yahoo! para FanFiction.Net e LiveJournal e criamos nossos próprios websites, que convidaram outros milhares para a briga. E, por mais que o fandom *BtVS* não fosse o maior, ele se gabava de ter membros que eram escritores, roteiristas e dramaturgos profissionais, assim como editores, agentes literários e professores universitários. E todo mundo, profissional ou não, era extremamente sincero e gostava de opinar. Logo, o que começou como um impulso para preencher meus próprios desejos tinha avançado para algo mais sério.

Escrever diálogos e sexo sempre foi algo relativamente fácil para mim, mesmo que eu tenha melhorado com a prática. A trama, ao contrário, era outra questão. Quando minhas histórias tinham algum enredo, estes seriam construídos ao redor de qualquer cenário sexual que tivesse surgido na minha cabeça aquela semana. Um dos meus betas criou uma frase para este tipo de fic: TIP — trama impulsionada por pornografia. Outro dos meus betas, uma bibliotecária na Flórida, estava sempre me desafiando a escrever fic com uma trama "real". *Por que não?*, pensei. E que melhor forma de se educar do que tentar o mais complicado e testar na frente de uma audiência de milhares?

Mais ou menos um ano antes, uma das minhas heroínas na fanfiction, Saber Shadowkitten, tinha me procurado com uma oferta impossível de recusar: sua história "Humping Like Bunnies" estava pedindo uma parte dois, chamada "A Bunny in the Oven". Ela não tinha tempo para escrever, mas queria saber se eu teria.

"Humping Like Bunnies" de Saber tinha tocado todos meus pontos favoritos: muito antagonismo TSnR; vampiro e Caçadora unidos contra um inimigo em comum; um feitiço que deu errado (que transforma Spike e Buffy em coelhos incapazes de resistir um ao outro); "acordar" DURANTE o ato sexual, horrorizado/chocado/com nojo, mas, MEU DEUS, é tudo tão bom, não consigo parar agora; e um final que aponta para um relacionamento florescente. Isto era *tão* minha praia.

Fics de gravidez, por outro lado, *não* eram nada minha praia. Eram o completo oposto, pois eu não tinha nenhum interesse em ver a mim mesma ou Buffy nessa condição. Saber não tinha que explicar como seria a sequência; era evidente a partir do título. Eu assumi como um desafio e fiquei orgulhosa do curto e doce resultado. Os leitores pediram mais, mas eu não estava interessada em continuá-la até meu beta me colocar uma trama como missão. Eu sabia que a história tinha potencial de crescimento, haha. Sem mencionar que me deu um significado literal para o termo de fic "plot bunny" (quando a história fica rondando nossa cabeça até sentarmos para escrever).

Pelo bem dessa história — pela qual eu não estava sendo paga, apenas escrevendo como um exercício — pesquisei em vários livros sobre tramas e gravidez, passei centenas de horas online pesquisando todo aspecto e criando cronologias de cada evento. Apesar de que o produto finalizado, "Heart Don't Lie", estava longe de ser perfeito, foi uma experiência de aprendizado incalculável.

Universidade Fic: Avançado de Autoria via Fanfiction Spuffy

PROGRAMA:

1) **Escreva uma trama que não seja uma porcaria**
   A) *Mantenha o ritmo — ou não deixe que Smut (ou as baboseiras românticas) impeça sua trama de avançar.* Para "In Heat", escrevi catorze capítulos que eram velozes e furiosos, então voltei e acrescentei dois interlúdios que, percebi muito mais tarde, descarrilaram o ímpeto da história (que era realmente sobre o florescimento do relacionamento deles). Em "Heart Don't Lie", minha solução foi fazer com que toda cena sexual avançasse a trama ou em direção ao relacionamento. Desde que o sexo *faça* algo além de fazer você esperar pelo próximo desenvolvimento, é bom. Em uma cena que ocorre no auge da ação, eles quebram o espelho do banheiro e descobrem um tablet escondido que é a chave para destruir malvadão.
   B) *Crie Personagens Originais Intrigantes.* Mesmo que a vilã da história, Lilith, não fosse uma criação minha, eu tinha que dar a ela uma personalidade; o mesmo para sua seguidora. Para mim é difícil escrever vozes de personagens quando eu não consigo ouvi-los em minha cabeça — então

designei sotaques ou atores para eles. Quanto mais vida, profundidade e sentido de humor eu dava aos novos personagens, mais confortável eu ficava com a criação deles.

2) **Utilize o Feedback da Audiência**

A) *Não é tão maravilhosa quanto eles dizem.* A fanfiction permite que você tenha uma vasta audiência que normalmente não teria. Use e aprenda com isso. Se você der às pessoas o que elas estão procurando, elas vão elogiar, alguma até de forma exagerada. Você tem a permissão de se deleitar no amor por um tempo e deixar que isso fortaleça sua confiança, mas não fique complacente. Saiba que é tudo subjetivo e que a audiência é volúvel. Mas elogios são úteis quando você começa a ver o que funciona e o que não deveria parar de fazer.

B) *Também não é tão ruim quanto eles dizem.* Toda pessoa criativa precisa ter a pele grossa. Nem todo mundo vai adorar seu trabalho, e você vai ficar sabendo disso, cedo ou tarde. Mas também é importante manter-se objetivo e não levar a coisa para o lado pessoal, aprender a diferença entre a crítica construtiva e a inútil, separando as duas.

C) *Siga seus instintos.* Pegue e escolha o que você vai ouvir e aprender. Mude apenas se você realmente concordar. Não escreva apenas para as massas; não faça nada só para ser elogiado. Sempre me arrependi de mudar algo simplesmente porque um beta me falou e eu queria que ele gostasse de mim. No final, era minha fic e eu precisava acreditar 100% nela.

3) **Evite Clichês**

A) ... *Até certo ponto.* Evitar clichês sempre foi minha maior preocupação; ainda é. Mas inicialmente eu era tão anticlichê que, numa história sobre uma onda de calor, eu me recusei a escrever uma cena de sexo usando gelo, por mais que fizesse total sentido. Aprendi mais tarde que as pessoas na verdade *querem* esse tipo de cenas clichês. (Quando estava escrevendo minha fic "Older", pedi sugestões. A maioria era de clichês.) Desde que você não o escreva por preguiça, ele ainda pode ser sexy. Alguns clichês são inevitáveis. Às vezes você não sabe que eles existem e, às vezes, como as coisas progridem tão rápido na internet, elas se tornam clichês antes que você saiba.

B) *O clichê que você lê pode ser seu mesmo.* Às vezes, *sua própria escrita* pode se tornar clichê. Quero dizer: de vez em quando, alguém escreve um conto que é uma paródia de clichês de fanfic. Por vezes, eu via alguma coisa minha aparecendo em contos. E dizia: "O quê? Escrevi um clichê? Mas tento evitá-los com tanta força!" E aí eles diziam que tinham se tornado clichês depois que eu os escrevi. Às vezes é o jeito de falar sacanagem

— Spike falando "encaixe perfeito" se tornou um — mas às vezes é realmente estranho, como "'Yep', ela disse, forçando o p." (Isto terminou aparecendo por toda parte em algumas fics de *Harry Potter*!)

Depois que *Buffy, a Caça-Vampiros*, terminou, seguida por sua continuação, *Angel*, eu ainda sentia falta dos personagens e gostaria de poder mudar o curso da série, de alguma maneira. O relacionamento de Spike e Buffy no cânone tomou um rumo deprimente. Eu perdi minha inspiração. Foi então que um novo tipo de fic começou a ganhar popularidade na comunidade Spuffy. Era chamado UA "fantasia" ou "todos humanos".

No começo parecia ridículo — por que ler algo que não era sobre o vampiro Spike ou a Caçadora Buffy? Não era o que tinha feito a série tão boa? Estes supostos escritores de fic estavam apenas tentando fazer os fãs de *Buffy* lerem seus manuscritos não publicados trocando os nomes dos personagens? Eu resisti até ler uma fic onde alguém os recolocava como estudantes de ensino médio tentando deixar seus ex com ciúmes, e eles ainda pareciam e agiam, milagrosamente, como eles mesmos. Foi o necessário. Fui atraída e imediatamente comecei a escrever minha própria UA.

Queria que "Crash and Burn" referenciasse e tivesse paralelos o máximo possível com a série, para que assim não pudesse ser confundida com algum trabalho genérico. Buffy viveu um primeiro amor impossível por Angel — não porque ele fosse um vampiro, mas porque ele era seu meio-irmão. Buffy era um pouco mais superficial, mais próxima de sua personalidade antes de ser escolhida como Caçadora. Ela era quem deveria ter sido, pensei, sem este elemento presente em sua vida. Spike era um roqueiro transviado com um coração partido, que literalmente cai sobre Buffy (no lugar da placa da cidade). Naturalmente, eles se apaixonam. Ele até escreve uma música para ela (que eu compus, gravei e postei com a fic).

Oito anos depois, eu ainda recebo e-mails dizendo que é a única UA de que alguns leitores já gostaram, porque é bastante parecida com a série. (E recentemente, alguém me perguntou se poderia tocar aquela música na primeira dança de seu casamento. /marrenta).

A popularidade da minha fic me deu a confiança para escrever algo próprio. Este manuscrito me levou a um agente. Agora posso me chamar oficialmente de Escritora. Depois de mais de dez anos aprendendo (e ensinando) na Universidade da Fic, recebi um diploma.

O Visual da Fic: 1999

A página do fansite The Slayer's Fanfic Archive de Buffy, a Caça-Vampiros.[E]

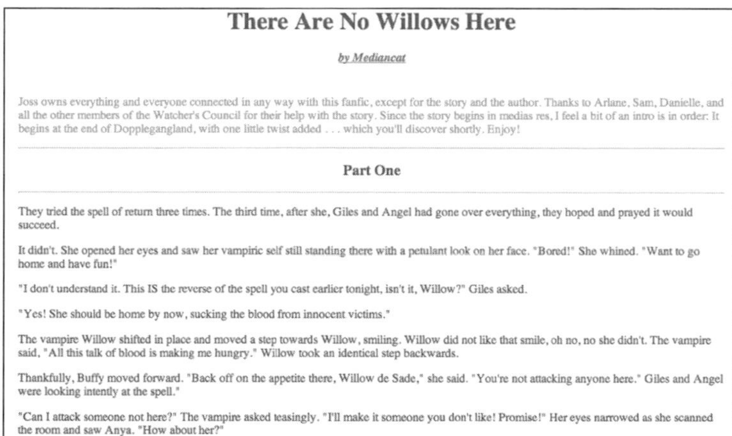

There Are No Willows Here

by Mediancat

Joss owns everything and everyone connected in any way with this fanfic, except for the story and the author. Thanks to Arlane, Sam, Danielle, and all the other members of the Watcher's Council for their help with the story. Since the story begins in medias res, I feel a bit of an intro is in order: It begins at the end of Dopplegangland, with one little twist added . . . which you'll discover shortly. Enjoy!

Part One

They tried the spell of return three times. The third time, after she, Giles and Angel had gone over everything, they hoped and prayed it would succeed.

It didn't. She opened her eyes and saw her vampiric self still standing there with a petulant look on her face. "Bored!" She whined. "Want to go home and have fun!"

"I don't understand it. This IS the reverse of the spell you cast earlier tonight, isn't it, Willow?" Giles asked.

"Yes! She should be home by now, sucking the blood from innocent victims."

The vampire Willow shifted in place and moved a step towards Willow, smiling. Willow did not like that smile, oh no, no she didn't. The vampire said, "All this talk of blood is making me hungry." Willow took an identical step backwards.

Thankfully, Buffy moved forward. "Back off on the appetite there, Willow de Sade," she said. "You're not attacking anyone here." Giles and Angel were looking intently at the spell."

"Can I attack someone not here?" The vampire asked teasingly. "I'll make it someone you don't like! Promise!" Her eyes narrowed as she scanned the room and saw Anya. "How about her?"

A fanfiction de Mediancat no The Slayer's Fanfic Archive.[F]

Megafandoms: *Harry Potter* e *Crepúsculo*

Lição Um: O tamanho é importante

Harry Potter. Sua autora, J. K. Rowling, a primeira bilionária dos livros. Uma franquia de filmes que manteve várias gerações de atores britânicos empregados durante a maior parte de uma década. Todo um mundo imaginado para uma geração de crianças que cresceu lendo e escrevendo nele. Só FanFiction.Net abriga mais de 500 mil histórias sobre *Harry Potter*, e há muitos outros arquivos, alguns ainda ativos, outros desaparecidos, que nunca mais voltarão. Além dos grandes arquivos multifandom como FanFiction.Net, Fanlore lista trinta sites de fanfic gerais de *Harry Potter* (incluindo alguns sites com propósitos mais variados, como o influente MuggleNet, que inclui importantes seções de fanfiction) e pelo menos três vezes mais arquivos menores devotados a relacionamentos, temas ou personagens particulares. A influência destes fansites e as redes, sistemas e culturas que ajudam a construir tem sido enorme — e é pouco provável que desapareça no futuro próximo.

Crepúsculo. Como *Harry Potter*, vendido como uma série de livros infantojuvenis — na categoria jovem-adulto, ou YA, que *Harry Potter* ajudou a estabelecer. Chegou em casa vindo da escola através do formulário de pedidos de livro da minha filha, e eu não pensei duas vezes no assunto. Como *Harry Potter*, *Crepúsculo* é uma franquia global de livros e filmes que inspirou milhares de fics e, também como *Harry Potter*, juntou uma fanbase grande e apaixonada o suficiente para transformar a cultura de massa e as indústrias que ajudam a produzi-la de uma forma sem precedentes. Porém, é na questão do *tipo* de transformações que as duas grandes franquias se distanciam.

Lição Dois: O sexo é importante

Harry Potter foi, em grande parte, responsável pela explosão do YA como uma categoria de marketing nos livros. *Crepúsculo* também ajudou a estabelecer uma categoria editorial bastante lucrativa (depois de ter entrincheirado com mais firmeza a literatura YA e, em particular, o romance paranormal como mercados lucrativos) — mas livros na categoria editorial que *Crepúsculo* ajudou a lançar não viriam no pacote de livros que minha filha teria que ler na escola. Eram livros adultos. Realmente adultos. Ao contrário de qualquer outro fandom de fanfiction, e certamente ao contrário de qualquer outra franquia infantil, *Crepúsculo* não só inspirou uma revolução subterrânea no romance erótico, mas o levou para a cultura mainstream. Muito antes de *Cinquenta tons de cinza* e outras incursões no mundo da publicação comercial, a fanfiction de *Crepúsculo* tinha se tornado o lugar virtual para uma enorme e às vezes incrivelmente franca conversa sobre sexo, histórias e como integrar os dois na escrita. Tais conversas já vinham acontecendo há um bom tempo nos círculos de fanfiction, como vimos nos fandoms de *Jornada nas estrelas*, *Arquivo X* e *Buffy*, mas quando se tratava de conversas sobre sexo (ao contrário do ato em si, onde sua quilometragem pode variar), o tamanho, no final, é *realmente* importante.

Harry Potter não iniciou nenhum boom comercial estilo *Cinquenta tons* no erotismo inspirado em YA, mas não se engane, as guerras de shippers — os conflitos sobre relacionamentos românticos entre adolescentes mágicos imaginários — eram épicas. A importância cultural do slash de Harry Potter em particular — e havia muitos — não pode ser ignorada, porque, em um fandom global enorme, até subculturas são gigantes. Mesmo que a vida sexual que parte da fanfiction imagina para os personagens menores de idade de *Harry Potter* há muito seja uma fonte de desconforto para sua criadora (e para um conjunto diferente de fãs), o anúncio pós-série de J. K. Rowling de que o adorado mago Dumbledore era gay fixou no cânone o tipo de possibilidade há muito insistida pela fanfiction. O slash de Harry Potter ajudou a moldar e desafiar atitudes em relação à diversidade sexual entre a geração que cresceu lendo e argumentando (muito) sobre isso online.

Mesmo hoje, quando os romances e as séries de televisão juvenis frequentemente tematizam e representam o sexo entre personagens menores, é muito comum que as histórias sejam fábulas morais. São histórias de O Que Dá Errado quando você bebe em uma festa, confia num garoto, não usa proteção, vai longe demais quando não está pronta. Estas histórias não representam conversas francas sobre gostos e preferências e proteção, gradação de gênero e orientação sexual, ou os mecanismos do orgasmo. Não é surpreendente que os adolescentes estejam loucos por estas informações, e que nunca tenham precisado que os adultos lhes dissessem que o sexo existe e que podem achá-lo bem interessante. Enquanto gerações anteriores podem ter procurado os estoques escondidos de pornografia dos pais e as páginas da *Cosmopolitan*, os adolescentes de hoje acham estas informações cada vez mais na fanfiction. Eles *escrevem* na fanfiction — e em uma ou outra versão, sempre fizeram isso. Costumavam escrever em cadernos, e agora escrevem e compartilham online. Goste ou não, isso se tornou normal e público, uma parte do crescimento de *milhões*. Se *Crepúsculo* e *Harry Potter* nos ensinaram algo, é que a intenção autoral não tem nada a ver com as vidas posteriores dos personagens.

Lição Três: A idade é importante

Crescer lendo e escrevendo nas comunidades de fanfiction online se tornou uma realidade muito comum e ajudou a moldar o pensamento, a leitura e os hábitos de escrita de uma geração de futuros escritores. Muitos escritores profissionais trabalhando hoje começaram suas carreiras na fic. Alguns deles são escritores de literatura erótica, claro. Mas seria um erro considerar o impacto cultural ou até econômico da fanfiction somente em termos do número de livros publicados que ela gerou diretamente. Esta transformação da escrita em uma atividade social e comunitária já tem um profundo impacto na economia e produção de ficção, assim como nos relacionamentos que esta ficção representa, forja e se baseia.

Quando falo que a "idade é importante", estou falando da idade dos fãs, dos escritores e leitores de fic, mas também da própria internet. *Harry Potter* ajudou a criar as condições para o fenômeno *Crepúsculo*, abrindo caminho tanto no mundo da edição comercial tradicional e entretenimento quanto no mundo online da cultura gerada por fãs. Não que os fãs de *Crepúsculo* sempre tenham reconhecido ou até mesmo soubessem desta dívida. Mesmo que houvesse alguma sobreposição entre os dois fandoms, e alguns fãs de *Crepúsculo* tivessem participado em outros fandoms de fic, a maioria — de acordo com a minha pesquisa — não tinha. Esta falta de conhecimento (e reconhecimento) coletivo das histórias e do costume dos fãs não passou despercebida por quem o tinha. Os mesmos argumentos — "Estes fãs não sabem o que estão fazendo!", "E estão fazendo tudo errado!" — foram ditos por fãs mais velhos contra os mais novos desde que fãs da ficção científica literária menosprezavam os fãs de mídia, desde que os produtores de zine menosprezavam a internet. Certamente, as mesmas críticas eram dirigidas contra os fãs de *Harry Potter*, também, mas os fãs de *Harry Potter* estavam na linha de frente do estabelecimento de mecanismos e tradições de fandom online em uma escala imensa, levando-o para além das subculturas menores e alcançando uma audiência online muito mais ampla. Quando o fandom de *Crepúsculo* apareceu, o fandom de internet já tinha estabelecido caminhos e padrões, e mesmo que as fãs de *Crepúsculo*, na grande maioria, nunca tivessem mergulhado nelas, estas culturas online estabelecidas ainda forneciam modelos básicos para as tradições de fanwriting, como prêmios, leitores beta, feedback, notas de esclarecimento e por aí vai. Fãs de *Crepúsculo* fizeram com que estes elementos fossem ainda mais conhecidos. Twifans não vinham de subculturas; nem sempre eram geeks autoidentificados; e, mais importante, era mais provável que fossem mulheres mais velhas com empregos, formação e recursos profissionais. Em contraste, as pessoas que montaram o fandom de *Harry Potter* eram geralmente adolescentes e jovens adultos em uma era na qual a habilidade de usar a web ainda era algo bastante novo para *todo mundo* — porque a web ainda era nova. Quando o fandom de *Crepúsculo* começou, já não era mais o caso. Em 1997, quando *Buffy* estreou e o primeiro livro de *Harry Potter* foi lançado, o uso da internet nos lares dos Estados Unidos estava em 18% e era majoritariamente de internet discada. Em 2007, dois anos depois da publicação de *Crepúsculo* (mas antes dos filmes que infundiram tanta energia nos fandoms de fic), o uso da internet nos lares chegava a 62% das casas e era principalmente de banda larga; em 2011, era de 72%. A idade é importante.

Não era só uma questão de idade, no entanto, e não só de internet. Em termos da própria fanfiction, houve diferenças centrais entre os dois fandoms com base nas atitudes dos escritores fãs em relação ao material-fonte. *Harry Potter* inspirou trabalhos que, por mais divergentes que fossem em termos de atividades dos personagens e dos mundos que poderiam visitar, tendiam a ficar mais próximos das caracterizações de Rowling — enfatizando algo, desenfatizando outras coisas, mas permanecendo, no geral, reconhecíveis. A fanction de *Crepúsculo*, no entanto, avançou até manter somente as conexões estruturais mais leves com seus originais e se basear da mesma forma, talvez até mais, em outros tropos de fic e de fandom. (Por mais que isso certamente tenha acontecido no fandom de *Harry Potter*, no final acabou causando *muita* controvérsia.) Em termos de *fanfiction*, então, se não for em termos de escala, internet e uso de mídia social, *Harry Potter* operou mais ou menos seguindo a tradição: fãs criando obras de homenagem e às vezes paródias, mas criando inicialmente por amor. Escritores de fic de *Crepúsculo*, por outro lado, poderiam ser ambivalentes sobre suas fontes. Eles poderiam amar os livros, mas poderiam também se odiar um pouquinho por esse amor. Ou poderiam nem amar a série, mas adorar a comunidade, conectada por seus personagens e os atores que os representavam. Apesar das diferenças, cada megafandom revolucionou a cultura da internet baseada em fãs e fez marketing a sua maneira, cada uma levando a ganhos comerciais e financeiros para uns poucos indivíduos proeminentes no fandom, e gerando controvérsia. Muita.

Lição Quatro: Wank é importante — mesmo que todo mundo desejasse que não

Nenhum fã terá maior wank do que exibir sua fic para seus amigos e depois retomá-la e ganhar *milhões*. Não é que indivíduos não tenham lucrado com seus fanworks antes de *Cinquenta tons de cinza*, ou que os fanwriters não tivessem redirecionado seu trabalho ou virado profissionais com outros materiais, mas realmente não havia nenhum precedente para a escala do que aconteceu com a fanfiction de Crepúsculo que se profissionalizou em 2011–2013. Houve, entretanto, muitos precedentes para wank grandes o suficiente mesmo para as maiores rainhas.

Ou Snowqueens, como pode ser o caso.

Como qualquer Twifan poderia contar, muito antes de Snowqueens Icedragon mudar alguns dos nomes em sua popular fic "Master of the Universe" e publicar como *Cinquenta tons de cinza* usando o nome de E. L. James, o wank que a cercou, suas atitudes e seu relacionamento com o fandom já tinham alcançado proporções épicas. E *muito* antes de Snowqueens Icedragon, havia Cassandra Claire no fandom de *Harry Potter* — agora mais conhecida como Cassandra Clare, da série Os Instrumentos Mortais (que possui mais de 14 mil fics em FanFiction.Net). Afora as origens em fandom e o papel de para-raios para uma controvérsia como autoras populares, estas duas escritoras de best-sellers saídas do fandom têm muito pouco em comum. Cassandra Claire era uma participante dedicada e central do fandom de *Harry Potter*, participando de todas as formas, enquanto Snowqueens Icedragon, como a própria conta, achava tudo aquilo um pouco assustador e preferia se manter um pouco afastada. As controvérsias que as cercavam, no entanto, possuem um elemento em comum, e têm a ver com créditos atribuídos — os eventuais lucros — a indivíduos por trabalhos criativos que vêm de uma cultura coletiva de circulação de textos e pessoas.

De uma forma menos explícita, é claro, todo trabalho criativo acontece em uma circulação coletiva de textos e pessoas. É por isso que a fanfiction é interessante além das fronteiras de sua própria subcultura, e por isso que estas controvérsias são mais sérias do que egos machucados, sentimentos feridos ou ressentimento.

As dinâmicas dos wanks nos fandons — mesmo que eu não acredite que eles representem o melhor da fanfiction ou das comunidades de fãs — são impressionantes porque geralmente servem como controvérsias substitutas para lidar com debates complexos, mas abstratos, sobre a natureza da autoria, as fronteiras textuais, posse individual ou comunitária e responsabilidade. Guerras de shippers — que por muito tempo pareceram incompreensíveis para mim, porque eu não entendia como as pessoas poderiam ficar tão bravas com outras pessoas por elas gostarem de ler sobre as vidas sexuais de diferentes pessoas imaginárias — funcionam da mesma maneira. Para muitos fãs, quem você shippa, e como conta esta história, representa que tipo de relacionamento você acha que é *certo*, o que se encaixa. Em toda esta dinâmica do fandom, a questão central pode ser a mesma: Quem pode contar a história? E de quem é a história? Jane Austen — também uma fonte popular de fanfiction — deixa os riscos bem claros em *Persuasão*: quando são os homens que contam a história, apenas certas histórias são contadas. Shippers de Dramione aparentemente sentem a mesma coisa quando muita atenção é dada a Drarry. Comunidades de fãs online evoluíram para dar o máximo de espaço possível a *todas* as diferentes histórias que as pessoas queriam contar.

Indicativo dos papéis indefinidos e mutantes que estas enormes franquias e seus fandoms criam e sustentam, o caminho que Chris Rankin trilhou por Harry Potter e seus mundos o levou de fã a ator de cinema e estudante de fandom, escrevendo uma tese universitária sobre o fandom de Harry Potter. Publicamos um trecho adaptado desta tese de 2012 aqui.

Um Excerto da Tese Universitária de Percy Weasley

Chris Rankin
(Percy Weasley na série de filmes de *Harry Potter*)

Joli Jenson, em *The Adoring Audience*, descreve a preconcepção do que são os fãs: "O fã é caracterizado de forma consistente (referenciando-se às origens do termo) como um fanático em potencial. Isso significa que o fandom é visto como um comportamento excessivo, próxima da loucura."[74] Ela sugere, além disso, que há dois tipos de fãs; o indivíduo obcecado e a multidão histérica. O mais interessante na comunidade de fãs de *Harry Potter*, e algo que a separa da maioria das comunidades de fãs, é que eles não são fãs, per se, de J.K. Rowling, Warner Bros., Daniel Radcliffe ou de qualquer outro indivíduo. São fãs de uma série de livros e seus assuntos relacionados. Em seus corações, o objeto de conexão são os livros e a mensagem que eles enviam.

Em 2000, a internet, que já existia há algum tempo, se tornou acessível para as massas de usuários em todo o globo. Com o anúncio de que a Warner Bros. iria produzir um filme baseado no primeiro livro de J. K. Rowling, *Harry Potter e a Pedra Filosofal*, os fãs se voltaram à internet para ver o que poderiam encontrar. A resposta, na época, foi muito pequena. A solução foi criar essa informação. A partir daí, a comunidade de fãs de *Harry Potter* como a conhecemos hoje evoluiu. O que é incrível, na minha opinião, é a forma como a mídia social online mudou como nossa cultura vê o fandom.

Pessoalmente, participei da comunidade de fãs de *Harry Potter* desde seus primeiros dias. Juntei-me a um fórum que não existe mais, chamado de Unofficial Harry Potter Movie Site (UHPMS), que mais tarde se tornaria Harry Potter Connection, em setembro de 2000. Eu tinha recentemente sido chamado para ser Percy Weasley no primeiro filme da série, e estava curioso para ver o que o mundo dos fãs estava especulando sobre os filmes que viriam. Fiquei imediatamente encantado com as demonstrações de amor e afeição por uma série de livros que tinha sido grande parte da minha vida nos dois anos anteriores ao meu teste. Os amigos que fiz através do website ainda são muito queridos doze anos depois. Aquele fórum em especial criou amizades de longa data e até casamentos.

Na época, a Warner Bros. ainda era muito cautelosa com a comunidade de fãs. As filmagens aconteciam sob um véu de segredo e não era permitido falar muita coisa. Eu não tive permissão de anunciar meu papel na franquia por quase seis meses depois de ser contratado, para diminuir a atenção da imprensa. Minha presença nestes fóruns em especial era relativamente anônima. Inicialmente, eu me registrei com o nome de usuário iampercyweasley, afirmando que tinha tido a sorte de ser chamado para fazer o papel. Eu fui detonado quase imediatamente. Ainda bem que um dos moderadores, Richard Cresswell, me contatou para confirmar esta afirmação, antes de sugerir que eu me registrasse de novo com um nome mais sutil e continuasse minha participação de forma anônima, até o momento em que eu pudesse provar, e as pessoas fossem capazes de acreditar que eu estava realmente entre os atores.

Quando fiz dezoito anos, convidei membros do fórum para uma exibição beneficente de *Harry Potter e a Pedra Filosofal*, que tinha estreado no fim de semana anterior. Alguns deles vieram de lugares tão distantes quanto Toronto e Seattle, e assim começou para mim um relacionamento maravilhoso com a comunidade de fãs. Hoje, ainda estou envolvido ativamente com a comunidade e sou convidado de várias convenções no mundo todo. Falei bastante sobre como vejo a comunidade de fãs e sua importância para a continuação da franquia, e participei de discussões acadêmicas sobre os filmes e os livros. Adoro meu relacionamento com os fãs, simplesmente porque, lá no fundo, sou um deles. Tenho muita sorte de estar envolvido com a franquia de tantas maneiras diferentes.

A comunidade de fãs de *Harry Potter* é, possivelmente, a maior e mais dedicada de todas, e pode ser dividida em dois campos principais: fãs do livro e fãs do filme. Claro, estes campos geralmente se confundem e já deram origem a outros: aqueles devotados a criar fanfiction, fanart etc. Esta comunidade de fãs é especial por várias razões. Não só os membros fundadores já vêm se dedicando à causa desde a publicação de *Harry Potter e a Pedra Filosofal*, em junho de 1997, mas eles também podem ser considerados os principais responsáveis pela criação da primeira comunidade de fãs na internet realmente global. Os fãs de *Harry Potter* podem ser encontrados em centenas de websites dedicados a todas as coisas relacionadas a *Harry Potter*. MuggleNet, The Leaky Cauldron, HPANA (The Harry Potter Automatic News Aggregator), Veritaserum, Snitch-Seeker, Harry Potter Fan Zone e todos os outros dedicam seu tempo a fornecer notícias e especulações sobre os livros, filmes, atores relacionados, equipes de produção e coisas assim, além de hospedarem fóruns para que os usuários compartilhem suas ideias, criem discussões, compartilhem fanfiction e fanart, e tudo mais que eles amem e que tenha a ver com O Menino Bruxo e seus amigos. O espírito dessa comunidade online motivou empreendimentos bem-sucedidos no mundo real. Uma empresa chamada HPEF,

Harry Potter Education Fanon, Inc., é "uma organização sem fins lucrativos com base nos EUA comprometida a produzir simpósios acadêmicos sobre os livros e o fenômeno cultural de *Harry Potter*".[75] Nos últimos dez anos, HPEF realizou convenções em várias cidades dos EUA, incluindo Salem, Massachusetts; San Francisco; Las Vegas; Dallas; e Orlando, Flórida, para celebrar a abertura do The Wizarding World of Harry Potter na Ilha da Aventura da Universal.

Os fansites são, no entanto, apenas a ponta do iceberg. Outro desenvolvimento mais recente e enorme nesta comunidade de fãs é Wizard Rock, conhecido por seus fãs como Wrock. São bandas que compõem e tocam canções sobre coisas relacionadas a *Harry Potter*. Existem literalmente centenas delas, do 142 Staircases, um nome dedicado ao número de escadas no Castelo de Hogwarts, ao The Zabini Machine, em homenagem a Blaise Zabini, um personagem menor na série. Algumas destas bandas fizeram "sucesso" no mundo dos fãs: seus discos estão disponíveis no iTunes, e fazem turnê nos Estados Unidos, às vezes no exterior. Em uma convenção da HPEF na Flórida, em julho de 2010, a fila para autógrafos das bandas de Wizard Rock era mais comprida que a dos atores dos filmes.

Há duas figuras principais na cultura da internet cercando *Harry Potter*: Melissa Anelli, webmaster de The Leaky Cauldron, e Emerson Spartz, webmaster de MuggleNet. Estas duas pessoas são verdadeiras superestrelas no mundo dos fãs. Anelli é uma escritora que entrou na lista de mais vendidos do *New York Times* com seu livro semiautobiográfico sobre a história do fenômeno *Harry Potter*: *Harry, A History*. Spartz é um empreendedor bem-sucedido; ele fundou MuggleNet aos onze anos, e agora atua como CEO de vários websites. Ele supervisiona 120 voluntários e funcionários apenas no MuggleNet, que nos últimos anos recebeu mais de 100 mil dólares por ano em renda de publicidade. Musicais de fãs se tornaram a última tendência na comunidade, com um grupo chamado Starkid Potter à frente. Eles se descrevem como um "conjunto de escritores, atores, diretores, designers, produtores e outros vagabundos [que] misturam as coisas... shows ao vivo com a acessibilidade da internet... [levando] a arte há muito reverenciada da paródia e avançando desajeitados com ela em direção ao século XXI".[76] A primeira série deles, "A Very Potter Musical", foi visualizada quase cinco milhões de vezes no YouTube. Eles seguiram com "A Very Potter Sequel". Sua marca de paródia tomou o mundo dos fãs de assalto, não só porque são únicos, mas porque sua produção é bem escrita e incrivelmente inteligente. Seu líder, Darren Criss, agora está estrelando *Glee*.

Quando os podcasts se tornaram a última mania na mídia online, a comunidade de fãs de *Harry Potter* também embarcou nessa, com The Leaky Cauldron e MuggleNet à frente. Atores dos filmes começaram a participar nos primeiros dias do podcast de Leaky Cauldron, PotterCast, em setembro de 2005. Quando escrevo este texto, já foram realizados 265 MuggleCasts; PotterCast está planejando terminar seu podcast regular quando chegar aos duzentos e cinquenta episódios.

O efeito de *Harry Potter* no mundo da mídia social foi muito profundo. A franquia nasceu e cresceu ao mesmo tempo em que a World Wide Web se tornou amplamente acessível a usuários no conforto de suas próprias casas. Seus gerentes de marcas logo perceberam que a internet ia ser um ator central em sua estratégia de marketing.

> A equipe por trás da marca *Harry Potter*... se agarrou aos formadores de opinião, tal como os webmasters de sites de fã populares, tornando-os uma parte integral das estratégias de marketing críticas para o sucesso da marca. Ao conceder exibições fechadas e informações confidenciais aos fan sites influentes, a audiência online saltou às alturas, e, ao escutar o que os usuários estavam dizendo... a equipe de marketing poderia ajustar suas estratégias e táticas para atender às exigências dos clientes e adaptar percepções ou mensagens para atender às necessidades dos negócios.[77]

The Leaky Cauldron está à frente da comunidade de fãs. Ele se descreve como "o site com tudo que procura o entusiasta de *Harry Potter*". The Leaky Cauldron foi criado em 2000 como um blog de notícias, construído e dirigido por Ben "B. K." DeLong, um fã de *Harry Potter* de Massachusetts. Com o passar dos anos, The Leaky Cauldron cresceu e se transformou em um dos exemplos mais bem-sucedidos de um fansite que era possível encontrar. A marca deles se espalhou por muito tempo e agora, em um estranho desvio do destino, Melissa Anelli e seus companheiros líderes de sites são, eles mesmos, celebridades.

Naturalmente, é preciso tempo e dinheiro para manter The Leaky Cauldron, um site que, de acordo com Anelli, atualmente recebe entre 20 e 30 mil visitantes por dia. "[The] Leaky [Cauldron] ganha dinheiro com publicidade, e consome quase tudo que recebe. Pagamos algumas centenas de dólares por mês para uma pequena equipe de seis e o resto é coberto pelo considerável custo da banda larga."[78]

Depois de uma década à frente do fandom de *Harry Potter*, Anelli usou seu treinamento e carreira ascendente no jornalismo para escrever um olhar autobiográfico daquela que seria, como afirma o subtítulo de *Harry, A History*, "a verdadeira história de um garoto bruxo, seus fãs, e a vida dentro do fenômeno *Harry Potter*". O livro vendeu mais de 70 mil exemplares no mundo todo. Ela está atualmente trabalhando em uma edição revisada que vai incluir os anos finais da saga. Com o tempo, como webmaster do The Leaky Cauldron, Anelli desenvolveu relacionamentos próximos com a Warner Bros., os produtores do filme e com J. K. Rowling e sua editora. Isso permitiu que seu site tivesse acesso a notícias direto da fonte, destruindo rumores e confirmando elencos. Certamente a maior conquista — junto com os amigos e rivais MuggleNet — foi ser convidada à casa de J. K. Rowling em Edimburgo para entrevistar a autora no dia do lançamento de *Harry Potter e a Ordem da Fênix*. Depois de ter notoriamente se mantido afastada da comunidade de fãs por muitos anos, Rowling neste momento mostrou uma tremenda fé no trabalho que Anelli e Spartz faziam, como Anelli descreveu: "Acho que ela sabe que realmente a respeitamos e a franquia, e que as pessoas no Leaky realmente a amam. Ela sabe que nossos interesses são dela, no que tange aos fãs. E fazemos muita caridade — acho que ela gosta muito disso."[79]

Anelli encontrou fama e fortuna através de seu trabalho com The Leaky Cauldron e o subsequente lançamento de seu livro. No entanto, certamente existem implicações legais e morais em relação a isso? Anelli defende seu sucesso:

> Não acho que esteja ganhando a vida baseando-me no sucesso de J. K. Rowling, per se — acho que ganhei a vida escrevendo um livro de não ficção, que é o que sou equipada e treinada para fazer... Não vou negar que a imensa popularidade de *Harry* não tenha ajudado, mas também passei mais de seis anos postando sobre o fenômeno antes de escrever uma palavra. Então, acho que é uma mistura e é simbiótico: Não poderia ter escrito um livro bem-sucedido sobre o tema sem ter a minha história. Da mesma forma, não poderia ter escrito este livro sobre um fenômeno que não fosse, sabe, um fenômeno.[80]

Heidi Tandy, uma advogada de propriedade intelectual, estabelece a situação do conteúdo gerado por fãs e a capacidade de lucrar com isso:

> Se você está escrevendo sobre os livros ou filmes ou fandom, pode ganhar dinheiro com isso. É por isso que coisas como o livro de Melissa... podem vender e gerar dinheiro. As convenções HPEF também produziram e venderam compêndios de documentos e apresentações. Quanto a coisas como [W]rock, sei que eles têm "acordos" com a Warner Brothers sobre como e quando podem vender e por quanto, mas isso tem como base o fato de quererem ter um bom relacionamento com a WB.[81]

Um dos principais fatores que contribuíram para a comunidade online de *Harry Potter* é a fanfiction. Ela assume muitas formas: fics com os livros, os filmes, os atores, possíveis romances, fics de horror, continuações dos livros, sequências, "ships" e, mais alarmante (para alguns), fics "slash" (gay), incesto ou histórias baseadas no relacionamento professor/aluno. Fanfiction é um canal de expressão incrível para fãs. Em uma entrevista para a *UrbanWire*, Tandy, a fundadora do popular FictionAlley.org, diz:

> [P]ara muitas pessoas, é só outra forma de discutir livros... As pessoas gostam de explorar sua criatividade em um formato comunitário — você pode ter esta comunidade com fanfic, algo que não conseguirá quando estiver escrevendo sozinho. Fiction Alley é muito mais do que um site de fanfic — temos mais um milhão de posts discutindo os livros, os filmes, a escrita etc.[82]

O papel de Tandy na comunidade de fãs é muito interessante. De dia, ela é advogada de propriedade intelectual; em seu tempo livre ela escreve fanfiction, presidiu o painel HPEF e continua a informar sobre eventos de Potter. "Como advogada que trabalha com propriedade intelectual, queria pesquisar as legalidades da fanfic antes de resenhar/comentar sobre qualquer uma, e especialmente antes de escrever a minha. E foi como comecei a desenvolver uma especialidade como 'advogada de fandom'." Este intrigante conjunto de circunstâncias levou Tandy a se tornar uma pessoa a ser consultada por comunidades de fãs que precisam de confirmação de suas posições legais sobre os direitos de propriedade intelectual. Em seu papel como advogada de propriedade intelectual, ela representa "vários autores, websites e organizações sem fins lucrativos de alfabetização, redação e educação em questões contratuais e de propriedade intelectual".[83]

Os advogados da Warner Bros. embarcaram em uma famosa campanha em 2002-2003, mandando cartas de "cease and desist" para os donos daqueles fansites de *Harry Potter* que consideravam usar indevidamente suas marcas e confundir outros fãs com seus sites não oficiais.

> A WB estava muito preocupada que as crianças pudessem buscar *Harry Potter* no Google e encontrar fanfic e fanart proibidas. Eles pediram que nosso site [fictionalley] marcasse toda slash fic... como proibida para menores de 18 anos, e nos recusamos a fazer isso... WB nunca mais nos pediu para fazer isso, e isso não pareceu afetar nosso relacionamento com eles, mas esta é somente a minha perspectiva... fomos convidados à première [de *Harry Potter e o Prisioneiro de Azkaban*] no ano seguinte. Quando Daniel assumiu o papel principal em *Equus*, houve uma significativa diminuição nos pedidos para que os sites "garantissem" que as crianças procurando *Harry Potter* no Google não vissem nada lascivo. E quando JKR disse que Dumbledore era gay, este foi o fim dos pedidos para classificar slash de forma diferente dos relacionamentos de gênero misto.[84]

Esta é uma área da comunidade online que sem dúvida vai sobreviver. Como um meio puramente criativo, a fanfiction vai continuar a permitir que os fãs descubram seus próprios talentos literários.

Outra nova área de fandom pode ser encontrada na The Harry Potter Alliance. A carta de princípios deles:

> The Harry Potter Alliance (HPA) tem uma abordagem heterodoxa do compromisso cívico ao usar paralelos dos livros de *Harry Potter* para educar e mobilizar os jovens de todo o mundo em questões de alfabetização, igualdade e direitos humanos. Nossa missão é empoderar nossos membros para que possam atuar como os heróis que eles amam, agindo para criar um mundo melhor... Estamos aproveitando o poder da cultura popular para melhorar o mundo.[85]

A Aliança foi iniciada por Paul DeGeorge — membro fundador da comunidade Wrock — e Andrew Slack em 10 de outubro de 2005, quando eles decidiram que "precisavam de uma organização para agir como uma Armada de Dumbledore em nosso mundo, cheio de fãs de *Harry Potter* querendo incorporar a mensagem dos livros para criar a mudança social".[86] As histórias de sucesso falam por si; angariaram 123 mil dólares em apenas duas semanas, o que permitiu que mandassem cinco aviões de carga de suprimentos para o Haiti depois do terremoto. Doaram mais de 55 mil livros para locais em todo o mundo, incluindo 20 mil para o Delta do Mississippi depois das inundações de 2010 e 4 mil para Ruanda. Esta é uma ferramenta poderosa; os temas que Rowling discute por todo seu cânone de trabalho são refletidos de muitas maneiras na "realidade". É promissor saber que Slack e sua equipe estão usando a iniciativa para colaborar com temas tão importantes. Eles não só promovem a leitura entre os jovens de todo o mundo, mas permitem que participem ativamente em assuntos e questões atuais.

Heidi Tandy (Heidi8) está envolvida com o fandom online de Harry Potter desde os primeiros dias dele. Ela começou como moderadora (mod) no grupo de discussão Harry Potter para Adultos, ajudou a fundar e administrar o website de fanfic e o arquivo FictionAlley, e escreveu para os populares sites The Leaky Cauldron (o favorito de J. K. Rowling) e o Harry Potter Automatic News Aggregator (HPANA, que não existe mais). Ela é vidder (criadora de vídeos musicais a partir de cenas de filmes) multifandom, escritora de fanfic, reblogger de fanart/gif e advogada especializada em propriedade intelectual que comenta informalmente em questões legais sobre fanfiction e há muito tempo defende a fanfic como um tipo de obra transformadora.

Como a Fanfic de Harry Potter Mudou o Mundo (Ou Pelo Menos a Internet)

Heidi Tandy (Heidi8)

Eu tinha um medo terrível da Warner Bros.

Recentemente, pedi que um amigo me reenviasse uma carta de "cease and desist" que seu fansite tinha recebido da WB em janeiro de 2003 e, quando a linha de assunto "C&D" apareceu no meu inbox, mesmo que eu soubesse que ia recebê-la, senti um aperto no peito e precisei de um momento para respirar. Mesmo depois de anos de um bom relacionamento profissional com a Warner Bros. e Bloomsbury, os agentes de J. K. Rowling, a Universal e a Scholastic, ver estas letras e aquele símbolo no meu inbox me manda de volta a 2001, 2002 e 2003, quando sentíamos que vivíamos à mercê deles.

É o que o fandom ensinava, naqueles tempos. Anne Rice mandou uma carta horrível para FanFiction.Net e eles apagaram toda a fanfic baseada em seus livros, fecharam a seção e proibiram comentários no fórum. A Paramount podia ir a uma convenção com a polícia de Cleveland e fechar a área de venda de merchandising por três horas, sem avisar, e os fãs não podiam fazer nada. Se alguém fazia o upload do trailer de *A Pedra Filosofal* para a seção Arquivos no seu grupo do Yahoo!, e a WB descobrisse e reclamasse com o Yahoo!, eles poderiam apagar toda a sua comunidade e tudo que estivesse nela; nem ofereciam uma maneira de contatar os membros da comunidade. Tudo simplesmente desaparecia.

O grupo no Yahoo! Harry Potter for Grownups, grande para a época, que hospedava mais de 4.500 mensagens por mês no seu auge, passou por alguns meses complicados quando uma ex-moderadora decidiu se vingar da comunidade. Suas reclamações com o

Yahoo! fizeram com que uma das listas organizadoras de e-mail do grupo fosse apagada e nos forçou a fechar a seção de arquivos. Então ficou ainda pior. Depois que se desvinculou da lista organizadora de moderadores, ela afirmou ter a propriedade dos posts que tinha feito e só parou de nos assediar quando eu argumentei com o Yahoo! que ela dera ao grupo uma licença para que arquivássemos seus posts.

Se um indivíduo pode causar tantos problemas, pensávamos nós, imagine o que a Warner Bros. poderia fazer se eles descobrissem o fandom!

Claro, eles já tinham descoberto. O fandom já tinha sobrevivido a disputas de nome de domínio em 2000 e 2001, quando a Warner Bros. enviou cartas ameaçadoras estilo Umbridge para adolescentes de todo o mundo, insistindo que eles apagassem domínios que incluíam termos da série *Harry Potter*. Crianças e adolescentes (e seus advogados) tinham respondido apontando que o uso não infringia as leis e não era comercial. Mas as disputas deixaram claro que a Warner Bros. e J. K. Rowling estavam conscientes de que os fãs existiam, conversavam entre si e criavam coisas.

Mas seria verdade que os escritores de fanfiction não passavam de fãs ruins, como o jornalista Christopher Noxon afirmou em um artigo sensacionalista de 2001 (que ele reescreveu em 2003, causando pânico entre os fãs quando voltou a ser publicado)? Estaria a Warner Bros. apenas esperando que um setor do fandom colocasse a cabeça para fora para que assim pudesse cortá-la? A WB iria "distribuir mais ordens judiciais do que tolerância aos slashers de *Harry Potter*"? Será que as "horas cobradas pelos advogados... iam começar a se acumular"?[87]

Provavelmente não, como descobri mais tarde em 2003, quando fiz minha primeira visita aos estúdios da Warner Bros. em Burbank para conhecer os membros da equipe de *Harry Potter* e seus advogados de propriedade intelectual. Em todas as reuniões eles eram simpáticos, amigáveis e apoiavam os fãs, o fandom e a criatividade dos fãs — até da fanfic slash. De certa forma, nossas discussões eram o resultado direto de uma matéria na primeira página do *New York Times* em maio de 2002. O artigo do *Times* abria com um parágrafo de um UA (universo alternativo) de Harry/Draco chamado "Snitch!", onde os rapazes eram gângsteres em Londres mais ou menos em 2010, depois continuava com umas poucas citações minhas e de outros sobre fanfiction, ships românticos e previsões sobre a trama.

No dia em que o artigo foi publicado, quando os posts estavam aparecendo enlouquecidos na Usenet, nos grupos do Yahoo! e em FictionAlley sobre a destruição que a Warner Bros. e J. K. Rowling certamente iriam distribuir contra o fandom de *Potter* e todos os outros, recebi um e-mail do novo gerente do recentemente relançado site WBShop.com perguntando se FictionAlley queria se afiliar à loja deles.

Eles não queriam nos fechar. Poderíamos ficar online; poderíamos continuar hospedando e compartilhando fanfic e fanart, discussões, debates e todo tipo de criatividade, independente dos ships/romances incluídos — e não tínhamos que nos preocupar se eles iriam lançar um Expelliarmus em nossas histórias ou fotos. Este tipo de contato do Sistema — apoiador, interessado e curioso — começaria a ocorrer com cada vez mais frequência com o passar do tempo, até que um convite para ir ao estúdio da Warner Bros. fosse, se não uma ocorrência comum, pelo menos um passo lógico. Mas foi este o momento em que tudo mudou.

Há dez anos — antes do LiveJournal, Tumblr, Facebook, loja do iTunes, Kindle, festas de lançamento de livros à meia-noite, YouTube, Google Docs, Kickstarter ou CafePress — a Entertainment Weekly teve que explicar Quadribol na sua FAQ de *Harry Potter*, a Dragon*Con encheu apenas um hotel em Atlanta e a Comic-Con não lotou. Eu imaginava um futuro em que haveria dezenas de fansites de *Harry Potter*.

Minha previsão não foi tão precisa quanto a profecia de Trelawney; quando *Harry Potter e as Relíquias da Morte* foi lançado, havia centenas de milhares.

Naqueles dias, redes de TV e empresas produtoras de cinema poderiam fechar comunidades online mandando uma carta severa ao Yahoo! ou ao FanFiction.Net, mas os acadêmicos da área de comunicação defendiam a hipótese de que "em algum momento... haverá uma continuidade entre comunicação ponto a ponto e transmitida...".[88]

Mas nem eles puderam prever metade da magia que os fãs de *Harry Potter* criariam.

O fandom de *Harry Potter*, que começou em 1999 e não mostra sinais de terminar, alcançou uma perfeita tempestade de métodos de comunicação radicais novos e relações interpessoais, combinados com a fantástica criatividade dos fãs de *Harry Potter* — criatividade na literatura, arte, Direito, rede social, produção de filmes, ciência, animação, humor e um impulso para mudar o mundo.

Crianças e jovens adultos que escreviam fanfic de *Harry Potter* em 2000, 2002 e 2004 agora publicam romances que entram na lista de mais vendidos do *New York Times*.

Estudantes universitários que escreveram e atuaram em filmes de fãs agora são estrelas de programas de TV e criaram suas próprias empresas de produção para o palco e a tela.

Autores se juntaram a bandas de Wrock para levantar fundos depois de desastres naturais e arrecadaram centenas de milhares de dólares para ajudar pessoas necessitadas.

Cineastas chamaram fãs de *Harry Potter* para atuar em grandes papéis ou como extras, e membros do elenco escrevem dissertações sobre o fandom de *Harry Potter*.

Parques temáticos e museus incluem fãs como consultores e membros da equipe para ajudar a melhorar seus passeios, exposições e exibições.

Fãs — com o apoio de J. K. Rowling e outros autores, atores e celebridades — arrecadaram em torno de um milhão de dólares nestes anos criando e vendendo discos de Wrock, coleções de fanart, camisetas, adesivos, munhequeiras e histórias de fanfic, além de livros autografados por Rowling, em campanhas para apoiar casamento igualitário, vítimas de terremotos, tsunamis e furacões, crianças que querem ler e muito mais.

Fãs artistas que compartilhavam sua arte com amigos e outros fãs criam jogos para a Electronic Arts e capas de livros para a Scholastic e a Random House, e trabalham para a Dreamworks.

Os moderadores de sites e arquivistas são bibliotecários, professores e agentes literários.

O quadribol teve espaço nas Olimpíadas de 2012.

Corporações multinacionais não precisam ir mais à guerra contra fãs que querem montar websites, podcasts, vlogs ou contas de Twitter sobre seus livros, filmes, bandas e shows favoritos. Em vez disso, distribuem cópias avançadas de livros, visitas a sets de filmagem e espaço no tapete vermelho das estreias de filmes.

O fandom fez campanha pela boa gramática no pôster de *Harry Potter e a Ordem da Fênix*, persuadindo a Warner Bros. a acrescentar uma vírgula muito importante; ajudou um executivo na Warner Bros. com um e-mail para os produtores sobre a data incorreta da morte do pai de Tom Riddle, que foi corrigida usando computação gráfica quando o filme saiu; participou na criação do Pottermore; e trabalhou com a Universal Orlando como consultor quando eles criaram e construíram The Wizarding World of Harry Potter.

Não foi só isso que mudou, quando se trata da relação, interação e magia entre detentores de direitos autorais e fãs. Nos anos 2000, fãs sentiam que tinham que desistir e se submeter mesmo quando os detentores exageravam e afirmavam ter mais direitos do que lhes concedia a lei de direitos autorais e marcas dos EUA. Mas, nos últimos dez anos, em casos que não tinham a ver com a criatividade dos fãs, os tribunais dos EUA expandiram as definições de "uso justo" e trabalhos transformativos. Ao mesmo tempo, a Organização para Trabalhos Transformativos e seu arquivo de fanfiction, archiveofourown.org, investiu em seus próprios servidores para não ter que se preocupar que algum ISP reagisse exageradamente a alguma reclamação falsa e insustentável em termos legais e apagasse milhares de trabalhos transformativos.

O fandom de *Harry Potter* é realmente a primeira "rede social" — possivelmente a maior e ainda uma das mais fortes. Mas não é um monólito e nunca foi. Para alguns, é Fofo, o cão de três cabeças de Hagrid, em que alguns fãs focam a criatividade, outros, apenas as discussões do cânone do livro, e um terceiro grupo são fãs do próprio fandom. Ou talvez o fandom de *Harry Potter* tenha se dividido em sete ou mais partes, como uma Horcrux. Ou talvez seja o oposto disso, que milhares de almas tenham se juntado para gerar algo novo, único e fascinante.

Quando comprei *Harry Potter e a Pedra Filosofal* na Amazon, em dezembro de 1998, eu tinha 27 anos, estava grávida e já era uma veterana da internet. Eu já estava online há mais de seis anos, tinha trabalhado na equipe do Electronic Media Company do *New York Times*, tinha sido moderadora no fórum Cyberlaw na America Online, assim como coordenadora de chat room e jornalista freelancer para TheKnot, também moderadora substituta do fansite Crowded House, e advogada das Cybergrrls/Webgrrls.

Enquanto eu lia roteiros para *Twin Peaks* e a versão original dos anos 1970 de *The Tomorrow People* em Gopherspace, postava ativamente em alt.weddings e, hã, estendia o Melrose Place Drinking Game, minha participação no "fandom" era comparativamente limitada. Não lia fanfic ou criava links para fanart, mesmo que soubesse o que eram.

No entanto, graças a uma lista de e-mails dirigida por um estudante universitário em Dartmouth, em setembro de 1994, eu fiquei um pouco envolvida com o fandom de uma nova série de TV chamada *Friends*. Na época (parece quase como se eu estivesse discutindo algo de cem anos atrás; sim, foi no século passado, faz quase 20 anos!), artigos de jornais e programas de TV avisavam que se você tivesse encontros na "vida real" com pessoas que tinha conhecido online, iria descobrir que eram assassinos ou de um gênero diferente do que eles afirmavam. Mas o mais provável é que fossem assassinos.

Não tinha ideia de que havia uma massa pequena, intensa, dinâmica e talentosa de escritores, artistas, oradores, criadores obsessivos de listas, analistas, fofoqueiros, acadêmicos e tecnólogos criando mágica todo dia. (Havia também alguns trolls, como em qualquer parte da internet.) Mas estas comunidades de fanwriting não tinham ideia de que sua subcultura "abaixo do radar" logo seria inundada por milhares de fãs "ferozes", apareceria na primeira página do *New York Times*, na Fox News e na MTV, e acabaria se tornando parte da cultura mainstream.

Em 2001, um fã sugeriu que as pessoas colocassem botões (nós chamamos de ícones agora) em seus websites ou fics para mostrar há quanto tempo elas eram parte da fandom de *Harry Potter*. Ninguém participava há mais de dois anos naquele ponto, então mesmo uma linha de relâmpagos, um por mês, não ocuparia muito espaço.

Agora? É mais do que a metade de sua vida para muitos; para milhões de pessoas, não existe um "antes de *Harry Potter*".

Quando entrei em Harry Potter for Grownups um dia antes do lançamento de *O Cálice de Fogo*, havia poucas centenas de pessoas na lista; oito meses depois, havia mais de mil e, agora, mais de 25 mil. Quando entrei no The Leaky Cauldron na primavera de 2001 para postar notas sobre os novos produtos de *Harry Potter* nas lojas WB, os fãs de *Harry Potter* que queriam criar um fansite usavam o Tripod ou o Geocities para fazê-lo, depois digitavam no Diretório do Yahoo! o nome do site, URL e resumo, assim alguém poderia aprovar manualmente e acrescentar conteúdo de forma que os subsequentes fãs pudessem encontrá-lo. Durante aquele verão, a AOL acrescentou os Selos das Casas e o brasão de Hogwarts como emoticons no AIM e lançou o 1-2-3 Publish para criar páginas; na maioria dos websites, comentários dos visitantes eram postados como um livro de visitas.

Havia imensos debates entre os participantes sobre se a série era para crianças, se os adultos podiam lê-la de forma legítima e se os escritores de fanfic eram inspirados criativamente pelo mundo de magia de J. K. Rowling ou ladrões espreitando em Nocturne Alley e The Restricted Section.

Todo mundo tinha medo de que Scholastic, Bloomsbury e/ou a Warner Bros. aparecessem de repente e fechassem tudo, mas os poucos advogados no fandom, incluindo eu mesma, não achavam que eles teriam base para tanto, se tentassem.

Quase dois anos depois do lançamento de *O Cálice de Fogo*, com um filme de *Harry Potter* já em DVD e outro pronto para ser lançado em poucos meses, os fãs estavam ficando desesperados por um novo cânone. Havia milhares de posts nos grupos do Yahoo!, em fóruns específicos de ships e outros mais gerais sobre *Harry Potter* e em pequenas reuniões em cinemas e durante lançamentos de DVD. Mesmo que todos esses momentos fossem incríveis e divertidos, todo mundo queria algo mais de J. K. Rowling. E se não conseguíssemos, leríamos outra coisa.

Conversei com um repórter do *New York Times* sobre como milhares de fãs passavam o tempo antes do lançamento do Livro Cinco (ainda não sabíamos o título) escrevendo e lendo fanfic, assim como participando em projetos de roleplaying nas comunidades no LiveJournal. Em 5 de maio de 2002, o *Times* publicou um artigo de primeira página que me citava, ligada ao arquivo de fanfiction/fanart/discussões de FictionAlley.org, e informou que os fãs estavam escrevendo fanfiction para passar o tempo antes do lançamento do novo livro de J. K. Rowling. O artigo mencionava slash fiction; parece que foi a primeira vez que o *Times* citava slash.

Alguns entraram em pânico e até eu fiquei nervosa. Quando olhei meu inbox na segunda de manhã e vi um e-mail de alguém da Warner Bros. pedindo que ligasse, eu tomei uma Coca Diet para ter coragem antes de pegar o telefone.

Ela havia visto o artigo no *Times*, e achava que estávamos fazendo algo bem interessante no FictionAlley! Respirei fundo, esperando que a isso não se seguisse a fala "mas vocês não podem continuar...", que eu temia ouvir desde que começamos o website.

Em vez disso, ela perguntou: "Você está interessada em se afiliar à WBShop? Vamos relançar o site!"

Em outras palavras, era a completa antítese do que eu tinha esperado. Claro, o artigo não tinha sido a primeira vez que a WB, a Scholastic ou a Bloomsbury tinham ouvido falar nos fãs de *Harry Potter* e suas formas criativas de compartilhar teorias, debater viabilidade de ships e propor possíveis mudanças aos personagens. Mas era a primeira vez que o Sistema por trás de *Harry Potter* tinha se aproximado publicamente de um fansite de uma forma tão positiva — mesmo que não fosse a última.

O que eu, uma novata no fandom online, não sabia na época, era que uns poucos fãs que tinham vindo para HP de outros fandoms achavam que a única resposta apropriada, se O Sistema perguntasse *qualquer coisa*, era fechar seu site, apagar suas fics e suas discussões e ir embora — talvez até mudar seu nome online, que definitivamente não devia ter ligação com seu Eu no mundo real.

Mas como você poderia ser fã de um livro cuja premissa era lutar contra o mal e dizer não a exageros das Autoridades, e fazer uma coisa dessas?

Alguns meses depois, a Warner Bros. me pediu (não, eles não exigiram, nem mesmo sugeriram que iam nos chutar do programa de afiliados da loja) para recategorizar toda fanfic na FictionAlley que incluía personagens gays como "Proibida para Menores", eu falei que não iríamos fazer isso. Afirmei que nossa política de classificação não colocava beijos entre Sirius Black e Remo Lupin de forma diferente de beijos entre Percy Weasley e Penélope Clearwater. (Anos depois, quando J. K. Rowling disse que tinha sempre pensado em Dumbledore como gay, eu me perguntei se ela sabia dos pedidos da WB, e ela reforçou minha confiança naquela decisão de 2002.)

A Warner Bros. não era a única preocupada com a slash fiction. Houve importantes avanços nos direitos LGBT desde o começo dos anos 2000, porém, por mais que slash fanfic, personagens e casais gays sejam comuns na mídia ocidental em 2013, há dez anos ainda não eram parte da cultura mainstream dentro do fandom, ou na TV, em filmes, nem mesmo em livros. O fandom de *Harry Potter* não era diferente, como a Nimbus-2003, a primeira convenção de fãs de *Harry Potter* deixou claro. Em julho de 2003, mais de 600 fãs de todo o mundo se reuniram em Orlando, na Flórida, anos antes de a Universal pensar em colocar o Wizarding World entre suas palmeiras.

Para seus participantes, o evento foi um sucesso incrível; dezenas de fãs e acadêmicos apresentaram aspectos da série, shippers de Harry/Hermione e Rony/Hermione debateram para onde a série iria, e o Welcoming Feast se tornou um velório para Sirius Black, assassinado na página 806 de *A Ordem da Fênix*, lançado apenas um mês antes. Judith Krug, Diretora do Escritório de Liberdade Intelectual da Associação de Bibliotecas Norte-Americanas, falou sobre o crescente problema da proibição de livros, especialmente quando pais exigiam que escolas e bibliotecas banissem a série *Harry Potter* porque promovia a bruxaria (ela não promove).

Mas dois vendedores não estavam felizes e claramente não tinham participado da apresentação da Dra. Krug. Eles reclamaram com os participantes e outros vendedores que nós estávamos realizando uma smut-fest, apoiando-se no painel que explicava e discutia slash e a frase dita por uma das proponentes de Rony/Hermione no começo de sua participação no debate: "Harry Potter tem dois amigos — Hermione e Rony. Ele vai terminar com um deles ou eles vão terminar um com o outro?"

Em outras palavras, a ideia de dois personagens em um livro serem gays os ofendeu profundamente; discussões sobre homossexualidade eram inerentemente erradas e deveriam ser banidas. Logo depois do almoço, nós devolvemos seu dinheiro e pedimos que fossem embora.

Mas eles eram pessoas que não participavam do fandom. E quanto aos webmasters, acadêmicos e fãs adultos?

Alguns deles eram anti-slash, também. Quando comecei em The Leaky Cauldron na primavera de 2001, tentei convencer Rames, o webmaster naquela época, a me permitir criar para o site uma seção de fanfic que aceitaria todo tipo de fanfic de *Harry Potter* independentemente de ship ou personagens principais. Ele disse que não queria hospedar slash em um lugar no qual as crianças pudessem ler, mesmo se os personagens apenas se beijassem. No meio dos anos 2000, MuggleNet adotou a mesma perspectiva: histórias com relacionamentos de mesmo gênero não deveriam ter acesso fácil e não seriam hospedadas no site de fanfic de MuggleNet.

Fãs que escreviam slash fanfic eram ridicularizados em artigos de jornais da Escócia a San Francisco, e a Warner Bros. estava preocupada que as crianças fazendo busca na internet por *Harry Potter* (naqueles dias anteriores ao uso difundido do Google) pudessem encontrar material "problemático".

Fanficcers, fanartists e aqueles que desfrutavam de fanworks mantinham seus nomes e seus interesses em Potter escondidos de amigos e familiares. Muitos estavam preocupados que, se as pessoas descobrissem, os chamariam de doentes — e doentes perigosos —, e trolls anônimos pioravam o caldeirão de preocupação sempre que podiam. Anônimos apareciam algumas vezes por mês em fóruns e listas de e-mails para condenar moderadores por hospedar fics com personagens gays onde as crianças poderiam vê-las, mesmo que os personagens apenas se beijassem. Em 2004, por exemplo, um usuário anônimo escreveu:

> Ainda que eu entenda que a maioria dos escritores aqui em fictionalley seja de adultos, ou pelo menos adolescentes, alguns dos leitores podem não ser. Mesmo se você considerar sua fic como permitida para maiores de 13 anos, com apenas uns beijos ou coisa assim, acho que qualquer nível de homossexualidade dos personagens principais seria suficientemente [sic] traumático para uma criança a ponto de nos fazer pensar em classificar todas estas ficções como proibidas para menores de 18 anos.[89]

E, há dez anos, este sentimento não era incomum. Como um fã comentou em 2000: "E quanto aos shippers de Rony/Harry — deixem que shippem. Sei que JKR nunca estragaria uma série adorável como HP fazendo dos dois personagens principais namorados. Isso me faria largar o livro imediatamente e sair correndo."

Em 2002 ou 2004, não era incomum que o Internauta Preocupado postasse num fórum ou mandasse um e-mail aos moderadores de um site e avisasse que "fazer" os adorados personagens de *Harry Potter* serem gays era difamatório, confuso, um tapa na cara de J. K. Rowling e, pior de tudo, não canônico.

Mas, em 2004, J. K. Rowling deu seu primeiro prêmio de website a Immeritus, um site centrado em Sirius Black que hospedava fanfic e fanart, assim como discussões e especulação... e em algumas destas fics e algumas das artes, Sirius beijava ou transava com Remo Lupin (ou, ocasionalmente, Snape ou Lúcio Malfoy). Rowling disse: "Por um tempo eu tive uma ilustração dos quatro Marotos desenhada por Laura Freeman na minha mesa. É uma representação bastante precisa de Sirius e Lupin..." Houve discussões sobre o que ela quis dizer, focando o comentário nos personagens que formavam um dos ships mais populares. Estaria concordando com aquilo? Estaria dando permissão para a fanart em geral, e fanart centrada em romance de mesmo sexo em particular?

Três anos depois, no entanto, quando ela declarou que sempre tinha visto Alvo Dumbledore como gay, tudo mudou, não só para os leitores, escritores e artistas de slash, mas também para fandoms por toda a internet.

Em 19 de outubro de 2007, milhares de fãs postaram comentários e ensaios sobre a sexualidade de Dumbledore; muitos, se não a maioria dos comentários, criticavam Jo por celebrar a homossexualidade, por tornar normal ser gay, por "arruinar os livros" ou aquele personagem favorito. "Agora as pessoas vão chamar os fãs de HP de gays... lol espero que não chegue a isso!!!"

Em 2010, o mundo era diferente, e também o fandom. MuggleNet mudou seu website para apoiar o Spirit Day, em memória dos seis jovens que se mataram depois de sofrer bullying por serem gays. Centenas de fãs prestaram apoio a estes adolescentes gays, pela inspiração que os fãs tinham ganhado dos livros de *Harry Potter*, e suas memórias de como tinha sido incrível ouvir que J. K. Rowling sempre tinha visto Dumbledore como gay.

Há uma década, eu fui chamada de imoral por permitir que adolescentes discutissem se bruxos gays tinham existido; em 2007, J. K. Rowling nos contou que existiam. Crianças que tinham treze anos em 1999, 2002 e 2004 estão com vinte e poucos agora, e aqueles que eram universitários na época agora têm filhos e sobrinhos. Se você disser a eles que era imoral permitir que crianças de treze anos lessem histórias YA sobre bruxos adolescentes gays, provavelmente ririam e diriam que imoral é impedir que eles leiam estas histórias.

Ou qualquer outra coisa.

O Visual da Fic: 2001-2002

A página do arquivo de fanfiction de Harry Potter FictionAlley, 2001.[G]

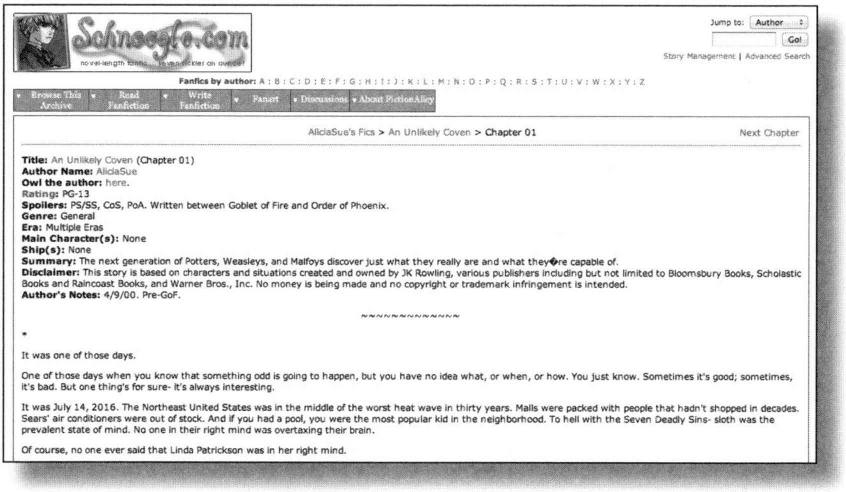

Schneegle.com

novel-length fanfic... seven sickles an ounce!

Jump to: Author

Go!

Story Management | Advanced Search

Fanfics by author: A : B : C : D : E : F : G : H : I : J : K : L : M : N : O : P : Q : R : S : T : U : V : W : X : Y : Z

Browse This Archive | Read Fanfiction | Write Fanfiction | Fanart | Discussions | About FictionAlley

AliciaSue's Fics > An Unlikely Coven > **Chapter 01**

Next Chapter

Title: An Unlikely Coven (Chapter 01)
Author Name: AliciaSue
Owl the author: here.
Rating: PG-13
Spoilers: PS/SS, CoS, PoA. Written between Goblet of Fire and Order of Phoenix.
Genre: General
Era: Multiple Eras
Main Character(s): None
Ship(s): None
Summary: The next generation of Potters, Weasleys, and Malfoys discover just what they really are and what they�re capable of.
Disclaimer: This story is based on characters and situations created and owned by JK Rowling, various publishers including but not limited to Bloomsbury Books, Scholastic Books and Raincoast Books, and Warner Bros., Inc. No money is being made and no copyright or trademark infringement is intended.
Author's Notes: 4/9/00. Pre-GoF.

~~~~~~~~~~~~~

*

It was one of those days.

One of those days when you know that something odd is going to happen, but you have no idea what, or when, or how. You just know. Sometimes it's good; sometimes, it's bad. But one thing's for sure- it's always interesting.

It was July 14, 2016. The Northeast United States was in the middle of the worst heat wave in thirty years. Malls were packed with people that hadn't shopped in decades. Sears' air conditioners were out of stock. And if you had a pool, you were the most popular kid in the neighborhood. To hell with the Seven Deadly Sins- sloth was the prevalent state of mind. No one in their right mind was overtaxing their brain.

Of course, no one ever said that Linda Patrickson was in her right mind.

A fanfiction de Harry Potter escrita por Alicia/Sue, "An Unlikely Coven", como foi postada em FictionAlley, 2002.[H]
~~~~~~~~~~~~~

O Fandom de *Crepúsculo*

> O mundo editorial não estava nos dando o que queríamos, então tivemos que criar nós mesmos.
>
> — tby789, autora de "The Office"

O fandom de *Crepúsculo*. Difamado e zombado, diminuído e ridicularizado por toda a internet. "O Fandom Feroz", era como as pessoas o chamavam. Um fandom com zero credibilidade geek, zero, nenhuma ideia do que era fandom ou fanfiction, como tais coisas deveriam funcionar e vinham funcionando há anos. Eram Twihards raivosas e ridículas.

E isso era só o que elas falavam umas das outras.

Isso era o que a MSNBC dizia, em uma manchete de 2009: "Devotas 'Twihards' encontram sua droga online. Muitas viciadas em *Crepúsculo* usavam a web para se conectar com outras devotas."[90] O artigo continuava: "Tente afastar uma Twihard da tela do computador, de um tweet excitante ou um blog luxuriento. Você poderia acabar bem machucado." O artigo seguia discutindo a fanfiction: "Acredite ou não, há aspirantes a Stephenie Meyer por aí que pegaram seus personagens e expandiram suas histórias." Reconhecendo que algumas destas fics "aspirantes" são "bastante boas", o artigo cita AngstGoddess, cuja história "Wide Awake", incrivelmente popular, muitas fãs achavam "melhor do que qualquer coisa que Meyer tivesse parido".

"Tivesse parido"? Eu não gostava de *Crepúsculo*, nem filmes, nem livros. Não era minha praia. Curiosamente, também não era a praia de muitas fanwriters de *Crepúsculo*, ou talvez "uma praia que não admitiriam a ninguém" (por mais que "S&m and Bible Studies" pudesse ter passado como uma sugestão de Twific escrita por Belle e Sebastian). Mas "tivesse parido"? Esta cobertura da mídia mainstream — e é dificilmente o artigo *menos* respeitoso de todos — claramente caracteriza milhares de mulheres perigosas como viciadas cheias de desejo, tão devotadas a histórias ridículas de uma charlatã "paridora" que são forçadas a criar suas próprias histórias para alimentar seus vícios, como se a fanfiction fosse algum tipo de laboratório caseiro de metanfetamina.

É incrível como esta caracterização se encaixa mal nas mulheres que ela realmente cita. AngstGoddess, por exemplo, é citada descrevendo ficwriting não como uma oferta desesperada para conseguir mais *Crepúsculo*, ou como uma forma de emular Stephenie Meyer, mas como um processo de aprendizado: "É meio como a rodinha na bicicleta", ela explicou, "que dá a oportunidade para explorar estilos de escrita e técnicas usando um modelo no qual os relacionamentos e logísticas já foram decididos e provados para o fandom." A MSNBC se baseou em AngstGoddess para explicar as várias categorias ou nichos em que se encaixa a maioria da Twific, usando a terminologia específica de *Crepúsculo*: "Cânone" — perto do mundo de Meyer; UA — vagamente baseado no mundo de Meyer; e "'Todos Humanos', o mais controverso, que normalmente consiste de ficção original com nomes de '*Crepúsculo*' conectada a trabalhos com pouca semelhança com os originais" (linguagem da MSNBC, parafraseando AngstGoddess). O artigo também a faz descrever o apelo pangeracional do fandom de *Crepúsculo*: "'Acho que o aspecto mais notável é a variedade das idades que vemos', ela disse. 'Em cada geração, você vê tendências diferentes no que elas desfrutam e criam com os personagens. Apesar dos nichos, isso também cria uma oportunidade para as pessoas encontrarem algo em comum uma com a outra.'" Ela não *parece* uma drogada raivosa. Nem as mulheres que dirigem LettersToTwilight.com, um fansite que também faz graça de si mesmo, do fandom e dos objetos do amor do fandom. O artigo as cita também: "*Crepúsculo* não é exatamente um filme muito bom. Os livros nem sempre são bem-escritos. Mas isso não significa que não sejam ótimos, incríveis e cativantes. Isso não significa que não amemos a série e não fiquemos loucas por ela."

Apesar da preponderância de mulheres profissionais autoconscientes, e até autoirônicas no fandom de *Crepúsculo*, o Urban Dictionary, no entanto, define Twihards como "pessoas estúpidas e obsessivas (principalmente garotas adolescentes) que estão apaixonadas por personagens fictícios e não reconheceriam um bom livro mesmo se fosse jogado na cara delas". Tais concepções erradas são extremamente difundidas. É o fandom que até outros fandoms amam odiar.

É tentador analisar alguns dos ódios intra-fandom de *Crepúsculo* como paralelos ao preconceito dos fãs de ficção científica (majoritariamente homens) contra as emergentes comunidades (formadas mais provavelmente por mulheres) de fãs de mídia no final dos anos 1960 e 1970, mas este ódio cruzava as fronteiras de gênero. Constatei enorme desdém por qualquer coisa relacionada a *Crepúsculo* expresso em muitas comunidades de fanfiction dominadas igualmente por mulheres. Um ódio muito intenso foi expresso pelos fãs de *Buffy*, talvez em reação à ideia de que uma franquia de adolescentes vampiros pudesse se parecer com outra. Uma resposta típica: "*Crepúsculo* é uma ficção muito ruim do pior tipo. No nível de qualquer fanfic Mary Sue [de autoinserção]. Não é inteligente, nem concisa, não tem boas tramas, em nada é interessante; seus temas são geralmente antifeministas e a protagonista é o exato oposto de Buffy: completamente indefesa e reclamona. Stephen King resumiu bem quando disse: 'a moral de *Crepúsculo* é a importância de ter um namorado.'"[91]

Geralmente, vemos outras fangirls desdenhando de *Crepúsculo* e seu fandom porque estes são vistos como *girly* — não desafiam os estereótipos de gênero, apenas os reforçam, como uma versão vampira da linha de Princesas da Disney. É verdade que eu posso facilmente imaginar — ou fazer — uma forte crítica feminista a *Crepúsculo*. Mas, francamente, posso fazer o mesmo com *Buffy*, que é um programa feminista do qual sou uma grande fã. Além do mais, muito da fanfiction de *Crepúsculo* explora a crítica feminista a partir de uma boa variedade de perspectivas diferentes — incluindo a que diz: "Somos mulheres adultas e nossas fantasias sexuais não governam nossa política. Ou vice-versa."

Eu especularia que uma boa dose de estigma cercando *Crepúsculo* e suas fãs — em meio aos outros fãs, mesmo outros fanwriters — tem a ver com preconceitos internalizados de gênero sexual e gênero literário. Fandoms de fanfiction tendem a se basear em gêneros literários. Livros românticos são um gênero, mas não um gênero *geek* como ficção científica ou fantasia, e não tão descolados quanto mistério, crime ou horror. O entusiasmo indicado pela preponderância das tramas e tropos românticos da fanfiction inspirada por estes gêneros não é transferido igualmente para o livro romântico. É um gênero de *garotas*. Não são garotas fazendo coisas legais que tipicamente os meninos fazem, ou garotas fazendo coisas de garotas no território dos garotos. São apenas garotas fazendo coisas de garotas da forma como as garotas fazem. Dá para ser mais patético?

Eu não pensava assim. Estava completamente fascinada pelo fandom de fanfiction de *Crepúsculo*. Havia muitas das coisas que adoro — ousadia, misturas de séries, mulheres escritoras, literatura de panelinha, formas culturais desacreditadas —, tudo junto, sendo servido em coquetéis virtuais e GIFs piscando. Era uma grande troca global de pornografia, receitas e conselhos de escrita, tudo só para se divertir, tudo de graça. Estas mulheres não apenas escreveram fic; elas construíram uma indústria — sem dinheiro, claro, mas uma economia sofisticada e global de sites de resenhas e entrevistas, campanhas promocionais e de marketing, créditos e recompensas, troca de trabalhos, muita caridade — por e para mulheres, ainda que aberta a qualquer homem que quisesse participar.

O lado ruim era que elas geralmente se odiavam por fazer isso. Construíram uma vibrante indústria comunitária e a destruíram — e a si mesmas. É o pior e o melhor da cultura feminina, todas as coisas que me deixam orgulhosa e todas as coisas que me fazem querer arrancar o cabelo e chorar — geralmente como reação à mesma pessoa, dentro do espaço de algumas linhas ou tweets ou segundos.

A história do fandom de *Crepúsculo* é uma história de mulheres, em geral não extremistas, que se juntam em uma comunidade global, radical e original, criativa e autossustentável. Com uma ironia impressionante, o poder coletivo delas, como eu testemunhei, era alimentado em parte por sua própria crença de que eram uma comunidade de embromadoras derivativas e amadoras que não poderia afirmar ser legítima em nada. Fãs de *Crepúsculo* foram inspiradas por um livro que elas podem ter amado, mas que muitas também viram como sendo ele mesmo derivativo e amador. Se a fonte original não era original, então, pelo amor de Deus, *elas* não poderiam ser — o que eliminou a necessidade de se preocupar com isso. Elas simplesmente podiam escrever o que quisessem e ver até onde poderiam ir.

Para algumas destas mulheres, caso elas não tivessem acreditado que estavam "apenas escrevendo fanfic", elas nunca teriam começado a escrever. "É só fic" significava que elas não *precisavam* de confiança para inovar e criar porque elas não achavam que estavam fazendo isso. Elas achavam que estavam sendo bobas e se divertindo, ou resolvendo seus problemas, ou contribuindo com a comunidade. Claro, elas *estavam* fazendo tudo isso, mas *também* estavam sendo criativas e inovadoras. Em alguns casos, demorou só um pouco para perceberem isso, e esta descoberta acabou sendo uma feliz surpresa. Em outros casos, elas ainda não veem desta forma, e ficam até ofendidas com a ideia. Independentemente de a descoberta ter aparecido mais cedo ou mais tarde, a ideia de escrever "apenas fanfic" concedeu um tipo de permissão. "Apenas fanfic" tornou possível escrever para uma audiência sem precisar se identificar como escritora — o que também poderia atrair críticas de arrogância e presunção.

Funcionou assim para algumas pessoas, mas obviamente não para todo mundo. Algumas escritoras de *Crepúsculo* já escreviam há anos, profissionalmente. Algumas eram CFOs e neurocientistas, algumas tinham mestrado, algumas eram gays. Algumas eram donas de casa. Algumas eram donas de casa gays. Alguns eram até mesmo homens. Eu raramente conheci mulheres mais assertivas e francas do que no fandom de *Crepúsculo*, e algumas delas (ainda que só algumas) encontraram suas vozes ali. Algumas das escritoras representadas neste volume contam uma versão desta história. Durante os anos de conversa, falei com muitas fanwriters que descreveram como chegaram à sua criatividade através desta porta dos fundos, porque não achavam que era isso que estavam fazendo. Mas as jornadas de escritoras individuais eram apenas uma parte do que elas faziam mesmo sem querer.

O fandom de *Crepúsculo* acidentalmente criou um império. As fics mais populares do fandom — obras como "The Office", "Master of the Universe", "Wide Awake", "Emancipation Proclamation", "Art after Five", "The Submissive", "The University of Edward Masen" e várias outras — tinham mais leitores que a maioria dos livros mais vendidos do *New York Times*. Pessoas que estavam fora da comunidade começaram a ver estes leitores e quiseram entrar. É *difícil* conseguir que ficção original seja lida, mesmo para escritores publicados. E a comunidade *Crepúsculo* oferecia mais do que olhos — oferecia *milhares* de resenhas, publicidade e prêmios. Com o tempo, a comunidade de fanfiction de *Crepúsculo* cresceu e teve menos a ver com os livros e filmes de *Crepúsculo* e mais a ver com fanfiction, o que por sua vez *também* tinha a ver menos com os livros e filmes e mais, bem, com escrita romântica em muitos subgêneros.

Aspirantes a escritoras começaram a reaproveitarar seus trabalhos originais como fanfiction de *Crepúsculo*, mudando os nomes *para* Edward, Bella, Rosalie, Jacob. Escritoras com pouca ou nenhuma conexão com *Crepúsculo* começaram a escrever histórias sobre os personagens da série porque assim conseguiam atenção, feedback e *muitos leitores*. Algumas o fizeram, mas entraram no espírito da comunidade, dando entrevistas, recomendações e resenhas, revisando tropos e estruturas de *Crepúsculo* junto com todas as outras fãs — mesmo que *Crepúsculo* nunca tivesse sido sua história favorita, e a comunidade foi o que as atraiu no começo. Outras eram mais cínicas, ariscas. Por mais que atuassem na comunidade, a presença de fanwriters que não eram realmente fãs criou uma atmosfera diferente da que normalmente encontramos nas comunidades de fãs: não existia reverência pela fonte.

A saga *Crepúsculo* parou de funcionar como fonte *per se* e começou a funcionar como uma enorme base para romances eróticos. Um molde. Fornecia uma estrutura básica, algumas caracterizações básicas, relacionamentos e trajetórias de trama, mas cada vez mais estes elementos apareciam sem vampiros e sem faíscas. Geralmente nas fics Todos Humanos, as caracterizações de *Crepúsculo* eram revertidas, invertidas. Mudadas, misturadas e combinadas. Às vezes só alguns vagos paralelismos eram mantidos. Um personagem tendia a ter mais poder, ser mais controlador; outro tendia a ser desastrado. Eles tendiam a viver no noroeste ou em Chicago (de onde viera o Edward do cânone). Fics populares se espalharam praticamente da noite para o dia, como "The Office", por tby789. Outras envolviam a vida escolar ou BDSM. Os gêneros eram normalmente designados por uma versão do nome de Edward: Tattward (fics de mais de um artista de tatuagem); Artward (muitos artistas); Domward (*Cinquenta tons* não foi a primeira); Subward (houve algumas); Geekward; Drugward; Doucheward; Dadward (DILFward); Jockward. E por aí vai. E por aí vai. Havia centenas de milhares de histórias sobre Edward e Bella fazendo praticamente tudo, *exceto* sendo vampiros adolescentes.

Crepúsculo foi eclipsada. Havia fic pela fic. Leitoras e escritoras também começaram a esquecer onde terminava o cânone, onde começava o fanon. Twific tomou conta de seu próprio mundo.

Eu comecei a ler compulsivamente. O que estas pessoas achavam que estavam fazendo? Tantas histórias, as mesmas, só que diferentes. Variações sobre um tema, permutas, inversões, reversões, reestruturações. Uma fuga de um romance, girando em diferentes direções. Tentei sustentá-las em minha mente ao mesmo tempo, milhares de "e se" — era como uma nova estrutura de ficção.

Meu interesse em *Crepúsculo* começou com uma escritora de fanfiction chamada The Black Arrow. Ela havia lido minha fic! Que era de uma fonte bastante ultrapassada, e não estava em um fandom, então cada leitor era algo muito emocionante. (Além do mais, eu tinha acabado o índice do meu primeiro livro. TUDO que não fosse meu índice era emocionante.) De qualquer forma, minha gentil leitora mencionou que ela escrevera uma fic de *Crepúsculo*. Eu diplomaticamente disse que não tinha lido os livros. Dei uma olhada, mas... como já disse, não era minha praia. Então The Black Arrow disse que, para sua fic, não importava realmente se você tinha lido os livros ou visto os filmes.

Não acreditei nela. Quase toda fic que eu lera até aquele momento parecia se basear muito em *algo* do original — mesmo se fosse apenas meu interesse. The Black Arrow tinha gostado de algo que eu tinha escrito, no entanto. Ela havia me apoiado. Eu queria devolver o favor. Eu só falava coisas construtivas sobre os fanwriters, elogiando o que via e gostava, deixando de fora o que não gostava. Tinha certeza de que seria capaz de encontrar algo para elogiar, mas não esperava que fosse desfrutar da história, ou até mesmo ser capaz de acompanhá-la.

As primeiras impressões não foram auspiciosas. "The Blessing and the Curse" não parecia ser o que eu gostaria. O prólogo (uma convenção que eu não gosto) falava sobre almas gêmeas e eu fiquei ainda mais cética. Mas havia algo que chamou minha atenção — esta coisa de alma gêmea, ela fazia parecer coerciva, controladora.

Eu não tinha ideia.

Com o avanço da história, notei que ela escrevia bem e ia ficando melhor. Não apenas "bom para uma fanfiction", era *muito* bom. Sexy e quente, mas também *assustador*. A escritora tinha criado todo um mundo a partir de uma casa e um vizinho — um mundo que claramente tinha como base *O morro dos ventos uivantes*, que também fornecia a epígrafe. Não era só isso, no entanto. O personagem Edward era possessivo, controlador (heathcliffiano), mas ele conseguia ler a mente de Bella. Ela havia se libertado, se mudado, mas uma doença em família a forçara a voltar. O espaço criado era claustrofóbico e estranho, e eu li a noite toda, fascinada e sentindo um pouco de repulsa, na verdade a mesma sensação que tive com as Brontës. Sim, havia cenas de sexo e elas eram muito bem-feitas — geralmente tais cenas pareciam formulaicas para mim mesmo na ficção comercial publicada profissionalmente. Eu fiquei profundamente imersa, mesmo não sendo uma leitora de livros românticos contemporâneos, nem fã de ficção paranormal e nunca tendo lido a fonte da história. Quando voltei e li *Crepúsculo*, vi as conexões, mas não precisava delas para ler a história. Tenho certeza que o mesmo acontece com a conexão com *O morro dos ventos uivantes*.

Se Crepúsculo inspirou algumas escritoras amadoras a fazer isso, pensei, *eu provavelmente julguei mal a coisa toda.* Fiz um acordo com meus estudantes. Tiramos um fim de semana prolongado. Eles leriam Flaubert, e eu leria a série *Crepúsculo*. Então eu li — e não achei tão bem-escrita quanto a fic de The Black Arrow. Mas certamente havia algo ali, no entanto: Não me importei com os personagens, não gostei deles, não fiquei impressionada com boa parte da trama nem com o estilo e, ainda assim, li a maior parte da série em um longo fim de semana (não consegui ler o volume final).

O principal resultado da minha leitura, no entanto, foi que eu agora estava *muito* impressionada pelas reviravoltas e mudanças que The Black Arrow tinha feito com a trama e os personagens de *Crepúsculo*. A maior era a mais simples: Edward de *Crepúsculo* podia ler a mente de todo mundo *exceto* a de Bella, enquanto que neste "Curseward" ele conseguia ler *apenas* a de Bella. Mais coercivo, claro — mas também um enorme desafio narrativo. Se ele podia saber tudo, como a tensão poderia ser mantida? Como ele poderia ter menos que o poder total?

Fiquei impressionada, como falei, mas também curiosa. Comecei a ler as fics favoritas de The Black Arrow na FanFiction.Net, e depois as favoritas das favoritas *dela*. Encontrei paródias e pornografia, e o ponto de vista de um Volvo sofredor. Uma história na qual Emmett está tentando transformar pêssegos em vampiros (amei esta). Edward misturado com *Angel* para criar um detetive-vampiro obsessivo-compulsivo. Seu armário de ternos meticulosos e hábitos secretos levaram Bella a tirar uma conclusão errônea: ele pede a Bella (assim como em *Crepúsculo*): "Diga. Em voz alta." Então ela fala: "Edward, você é gay."

Então li "Wide Awake" — um fenômeno em si mesmo. De longe a maior fic em fandom — como foi dito na MSNBC. Em fóruns de mães. Mencionada nos jogos de futebol da minha filha por pessoas que não sabiam do meu interesse por essas coisas. A história que inspirou milhares de mulheres — inclusive E. L. James, como a própria contou — a tentar escrever. Sua autora, AngstGoddess, ainda se recusa a ganhar um centavo com ela, mas mesmo na época, Snowqueens Icedragon (E. L. James) pagou mais de $100 em transferência de dados para fazer o download para seu celular (um lembrete de que *alguém está* há muito tempo ganhando com a fic, só não é a pessoa que escreve). "Wide Awake" tinha sua própria comunidade de fãs — e tinha sua própria comunidade de odiadores. Gostaria que tivesse seu próprio livro de receita; Bella comunicava suas emoções com confeitaria. Hummm. Cookies.

Como "The Blessing and the Curse" de The Black Arrow, "Wide Awake" pegou um detalhe de *Crepúsculo* e o modificou: em *Crepúsculo*, o vampiro Edward não dorme. Em "Wide Awake", os dois personagens têm muito medo de dormir e se juntam para ficar acordados e evitar os pesadelos debilitantes. Os dois sofreram traumas de infância — tornou-se um jogo favorito da fandom de *Crepúsculo* imaginar o tipo de trauma psicológico ou desordens mentais que fariam os comportamentos dos personagens do cânone fazer sentido no mundo real.

Eles fizeram isso *muito*. Fansites prestativamente forneciam guias só para manter tudo organizado: Darkward, Highward, Curseward, Drunkward, Hockeyward, Toonward, Mobward. Muitos destes 'wards populares começaram a se referir não apenas a uma fic, mas a todo um gênero. E há mais. Alguns até ganharam nomes próprios não ward — o que, em dois casos, se tornaram nomes de livros muito vendidos: Beautiful Bastard (BB) e Fifty.

Claro, havia também fics que explodiram todos os gêneros e as convenções do fandom, que evoluíam muito rápido, tanto ao enfrentá-las quanto ao violar todas as convenções à vista. Aqui temos "Becoming Bella Swan" de BellaFlan e "Mr. Horrible" de algonquinrt/d0tpark3r (vamos ouvir mais sobre as duas autoras mais adiante nesta seção). Temos "Gynazole": Edward é um farmacêutico falastrão numa loja Target. Bella é uma mulher com uma condição vaginal embaraçosa. Os personagens de "Gynazole's" tinham uma conta no Twitter — o apelido de Bella revelava um alter ego vampiresco sexy; o ID de Edward era uma série solene de números. Estas contas eram reais e realmente tuitavam; estes tweets apareciam na história e também anunciavam spoilers e atualizações. A autora da fic aparecia como a vizinha do personagem, começava a sequestrar gatos de outras fics e os mantinha em cativeiro em troca de resgate.

Como professora de literatura, achei tanto este conjunto de obras quanto a forma de leitura realmente incríveis. Porque, sim, estes 'wards e Bellas eram personagens diferentes, mas eles *eram* todos variações de uma fonte comum. Mesmo se a fonte não tivesse sido a inspiração inicial, ser publicada em fansites com nomes do cânone significava que elas pediam para ser relacionadas a *Crepúsculo* e também às outras fanfictions. Elas pediam aos leitores que comparassem e notassem onde elas se juntavam e se separavam do cânone — e todas se separavam *muito*. Mesmo assim, suas histórias eram comentários uma sobre a outra. Eram conversas. E, muito frequente, eram conversas que as escritoras não tinham a oportunidade de ter no seu dia a dia — sobre sexo, estupro, BDSM ou o que significa a amizade. Sobre biscoitos.

Li fics que comentavam e começavam conversas sobre o ensino médio e fandoms (um romance entre uma fã de *Harry Potter* e um fã de *O senhor dos anéis* — conflito!). Sobre religião (apresentando uma comunidade religiosa estilo Amish, inventada — onde atraentes virgens adultas eram a norma). Sobre política de classe. Sobre política de Washington. Políticas da escola elementar. Depois de muita pesquisa e leitura, ainda não sabia como interpretar aquilo tudo — mas eu *tinha* que ensinar aquelas coisas. E foi o que fiz. E minhas turmas decidiram que Twific era, coletivamente, algo meio que brilhante.

Era também *enorme*, global e, como meus estudantes e eu percebemos durante o verão de 2010, estava meio condenada. Se Twific tivesse sido um banco, teria sido "grande demais para falir (comercialmente)", mas seus contratos implícitos estavam todos baseados numa hipótese de empreendimento coletivo não comercial, não original. Esta hipótese significava (ou era o que acreditavam as participantes) que nenhum indivíduo poderia se aproveitar de todas as muitas horas de trabalho doadas por todas as participantes. Assim, as pessoas doaram livremente — geralmente à custa de sua vida familiar ou profissional, ou dos próprios empreendimentos lucrativos — *muitas* horas, para promover, compartilhar, ilustrar, editar e hospedar as histórias de outras pessoas.

Mas isso implicava em contratos que não existiam em nenhum lugar e, no final, suas cláusulas não eram universalmente compartilhadas.

Mesmo quando eu estava ensinando em 2010, este império sem dinheiro tinha começado a se tornar... menos sem dinheiro. O popular site de hospedagem de fanfiction Twilighted lançou a editora Omnific, que era "especializada em obras transformativas", mudando os nomes dos personagens em populares fanfics Todos Humanos como

"Boycotts and Barflies" para publicar romances como... *Boycotts and Barflies*. Omnific publicou uma fanfic que ficou popular no meu programa de aulas, o cruzamento Dante/*Crepúsculo*, "University of Edward Masen". The Writer's Coffee Shop (TWCS), que publicou o original *Cinquenta tons de cinza*, com os nomes trocados, nasceu a partir de outro popular arquivo de fanfiction de *Crepúsculo* com o mesmo nome. Esses empreendimentos e outros exemplos de wank (que é como as tentativas das autoras de levarem a si ou seu trabalho de forma séria são geralmente categorizadas) fez com que as escritoras fossem alvo de uma tremenda mordacidade coletiva. Depois que meu curso terminou, um website de ódio chamado Twankhard, site de "fandom wank" muito maldoso dedicado a detonar escritores que se achavam, foi lançado — anonimamente. Trazia relatos sobre tudo que seus membros, também anônimos, achavam que fosse autoenaltecimento, ou até enaltecimento de outros. Era tudo *meramente fic*, e as pessoas deveriam saber qual era seu lugar e ficar lá. De certa forma, Twankhard era o caso da raiva da leoa contra a criatura que ameaçava seus filhotes. Mas a criatura ameaçadora também era... seus filhotes.

Mesmo este site não era nada comparado com o tipo de vergonha mútua e ódio que rondava a questão da publicação — que é complicada o suficiente para merecer (e aqui ganha) sua própria seção. Não era — e não é — sempre assim, no entanto. O fandom de *Crepúsculo* também englobava muitas mulheres trabalhando juntas e encontrando muitas coisas para amar e se apoiar entre elas e em si mesmas.

A perspectiva de meus estudantes sobre fandom, romance e fãs de *Crepúsculo*, e até sobre escritoras mulheres, realmente mudou como resultado da leitura e da conversa com algumas das escritoras aqui. Fazendo uso igual do proeminente crítico marxista Theodor Adorno e da colaboradora de *Fic* Kristina Busse, meu estudante Myles Barker teorizou que, em uma cultura de massa onde 3/4 dos empregos de mídia são ocupados por homens, a fanfiction introduziu um espaço no qual as mulheres poderiam controlar e minar a cultura dominante. Barker viu as mulheres do fandom de *Crepúsculo* deslocando os papéis de editores, distribuidores e autores, planejando seus próprios sistemas, negando assim a teoria de Adorno de que a cultura de massas não deixa espaço para imaginação ou reflexão por parte da audiência. Todo mundo na aula tinha uma teoria — esta era a exigência. Daí Newman viu a fanfiction como um tipo de coleção: "adquirida de forma ativa, seletiva e apaixonada... coisas removidas do uso comum", uso comum aqui sendo o uso comercial, mas também a forma como os personagens geralmente interagem com as armadilhas da ficção, como trama, ritmo e desenvolvimento, que Newman achou menos importantes na fanfiction. O mais importante, ele se baseou no sentido de coleção de Susan Stewart como unidade, não sequencial, mas como um todo sincronizado — uma teoria que ele acreditava que se aplica igualmente à fanfiction de *Crepúsculo* tomada como uma obra completa. Cooper Savage enxergava a Twific como o punk rock da ficção; Pace Measom — via Slavoj Zizek e Philip K. Dick

— enxergava a fanfiction como "os replicantes do mundo literário". (Todos os pares de teoria e fanfic são criações de meus estudantes e o trabalho completo pode ser encontrado no website do curso.)[92]

A questão é: estes estudantes começaram de uma forma tremendamente cética, mas ao ler as obras, interagir com as autoras (que foram generosas com seu tempo) e, acima de tudo, levar estas autoras a sério o suficiente para ler em conjunto com outros escritores que se levavam a sério — como, digamos, Immanuel Kant — a classe desenvolveu um tremendo respeito pela comunidade de escritoras de Twific. E, independentemente de eles terem gostado de todas as histórias individuais ou não, todo mundo encontrou alguma coisa para gostar, algo que nunca imaginaram que poderia existir.

Ao que muitas das escritoras responderam: "Vocês são tão engraçados, nós estamos apenas escrevendo smut."

Fic é necessariamente um tipo de volume de pesquisa, mas esta seção examina um fandom de uma maneira um pouco mais profunda. Eu queria dar uma amostra em primeira mão das motivações, da dinâmica e da experiência da comunidade fic — boa e ruim. Apesar de não conhecê-lo há muito tempo, provavelmente é o fandom de *Crepúsculo* que conheço melhor, como resultado do meu curso e da pesquisa que fiz para desenvolvê-lo, então foi a escolha natural para um tratamento mais profundo. É um bom fandom para focalizar, no entanto, por razões independentes da minha pesquisa acadêmica. Certamente, é o mais representado e *mal* representado na mídia desde a publicação comercial de *Cinquenta tons de cinza* e a crescente lista de fanfictions de *Crepúsculo* que se seguiram. Muitos destes artigos na mídia foram pesquisados com pressa e apesar de outros terem sido bem mais profundos, muitos dos dois tipos me citavam. Minha perspectiva nos meus quinze minutos de fama na imprensa como a professora de fanfiction é exatamente essa. Era minha. Não era a *delas* — as verdadeiras escritoras briguentas e articuladas em questão. Então aqui estão elas — pelo menos algumas delas —, incluindo algumas que provavelmente discordam de muito do que eu acabei de falar.

Jolie Fontenot vem acompanhando tendências e motivações no fandom de Crepúsculo *como parte de um estudo acadêmico em comunicação. Em seu ensaio, ela explica como até a fanfiction de* Crepúsculo *que ficava o mais próximo possível da série de Meyer era às vezes escrita para protestar contra elementos do original que as pessoas achavam desapontadores ou de mau gosto. Ela também mostra como este tipo de raiva em relação ao objeto do amor da fã, quando combinado com negatividade cultural sobre fan culture e (no caso do fandom de* Crepúsculo*) seu objeto adorado, pode tanto estilhaçar uma comunidade quanto uni-la mais.*

As Verdadeiras Crentes de *Crepúsculo*

Jolie Fontenot

Estudei o fandom de *Crepúsculo* por muitos anos. O que inicialmente começou como curiosidade sobre o alvoroço dos fãs com o final da série, *Amanhecer*, se transformou em um estudo de longo prazo de uma comunidade e, mais importante, como se retratava e seu trabalho.

Não existe algo como "a escritora mediana de fanfiction de *Crepúsculo*". Eu vi idades da adolescência à terceira idade. Estudantes universitárias, mães donas de casa, maridos, advogadas, médicas — vi histórias escritas por pessoas que afirmavam assumir todos estes papéis. Nenhum ensaio curto poderia descrever todas essas pessoas e suas motivações. Mas há umas poucas observações que podemos fazer sobre as reações da comunidade como um todo, especialmente para *Amanhecer.*

Por mais que haja quem escreva fanfiction como uma forma de expressar seu amor pela saga *Crepúsculo*, um elemento consideravelmente forte da comunidade de fanfiction de *Crepúsculo* criou histórias como uma forma de expressar seu descontentamento com o final. Estes trabalhos de fanfiction de *Crepúsculo* e os websites que o hospedavam funcionavam como sites contrainstitucionais — sites que começaram a protestar contra organizações especiais. A Radio Shack, por exemplo, teve problemas com um site criado por um cliente irado chamado RadioShackSucks.com. Um site contrainstitucional pode agir como um para-raios, ofendendo alguns, representando a voz de outros alienados. No caso de *Crepúsculo*, a organização contra a qual protestavam era o livro final da própria série.

Amanhecer foi lançado em 2008 com incríveis vendas — passou de 1,3 milhão de exemplares nas primeiras 24 horas, e mais de 6 milhões no final do ano —, mas recebeu resenhas ruins na comunidade de críticos de livros. Elizabeth Hand, por exemplo, escreveu uma resenha sobre o livro de 700 páginas para *The Washington Post* que o chamava de "francamente, horrível", citando a passividade, infantilização e fracasso como modelo de Bella, assim como o "fator nojinho" geral do livro. O fandom de *Crepúsculo*, por outro lado, estava dividido entre duas comunidades bem-definidas — aquelas que amaram o livro e aquelas que odiaram.

Do último grupo, algumas leitoras devolveram seus livros. Outras se voltaram para blogs e fóruns para demonstrar sua ira. As resenhas negativas dos críticos funcionavam como "prova" de seu ódio pelo livro. Elas postavam online em fóruns ou mandavam os artigos por e-mail para leitores que pensavam igual. Uma leitora começou uma petição online pedindo que Meyer explicasse as inconsistências em *Amanhecer*, que pareciam contradizer o universo em que ela havia sido criada;[93] que foi assinado por mais de 2.500 pessoas. Outra fã criou um LiveJournal com o título "Twilight Sucks" para expressar seu descontentamento. Uma comunidade bastante forte começou a postar no fórum da Amazon contra o livro *Amanhecer*. Começaram a se chamar "The Dark Side", porque era como sentiam que estavam sendo pintadas pelas fãs que adoraram o livro final. Por causa do conflito nos fóruns da Amazon, algumas participantes deste grupo formaram seu próprio fórum, assim poderiam trocar opiniões sobre a história em paz. No entanto, cada lado sentia que estava sendo marginalizado e zombado pelo outro. Aquelas que adoraram o livro final da série sentiam que não eram mais bem-vindas no fórum da Amazon do último livro, e transferiram suas discussões para o site Goodreads.

As emoções estavam exaltadas e, quando se soma a isso a forma como a internet se desenvolveu com a mídia social e recursos como o Twitter, foi uma receita para a controvérsia. Quando você só pode usar 140 caracteres para mandar uma mensagem, as chances de que esta mensagem seja incompreendida aumentam exponencialmente. Além disso, a falta de sinais não verbais, que é uma marca do e-mail e outras comunicações eletrônicas, ocasionalmente torna difícil que as pessoas se entendam. Às vezes tais incidentes levaram a trocas de palavras desagradáveis via fóruns, e-mail ou blogs. Por um tempo, esta controvérsia dividiu o fandom de *Crepúsculo*.

A reação das leitoras a *Amanhecer* representa uma ocorrência especialmente interessante de uma perspectiva de fanfiction. Com a publicação de *Amanhecer*, combinada com a notícia de que o primeiro livro se transformaria em filme, cresceu a popularidade da fanfiction de *Crepúsculo*. A fanfiction ofereceu a todas que sofreram com o final da série uma forma de voltar a este universo reimaginado. Elas poderiam, na verdade, quase ir para casa. Mas muitas também se voltaram para a fanfiction em uma tentativa de se livrar do gosto ruim do final do livro, ou porque na fanfiction, elas encontraram histórias que as lembravam dos motivos pelos quais se apaixonaram pela série. Uma leitora do FanFiction.Net, que se autoidentificou como uma professora chamada Kelly Hardy, postou o seguinte comentário sobre a história "Sacrifices", de Enthralled:

> Eu acho honestamente que gosto de ler seus capítulos tanto quanto (se não um pouco mais) os de Stephanie. Principalmente porque os seus estão cheios de emoção que evocou lágrimas em mim. Eu senti falta disso nos livros de Stephanie. Apesar de ainda chorar com a série *Crepúsculo*, ler as suas histórias me fez sentir tão ligada a eles, Edward e Bella.[94]

Outros queriam ler a histórias sem os elementos de que não gostavam. Um resenhista da história "Waiting for Dawn", de Alice laughed, escreveu:

> Acho que eu li em algum lugar que você escreveu isto antes de Amanhecer. Se for o caso, você tem poderes psíquicos. Seguiu a história tão bem sem incluir Renesmee. Na verdade, era exatamente o que eu estava esperando do livro, e nem levei em consideração bebês de espécies misturadas.
>
> Se você escreveu isso depois que o livro foi publicado, novamente, foi ótimo como transformou a história em sua. Independentemente de ter escrito a história antes ou depois, você desenvolveu muito bem os personagens. Tudo que eles fizeram, cada pequena decisão que tomaram, tornou-se crível. Não houve um momento em que eu pensei que algo estava errado. É um feito imenso, e dou meus parabéns por ter conseguido.[95]

Na fanfiction, então, assim como nos fóruns e sites de protesto, as fãs de Meyer resistiam às mudanças que ela fez em seu próprio cânone. Às vezes chamadas de "verdadeiras crentes", estas leitoras, agindo como fundamentalistas, acreditavam que somente elas tinham entendido o cânone original da série, insistindo que Meyer fosse responsável pela percepção *delas* de seu universo canônico, e protestando o fato de a franquia ter ido numa direção diferente. Um grupo vociferante se opôs à inclusão de uma criança na história, porque eles achavam que Meyer havia estabelecido que os vampiros eram estéreis. Muitos sentiam que ela havia mudado as regras para completar sua história. Uma leitura mais profunda das cartas de Meyer postadas no site Twilight Lexicon, no entanto, assim como de comentários que ela fez em entrevistas, indica que ela teve a intenção de incluir o bebê desde o começo. Isso não impediu que as fãs se referissem ao bebê como "cria venenosa". Outras postaram em seus perfis que, para elas, a saga *Crepúsculo* só tinha três livros. Uma forma de organizar a fanfiction de *Crepúsculo* para que as fãs encontrassem as histórias de que gostavam era conectar os eventos com um livro em particular. A raiva ficou tão forte que, em alguns setores, as autoras cujas histórias recontavam ou aconteciam durante *Amanhecer* queriam reclassificar suas histórias — removendo a categorização de *Amanhecer* delas — por causa de um suposto boicote de leitores de histórias "pró" *Amanhecer*. Muitos também observaram que, ironicamente, quando eles removeram esta classificação na história, o número de leitores aumentou bastante.

Parte deste ódio e negatividade foi alimentada por fatores como o meio online das histórias, o anonimato percebido das escritoras e até o estigma geralmente aplicado às escritoras de fanfiction de *Crepúsculo*, que muitas delas, por sua vez, acabavam internalizando. Por causa da forma como a franquia era ridicularizada por alguns, assim como o estigma geral de escrever fanfiction, muitos escritores trabalharam duro para manter suas vidas reais separadas de seus nomes de usuários. Em alguns casos, isso deu errado, já que houve várias incidências nas quais escritoras foram forçadas a deixar o fandom quando a atenção se tornou demasiada, como quando seus familiares encontraram suas histórias — especialmente se continham conteúdo que contradizia as normas religiosas da autora. Houve rumores de que algumas escritoras, membros da Igreja dos Mórmons, tiveram que destruir suas histórias por medo de reprimendas religiosas de pessoas em suas vidas reais. Várias mulheres afirmavam ter que deixar de escrever porque seus maridos se ressentiam do tempo que devotavam a isso. Outras pessoas se sentiram ameaçadas porque a crítica dirigida a suas histórias era dolorosamente pessoal. Trabalhei com autoras que receberam correspondências cheias de ódio quando suas histórias tomaram uma direção que a(s) leitora(s) não queriam. Entrevistei autoras que estavam tão bravas com o "drama" que tinham procurado se medicar e se aconselhar, ou deixaram de participar no fandom. O anonimato do fandom e os sentimentos negativos produzidos tanto por pressões internas quanto por estigmas externos — o frequente menosprezo tanto da fanfiction quanto das fãs de *Crepúsculo* — só alimentavam e fortaleciam esta negatividade.

Este fenômeno também levou a fortes conexões que muitos no fandom sentiam por outros membros: uma mentalidade de fortaleza, se quiserem. Sentiam que só outros fãs de *Crepúsculo* poderiam apreciar tudo que elas fizeram para escrever fanfiction para uma série de livros que amavam (mesmo quando isso terminou as deixando loucas). Além de participar de conferências nacionais como a San Diego Comic-Con, o fandom organizou vários encontros onde autoras e leitoras poderiam se encontrar cara a cara. Vi casos em fóruns ou no Twitter onde escritoras mencionavam que almoçavam juntas, conversavam no celular ou iam a estreias de filmes juntas. Esta comunidade se desenvolveu em algo que foi além do fenômeno online e se tornou algo pessoal. Desta forma, o fandom se tornou um lugar seguro para seus membros. O mais importante é que minha pesquisa mostrou que, para algumas escritoras, postar fanfiction oferecia um meio de lidar com questões dolorosas e traumáticas. Li o trabalho de várias escritoras que compuseram histórias sobre ataques sexuais e/ou abuso físico e emocional. Quase todas afirmaram que contar a história servia a um propósito terapêutico.

É o tipo de experiência positiva, talvez, responsável pela continuidade do fandom de *Crepúsculo* entre as fãs e as detratoras de *Amanhecer*; apesar do descontentamento geral das fãs e da controvérsia, a comunidade e suas escritoras de fic ainda parecem estar fortes. Mesmo a adaptação de 2012 para o cinema da última metade de *Amanhecer* foi um sucesso, o que pode parecer surpreendente pela recepção do livro. (É irônico notar que muitos indivíduos em comunidades online como A Different Forest insistiram que iriam boicotar os filmes de *Amanhecer*; se fizeram isso, as outras fãs de *Crepúsculo* compensaram, com o filme rendendo 240 milhões de dólares nos Estados Unidos e 577 milhões internacionalmente nas duas primeiras semanas.) Os tempos podem ter mudado, mas o efeito dos websites contrainstitucionais parece ter continuado no fandom de *Crepúsculo*, talvez o deixando ainda mais forte.

As escritoras de fic de Crepúsculo, *como muitas delas poderiam contar pessoalmente, terminaram de ler a saga* Crepúsculo *com uma comichão. Algumas coçaram com a leitura; outras, como LolaShoes, escreveram. E escreveram. E escreveram.*

Agora mais conhecida como Lauren Billings, a companheira de Christina Lauren numa parceria de escrita, LolaShoes — de dia uma neurocientista com um programa sério de pesquisas — escreveu enormes sagas com versões do cânone detalhando o relacionamento de Bella e Edward enquanto eles amadureciam, emocional e sexualmente. Para LolaShoes, assim como muitas escritoras de fic adultas, escrever literatura erótica marcou um retorno a um passatempo adolescente que já foi desfrutado detrás de portas trancadas e na privacidade de cadernos escondidos. Compartilhar online não só tornava isso público, mas comunitário. Também a introduziu às possibilidades de escrita colaborativa com sua coautora tby789 (Christina Hobbs) — possibilidades que as levaram até a lista de mais vendidos e a um contrato para um filme.

Um Milhão de Palavras

Lauren Billings (LolaShoes)

Quando eu me mudei para a faculdade, empacotei algumas roupas, cruzei o país e esqueci completamente a pilha de cadernos cheios de "histórias" que tinha deixado numa gaveta debaixo da minha cama.

Claro que eu me lembrei deles alguns meses depois, quando minha mãe mencionou que ia limpar meu quarto e se livrar da minha cama. Eu imediatamente entrei em pânico, não sabia se fugia ou gritava, com a adrenalina fluindo por todo o meu sistema tão rapidamente que cheguei a me sentar no chão do meu dormitório, de tanto que eu tremia. MEU DEUS MINHA MÃE ENCONTROU A PORNOGRAFIA QUE COMECEI A ESCREVER QUANDO TINHA CATORZE ANOS?

SERÁ QUE ELA *LEU*?

Ela totalmente teria lido, claro, aquela sacana. Ela me ama tanto que iria querer ler qualquer coisa que eu escrevesse, a menos que eu tivesse escrito explicitamente NÃO LEIA. O que eu não tinha feito, claro. Meu menino Jesus, minha pobre mãe provavelmente deve ter rido até desmaiar.

Quero dizer, era horrível. Não me lembro muito, a não ser que a personagem principal se chamava Kayla (olá, eram os anos 80! *Days of Our Lives*, PATCH E KAYLA PRA

SEMPRE). Acho que Kayla e seu namorado basicamente iam de um lugar para o outro, se beijando com muita língua e depois praticando sexo agitado apaixonado que fazia ela gritar o nome dele e vice-versa. Eu adoraria ver aquilo agora. Tenho certeza de que era muito engraçado.

Infelizmente, quando comecei a escrever smut aos trinta anos, a pornografia não era muito melhor. Não é para criticar ninguém que tenha gostado, mas vamos ser honestas: Eu usava as palavras *traseiro* (bunda), *centro* (vagina), *meio* (idem), *dureza* (ereção) e *ânus*. Deixe que todo o sentido sexy desta última palavra tome conta de você por um minuto. Eu vou ficar aqui, morrendo de vergonha.

Eu não só escrevi um smut, mas eu escrevi fanfiction smut baseada em um romance YA, *Crepúsculo*. É uma história fantástica, na verdade: Eu tinha acabado de ler *Jane Eyre*, que tinha odiado na escola e decidi dar outra chance. E fiquei loucamente apaixonada por Edward Rochester. Tive um "Rochangover", como se dizia. Precisava de algo fofo para desanuviar minha mente do fato de que nunca iríamos ver uma transa épica entre Rochester e Jane. (Oh, a ironia. Se eu conhecesse fanfic nesse momento.)

Então, peguei *Crepúsculo* como uma forma de me distrair. Não vou mentir: Eu me julguei um pouco.

Depois que terminei o primeiro livro, meu pai saiu do hospital e eu vim até Berkeley para ajudar minha mãe com a transição dele. A parte de Berkeley é importante, porque você já foi a uma livraria independente ali e pediu pelo "próximo livro da série *Crepúsculo*"? Juro que a forma como me olharam teria derretido meu rosto se eu não estivesse determinada a continuar com minha missão *Lua nova*. Eu o encarei de volta, ele mexeu em sua barba grossa, suspirou e me mandou para a Barnes & Noble. Foi até melhor porque na B&N havia cartas manuscritas na prateleira de *Crepúsculo*, escritas por algum adorável bebê gótico implorando que os amantes de vampiros não comprassem esta série. Eu fiz um barulho de "ahhhh, que fofo", depois afastei a carta e comprei o resto da série. Sem vergonha.

Só que aí: *Amanhecer.* Como a maioria das leitoras, cheguei à lua de mel e precisei verificar para ter certeza de que não estavam faltando páginas no meu livro. Larguei o tomo, me afastei e contei até dez. Ele a carregou para a água mais profunda? É ISSO MESMO, STEPHENIE? Como já falei, gosto de sexo, então mesmo sendo um livro YA, eu pensava: "Por que não tem nenhum *traseiro* ou *centro* ou *dureza* por aqui? A gente leu quatro livros que falavam como Edward é duro, então deixe a gente ver! Obviamente, eu preciso escrever isso."

E foi o que fiz. Eu me sentava depois que meu filho tinha adormecido e escrevi uma fanfic *realmente* smutty sobre um romance YA.

A melhor parte era minha ingenuidade. Eu não estava no Twitter. Não lia blogs. Era uma total virgem de internet, e é um milagre que tenha conseguido descobrir como fazer o upload da minha história para FanFiction.Net. Leitores beta? O que é isso?

Não pensava que alguém fosse ler o primeiro capítulo. Só tinha essa coisa dentro de mim, querendo sair. Para algumas pessoas esta *coisa* é uma necessidade de entender o neutrino ou resolver o problema do aquecimento global. Fico feliz por estas pessoas existirem, porque, para mim, esta coisa era descrever o momento em que Edward levou Bella para a água mais profunda. E DEPOIS? Digita, digita, digita. Traseiro, centro, meio, dureza. Novamente, sem vergonha.

Mas eu escrevi como o vento, soltando todas as 68 mil palavras de "Let Your Light Shine" em 21 dias. Houve mais depois, e as pessoas realmente estavam lendo. O começo de 2009 foi uma época insana; o mundo da fanfic explodiu. Estávamos *todos* ficando obcecados com dois personagens adolescentes se pegando, se beijando, escapando por aí e (sim, às vezes) transando.

Soa esquisito. Eu sei que soa. Mesmo que estivéssemos escrevendo sobre adolescentes maiores de idade fazendo atos legais, acabamos ouvindo muita merda por sermos "TwiMoms" escrevendo "TwiPorn". Hum, é, fico feliz em me assumir.

Como mencionei, sempre fui fã de sacanagem. Algumas crianças gostam de horror e *gore*, algumas gostam de mistérios em trens e outras de porcaria militar. Eu gosto de corpos nus, beijos e quando seu coração faz uma pequena pirueta nas partes desmaiantes. É A MELHOR COISA.

E que melhor momento nas nossas vidas para desmaiar do que quando somos adolescentes? Há tantas coisas que acontecem pela primeira vez: primeiros beijos, primeiros relacionamentos e, às vezes, primeiras vezes fazendo sexo. Tive muitos namorados na escola; aparentemente gostava muito dessas "primeiras vezes". E meus pais eram bastante progressistas sobre sexualidade e nossos corpos, o que, para ser honesta, é *saudável pra caralho*. A sociedade aceitar mais a violência do que a sexualidade é algo espantoso, mas me parece óbvio por que tantos adolescentes e mulheres leem fanfic smut de *Crepúsculo* e *Harry Potter*. Estamos em nosso estágio mais aberto a experiências, mais lindo, mais docemente inocentes quando somos adolescentes mais velhas.

Eu sou preguiçosa demais para olhar quantas páginas tem A Saga, mas Steph basicamente nos deu quarenta bazilhões de páginas de angústia adolescente e um estranho e obcecado amor e preliminares de stalker, e depois abotoou de novo as calças de Edward porque ele quase matou Bella com sua dureza monstruosa. Nas palavras de uma fanfic: ORQUÊ? O "fade to black" foi tão épico, que um dos melhores tropos de fanfic foi criado com o empata-foda de Edward/Bella. Eu adoraria que outra pessoa fizesse uma lista de todas as milhares de formas pelas quais Edward e Bella experimentaram um coito interrompido.

Não se preocupe, não tem nada de empata-foda na minha fic. Ou... Acho que não. Eu era uma mulher possuída, escrevendo mais de um milhão de palavras em um ano.

Escrevi uma das vampfics de universo alternativo mais conhecidas, mas a fanfic de *Crepúsculo* rapidamente se transformou numa criatura própria. Não era mais só uma busca pelo que não encontramos em *Amanhecer* ou uma vontade de imaginar Rob nu. Os textos do fandom eram *bons.* "The Blessing and the Curse." "Tropic of Virgo." "The Office." "The Submissive." "Scotch Gin and the New Girl." "Wide Awake." Puta merda, estas histórias me deixavam acordada a noite toda, lentamente eu fui ficando cega de ler no meu celular.

Não era só o fato do smut ser bom (mas, puxa... "Hello, Spark" de "Tropic of Virgo"? No momento em que Curseward diz: "Vou sugar você até você se dissolver" em "The Blessing and the Curse"? Sim, senhor!), foi aí que a *escrita* ficou boa. Nem toda história tinha sexo, e certamente a maioria das histórias tinha menos que as minhas. Mas a criatividade, o risco assumido, e o forte investimento na tentativa de escrever algo incrível estava — e ainda está — lá.

Há algo fascinante na forma como uma comunidade decide quais histórias promover. Não existe um editor ou uma equipe de editores lendo um livro e decidindo publicá-lo. Em vez disso, é um coletivo de pessoas — principalmente mulheres — que escolhe uma fic e decide que a adora. Claro, há um elemento de mentalidade de formigueiro no fandom, mas há muito espaço para uma opinião diferente. As pessoas compartilham links de uma história e ela pode decolar ou não, nem sempre depende de algum valor literário padrão, como uma prosa incrível ou erotismo criativo. Muitos editores não teriam nem olhado duas vezes para *Cinquenta tons de cinza.* E, entretanto, veja quantas pessoas no mundo todo que não ligavam a mínima para Edward e Bella quiseram ler o livro porque eram introduzidas a algo que nunca tinham visto antes: BDSM (relativamente domesticado). É o que a fic faz: você fica obcecada pelos personagens ou pelo mundo, e então fica disposta a ir a novos lugares apenas para ler mais. No processo, termina aprendendo sobre toda uma subcultura à qual nunca tinha prestado muita atenção.

Eu não estava *lendo* muita fic quando comecei a escrever — eu só tinha aquela necessidade de exorcizar o que estava na minha cabeça —, mas, conforme fui percebendo o tamanho da comunidade, minha obsessão cresceu e tive que ler todas aquelas histórias. Todos Humanos, cânone de vampiro, crossover, slash, poly, BDSM, angst, fluff, tudo que você imaginar. E esta é a coisa sobre o fandom: você acaba conhecendo todo mundo — online ou até pessoalmente. Você se encontra com seus escritores favoritos, e eles se transformam em amigos. É completamente diferente de ser fã de cinema ou televisão: você pode amá-los, mas nunca vai encontrar ou interagir diariamente com Joss Whedon ou Nathan Fillion (e se você fizer isso, cale a boca, eu te odeio). De uma forma que outras atividades de fãs não fazem, as comunidades de fanfiction apagam as divisões: autor, fã, leitor — todo mundo desempenha os mesmos papéis. Por mais que seja verdade que algumas pessoas desenvolvam egos ridículos quando criam uma história popular (o que Cyndy Aleo chama de fenômeno "baleia na privada"), na maior parte, o fandom de fic é realmente um lugar seguro para ser fangirl de outras pessoas e simplesmente... compartilhar.

Quando olhei além do meu computador e percebi quantas outras pessoas estavam fazendo Twific, parecia que o fandom de *Crepúsculo* já era enorme, mas, em retrospecto, em 2009 o fandom ainda estava engatinhando. Nos meus primeiros dias, o fandom ainda não tinha se dividido por conta de questões como publicação, apresentar fics sem/antes de terminá-las, ou ódio online contra um autor. Em 2009, o fandom ainda era doce e, sinceramente, maravilhoso. As pessoas modificavam as histórias que amavam. Quando "The Submissive" atualizava na terça-feira, o Twitter ficava literalmente SILENCIOSO pois estávamos todas lendo no banheiro do trabalho. Havia uma excitação compartilhada com a coisa toda que é difícil de descrever. É um pouco como ir para uma rave: você fica tão presa aos gritos e pulos, e aos abraços e à batida da música que esquece de si mesma, e só mais tarde pensa em perguntar: "Eu estava sendo completamente ridícula?"

A resposta é provavelmente sim, mas, especialmente no caso do fandom, todo mundo mais estava agindo do mesmo jeito, então que se dane. Ninguém se importa.

Eu ganhei leitores, e alguns poucos se ofereceram gentilmente para serem beta (editarem) de minhas histórias. Quero dizer, eu tinha melhorado um pouquinho no departamento smut entre a idade de catorze e *murmurando*trinta*murmurando*, mas eu ainda abusava dos ponto e vírgulas e dos advérbios (minha amiga DeviKalika gostava de chamar "Let Your Light Shine" de "lentamente pornografia"), marcação de diálogo e, EI, não podemos esquecer de *ânus*. O fandom me fez querer melhorar. Aprendi a escrever. Aprendi a amar a ler de novo. Percebi como adorava muito mais ler erotismo do que assistir.

Eu definitivamente sofri na vida real por escrever fic YA pornográfica e, quando Christina Hobbs e eu assinamos com nossa agente, não falamos que escrevíamos fic porque ficamos preocupadas que ela desse uma risadinha e depois rescindisse sua oferta de representação (coisas que ela não fez). Quer dizer, eu entendo, realmente. Há certas questões. Um, escrever smut sobre personagens adolescentes é claramente uma área cinza. Quando fica ok? Quando Bella completa dezoito? Se for o caso, vamos ignorar o detalhe incômodo de que Edward sempre vai ter dezessete anos?

A segunda questão é uma que ouço bastante: "Se você gosta tanto de escrever, por que não escreve suas próprias coisas?" Bom, não sei... talvez porque eu ainda não seja tão boa? Talvez eu só queria brincar? No mundo real, escrever fic é julgado como algo tonto (pode ser) ou frívolo (pode ser), ou uma perda de tempo (nunca é). Escrever é *difícil*. O desenvolvimento de personagens é coisa que deixa o cabelo branco e leva ao consumo de vinho. A fanfic é uma forma de se divertir, de aprender a fazer algo, de criar algo novo a partir de algo adorado. NÃO É NENHUMA VERGONHA, GENTE!

Acredito que a verdadeira fanfic é um trabalho derivado do mesmo mundo de onde saem os personagens originais, normalmente chamado de "universo alternativo" ou "cânone". [*Nota da autora do livro*: Este significado de "universo alternativo", com o sentido de histórias alternativas, mesmo mundo e regras, é comum neste fandom.] Vejo o lugar das fics Todos Humanos na comunidade de *Crepúsculo*, mas não acho que estas histórias sejam sobre *Crepúsculo* tanto quanto são sobre Rob, ou sobre escrever, ou querer entrar na comunidade e publicar algumas palavras. Escrever sobre universo alternativo é como entrar no cenário de um filme e assumir o papel do diretor. Tudo nas minhas histórias era como Stephenie tinha montado inicialmente, mas depois só... bom, na maior parte eu só tirava as roupas deles.

Eu fazia isso com minhas Barbies, também.

Quando explicava às pessoas que escrevia minha fanfic de *Crepúsculo* — o que eu fazia, pois nunca escondi na minha vida real —, na maior parte das vezes, elas entendiam. Quem não era uma massa confusa de hormônios entre os treze e os vinte?

A melhor parte, em minha opinião, é que alguns de nós nunca mudam. Se você é uma "hoor", é das minhas. Eu ainda tenho cadernos debaixo da minha cama, e aposto que minha mãe vai ficar orgulhosa de saber que eles ainda estão cheios de smut.

Uma Entrevista com tby789 (Christina Hobbs)

Quando tby789 (Christina Hobbs) começou a ler fanfiction de *Crepúsculo* em 2008 — relativamente o começo em termos de fandom de *Crepúsculo* —, a maioria das histórias (mas não todas) ainda apresentava vampiros cintilantes e acontecia em Forks, em Washington. A contagem de resenhas ainda era comparável à da maioria dos outros fandoms. Uma fic com vários capítulos poderia receber cinquenta resenhas. As resenhas ainda não eram reconhecidas como uma moeda através da qual as histórias poderiam ser encontradas e lidas. A "fic diving" — buscar novas histórias no FanFiction. Net, em vez de seguir uma trilha de prêmios, resenhas e recomendações — ainda não era entendida como uma aventura, prova do nosso compromisso com valores democráticos ou uma cutucada anárquica nos olhos da hierarquia do fandom. Era apenas a forma como se encontrava novas coisas para ler.

Então ela encontrou o website Twilighted e viu que o mundo da fic ali era bem diferente.

Coisas estranhas aconteciam no fandom de *Crepúsculo*, e tby789 e sua fic "The Office" foram grande parte do que seria uma transformação na forma como a fanfiction era lida e recebida, tanto por outros escritores de fic e, no final, por todo o mundo. Em parte, esta mudança teve a ver com a forma como as fics de *Crepúsculo* começaram a entender seu relacionamento com o material-fonte: muito distante, às vezes apenas tangencial, na verdade — cada vez mais, as fanfics de *Crepúsculo* eram mais "inspiradas por" do que estabelecidas ou mesmo baseadas nos livros de Stephenie Meyers e seu mundo. Como foi notado por Jolie Fontenot, e ilustrado por alguns dos outros colaboradores nesta seção, muitas fan writers de *Crepúsculo* estavam mais irritadas com os livros do que apaixonadas, ou, se estavam apaixonadas, estavam irritadas com elas mesmas por esta preferência. tby789 não entrava nesta categoria — ela era uma fã desavergonhada da série —, mas sua fic estava muito distante do estilo e da sensibilidade de Meyer.

Mais parecida com a típica escritora de fic de *Crepúsculo* do que sua antecessora desajeitada, adolescente e virginal, a Bella adulta de "The Office" era assertiva, excêntrica e profissional — quando não estava trepando com seu chefe "terrivelmente lindo" por todo o escritório... e o elevador... e a escada... e o estacionamento... (Este comportamento tinha pouco a ver com as vidas reais das mulheres do fandom, mas muito com suas fantasias sobre "Robward".)

De acordo com vários relatos, a "revolução smut" na Twific Todos Humanos aconteceu com "The Office". Agora, isso não quer dizer que foi a primeira história a incluir sexo. Havia, e sempre houve, muito sexo na fanfiction. Porém, ainda mais do que a influente história BDSM "The Submissive", que o ensaio de Lauren Billings mencionou que silenciava o Twitter uma vez por semana, "The Office" colocava o sexo em primeiro plano, mantendo-o aí. "The Office" também estava, imediata e tenazmente, no primeiro plano do fandom. Era agressivo e obsceno, mas seu marketing voluntário era bastante suave. Ficou online por nove meses e teve milhões de hits. E inspirou mais de uma tatuagem.

Eu argumentei que parte da mudança que "The Office" trouxe foi ajudar a inspirar a ascensão da Pornografia *como* Trama (ao contrário de Pornografia *sem* Trama), uma narrativa que realmente contava uma história quase inteiramente através do sexo. Obviamente, isso acabou sendo muito importante. TO, como a história acabou conhecida, não foi a primeira fic a usar muito sexo em uma história (vejam, por exemplo, todos os outros fandoms, sempre, pelo menos desde *Jornada nas estrelas* — e, num precedente mais próximo da Twific, as mais de um milhão de palavras de smut cânone escritas pela futura parceira de publicação de tby789, LolaShoes/Lauren Billings). Mesmo assim, "The Office" e sua autora sempre tímida tiveram um *enorme* impacto na história da fanfiction de *Crepúsculo* e, dessa forma, na história da fanfiction e até da indústria editorial.

Os verdadeiros efeitos econômicos (em dinheiro vivo) da evolução da fanfiction que "preenchia" ou "continuava" *Crepúsculo*, passando pela ficção "baseada em" *Crepúsculo*, até a fanfiction "inspirada em" *Crepúsculo*, só foram conhecidos depois, quando ficou claro que as editoras geradas por *Crepúsculo*, Omnific e TWCS, poderiam publicar fics Todos Humanos modificadas com pouca revisão sem sofrer nenhum problema legal. Mas esta mudança na cultura da *escrita* do fandom de *Crepúsculo* é responsável por apenas uma parte da transformação da comunidade, que consistia em um grande empreendimento baseado na moeda do crédito (resenhas, elogios, recomendações) em vez de dinheiro. O marketing complexo, inovador, geralmente profissional destes produtos (ainda) não comerciais é uma parte igualmente importante da história.

Para ficar claro, outros fandoms também tinham empregado estratégias de marketing para seus fanworks. Mas o fandom de *Crepúsculo* operava isolado dos outros fandoms, assim, em certo sentido, eles realmente *estavam* inventando a roda, mesmo que as rodas já existissem em outro lugar. E então eles eram livres para ir direto às tecnologias mais recentes disponíveis, em vez de começar com protocolos e costumes web mais antigos. O visual do webdesign (como as tecnologias e as linguagens de programação que o criaram) muda incrivelmente rápido e, desta forma, um novo fandom ingênuo tinha a vantagem de *não* ter que passar por velhos arquivos, sites e habilidades para abrir caminho para a inovação.

Outra vantagem não intencional de seu status como novatas da cultura de fandom era que as fãs de *Crepúsculo* não tinham vivido a etapa de ameaça das cartas de "cease and desist", os expurgos de fanworks ou o fechamento de convenções de fãs pela polícia, por isso não sofriam do efeito amedrontador que estas experiências tiveram sobre outros fandoms anteriores — mesmo, como vimos, sobre o de *Harry Potter*, o mais próximo e contemporâneo de *Crepúsculo*. Além do mais, muitas das autoras, designers e webmasters mais populares no fandom de fanfic de *Crepúsculo* eram profissionais, ex-profissionais atualmente em casa cuidando dos filhos ou estudantes universitárias que se tornariam profissionais. Independentemente do envolvimento delas em fandoms de internet, muitas tinham gostos e estilos de vida mais próximos do comercial e do mainstream do que do cult e do geek.

Eu perguntei a tby789 e sua "diretora de marketing" de fandom, Moijojojo, sobre esta época de transição, e como foi que "The Office" se tornou um fenômeno tão importante.

Quando você notou pela primeira vez que as coisas estavam mudando na forma como a fic era apresentada?

tby789: Quando eu entrei no fandom, em 2008, [o arquivo de fic e o site de discussão] Twilighted já estava fazendo as coisas um pouco diferente. As autoras poderiam montar fóruns ali, e os avis [avatares ou ícones associados com a persona online] eram mais personalizados. Também tinha um viés mais comercial; pedia-se aos visitantes que fizessem doações para manter o site funcionando, e seus avatares poderiam mostrar um pequeno botão "eu doei".

Além do mais, era tudo preto e vermelho, o que incomodava muitas pessoas, mas era um visual diferente.

Então vieram as assinaturas — as pessoas podiam incluir pequenas exibições ou marcas sob seus nomes. Leitoras que gostavam de uma história criavam estas marcas — era uma forma de retribuição às escritoras. Assim, em Twilighted, assinaturas se tornaram uma forma pela qual as leitoras identificavam seus gostos e divulgavam suas histórias favoritas.

Como eram seus primeiros gráficos?

tby789: No "blinkie" (um pequeno sinal que pisca através de várias imagens diferentes) de "The Office" estava escrito: Na mesa de reuniões, na escada, no elevador.

Então você via uma cafeteira piscar na tela, depois um grampeador, aí calcinhas La Perla. Seguido de: "Sua calcinha vai ser arrancada em The Office". Foi feito por Moijojojo/Eddiescherry. Ela fez todos os gráficos iniciais do "Office".

Muito do [design das assinaturas] era ridículo, havia tantas manipulações de Rob usando... um chapéu de bombeiro ou qualquer roupa de "personagem" que combinasse com aquela história em particular. E não deveria ter nudez ou pornografia nas assinaturas — mas havia muitos GIFs animados que eram... bem explícitos

Meus alunos falaram muito sobre o marketing de fic no fandom de *Crepúsculo* — quanto disso parecia comercial, como branding, mesmo que não houvesse a troca de dinheiro. Como isso aconteceu?

tby789: Definitivamente tínhamos uma "marca" "Office". E o visual era grande parte do pacote. Eu não queria algo berrante; queria tudo com imagens em preto e branco. Smut de classe. A gente brincava que precisava parecer dinheiro. E parecia. Havia avis, blinkies, banners, vídeos, e eu gostava que tivessem um visual. Mas não era só o visual: queríamos que os leitores sentissem que eram parte de algo. Então começamos a chamar as leitoras de "estagiárias" e dar cargos a elas (normalmente Moi, cujo cargo era "pesquisa e desenvolvimento", cuidava dessa parte). Como a autora, eu era a CEO e conversava com as pessoas no tópico em Twilighted — sobre a história, mas também sobre roupa íntima, mesmo sobre nossos filhos, até certo ponto. Era como um gigantesco chat room de 24 horas que continuava por dezenas de milhares de páginas. Às vezes as discussões eram tão rápidas que depois de sair por algumas horas eu nem tinha ideia do que estava acontecendo.

Eu não fiz tudo isso sozinha — ninguém fez. Havia um sistema.

Moi, conte-me um pouco sobre seu papel no marketing de "The Office". Quais foram suas ideias e como você as criou? E por que, em primeiro lugar, você devotou todo este tempo e energia para fazer marketing para a fic de outra pessoa?

Moijojojo: Eu li o primeiro capítulo de TO antes de ser postado e falei à Christina que certamente seria um grande sucesso. Era uma mistura perfeita de várias coisas; a premissa era nova e fresca, sua transmutação dos personagens do cânone era completamente diferente de tudo que tinha sido feito em fic antes, e os lemons [cenas de sexo] eram bem sexy. Acho que o fandom estivera esperando, mesmo sem saber, por algo assim e, quando chegou, a reação foi explosiva.

Um boca a boca apaixonado alimentou as primeiras leituras, mas posts em blogs expuseram TO para uma audiência ainda mais ampla. Banners, GIFs e badges já eram parte da promoção da fic há algum tempo a esta altura, mas queríamos fazer algo maior. Parecia claro que TO deveria ter uma marca que representasse, de forma inequívoca, Christina e seu trabalho.

Icônico, clássico e um pouco ousado eram os pontos centrais com os quais concordamos, e um tema ousado de branco e preto com uns toques de vermelho funcionou bem em um nível visceral. O primeiro banner era uma manipulação composta em branco e preto de Robert Pattinson e Kristen Stewart. Os dois seguintes eram banners de personagens, mostrando uma foto de Pattinson de uma matéria da *GQ* e depois outro de Stewart de um editorial da *ELLE* — as duas sólidas representações de TO. American Typewriter era uma fonte perfeita para os nomes do título e da autora, com Zapfino fornecendo um floreio caligráfico para os banners personalizados.

Quando o fórum de TO foi criado dentro dos fóruns de Twilighted, rapidamente começou a se formar uma comunidade de leitoras. Eu criei um badge "Estagiária do Office" que qualquer uma poderia pegar, depois deixei versões de cargos para os membros principais, como "VP/Vendas" ou "Controle de Qualidade". Anúncios eram feitos através do memorando da empresa. Os GIFs eram simples, com um tom sempre presente de piadas internas, e fácil de localizar em blocos de assinatura de fóruns sempre lotados.

Estes vários gráficos serviram não apenas como uma conexão inclusiva para TO, mas também como um sólido item promocional. Grandes ou pequenos, eles eram instantaneamente reconhecíveis, e as leitoras *queriam* usá-las. Você ama a fic, os banners e GIFs são legais, um afago da autora, a diversão do fórum... você é parte de tudo isso! As leitoras queriam que todo mundo soubesse que elas amavam TO e demos a elas muitas ferramentas para que isso acontecesse facilmente.

Não eram apenas autoras e leitoras individuais que faziam o marketing. O que mais fez com que sua história fosse notada?

tby789: Havia os sites de recomendação, eles ajudaram muito. Quando o Perv Pack Smut Shack apresentou "The Office" depois do segundo capítulo, foi uma grande coisa. Eles tinham muita influência. Mas — dá para imaginar que o interesse já estava no nome deles, provavelmente. Foi mais surpreendente quando The Lazy Yet Discerning Ficster a mencionou, porque eles gostavam de "smart fics" e a minha teria caído na categoria de "smut fic". Mas ManyAFandom gostou; ela mencionou uma cena de sexo na garagem e gostou de como a trama ia avançando. Ela disse basicamente que, se você quer colocar smut em sua fic, assim é que se faz, e esta recomendação ajudou a atrair um conjunto de leitores, acho. Fez com que minha smut parecesse mais inteligente.

O Visual da Fic: 2009-2010

Muito da fanfiction de *Crepúsculo* apareceu em FanFiction.Net e no arquivo Twilighted, onde assinaturas e ícones mostravam os gostos das leitoras e o apoio à história. Alguns autores tinham elaborado websites com entrevistas de personagens, playlists para capítulos e até roupas de personagens e outros bens de consumo apresentados nas histórias (a maioria desses sites do auge de 2009-2010 foi fechada ou está com imagens demais faltando para ser reproduzida). Uma variedade de outros websites apoiava o imenso fandom de fic: sites de recomendação e resenha, podcasts e sites de prêmios.[1]

Um banner da fanfiction "The Office", de *Crepúsculo*, feita por tby789, 2009.

Botão "The Office CEO", feito por tby789, 2009.

Twificnews era um jornal online completo com recomendações de fics, notícias, glossários, guias e colunas. Aqui está a coluna de avisos de “Dear Dot”.[J]

algonquinrt/d0tpark3r era uma adorada figura no fandom de Crepúsculo, e também era meio resmungona. Por um tempo ela teve uma coluna "Dear Dot" em um jornal de fandom, onde respondia perguntas sobre fic, edição e publicação profissional. Ao contrário de muitas escritoras de Crepúsculo, ela possuía experiência com outros fandoms e frequentemente se irritava com os costumes "selvagens" de Crepúsculo. d0tpark3r também quebrou uma regra de autorrespeito de todos os escritores de fic: ela escreveu uma Mary Sue. Foi épico.

Sobre Escrever — e Ser — uma Mary Sue

Cyndy Aleo (algonquinrt/d0tpark3r)

Minha história começa com uma drag queen e várias versões do Messias cristão em comidas ricas em carboidratos.

Eu estava no meio de um divórcio, experimentando os dois piores anos da minha vida, e viciada em escrever fanfiction de *Crepúsculo* que ninguém lia. Desafiada por outra autora no fandom, eu me sentei uma noite, e escrevi 5 mil palavras da comédia mais grosseira que consegui — o oposto das coisas sombrias e angustiadas que estava escrevendo — e enviei para o mundo.

Inacreditavelmente, foi um sucesso.

Fanfiction, para mim, está inextricavelmente ligada a meu divórcio. Por mais que eu tenha começado a ler em outros fandoms e continuado a ler em outros fandoms desde então, o tempo que passei no fandom de *Crepúsculo* pode ser traçado em uma linha do tempo encaixando-se bem no final do meu casamento e sua trajetória inexorável e lenta pelos tribunais.

Cristo num canapé, de fato.

Com essa tendência das fanfictions de *Crepúsculo* se tornarem romances best-sellers, me perguntaram muitas vezes por que eu nunca vendi a minha, por que nunca tentei publicá-la, por que apaguei minha fic e desapareci na obscuridade.

A resposta é tão simples quanto complicada.

Publicar nunca foi uma opção, desde o começo. Por mais que a maioria das pessoas visse minha fanfiction como o que se chamava "Todos Humanos, universo alternativo" e sentissem que se desviava tanto do texto base a ponto de ser uma ficção original, elas estavam erradas. A escrita em si era geralmente descuidada e não algo que eu teria orgulho de publicar, mas o conteúdo estava ligado tão de perto ao trabalho original e à dinâmica do fandom, que separá-los teria transformado o texto em algo impossível de ler.

Se você quer uma noção da cultura do fandom de *Crepúsculo* por volta de 2009, é só olhar para "Mr. Horrible".

A primeira regra geral para escrever fanfiction é não transformar seu personagem principal em uma Mary Sue, mas o que você faz quando a heroína do texto original é uma Mary Sue? Você a transforma em alguém maior e pior. Eu investi em minha Bella todas as minhas inseguranças: sobre o trabalho (Bella tinha um emprego temporário, algo que eu adorava e queria poder voltar a fazer, porque não exige nenhum compromisso), sobre escrever (ela escrevia fanfiction e tinha medo de divulgar seu trabalho no mundo), sobre relacionamentos (alô? Eu estava no meio de um divórcio bem feio). Bella era a Mary Sue para terminar com todas as Mary Sues, completada com minha boca de caminhoneiro e propensa a falar o nome do Senhor em vão, que foi o que sobrou de mim depois de dezesseis anos de escola católica.

Em outras palavras, pense na mais hiperbólica caricatura de mim, misture com a maior Mary Sue da história da literatura YA, e você terá comédia.

Dar à Bella um hobby de fanfiction permitiu que eu me divertisse cutucando o fandom. Mesmo sem nunca ter certeza se os leitores iriam rir ou ficar ofendidos, fazia muitas referências aos tropos da fanfiction. Exemplo perfeito? A tendência dos autores de fanfiction (e de muitos autores de romance e erotismo também) de comparar os gostos experimentados durante o sexo oral com comidas doces. Alguns meses disso e você acabará revirando os olhos. Agora coloque o personagem Mary Sue — uma virgem, naturalmente — na posição em que isso é tudo que ela leu, e faz com que experimente a realidade do sêmen em sua boca: "Mas... mas... tudo que eu li diz que a receptora do gozo simplesmente engole como se não fosse grande coisa. Era como uma tapioca rançosa e nojenta que nunca chegou ao ponto certo..." Quando todo mundo comparava sêmen com bala ou leite ou sabe-se lá o quê, minha Bella estava dizendo a verdade. Na cara.

Eu também adorava pegar os estereótipos de fanfiction e aniquilar todos eles sempre que podia. Edward era sempre um CEO/médico/advogado podre de rico. Claro, o meu ainda era o CEO rico, mas ele era um clone socialmente incapaz de Mark Zuckerberg administrando um site. Era incapaz de se comunicar, vomitava nas gavetas da escrivaninha e deixava todo mundo decidir sua vida.

Os personagens menores, no entanto, eram onde eu me divertia mais.

Mesmo um fandom nascente vai desenvolver seus próprios tropos. Dava para observar, por exemplo, na popular dupla Sterek do fandom de *Teen Wolf* quando este decolou. A linguagem é frequentemente repetida de uma fic para outra. Profissões se tornam aceitas como fanon. Na fic de *Teen Wolf*, camisas estão geralmente "amassadas"; palavras incorretas, como "chock" no lugar de "choke", aparecem em uma fic atrás da outra, e o Xerife Stilinski, que até o momento não tem um primeiro nome no cânone, foi não oficialmente batizado de "John" pelo fandom. Depois de um tempo, torna-se difícil separar o que veio do material original cânone e o que se desenvolveu como parte do crescimento da comunidade.

E é aqui que entram as drag queens.

Isso não parece um salto lógico, mas é. Na fanfiction de *Crepúsculo*, o personagem de James é normalmente algum tipo de criminoso. Um estuprador, um assassino, um estuprador/assassino... mas, como já disse, eu estava no meio de um divórcio. Eu estava pensando em todas as coisas que tinha feito de errado na minha vida. E, naturalmente, pensando Naquele que Foi Embora.

Como minha Bella, na época eu tinha um melhor amigo gay com quem (provavelmente de uma forma pouco saudável) passava tempo demais. E quando fui abandonada, este foi um dos motivos citados.

Agora, se esta foi a razão número um ou não, nunca vou saber, claro, mas volto a repetir que eu queria criar um choque de valores e uma completa reversão do fanon. Então James se tornou o melhor amigo gay de Bella e uma drag queen: Jamie/Victoria Secret. Permitia que eu combinasse dois personagens menores em um, aproveitando um livro mofado que escrevi no NaNoWriMo, que estava no meu HD fazia um tempo.

O personagem não se baseava em uma pessoa, mas em uma mistura de amigos que tive em boates no começo dos anos 1990. Peguei um pouco disso e daquilo até ter a vaca mais absurda que consegui criar: uma piranha egoísta que era possessiva, desconfiada, mas que amava seu amigo até a morte.

Em seguida, a esta porcaria de zoação que fiz com o fandom em geral, acrescentei um pouco de participação da audiência.

Logo no início da fic, eu comecei a acrescentar alusões culturais a coisas nerds: literatura de horror clássica, filmes cult e por aí vai. Não demorou muito para os fãs da história começarem a me enviar coisas, fosse como desafio ou um pedido de inclusão. "Cristo de bicicleta", citações de *Medo e delírio em Las Vegas*, uma referência à série Duna, de Frank Herbert: tudo veio de sugestões ou desafios dos leitores. Eu estimaria que pelo menos 2/3 dos capítulos tinham um ou mais destas ofertas dos fãs.

Agora me conte, depois de tudo isso, como que esta fanfiction poderia ser classificada como ficção original?

Claro, há alguns autores que fizeram coisas parecidas. Piers Anthony, por exemplo, com sua série Xanth, recebeu infinitas sugestões de leitores, fazendo troça da mitologia tradicional, e incluiu um humor ainda mais pueril do que acho que poderia criar, mesmo que eu tenha cunhado o termo *spunkcipient*. Michael R. Underwood, em seu livro de 2012, *Geekomancy* — assim como livros parecidos deste gênero —, usa incontáveis alusões da cultura pop com uma distorção de fantasia urbana.

A diferença, no entanto, é que, para que eu pudesse considerar "Mr. Horrible" como ficção original, seria preciso ignorar as ligações com o material-fonte, assim como com o fandom. Se fosse apenas uma paródia de *Crepúsculo* e do fandom da série? Eis uma questão. Se eu fosse tirar todas as sugestões de usuárias, que foram oferecidas com a suposição de que seriam usadas numa fanfiction escrita de graça para os fãs? Eis outra questão.

Além da escrita descuidada e das conexões com o texto original, o fandom e as contribuições de usuárias, eu faço uma associação mental tão forte entre "Mr. Horrible" e meu divórcio, que não sei bem se gostaria de vê-lo nas prateleiras das livrarias para sempre.

Mais ou menos no meio do caminho desta fanfiction, eu recebi uma intimação do contraprocesso do meu agora ex-marido. Na primeira página do documento, registrado na Vara de Família do Estado de Nova York, havia um link para onde minha fanfiction estava hospedada, e uma descrição do que eu tinha escrito.

O argumento era duplo. Primeiro, o que eu estava escrevendo era impróprio para uma mãe de quatro filhos; a fanfiction continha várias cenas de sexo, assim como outras fics que eu escrevia. Segundo, eu estava escrevendo sem receber nada, quando — de acordo com meu agora ex — eu deveria estar procurando emprego, algo que eu certamente estava fazendo depois de perder meu cliente freelance quase de tempo integral naquele março.

Primeira reação: lágrimas gerais e histeria.

Segunda reação: foda-se. Ele.

Falei com minha advogada. Expliquei termos como *fanfiction*, *slash* e *smut*, e depois que ela apontou que o advogado dele provavelmente tinha cobrado os honorários normais para ler minha fic, a gente deixou isso quieto.

Mudei o nome de usuário, abri uma nova conta de Twitter e continuei.

O juiz, no final, não se importou muito com o que eu fazia no meu tempo livre.

A segunda vez que o agora ex encontrou minha conta e citou coisas de volta para mim, no entanto, foi quando eu desisti. Parei de escrever, parei de postar no Twitter e saí do fandom de *Crepúsculo* tão silenciosamente quanto tinha chegado aproximadamente dois anos antes.

Eu tinha alcançado meus objetivos escrevendo fanfiction: melhorei minha escrita, aprendi que frequentemente me baseava muito na angústia e descobri que posso ter um dom para escrever comédias. Mesmo sabendo que algumas fãs ficariam desapontadas — eu ainda recebo e-mails ocasionais, quando olho minhas contas antigas, de pessoas perguntando se as fics vão reaparecer ou se, em alguns casos, serão terminadas —, não valia mais a pena a constante luta para permanecer anônima.

Se eu sinto saudades de vez em quando? Claro. Escritores escrevem na solidão. Escritores de fanfiction escrevem com todo um esquadrão de fãs por trás. Cada capítulo é recebido com uma resposta imediata. Você decide para onde levar a história baseando-se nas reações. É um processo de escrita totalmente diferente quando você usa alguns beta e depois espera que algum agente goste, em vez de postar um capítulo de cada vez e receber milhares de resenhas dizendo o quanto elas amaram o que você escreveu.

Para mim, no entanto, também era como quando você bota uma criança numa bicicleta com as rodinhas. Em algum momento você tira as rodinhas, e fica mais difícil se equilibrar, e você pode cair mais, mas também pode ir bem mais longe sem elas.

Eu removi minha fanfiction de FanFiction.Net no dia em que falei ao website Dear Author sobre a questão de apresentar fanfiction para publicação e liguei oficialmente meu nome verdadeiro aos meus nomes na fanfiction.

Non, je ne regrette rien: Não, não me arrependo de nada.

Passei dois anos com acesso instantâneo a um sistema de apoio online que provavelmente não tinha ideia de que estava me apoiando.

Pratiquei minha escrita.

Fiz amigos que dividiram os custos e me deram um laptop usado quando o meu morreu, que me ajudaram a procurar (e conseguir) um emprego novo.

Vendi minha primeira história — sob um pseudônimo, claro — e nunca teria conseguido fazer o que fiz sem o que aprendi na fandom e sem três dos meus quatro pré-leitores que conheci ali.

Não posso descartar nada neste ponto: escrever comédia de novo ou escrever um personagem que me atraía de novo. Mas, como muitas pessoas que conheci nestes meus dois anos no fandom de *Crepúsculo*, isso fica compartimentalizado em uma pequena caixa "Lembra quando?".

Assim como d0tpark3r, BellaFlan brincou com a noção tabu da autoinserção e, assim como d0tpark3r, BellaFlan — cujo alter ego no mundo real é formado em Redação Criativa e trabalha no mercado editorial — foi uma professora fantástica. Nomeada nossa representante da Twific pós-moderna ou experimental, "Becoming Bella Swan" e sua autora eram muito populares com meus alunos do curso de Letras, habilitação em Inglês. Seus maiores fãs viram como BellaFlan escrevia um tipo de crítica literária inovadora, um tipo audacioso de erotismo pós-moderno de reação do leitor. Ao quebrar a maioria das regras da ficção e fanfiction narrativas tradicionais, BellaFlan fraturou personagem e relacionamento — as forças motrizes de muita fic — e deixou os relacionamentos mais importantes queimando de fúria internamente em vez de entre os personagens. Mary Sue se transformou em Mary Sue Prime. O resultado é sujo, engraçado, sério e complicado.

Transformando-se em Bella Swan

Um Experimento em Subversão e Perversão

Randi Flanagan (BellaFlan)

> Ei, você me criou. Eu não criei nenhum alter ego perdedor para me sentir melhor. Assuma alguma responsabilidade!
>
> – Tyler Durden, *Fight Club*

Parte Um — Perdida em Meyer

Nenhuma história é uma ilha. Ou seja, o ato de ler um romance o afeta — toda leitora é participante da história, seja porque se imagina no lugar da protagonista ou porque assume uma postura *voyeur*. Quando uma história fica com você, quando você pensa nela e sonha com o que acontece depois da página final, você está escrevendo fanfiction. Quando você aplica o pensamento crítico a um texto, está participando do romance.

Em termos de fanfiction, uma Mary Sue é uma autoinserção no mundo do seu material-fonte. Exemplo: a minissérie da BBC *Lost in Austen* joga uns OC, ou other character [outros personagens], no universo de *Orgulho e preconceito*. Amanda está insatisfeita com sua vida e usa o mundo de Austen como uma forma de escapismo. Ela causa estragos nesse mundo, mas faz o melhor que pode para arrumar as coisas, pois é obcecada pelo texto canônico.

Mas e se inserirmos um OC ou uma Mary Sue que não quer que as coisas sigam o cânone de maneira realista?

Em 2008, Bella Swan me encarou — com olhos castanhos aguados — através das páginas de *Crepúsculo*, e eu quis agarrar seu cabelo sem brilho e dar vários tapas nela. "Você é uma covarde!", gritei para ela. "Uma vaca egoísta jogada num mundo de magia e terror... e homens muito gostosos! Faça algo além de ficar amuada e tropeçar nos próprios pés." Não havia nada nessa garota fraca e egoísta que me interessasse, mas eu não conseguia largar o livro. Na verdade, eu li a série toda diversas vezes.

Claramente, Bella Swan precisava ser substituída.

Apesar de todos seus defeitos, eu fiquei muito atraída pelo mundo de fantasia que é *Crepúsculo*. Eu queria viver nesse mundo, brincar nele e imaginar o que faria se fosse Bella. Sim, eu queria ser Bella Swan. E foi assim que eu descobri a fanfiction, porque acontece que uma comunidade ativa de pelo menos 50 mil leitoras e escritoras também quer ser Bella até certo ponto.

No fandom de *Crepúsculo*, a fanfiction é frequentemente reativada em vez de escrita como um tributo ao cânone. Nós destruímos o universo de Meyer e o reconstruímos de acordo com nossos caprichos. Como leitora de fanfiction, quero experimentar o que está faltando no cânone: genitália. Como escritora de fanfiction, queria ter uma conversa séria com nossa heroína, Bella Swan e, por extensão, com sua criadora.

Então fiz o que qualquer pessoa racional faria, claro. Sequestrei os personagens de Meyer. Minha fanfiction experimental, "Becoming Bella Swan", foi um exercício de crítica por autoinserção. Minha protagonista era essencialmente meu id botando fogo no universo de *Crepúsculo* e brincando com as cinzas. E nenhuma Swan se levantou de Phoenix, Arizona, nesta fanfiction em especial; uma mulher de trinta e poucos, sem dinheiro, acordou num hospital psiquiátrico em Tacoma, Washington, e teve que enfrentar a tarefa de *se tornar* Bella Swan. Isabella Flanagan, meu alter ego, deu à Bella Swan uma voz para gritar.

Parte Dois — Fodendo em *Crepúsculo*

Então aqui vai uma pergunta pessoal que toda mulher precisa responder: se você pudesse trepar por todos os lados no universo *Crepúsculo* sem qualquer consequência, o que você faria?

Não, estou falando sério! Imagine um universo sem consequências, onde você pudesse revisitar temas que a autora negligenciou resolver, e pudesse dar a Edward e Jacob seus pintos, já que Meyer parece ter esquecido que os homens têm um.

A fanfiction nos transforma em Deus em um mundo que não nos pertence — permite que quebremos a proverbial quarta parede.

E enquanto estivermos lá, oh, Deus, como queremos trepar com Edward Cullen. Mas por quê?

Um profundo deslocamento de poder ocorre quando uma mulher deixa sua adolescência e juventude, aventurando-se na direção da meia-idade — um deslocamento que a deixa tanto impotente quanto agressiva. Como adolescente, notei que as garotas pareciam ser donas do poder sexual num relacionamento, enquanto os meninos eram os perseguidores. (Esta metáfora caçador/presa persiste em *Crepúsculo*, com uma mudança interessante: Bella não pode ter certeza se Edward quer o corpo ou o sangue dela.) Enquanto os homens atingem seu auge sexual aos dezoito anos, isso só acontece com as mulheres aos trinta. Aí acontece a mudança no poder sexual — o caçador se transforma na presa. Pode ser inferido que as mulheres que se apaixonam por Edward tanto desfrutavam da fantasia de ser perseguidas — e ansiavam tão desesperadamente que o dito perseguidor não quisesse apenas transar com elas, mas quisesse devorá-las, também — como também tinham a liberdade de desejar um homem adulto no corpo de um adolescente.

Claro, se você perguntar à protagonista de "Becoming Bella Swan", Isabella Flanagan, ela diria: "Somos todas umas vacas taradas que queremos transformar Edward na besta trepadora que ele é capaz de ser. Queremos que ele desenvolva todo seu potencial. Queremos que trepe conosco. Queremos que nos domine, e às vezes, queremos que ele leve na bunda."

Isabella Flanagan pode falar com os personagens de Meyer de uma forma que Bella Swan não poderia. Enquanto Bella Swan fica vermelha e esconde seu rosto, pedindo que Edward faça amor com ela, para dar a ela a única experiência humana que realmente anseia, Flanagan simplesmente enfia as mãos na própria calcinha e o força a assistir enquanto ela se masturba:

> De quatro, eu engatinhei pela cama até meu amado vampiro centenário virginal. Eu o beijei muito leve em sua boca inflexível, e falei: "Então você quer ver minha boceta?"... Parte de mim sentiu culpa, como se eu estivesse pervertendo o Sr. Darcy de Jane Austen ou alguma merda assim. Tanto faz, porém... todo mundo trepa. Sexo é o grande equalizador.

T. S. Eliot escreveu: "Não era nada disso que eu queria dizer" em "The Love Song of J. Alfred Prufrock" quando ele fala de Lázaro voltando dos mortos. Esta linha sempre ecoa na minha mente quando estou interpretando o que um autor queria dizer. E, conforme Flanagan desconstrói o mundo de Meyers, tenho flashes psicóticos de Meyer gritando esta frase para mim, balançando o punho.

Em "Becoming Bella Swan", o sexo é extremo, às vezes até violento, mas a heroína — este ménage de Swan/Flanagan/eu — está sempre no controle, domina o poder sexual em quase toda situação. Ela não tem poder sobre sua própria identidade, porém os arquétipos de Edward e Jacob estão completamente à mercê dela.

Mas o universo "Becoming Bella Swan" não é só doces e rosas. Flanagan persegue o Coelho Branco na toca, não apenas para viver sua fantasia, mas para escapar de algo sinistro que a persegue, ocultando-se de sua mente consciente. No cânone de *Crepúsculo*, Edward abandona Bella no bosque e ela caminha, desorientada e vulnerável. Na minha fic, Flanagan também enfrenta monstros no bosque, mas não é de uma variedade de conto de fadas:

> — Ei, querida — uma voz se materializou atrás de mim. Eu me levantei do chão, mas fui chutada e caí de joelhos de novo. — Fica de quatro, coisinha linda.
>
> De jeito nenhum. De jeito nenhum este merda vai me foder.
>
> — O que você quer? — tentei falar de maneira calma, mas tinha problemas em controlar o timbre histérico em minha voz.
>
> — Ah, merda, garota. Não seja assim. — Ele mostrou algo metálico em minha visão periférica e minha histeria foi substituída por um choque aterrorizado. Meus braços e pernas estavam totalmente paralisados de medo e minha respiração ficou mais rápida.
>
> Brigar ou fugir. Brigar ou fugir.
>
> Nunca pensei que seria a donzela em perigo. Sempre imaginei que, se fosse atacada, de alguma forma seria forte e reagiria. Conhecia as regras: nunca implorar pela própria vida.
>
> - Por favor? — implorei.

E assim, as duas Bellas são vítimas, deixando o leitor se perguntando qual Bella está usando a identidade da outra para trabalhar seu trauma.

Swan está usando a força de Flanagan para enfrentar Edward?

Flanagan está usando a experiência traumática de Swan no bosque para suprimir a sua própria?

Eu criei Flanagan para trabalhar meus próprios problemas?

A resposta a estas três questões é sim, porque não é a verdade que importa nesta história, mas a viagem — a oportunidade para desconstruir o livro tornando-se parte dele.

Parte Três — Histeria em massa

Li tanta fanfiction de *Crepúsculo* que tenho dificuldade em distinguir o cânone da fanwriting, às vezes. Todas as histórias parecem acontecer simultaneamente em mundos paralelos.

> — Isabella... você está esperando que eu leve em conta a possibilidade de múltiplos universos?
>
> — Por que não? Eu acredito em vampiros. Por que seria um exagero?

— Entendo. Então, como pode ser isso uma questão metafísica? — Não conseguia entender a expressão de Carlisle. Ele fazia uma excelente cara de pôquer.

— Bom, porque estou questionando crenças padrões sobre a existência. Como sabemos que algo existe, o que é real e o que é fantasia? E, por este mesmo critério, a fantasia pode se tornar realidade se pessoas suficientes acreditarem nisso?

Flanagan explica para uma sala cheia de pessoas (com um tênue controle sobre a realidade) que, se pessoas suficientes acreditarem que há um elefante rosa no aposento, o elefante vai se materializar. Crença afetando a realidade é um tema central em "Becoming Bella Swan", e é uma alegoria para o fandom de *Crepúsculo*.

Participar em mídia social faz parte da experiência de fandom para muitos leitores e escritores, e o fenômeno do elefante rosa pode ser testemunhado diariamente neste fórum. Adaptamos e ampliamos a opinião popular, espalhando informações como um fogo selvagem.

Como participantes desta comunidade, veneramos os ídolos Edward Cullen e Bella Swan a tal extremo que impomos suas personalidades sobre os atores que os retratam nos filmes.

É de especial interesse o que acontece quando a fantasia é destruída. Quando Kristen Stewart traiu Robert Pattinson em julho passado, houve uma forte sensação de desilusão no fandom, e era possível testemunhar participantes exibindo os estágios do luto do modelo Kübler-Ross pela mídia social.

Parte Quatro — Tornando-se BellaFlan

Quem caralho sou eu? Se você me perguntasse isso há três anos, a resposta teria sido simples. Agora? Não tanto.

No processo de adotar a voz narrativa de Isabella Flanagan, um subproduto inesperado foi criado — um que assume a forma do meu avatar, BellaFlan.

BellaFlan é melhor do que eu. Ela é mais barulhenta, mais engraçada e mais interessante. Ela é a pessoa que eu achei que seria quando crescesse. Ela é aquela voz irritante dentro da minha cabeça que grita acima da minha própria voz da razão.

E quando digito isso, tentando ser madura e eloquente, BellaFlan está me instigando a tomar vários shots de vodca para que ela possa assumir o controle. Ela tem dedos tão soltos, enquanto que os meus são rígidos. Ela bate no teclado enquanto escreve, enquanto eu solto um guincho, clicando no mouse, movendo o cursor sobre seus xingamentos. Apague! Oh, puta que o pariu, apague!

Não, diz BellaFlan. *Essa porra acabou de ficar interessante.*

A primeira vez que Bella Flan apareceu foi nas minhas notas de autora. Eu tive uma reação meio Jekyll e Hyde para uma resenha mal-educada:

> Por que as pessoas fazem flames? Alguma ideia? Eu chamo isso de atos aleatórios de indelicadeza. Porra, se você não gosta de uma fanfic, então não leia. Ninguém está segurando uma arma contra sua cabeça. E se estiverem, inclua isso na sua resenha. Eu chamo a porra da polícia para te salvar.
>
> Muito amor e coisas assim.

BellaFlan se tornou mais atrevida e egoísta conforme a história conquistava mais leitores e resenhas:

> Olá. Se eu não responder sua resenha, então sou uma pica de macaco comedor de merda. É só me avisar.

Ela então começou um rumor nojento de que se masturbava com as resenhas usando o iPhone no modo vibrar:

> Certo, então estou colocando meu lindo iPhone no meu bolso. Só preciso de uns dois bzzzz para chegar lá. Posso continuar assim a noite toda, querida.

Quando me comunicava com leitores e escritores do fandom, eu me pegava adotando a persona de BellaFlan cada vez mais.

Será que BellaFlan estava se tornando uma evolução natural? Acho que sim. Não só porque eu criei um personagem com desordem de personalidade dissociativa. Quero dizer, tenho quase certeza de que não estou louca. Não posso ter certeza absoluta porque as pessoas loucas não percebem que não estão bem, mas ninguém tentou me internar então eu posso ao menos presumir...

Todos nós criamos avatares online — estas versões elevadas e "épicas" de nós mesmos. Colocamos como se fossem máscaras. Conheci pessoas no fandom que se autoidentificavam como caras maus, putas adoradoras de pinto, zumbis, eruditos, esquilos e cupcakes. É parte da experiência de fandom — a oportunidade não apenas de nos perder no mundo de fantasia de *Crepúsculo*, mas nos tornarmos outra pessoa.

Sou um elefante rosa. Nenhum de nós é realmente o que parece ser.

Como qualquer um que sabe qualquer coisa sobre o fandom geralmente poderia dizer, fãs têm uma longa tradição de arrecadar dinheiro para caridade. Mas, como vimos, o fandom de Crepúsculo não sabia nada sobre fandom em geral. d0tpark3r (como explicou em seu ensaio aqui) e outras iguais a ela expressariam sua frustração com o fandom de Crepúsculo reinventando a roda e chamando-a de novidade. Esta falta de familiaridade com a história e a tradição geral do fandom, no entanto, significava que poderiam fazer as coisas do jeito delas. E fizeram algo enorme.

O leilão The Fandom Gives Back, o assunto deste trecho, foi de longe o maior empreendimento de caridade, mas mesmo coisas em menor escala, nos termos de Crepúsculo, significavam grandes números. A iniciativa The Twifans for Haiti, organizada rapidamente em resposta ao devastador terremoto de 2010, levantou mais de 85 mil dólares em apenas duas semanas. A principal organizadora, Ms Kathy, explica que imediatamente depois do desastre de 12 de janeiro, foram solicitadas histórias, doadas, compiladas em uma coletânea em PDF (trabalho doado por manyafandom), e enviadas por e-mail aos doadores, tudo entre 13 e 25 de janeiro. A coletânea está guardada em meu HD, mais de 1.800 páginas de 260 autoras. Uma quantidade enorme de trabalho — e uma enorme quantidade de dinheiro levantado em muito pouco tempo.

The Fandom Gives Back foi bem mais complicado. Autoras fizeram leilão dos capítulos de suas histórias, pontos de vista alternativos e fics feitas sob encomenda. Mas não era tudo fic; artistas, artesãos e web designers se envolveram, assim como fansites de celebridades e blogueiros. Foi um esforço amplo da fandom. Alguns dos autores mais famosos se envolveram intensamente não só como colaboradores, mas também como organizadores. tby789 e LolaShoes (Christina Hobbs e Lauren Billings, conhecidas como Christina Lauren), de quem ouvimos individualmente suas experiências como autoras do fandom, foram importantes nesta enorme campanha, com a escritora do fandom Ninapolitan sendo a outra grande organizadora. AngstGoddess fez o website. Cada uma destas mulheres doou centenas e centenas de horas para a causa.

Como o leilão de Fandom Gives Back: Eclipse estava acontecendo durante meu curso de 2010, eu me juntei a "equipes" — lances coletivos para receber roupas — das fics que estávamos lendo na aula, incluindo "Master of the Universe" (agora a trilogia de Cinquenta tons), "The University of Edward Masen" (agora O inferno de Gabriel), e "An Introduction to Swirl and Daisy" (uma Bella fã de Harry Potter vs. um Edward fã de O senhor dos anéis na escola, livre para menores). Meus estudantes seguiram o leilão como parte de nosso estudo sobre a economia sem fins lucrativos de Crepúsculo. Que eu me lembre, somente estas três equipes levantaram mais de 50 mil dólares para pesquisas de câncer infantil.

O Fandom Gives Back foi criado como uma caridade e inspirou uma enorme demonstração coletiva de orgulho e generosidade de fandom que superou as expectativas dos organiza-

dores, como descobrimos a seguir. Mas este leilão também desempenhou um papel central na história das consequências inesperadas no fandom de Crepúsculo. *A criação de equipes e as grandes somas de dinheiro que foram capazes de levantar também tiveram como resultado a tradução da economia da fandom online (p.ex., contagem de resenhas, acessos) em números reais que as pessoas fora do fandom poderiam entender. Se um único ponto de vista alternativo de uma única fanfiction poderia levantar 30 mil dólares, como o capítulo "Edward Point-of--View", de "Master of the Universe" fez, então obviamente havia dinheiro real que podia ser recebido. Além do mais, esta fic, escrita como uma doação de caridade, foi reempacotada e revendida como parte da trilogia que bateu recordes. Da minha perspectiva como observadora, era óbvio que este evento sem fins lucrativos muito bem-sucedido foi um passo importante para demonstrar o potencial econômico em dinheiro — ao contrário da economia sem dinheiro — da fanfiction.*

Aqui, os organizadores do Fandom Gives Back, tby789 e LolaShoes, descrevem o tempo, esforço e animação que foi dedicado ao planejamento e a administração deste vasto evento.

The Fandom Gives Back

Christina Lauren (Christina Hobbs/tby789 e Lauren Billings/ LolaShoes)

Quando nos juntamos numa fila na San Diego Comic-Con, nós (Christina e Lauren, junto com nossas amigas organizadoras do FGB Ninapolitan/Nina Cello) vimos uma dupla de jovens voluntários empurrando um carrinho cheio de limonada, vendendo cada uma por 1 dólar. Começou uma conversa: o que aconteceria se cada pessoa ali — ou cada pessoa no *fandom* — doasse um dólar para caridade? Poderia fazer uma enorme diferença. Com muita frequência, as fãs de *Crepúsculo* são mostradas na mídia como adolescentes histéricas ou coroas taradas e fanáticas. Não somos. Somos mulheres fortes, e também até alguns homens, que fomos inspiradas e animadas por uma história e um grupo de personagens. Pode ser que tenhamos nos juntado por causa de *Crepúsculo*, mas ficamos juntas porque encontramos amizade, comunidade, encorajamento e, às vezes, até amor que se estendia pelo globo.

Mas por onde começar?

Repassamos um grupo de organizações de caridade, parando quando vimos o nome de Alex's Lemonade Stand Foundation — uma causa na qual Nina já estava bastante envolvida. A ALSF surgiu de uma verdadeira banquinha de limonada no jardim da então paciente de câncer de quatro anos, Alexandra Scott. Apesar de ter perdido a batalha para o câncer em 2004, aos oito anos, seu objetivo de levantar dinheiro para conseguir fundos para a pesquisa do câncer pediátrico continuou através de voluntários e barraquinhas virtuais por todo o mundo. Tínhamos quatro crianças pequenas, somando todas as nossas, e conversávamos sobre nosso amor por elas e a devastação incomensurável que sentiríamos se uma delas ficasse doente. Em uma hora, demos o nome a nossa causa e formamos a estrutura básica de The Fandom Gives Back (FGB).

Era nossa esperança aproveitar todo o frenesi ao redor de *A saga Crepúsculo: Lua nova*, então escolhemos a semana anterior ao lançamento do filme para nosso evento. Organizar o estande virtual foi um dos maiores desafios que já enfrentamos, e como faltava somente um mês para o lançamento de *Lua Nova* nos cinemas, seria um empreendimento gigante em pouquíssimo tempo. Felizmente, estávamos cercadas por uma comunidade que não só estava disposta, mas animada pela oportunidade de doar seu tempo e talentos para apoiar a causa.

Compramos o domínio e abrimos uma conta no Twitter, e em poucas horas a notícia já tinha começado a se espalhar. No final daquela primeira semana, tínhamos mais de duzentas afiliadas, indo de fanfiction a comunidades no LiveJournal, passando por sites dedicados a *Crepúsculo* e aos próximos filmes. O plano original era que os autores de fic oferecessem trechos ou até histórias em vários capítulos escritas especificamente para o leilão. Mas logo as pessoas estavam doando dublagens, design de sites e entrevistas em podcasts; compilando um livro de receitas do fandom; e oferecendo produtos autografados pelos atores e livros, gráficos, cestas de presentes, itens artesanais e muito mais.

Usamos um fórum gratuito e passamos as semanas seguintes, junto com voluntários, planejando o evento e moderando o leilão. E como todas as doações foram feitas diretamente através do estande virtual da ALSF, nenhum dinheiro passou pelas mãos de qualquer organizadora ou voluntária da FGB.

Organizado em apenas 18 dias, o primeiro evento FGB foi um sucesso estrondoso. Com um objetivo inicial de 10 mil dólares, ficamos sem palavras quando vimos o total arrecadado crescer sem parar. Fandom Gives Back: Lua Nova durou de 15 a 20 de novembro de 2009, e arrecadou 87 mil dólares para a ALSF.

Em 2010 queríamos fazer mais. O fandom tinha crescido e esperávamos que a FGB também crescesse, com todo o dinheiro indo de novo para a ALSF. A comunidade *Crepúsculo* se preparou para a ocasião. Compramos hospedagem e pedimos a ajuda de AngstyG (AngstGoddess003), uma escritora do fandom e web designer que ofereceu centenas de horas de trabalho voluntário construindo um site lindo, que incluía uma página com informações sobre FGB e ALSF; um painel de leilão ao vivo; e até mesmo um fórum. Mais voluntárias seriam necessárias para administrar e moderar os sites, e muitas se apresentaram para esta parte.

Lembro que fiquei preocupada com o número de acessos que tínhamos experimentado com FGB: Lua Nova, e com o número incrível de itens sendo oferecido para leilão desta vez, não tinha como o servidor aguentar o tráfego. Fizemos alguns testes, pedindo que milhares de pessoas no Twitter clicassem no site de teste ao mesmo tempo, e — deixando nossa webmaster mais surpresa que qualquer outra pessoa — funcionou perfeitamente.

Blogueiros de vários fandoms além de *Crepúsculo*, incluindo os que focavam em *Harry Potter* e *Dezesseis luas*, ouviram falar de nosso projeto e encorajaram seus leitores a participar e divulgar. Escritores de fic contaram em seus posts que iriam participar e ofereceram trechos ou histórias inteiras para leilão. Além dos mesmos itens oferecidos para a primeira FGB, escritores publicados fora do fandom de *Crepúsculo* doaram livros autografados e divulgação, além de blogar ou tuitar para promover a causa. Não dava para entrar no Twitter nas semanas anteriores ao leilão sem ver as hashtags #fandomgivesback ou #vivalafandom em toda sua timeline.

O número de pessoas participando desta vez significava que a organização era a chave. Planilhas online foram disponibilizadas para as muitas escritoras, artesãs e designers gráficas para registrar suas ofertas, e algo que tinha causado só uma pequena controvérsia no primeiro FGB — a formação de equipes — tinha se tornado uma força ainda maior.

Durante a FGB: Lua Nova, as equipes permitiram que um grupo de leitoras que quisessem um POV ou trecho específico juntassem suas doações e garantissem um lance vencedor — mas, em FGB: Eclipse, as equipes ganharam vida própria. Websites inteiros e contas de Twitter foram criados e dedicados a manter os membros de cada equipe informados sobre os montantes ou notícias relevantes. Listas oferecidas por alguns dos autores mais populares no fandom naquele tempo resultaram em doações de dez mil dólares arrecadadas apenas por suas equipes. Nem todo mundo era fã de um esforço de equipe. Algumas das equipes maiores eram enormes e consistiam em centenas de pessoas, transformando em uma tarefa desencorajadora para autores menos conhecidos competir em termos de arrecadação; claro, a maior quantia arrecadada seria dos autores mais populares, já que eles possuíam as maiores equipes. Algumas pessoas se aborreceram, sim, mas a razão de ser do leilão era levantar o máximo de dinheiro possível para a ALSF, e ninguém poderia negar que a formação de equipe de fato resultou em arrecadação de quantias maiores.

Com um objetivo inicial de 50 mil dólares, a FGB: Eclipse aconteceu entre 26 de junho e 3 de julho de 2010. A princípio ficamos preocupadas de ter exagerado a estimativa, e tínhamos certeza de que nunca iríamos superar a quantia anterior. Mas o fandom de *Crepúsculo* conseguiu de novo e caímos de costas quando a contagem final de doações chegou a 147 mil dólares. Tudo em menos de uma semana.

Houve lágrimas no Skype aquela noite. Todas nós — as organizadoras e as voluntárias — estávamos exaustas e extasiadas por termos testemunhado tal demonstração de amor e generosidade. O amor e o orgulho que sentimos como fandom era palpável por toda a internet naquele dia, mas o sentido de comunidade estimulado pela FGB durou muito tempo mais.

A FGB continua a acontecer, mesmo que em menor escala, e une vários fandoms fora de *Crepúsculo*. Até o momento já arrecadou 250 mil dólares para a ALSF e a pesquisa de câncer pediátrico, junto com outras causas, como autismo e alívio para desastres naturais.

Snowqueens Icedragon (E. L. James) e Sebastien Robichaud (Sylvain Reynard): Um Intercâmbio no Fandom

Snowqueens Icedragon (E. L. James) e Sebastien Robichaud (Sylvain Reynard/SR) foram os primeiros escritores de fanfiction a firmar contratos acima de um milhão de dólares com grandes editoras — e os únicos, que eu saiba, que conseguiram isso. Os dois postavam fics online e publicaram versões comerciais minimamente editadas delas em editoras pequenas (The Writer's Coffee Shop e Omnific), que nasceram a partir de arquivos da fanfiction de *Crepúsculo*. Como E. L. James nota nos agradecimentos de *Cinquenta tons de cinza*, SR "foi primeiro", retirando sua fic da internet, renomeando-a como *O inferno de Gabriel*, e publicando pela Omnific, como vários escritores de fanfic já tinham feito. A popularidade das histórias deles e o fato de que os dois são amigos levou-os a se associarem, mas suas personas dentro e fora do fandom são tão diferentes quanto suas fics. *Cinquenta tons de cinza* contém muito menos digressões sobre as concepções medievais de amor como derivado dos modelos clássicos. *O inferno de Gabriel* inclui menos orgasmos. Mesmo que os contratos deles não sejam de forma alguma representativos de fanfic, as atitudes diferentes dos autores sobre a escrita, fontes e comunidade refletem algumas divisões básicas na fanwriting hoje.

Mesmo que não o esconda, James tinha a tendência a diminuir a importância de seu papel no fandom — um papel que foi inicialmente revelado ao público em geral no *The Today Show*, em março de 2012, quando telespectadores escreveram ao site do programa para sugerir que "o livro sobre qual todo mundo estava falando" tinha sido plagiado de uma conhecida fanfiction. James esclareceu — a fanfiction era dela. Conforme a história ao redor de *Cinquenta tons* se desenvolveu, James foi reconhecendo cada vez mais sua dívida com Stephenie Meyer, e acabou elogiando a interação e a resposta que recebeu de muitas mulheres "inteligentes, solidárias e talentosas" que conheceu no fandom.[96] Mas, no geral, ela não reconhece a comunidade de fanfiction como uma fonte de inspiração.

O website da autora esclarece a fonte da trilogia no final de um FAQ:

> *Cinquenta tons de cinza*, *Cinquenta tons mais escuros* e *Cinquenta tons de liberdade* nunca foram publicados como romances. Uma versão anterior desta história começou como

fanfiction de *Crepúsculo* que era postada na internet. A trilogia foi reunida por uma editora australiana, The Writer's Coffee Shop, que a lançou como e-book e print-on-demand.

Nada disso está errado, mas é enganador. Mesmo que eu, como crítica literária, continue a me surpreender em como uma simples mudança de alguns nomes pode transformar a experiência de leitura, algumas mudanças estéticas desta natureza não constituem uma versão substancialmente diferente. (Quando comparado no site antiplágios Turnitin.com — útil para comparação de conteúdo, mesmo que James tenha escrito as duas versões — *Cinquenta tons de cinza* chega a ter 89% de similaridade com "Master of the Universe" [MOTU].) O site de James aconselha os escritores iniciantes a escrever, e fala em termos gerais sobre o processo de escrita (ela gosta da "geografia", o que quer dizer a organização dos objetos nas salas), mas em nenhum lugar do site ela fala sobre o processo interativo de múltiplas fontes (de "inspiração" multiplicada) pelo qual ela escreveu e postou "Master of the Universe".

Apesar de manter a boca fechada sobre sua identidade, Reynard foi mais aberto do que James sobre sua conexão com o fandom de *Crepúsculo*, conectando sua identidade no fandom com seu pseudônimo profissional bastante conhecido e expressando abertamente sua dívida de gratidão em entrevistas. Os dois escritores deixaram claro que eram participantes do fandom enquanto estavam postando suas histórias, conquistando leitoras, aceitando sugestões e até respondendo com mordacidade (Robichaud já deixou escapar que chegou a colocar um fã raivoso em seu livro como uma forma de vingança). Os dois se beneficiaram direta e tangivelmente do feedback, encorajamento, interação e publicidade que seus leitores ofereceram — como costumavam reconhecer em saudações e notas em seus capítulos.

Em um desses exemplos de participação no fandom, Sebastien Robichaud e Snowqueens Icedragon se entrevistaram para um popular fansite. Com meus alunos, li esta entrevista quando estávamos estudando suas histórias e a comunidade de fanfiction de *Crepúsculo* em geral, e coloquei um link para ela no blog da aula. Algum tempo depois da publicação de *O inferno de Gabriel*, a entrevista foi retirada; porém, como muito da história do fandom, está arquivada de forma privada. Os seguintes excertos mostram um pouco das vidas e personalidades, amizades e processos de trabalho desses escritores, e a forma como *Crepúsculo* e sua comunidade ajudaram a inspirar e promover o trabalho deles.

Em resposta às perguntas de Sebastien Robichaud (SR nos excertos, como ele ainda é conhecido), Snowqueens Icedragon (Icy, como é geralmente chamada) detalha sua descoberta da fanfiction através da história "Wide Awake", de AngstGoddess — sua "fic de entrada", assim como foi para muitas outras leitoras e escritoras de fanfic. O caminho para a fic que Icy descreve é bastante típico no fandom — "Wide Awake" foi discutido em todo tipo de contexto não fic:

SR: Como você descobriu a Fan Fiction?

Icy: No Natal de 2008, NEW (meu marido e beta) me comprou a saga *Crepúsculo* — eu tinha visto o filme em novembro de 2008 — e eu me sentei e li tudo em cinco dias, sem parar, e me apaixonei por Edward Cullen e o menino [Robert Pattinson]... eu costumava seguir sites que falavam sobre o menino. Foi em Rpattz Daily, no LiveJournal, que eu vi duas pessoas conversando sobre Wide Awake — eu estava de férias na Espanha na época [...] Encontrei Wide Awake e não consegui parar de ler. Gastei 60 libras na conta do celular para fazer o download. Li no LiveJournal — e depois disso descobri Twilighted e Fan Fiction.

Quando a conversa se volta para a inspiração de James, ela sugere que o ímpeto inicial para sua história veio mais da fanfiction de *Crepúsculo* do que da série em si.

O que a inspirou a escrever MOTU?

Eu li algo das histórias de BDSM [na fanfiction de *Crepúsculo*] e queria saber por que as pessoas passavam a gostar daquilo e fui realmente ver toda a papelada. Então comecei a pesquisar. Sempre foi meu objetivo publicar um contrato que se referisse a uma relação BDSM — então comecei daí. Não era meu objetivo escrever uma história BDSM... Não conheço nada de BDSM a não ser o que aprendi na FF e a pesquisa que tive que fazer para esta história (e partes dela foram muito divertidas, preciso reconhecer... desculpa, informação demais — mas eu lhe avisei que sofria com isso) — fundamentalmente eu comecei a escrever uma história de amor — porque é isso que me interessa com BDSM como pano de fundo.

Histórias de BDSM ficaram populares no fandom depois de "The Submissive", de Tara Sue Me (agora publicada pela Penguin), e "Master of the Universe"/*Cinquenta tons* obviamente são influenciados por essa história assim como por outras Twifics populares. Em 2010, eu incluí MOTU no programa de fanfic como representante de vários outros gêneros na época populares dentro da fanfiction de *Crepúsculo*, entre eles BDSM. O outro grande gênero representado foi o que cresceu com "The Office", de tby789 — histórias de CEOward, como eu as chamo, de vez em quando. Com o BDSM, o cenário corporativo era uma forma popular de tornar literária a assimetria de poder entre Edward, o vampiro imortal do cânone, e a adolescente mortal desajeitada, Bella.

De inspiração e processo, a entrevista passa para um possível fim de jogo: publicação.

Você tem algum plano para publicar, e se tiver, qual?

Eu gostaria de fazê-lo. MOTU é o quarto romance que escrevi em um ano. Depois da minha obsessão por *Crepúsculo* e o garoto [Robert Pattinson], eu me sentei e escrevi um livro — sempre quis fazer isso e a hora era aquela. Eu estava excepcionalmente infeliz

> **no trabalho, então meu primeiro livro foi como uma escapada [...] Em retrospecto, era uma fanfic — mas eu não sabia que a fanfiction existia na época. Planejo publicar na FF quando terminar MOTU — acho —, mas precisa ser reescrito. É algo muito difícil de conseguir... e o mais interessante é que está escrito de dois POVs... então vou ter de pensar sobre isso. Meu segundo romance não está terminado... é o que tenho mais esperança e gostaria de reescrever. NEW tem um agente literário e o campo em que trabalho me coloca em contato com muitos agentes — então... quem sabe?**

James, claramente empolgada com seu sucesso na fic, tem a publicação no seu horizonte, mas também fica claro como é porosa e fluida sua compreensão do que é a fanfiction. Ela escreveu um livro sem saber que era fanfiction — e anuncia planos de publicá-lo (ela ainda não tinha feito isso). Talvez tenha achado que, com MOTU, havia escrito uma fanfiction sem saber que era um romance original. Ela usa *publicar* como o verbo que se aplica a FanFiction.Net. A resposta mostra um mistura ou confusão de categorias que, para muitas outras fanwriters são absolutamente distintas. (Os insinuados, mas em nenhum lugar explicitados, contratos de fanfiction eram outra faceta que originalmente atraiu minha atenção a MOTU — em que, bem no começo, um contrato é apresentado, discutido, mas no final, não é assinado. É um ponto de tensão na história de MOTU — e na de sua autora.)

SR pergunta sobre o beta fora de fandom, ou editor/pré-leitor (agora foi revelado que é o roteirista de televisão Niall Leonard), e a visão dele sobre fanfiction: "É um recurso incrível e um manancial de criatividade escondida. Ele acha que a web deveria funcionar assim. É o futuro da internet onde as pessoas se juntam para criar e desfrutar histórias." Icy explica como passa seu tempo — todo ele, aparentemente —, devotando-se a conversar com fãs e escrever sua história: "Tudo que faço estes dias é *fritter* (minha nova palavra para esta ridícula ferramenta de rede social nas quais eu infelizmente fiquei viciada) e escrever MOTU e ocasionalmente tentar acompanhar o intimidante tópico de MOTU..." O tópico em questão era o de comentários no fórum de Twilighted onde sua história também era postada.

Os tópicos de comentários dessa fic na Twilighted eram enormes: leitoras passavam horas discutindo a história dela, suas reações a ela, suas esperanças, especulações e expectativas de personagens e trama. Geralmente, Icy participava — primeiro pedindo um banner para sua história, pedindo conselho técnico, no final pedindo outros tipos de apoio. Ela às vezes respondia às preocupações das leitoras na fic: "Eu na verdade incluí os comentários de Edward porque algumas pessoas andaram perguntando em resenhas o que Edward via nela... e coloquei algumas das respostas ali... acho que sua opinião sobre isso é muito interessante... eu vou sair e pensar sobre isso."[97] Ela geralmente repetia o quanto gostava de pensar nos comentários do leitor, como adorava ver todas as teorias sobre sua história.

A entrevista parou e voltou ao autor de "The University of Edward Masen" e Icy perguntou a SR sobre a inspiração e o processo *dele*. Ele credita a uma fanwork sua inspiração inicial, enquanto tornava explícita sua intenção de reescrever *Crepúsculo*:

> **Como você criou sua história?**
> Ela apareceu quase totalmente formada na minha cabeça, depois que superei o desapontamento de descobrir que minha FF favorita "In the Land of Milk and Honey" tinha sido retirada sem cerimônia (mas talvez com justificativa?).
>
> **Adoro como você entremeia o cânone na sua narrativa. Isto é deliberado, ou você percebe seus fãs apontando coisas que você nunca teve a intenção, e a interpretação deles é por que você está seguindo o cânone? (Acontece muito comigo — às vezes eu estou... e talvez às vezes esteja fazendo isso em um nível inconsciente.)**
> Minha história inclui deliberadamente o cânone, especialmente para os personagens. Isto é porque UOEM ["The University of Edward Masen"] é minha reescrita intencional da narrativa de *Crepúsculo* para uma audiência adulta em um universo humano.

Alguns escritores de fanfic incorporam sugestões mais do que outros. SR afirma não ter mudado o formato geral de sua história, mas considerou sugestões de leitores em detalhes menores, refletindo novamente o feedback da comunidade — geralmente entendido como algo dado em troca das histórias gratuitas —, que beneficia os fanwriters. E, quanto mais popular a história, mais feedback ela recebe.

> **O caminho que você escolheu para seus personagens mudou muito a partir do feedback e resenhas que você recebeu?**
> Não. Os pontos da trama central são fixos. Coisas menores poderiam mudar se alguém me desse uma boa sugestão. Então, por exemplo, Miss JAustenlover sugeriu que eu incluísse o seminário de Edward. Eu me recusei inicialmente, porque pensei que ninguém iria querer ler isso. Eu fiquei surpreso e agradecido quando tantas pessoas me escreveram para dizer o quanto tinham gostado. Quem poderia imaginar?

Esta cena está na versão publicada.

Na entrevista, SR admite que ele também tem o sonho de publicar, em resposta à pergunta sobre "usar seus próprios personagens" da próxima vez e tentar ser publicado: "Para dizer a verdade, [eu] adoraria ter um agente literário e escrever ficção profissionalmente e ser publicado, mantendo ainda meu anonimato e vivendo em meu buraco de hobbit." Ao contrário de James em seu website, nesta entrevista SR recomenda escrever fanfiction como um caminho para os aspirantes a escritores:

Simplesmente escreva. Escreva o que você sabe e o que não sabe, mas escreva e depois peça a um amigo de confiança que leia. Deixe que deem sugestões para melhorar. Corrija seu trabalho e depois divulgue. FF é um grande meio. Nunca tinha compartilhado minha ficção com outras pessoas desde o último concurso de escrita de que participei. Então este meio é muito encorajador e muito fácil de entrar.

Mesmo para estes dois fanwriters de muito sucesso, no entanto, a cena da fanfiction possui seu lado negativo com potenciais consequências. SR revela em sua entrevista com James que ele protege sua identidade porque, como muitos fanwriters, teme por seu emprego se sua identidade ficar conhecida:

Você gosta do seu trabalho?
Gosto muito do meu trabalho, e é por isso que estou tentando protegê-lo.

Tenho a sensação de que você mantém sua vida real muito separada da sua vida FF — tem medo de que seus colegas descubram seu fetiche por fanfiction?
Sim.

O que eles diriam?
"Você está demitido."

A entrevista se vira para o lado negativo do feedback e das interações com o leitor:

Como você lida com as resenhas/blogs negativos?
Não muito bem. Resenhas maldosas anônimas eu simplesmente apago, e isso me dá muito prazer. Aprendi a evitar posts de blogs, mas no fundo sou uma masoquista, então dou uma olhada. Estava lendo uma recentemente e fiquei espantada com a surra que a fic levou de pessoas que nunca a leram... o que é algo rude, francamente. Elas parecem ficar mais irritadas com a contagem de resenhas — de acordo com alguém naquele blog: "1.000 é o novo 100, pessoal!" O que mais me irritou foi que uma autora que eu realmente respeitava falou muito mal — apesar de nunca ter lido... Tenho que dizer que ela caiu muito no meu conceito desde então.

Ela ficou bastante chateada, já que a comentarista cujo nome não foi citado era Angst-Goddess — a autora da fic pela qual E L. James gastou £60 e que foi a inspiração inicial para entrar na comunidade.

Na seção de comentários da página na qual a entrevista foi publicada, AngstGoddess respondeu:

> **AngstGoddess003** 5 Fev 2010 05:16 [...] SnowQueens... Sei que você está se referindo a EdwardVille [uma comunidade fandom de *Crepúsculo*] e sinto que seu comentário sobre falar muito mal era dirigido a mim, já que eu fiz um comentário sobre como não tinha lido, mas eu garanto que meu comentário não estava falando mal. Eu simplesmente declarei que não gostava de fics relacionadas ao BDSM. Desculpe se isso a ofendeu. Eu na verdade defendi a épica contagem de resenhas da sua história, então fiquei um pouco confusa com a animosidade ali...? Edwardville é bastante tranquila e os membros fazem grandes esforços para expressar sua crítica com respeito. E os moderadores também fazem grandes esforços para garantir isso. É um lugar muito adorável e as suas duas histórias possuem um grande número de fãs lá.

(AngstGoddess e Snowqueens Icedragon teriam mais aventuras juntas — alerta de spoiler —, com revelações públicas que deixariam o fandom agitado. Vamos chegar a isso logo mais.)

O meu argumento aqui é simples: as comunidades de fanfiction são comunidades de escritores, e a interação as impulsiona tanto quanto as próprias histórias. Se o escritor individual é mais ou menos orientado à comunidade, se ele ou ela incorpora ativamente sugestões dos fãs ou não, a resposta do leitor alimenta e sustenta — e às vezes irrita — a comunidade de escritores. Snowqueens Icedragon e Sebastien Robichaud não eram diferentes. Romancistas escrevendo no vácuo, mesmo em um vácuo que inclui alguns amigos confiáveis, não podem saber se suas histórias têm o poder de causar raiva *ou* diversão. A forma como comunidades de resenhas como Goodreads funcionam pode oferecer alguns paralelos, mas a situação não é a mesma. As histórias que os resenhistas de Goodreads leem são fixas. As resenhas são para os outros resenhistas e os autores respondem a elas por própria conta e risco. Não são oferecidas em um sistema de troca; os leitores são consumidores, não participantes. É este sistema de trocas livres que muitos na comunidade de fic temem que a comercialização possa eliminar.

Anatomia de uma Flame War

> Acontece às vezes. Os fandoms simplesmente explodem. Causas naturais.
>
> – *Repo Man/Fic* mashup

Às vezes, os fandoms explodem ao crescerem exponencialmente e se tornarem grandes o suficiente para mudar a cultura e impulsionar um crescimento econômico amplo. E às vezes esses mesmos fandoms explodem em conflitos.

As causas realmente são naturais.

Como vimos com Snowqueens Icedragon e Sebastien Robichaud, mesmo amigos íntimos nas comunidades de fandom têm posturas e sentimentos bem diferentes em relação às comunidades. Às vezes, estas diferenças até terminam com amizades. E quanto aos escritores que *não são* amigos íntimos? Snowqueens Icedragon e AngstGoddess nunca seriam melhores amigas. Assim como acabamos de ver (em "Um Intercâmbio no Fandom" entre E. L. James e Sylvain Reynard), até mesmo a primeira interação delas mostra uma certa tensão.

A fanfiction junta muitos pares estranhos na mesma "cama". É famosa por isso, certo? Mas também as comunidades de fanfiction — onde *cama* deveria ser entendida tanto como o vasto e o amarrotado playground de uma fonte comum na qual todo mundo está rolando, como também aquela coisa na qual, depois de criada, você precisa deitar em cima. A questão é que, se você fosse um cachorro, seu instinto lhe diria para não mijar na cama.

O que para você é "mijar na cama", no entanto, para outra pessoa é "arrumar o ninho". Os dois parecem instintivos. Os dois são defendidos desta forma.

Nestas comunidades, onde as regras são consideradas como autoevidentes, mas não são escritas (ou são escritas, mas ignoradas, até que subitamente não sejam mais, como às vezes acontece na FanFiction.Net) os mal-entendidos que surgem são colossais. Eles causam dor. As pessoas vão embora. Pessoas ficam *feridas*, e ferem os outros.

Comecei este livro com uma discussão de uma fic que aconteceu no meio do conflito de uma fandom por um motivo. Estes conflitos — flamewars, wanks, confusões — podem ser tão importantes quanto são deprimentes e agravados por tudo que englobam. O que às vezes parece ser uma disputa em torno de bobagens é quase sempre uma forma enviesada de brigar pelas grandes preocupações não resolvidas, e talvez impossíveis de resolver. Aqui, quero dar uma olhada em dois dos mais conhecidos conflitos nos maiores fandoms. Cada um envolve uma escritora agora famosa e bem-sucedida; cada um é baseado numa combinação de diferenças interpessoais e discordâncias reais sobre a natureza de fanfiction, propriedade intelectual, autoria e comunidade.

As crônicas de Cassandra Claire

Antes de ser Cassandra Clare, autora da internacionalmente conhecida série Instrumentos Mortais, Cassie Claire era um Big Name Fan no fandom de *Harry Potter* — muitos diriam o maior nome de todos. Começando em 2000 com "Draco Dormien", Claire escreveu e postou The Draco Trilogy, que no final somou quase um milhão de palavras de fic. A trilogia foi bastante popular e serviu — como as histórias de NautiBitz para *Buffy* e "Wide Awake", de AngstGoddess, para *Crepúsculo* — como uma entrada para a fic para muitos leitores e escritores.

Apesar de não ser slash em si, a trilogia continha subtexto homoerótico suficiente entre os personagens de Draco e Harry para criar controvérsia (assim como para inspirar um tropo de "Draco com calça de couro" muito popular). A história de Claire transformou a sobrevida de Draco Malfoy na fanfiction, tornando-o mais simpático, e um bad boy muito mais sexy que vestia couro e, muito diferente da representação de Rowling. O Draco de Claire se tornou fanon, uma alternativa bastante aceita e geralmente preferida em relação ao livro oficial ou ao cânone dos filmes.

Leitores tanto desta trilogia de fanfiction como do trabalho de Claire (ou melhor, de Clare) publicado profissionalmente, a série Instrumentos Mortais, notaram paralelos entre os dois, mas tais semelhanças não são a fonte central do "escândalo" Cassie Claire. A controvérsia que cercou Claire começou muito antes e, inicialmente, envolveu a FanFiction.Net. Em 2001, a série Draco de Claire foi retirada do site por violar suas regras. A acusação: plágio.

Um leitor apontou à FanFiction.Net que um capítulo da fic de Claire incorporava elementos de uma cena de um romance esgotado de Pamela Dean — reproduzindo tanto a estrutura da cena como várias passagens palavra por palavra ou com alterações mínimas. O leitor, cujo nome de usuário era Avocado, sentia que a atribuição dada na fic era incompleta e não reconhecia a extensão da dívida de Claire com sua fonte. Avocado tinha se identificado como membro da organização profissional Romance Writers of America, um detalhe sugerindo um sentido de causa comum com detentores de direitos autorais contra os fic writers amadores. Avocado também listou o romance de Dean em questão, *The Hidden Land*, como um de seus favoritos. A comparação de passagens da fic de Claire com passagens do romance de Dean, como Avocado fez, na verdade revela citações diretas, paráfrases e estruturas de cena similares.

Para muitos dos leitores de Claire, isto não era algo novo. A questão da citação e atribuição, tanto genérica quanto com referências específicas a Dean, já tinha sido discutida publicamente no tópico de comentários do Yahoo! de Claire, onde a fic também era postada. Claire creditava o trabalho de Dean, mas vagamente, no começo sem o nome da autora, e mais tarde de forma mais completa. Ela geralmente citava trabalhos de outros e fazia isso abertamente, explicando sua prática nas notas do autor. Ela mais tarde sugeriu que, no caso da passagem de Dean, tinha confundido as páginas de um caderno e não havia percebido que algumas coisas que estavam escritas ali — próximas a algumas de suas reações ao romance de Dean — eram citações em vez de escritos próprios.

O relatório de Avocado para ff.net, então, era menos um caso de descoberta do que "um alerta às autoridades", que concordaram que o uso do material de Dean era um problema. Eles removeram o trabalho de Claire sem aviso, e mesmo sendo uma das autoras mais populares do site, ela também foi banida. Os termos de serviço de FanFiction.Net proíbem explicitamente violação de direitos autorais e avisam que qualquer conteúdo com violações comprovadas pode ser retirado sem aviso-prévio.

Mas espere um pouco. Não é assim com todo o material do site? Bem, não, provavelmente não. Cada caso é diferente; algumas fics são claramente uso justo, algumas são paródias, alguns são bastante transformativas. Mesmo assim, não são muitas? Provavelmente. Quem pode saber? Nunca foi testado. Direito autoral é uma lei complicada, pouco compreendida e com muitas interpretações, que no final só pode ser resolvida caso a caso, e as pessoas (ainda) não litigavam com a fanfiction porque não havia muito lucro. Certo ou errado, o status "sem fins lucrativos" da fanfiction era visto como a base de sua tolerância pelos detentores de direitos autorais do material ao qual a fanfiction está conectada. Esta crença é tão forte, no entanto, que qualquer pessoa ameaçando a intranquila détente entre detentores de direitos autorais e fanwriters atrai a ira de outros fãs, que acreditam que a sobrevivência da comunidade de fanfiction está em jogo. Por esta razão, os fãs às vezes podem policiar os limites do direito autoral e da propriedade intelectual (como eles entendem isso) de forma muito mais estrita do que a base atual da propriedade em questão. Da mesma forma, muitos — como, talvez, Avocado — não queriam ver a fanfiction desafiando o status quo dos direitos autorais porque se viam alinhados com os detentores de direitos autorais por princípio — novamente, independente da posição destes detentores em questão.

O escritor de ficção científica e blogueiro da indústria editorial John Scalzi ficou sabendo desta controvérsia na fanfic depois que Claire assinou um contrato de publicação pelo que se tornaria sua série Instrumentos Mortais. Sua resposta e a de outros no tópico de comentários enfatizava a desconexão entre o mundo da publicação profissional convencional e a fanfiction. Apesar de sua atitude desdenhosa, condenatória, mas tolerante com a fanfiction, sua reação à controvérsia se alinha de forma mais próxima com a de Claire do que com a de seus detratores. Em um post de 2006 com o título de "Crimes of Fanfic", Scalzi explica que recebeu vários e-mails perguntando sua opinião sobre "um debate de longo prazo no fandom de *Harry Potter* sobre uma autora de fanfic em especial que, supostamente, plagiou outras obras na construção de sua própria fanfic". Ele reage dando de ombros: "Não me sinto nem um pouco ultrajado." Ele não vê como as ações de uma escritora de fanfic poderiam afetar algo fora da fanfic, e também não concorda que "esta escritora de fanfic deva ser punida ou humilhada antes de sua publicação formal". Scalzi não se importa com o que acontece na fanfic porque "quase tudo isso é completamente ilegal para começar"; a ética dentro da comunidade de fanfiction só pode ser a da "honra entre os ladrões". Afinal, ele argumenta: "Se você *já* está violando injustificadamente o direito autoral, qual o problema com um pouco de *plágio* para acompanhar? Honestamente. Se vai roubar um centavo, que roube uma libra."

Ele sugere, como uma leve ameaça, no entanto, e se alinhando com aqueles que não querem perturbar a détente do status quo, que, se as pessoas vão pedir comentários sobre plágios na fanfiction, ele vai ter que dar opiniões sobre a "apropriação de personagens e cenários registrados". Em outras palavras, deixe as coisas como estão. Não mexa com os adultos. Ele acrescenta:

> Quanto à outra parte da questão, será que o que um autor faz dentro dos confins do parquinho da fanfic deveria ter algum efeito no que acontece quando ele começa a criar ficção original? Acho que não, pessoalmente. O que acontece na fanfic fica na fanfic. Gosto muito de pensar na fanfic como um tipo de área livre onde tudo acontece e o que acontece não tem nenhuma ligação com o mundo real da literatura.

Deixando toda a condescendência de lado, esta atitude também confirma a sensação dos escritores de fic de que tudo está bem desde que eles mantenham os mundos separados, não falem sobre isso e não pensem em aplicar aquilo ao "mundo real da literatura". Minha pesquisa sugere que estes fatores foram relevantes em algumas das reações à prática de Claire, mas a possibilidade de se atrair uma atenção pouco amigável dos detentores de direitos autorais não parecia ser a questão principal na controvérsia Cassandra Claire. E, quanto a Scalzi, ele claramente quer evitar parecer legitimar algumas práticas da fanfic ao condenar outras.

Para registro, os pontos de vista de Scalzi parecem ter evoluído com o tempo. Em 2007 ele falou que não tem problemas com que façam fic de seu trabalho, mas reivindicou todos os direitos e avisou que não deveriam tentar ganhar dinheiro; em 2010 ele concordou com críticos de que seu *Fuzzy Nation*, sua releitura do universo de H. Piper Beam, era uma fanfic (licenciada), e também foi o apresentador de um evento de arrecadação para a Lupus Foundation, onde convidou leitores a fazer fic com uma imagem de Wil Wheaton cavalgando em um filhote de unicórnio e atacando John Scalzi!orc com uma lança. Mais recentemente, ele também escreveu com muita reflexão sobre o Kindle Worlds da Amazon.[98] A opinião de muitas pessoas sobre fanfic evoluiu nos últimos anos; os tópicos de comentários, assim como os próprios posts de Scalzi, oferecem históricos elucidativos de como as atitudes foram representadas — na comunidade da ficção científica, pelo menos — em momentos diferentes.

Em comunidades complexas e cheias de opinião, sempre existem motivações complexas, e muitos dos detratores de Claire já estavam bravos por outros motivos. Muitos discordavam de sua posição quanto a vários pares de relacionamento, tanto het quanto slash. Alguns estavam infelizes porque ela era uma Big Name Fan com influência indevida, segundo a opinião deles. Outros se sentiam diminuídos, excluídos. A dinâmica ao redor de Big Name Fans é uma constante nos fandoms, e a atenção que eles atraem pode ser tanto positiva quanto bem negativa. Às vezes, essa atenção negativa é direcionada contra as identidades reais, com ameaças às vidas profissionais e, em alguns casos extremos, às físicas também — como no caso de Claire, de acordo com seu agente, Barry Goldblatt, que participou do tópico de comentários do post de Scalzi (Avocado, que acusou Claire, também esteve lá). A raiva e as reclamações de "small name fans" são geralmente rejeitadas como inveja, mas, na maioria dos conflitos em fandoms, esses sentimentos em geral se transformam em desacordos sobre questões grandes: a natureza do fandom, fanfiction, comunidade, originalidade e relacionamentos.

A dinâmica da comunidade molda as reações individuais em qualquer fandom, e esta controvérsia não era exceção. Courtney Hilden tinha treze anos na época em que explodiu o escândalo de Claire e, em suas palavras, "espalhou o caos pelo fandom". Hilden estava lendo a Trilogia Draco quando esta foi removida e ficou feliz quando ela encontrou um novo lar no arquivo de fanfic de *Harry Potter*, Fiction Alley, um site formado (ou acelerado um pouco) pelos problemas com o FanFiction.Net. Hilden disse que entendeu, na época, que a controvérsia tinha a ver com a má atribuição de uma única citação, mas ela entendeu mais tarde que era algo mais extenso. Hoje, estudante universitária de inglês, Hilden reconhece como a dinâmica social do fandom moldou suas opiniões sobre indivíduos e histórias. Ela se lembra da atração de se encaixar com as pessoas que pareciam "dirigir o show":

> Na época do escândalo, eu teria colocado Claire como uma BNF e não consigo achar ninguém no fandom que chegasse perto do nível de notoriedade que Claire tinha. Apesar de não conhecer o termo BNF, parte da fascinação para mim eram estes fãs que pareciam ter muita influência sobre os outros. Acho que na época eu pensei nisso em termos de popularidade, como a gente pensaria em um concurso de popularidade na escola. E, como a maior parte das narrativas sobre a popularidade na escola, eu queria ser um desses fãs populares, então eu os seguia por todas as partes, como uma lacaia. O mais interessante é que eu nunca fui assim no colégio na vida real, porque não gostava de nenhuma das garotas populares a ponto de me importar com o que estavam fazendo. Nem me lembro de seus nomes.[99]

Enquanto alguns fãs respondiam positivamente a este tipo de hierarquia, e aspiravam somente a inclusão, outros reagiam com muito ressentimento, já cansados do que eles tinham visto como bullying ou comportamento controlador na escola. Esta dinâmica certamente contribuiu para o senso geral de controvérsia ao redor de Claire, mas não explica completamente os fortes sentimentos envolvidos.

O fato é que algumas pessoas viram Claire como plagiadora e ficaram bravas — mesmo que nenhuma dessas pessoas bravas parecesse ser a própria escritora Pamela Dean.

Incidentalmente, sobre homenagem: A citação incompleta de Dean por Claire não foi um incidente isolado. Cassandra Claire incorporava aberta e frequentemente passagens de diálogos — e às vezes ideias e contornos gerais de cenas — de fontes populares como *Buffy*, Víbora Negra e *Stargate* — geralmente sem créditos. Ela mencionou que fazia isso nas notas de autor, convidando os leitores a "encontrar a citação". Outros escritores no fandom faziam a mesma coisa; era um jogo do fandom, pelo menos em alguns círculos. Mesmo assim, outros leitores — talvez menos conectados, participantes menos ativos na comunidade, ou pelo menos em parte dela — ficaram chocados ao ouvir falar desta prática. Alguns destes leitores eram muito jovens e alguns podem simplesmente não ter conhecido as fontes ou reconhecido fora do contexto. Outros (que sabiam, que tinham reconhecido, que gostavam do jogo e participavam) sentiam que era impossível que alguém pudesse *não* saber. Claire era aberta em relação a isso. O jogo era um nó para uma linguagem cultural pop comum — mas, claro, nem todo mundo fala a mesma linguagem.

Para complicar ainda mais a questão, as várias fontes da cultura pop que geram esta linguagem *também* estão cheias de homenagens. Recentemente, houve um episódio *Twin Peaks* em *Psych*, uma homenagem de *Castle* a *Janela indiscreta;* mais contemporâneo à controvérsia de Claire, houve o episódio *Frankenstein,* do *Arquivo X*, "The Post-modern Prometheus"; *Buffy* chamando os melhores amigos da Caçadora de "a gangue Scooby"; *Moulin Rouge*, com seu "musical de jukebox" pega o mito de Orfeu, cantado como música pop dos anos 1980 e coloca no Montmartre do século XIX. No meu campo, o próprio pós-modernismo foi definido (tanto positiva quanto negativamente) em termos desse tipo de pastiche. Uma seção mais ao fim deste volume trata destas questões quando se referem aos contextos literários de fora da fanfiction, mas é suficiente dizer que citação e apropriação são muito comuns. Por mais que direito e uso sejam às vezes negociados ou litigados, os termos destas negociações são raramente visíveis para os espectadores casuais.

Parece não restar nenhuma dúvida de que Claire *estava* incorporando passagens de outros escritores e fazendo isso abertamente, apesar de nem sempre citá-las especificamente. A questão — a controvérsia — tinha a ver com a interpretação dos leitores quanto ao ato, se eles sentiam que eram parte de um jogo ou estavam sendo enganados.

A reação de todos os lados levanta uma grande variedade de perguntas. Por que *este* ato — misturar outras fontes — foi diferente de todo o empreendimento da fanfiction, para começar? Para alguns leitores, todo um conjunto de regras não escritas parecia ter sido violado. Para outros, era algo comum — uma sensação de que cultura do remix era o que a fanfiction *fazia*, que era *tudo* não comercial — e eles ficaram chocados de que alguém pudesse pensar que estavam fazendo algo errado.

Olhando agora para os blogs e arquivos de *Harry Potter*, vejo que muitas pessoas sentiam a necessidade de traçar uma linha firme entre o que é aceitável e o que não é, com poucas concordâncias sobre onde e como esta linha deveria ser colocada. Mesmo assim, há uma sensação a partir do tom destas discussões de que a linha deveria ser óbvia para *todo mundo*.

Não era.

Poderia ser lógico presumir que uma escritora como Claire, que ganhou proeminência no fandom com uma história que fazia uso frequente e às vezes não atribuído de conteúdo existente, teria uma visão liberal de uso similar de sua própria fanfiction (e que ela encorajaria fanfictions baseadas em seu trabalho publicado). Poderia ser lógico presumir que, em um fandom onde tropos são moeda de troca, e caracterizações e tramas são *por definição* compartilhadas entre milhares, os escritores reconheceriam como natural e inevitável que as ideias se espalhassem, ou que ficariam felizes com qualquer tipo de imitação ou retrabalho. Alguns dos escritores neste volume expressaram exatamente isso.

Cassandra Claire — em sua encarnação no fandom, pelo menos — nem sempre teve essa posição. Quando outra escritora começou a postar uma fic que Claire sentiu que estava muito perto de uma das suas, ela pediu que fosse retirada. A escritora concordou inicialmente (as duas eram amigas), mas depois repostou quando a amizade se desfez, e Claire ficou aborrecida com esta decisão. Não posso julgar as especificidades desta situação — eu não estava lá, não li as obras e não tenho comentários. Mas é um bom exemplo de como a fanfiction realmente confunde e desestabiliza noções de autoria e direito de uma maneira que os próprios autores de fanfic nem sempre têm de forma clara ou consistente.

Da perspectiva tanto do leitor quanto do fã, eu entendo a ansiedade ao redor de um fanwriter apresentando o trabalho de outro fanwriter como próprio. Crédito é a única moeda que a maioria dos fanwriters vai receber em troca de seu trabalho. Prestar homenagens a trabalhos que já foram publicados, cujos autores foram recompensados, e dar crédito total a esses trabalhos pode parecer diferente de compartilhar crédito com outro fanwriter em uma economia sem dinheiro, toda baseada em crédito. Da mesma forma, para muitas pessoas, copiar pedaços reais (palavras ou sequências) parece diferente de pegar emprestadas ideias ou inspiração — e a lei marca uma diferença aqui também. Por outro lado, há diferentes convenções para o uso justo, uso transformativo ou uso crítico. Hoje, nos fandoms, desafios de remixagem que (aberta e declaradamente) reescrevem fic de outras pessoas são bastante comuns — um sinal de respeito. O contexto é importante. Na minha profissão, citar de forma incompleta meu *próprio* trabalho seria malvisto e poderia até levar a acusações de fraude acadêmica. Nos discursos políticos, por outro lado, usar material dos discursos de outros políticos parece bastante comum (pergunte a Joe Biden).

Uma constante em tudo isso, que não se aplica somente aos escritores de fanfiction: você pode ser claro em suas regras, sobre os casos em que *você* acha que é correto usar o trabalho, as ideias ou as palavras de outro escritor e quando não é; mas, para outro escritor, *esse* ato, o que você achou que seria correto, pode ser um pecado mortal.

Uma história de angústia e gelo

Alguns dizem que o mundo vai terminar em fogo,
Alguns dizem em gelo.
Do que eu provei do desejo
Eu fico com quem prefere o fogo.
Mas, se eu tivesse que perecer duas vezes,
Acho que conheço o ódio o suficiente
Para dizer que, para a destruição, o gelo
Também é ótimo
E bastaria.
— Robert Frost

Você poderia pensar que a epígrafe é um pouco exagerada, mas para mim reflete o sentido das diferenças elementais e os altos riscos que dividiam o fandom de *Crepúsculo* naqueles que às vezes pareciam exércitos prontos para uma batalha apocalíptica — e sem nenhum bebê vampiro híbrido milagroso que pudesse aparecer e criar magicamente a paz entre eles. A coisa ficou feia — em particular, de forma anônima e, no final, em público.

AngstGoddess e Snowqueens Icedragon representam visões completamente opostas da fanfiction e sua comunidade. Uma destas autoras faturou vários milhões com sua fanfiction; a outra se recusa terminantemente a ganhar um centavo. Cada uma exercia enorme influência — tanto construtiva quanto destrutiva — sobre a comunidade de fanfic de *Crepúsculo* e, por extensão, sobre fanfic e fandom em geral e, consequentemente, até na indústria editorial. Muitos — entre eles a revista *Time* — culpam ou creditam Icy pela mudança dramática que levou a um impulso na direção da comercialização ou "monetização" de fanfiction. E. L. James tende a apoiar esta visão de autor único dela mesma e de sua influência, mas, se ela tivesse sido uma autora tradicional tentando vender um manuscrito, *Cinquenta tons* nunca teria acontecido; *Cinquenta tons* foi publicado pela primeira vez por uma editora pequena *criada a partir de um website de fanfic*. Sua editora ali também era uma colega escritora de fanfiction BDSM de *Crepúsculo* (Tish Beaty, cujo ensaio segue este). Estava faturando em cima de um gênero popular dentro de um fandom muito grande. Claramente, *Cinquenta tons* ressoou junto a um público leitor muito (muito) maior, mas não foi o fenômeno de uma única mulher. Como a fonte sofrida (Austen) da inspiração de James (Meyer) coloca, James não merece "nem tantos elogios, nem tanta censura".

Por mais que a influência de Snowqueens Icedragon/James sobre o relacionamento entre fanfiction e a indústria editorial certamente tenha sido mais direta, a influência de AngstGoddess também foi poderosa e variada, afetando desde a criatividade e a crítica até os próprios mecanismos e infraestruturas do fandom de fic. Com relação à comercialização da fanfiction, AngstGoddess é a maior defensora das consequências involuntárias. Ela não apenas abriu as portas para a fic — ela ajudou a construir a porta. E ajudou a abrir. E nada do que ela pudesse fazer, por mais que tentasse (e ela certamente tentou), poderia fechar aquela porta novamente.

AngstGoddess escreveu "Wide Awake" — aquela fic de *Crepúsculo* que todo mundo leu. Ela também resenhava, recomendava e discutia. Ela ajudou a administrar e julgar concursos influentes e ganhou alguns também. Estava no painel de fanfic na San Diego Comic-Con de 2009. Ela se envolveu intensamente com The Lazy, Yet Discerning Ficster, um blog de resenhas muito influente e ativo no auge do fandom de *Crepúsculo*. Ela foi entrevistada pela grande mídia, falando de forma inteligente e convincente sobre fic. Ela ajudou a administrar o enorme leilão de caridade The Fandom Gives Back; contribuiu com excelente web design e knowhow (sob o nome de AngstyG) com muitos escritores do fandom, incluindo Snowqueens Icedragon. O site onde Icy hospedou "Master of the Universe", depois de ter tirado a história de FanFiction.Net, mas antes de vender 70 milhões de cópias como *Cinquenta tons de cinza*, foi feito por AngstyG. Resumindo, AngstGoddess ajudou a desencadear na fic o futuro que ela mais odiava. Por fim, abandonou o fandom em um "gentleblaze" [furor gentil], deixando a "glória" insinuada em "blaze" ausente e conscientemente irônica.

O conflito entre estas duas figuras ilustra visões diametralmente opostas de fanfiction, e também sublinha o que pode ser a maior lição que o fandom de *Crepúsculo* nos ensina sobre autoria: a intenção do autor não tem *nada* a ver com os efeitos que a história pode ter. AngstGoddess não tinha a menor intenção de ajudar Snowqueens Icedragon a introduzir grandes lucros à fanfiction, da mesma forma que Stephenie Meyer não pretendia lançar seu império erótico. E, mesmo assim, aqui estamos nós. A grande diferença é: ao contrário de E. L. James ou Stephenie Meyer, não só AngstGoddess nunca viu nenhuma parte dos milhões que seu trabalhou ajudou a criar, ela também acredita que seria eticamente repugnante se fizesse isso.

No começo, o conflito foi cozinhando nos bastidores. Na primavera de 2010, AngstGoddess concordou em criar um blog para Snowqueens Icedragon, que ficou tão feliz com o trabalho que pagou o dobro do que tinham combinado. Ao longo desse projeto, as duas conversaram online sobre vários tópicos, de autoria em fandom a publicação e ética da comunidade. Quando ficaram conhecidos os planos de publicação do que se tornaria *Cinquenta tons de cinza*, AngstGoddess tuitou pedaços da conversa das duas. Snowqueens Icedragon respondeu postando pedaços mais completos e "fornecendo contexto" além de alguns comentários editoriais. O tom deste comentário sugere até que ponto o relacionamento já tinha azedado:

> Eu só quero reafirmar a você que [AngstGoddess] pegou estas conversas privadas, selecionou citações, distorceu e tuitou fora de contexto. Não quero falar de seus motivos — acho que podemos adivinhar quais são.
>
> Para aqueles com tempo e disposição, eu publiquei estas conversas privadas para que vocês possam ver como são desonestas e mesquinhas as distorções de AG. Eu normalmente ignoro este tipo de coisa, e não queria realmente me meter com uma mulher que tem sérios problemas, como dá para ver, mas não poderia ficar parada, deixando que ela me difamasse novamente. Nem queria ficar batendo boca com a Rainha da Fan Fiction, mas não vejo outra saída. Todos nós sabemos que ela é uma bully, mas IMHO cruzou a linha desta vez.

Icy forneceu trechos mais longos destes chats e dá sua versão dos eventos. Os posts completos estão há muito tempo arquivados no blog do meu curso (algumas destas conversas entre as autoras que estávamos estudando aconteceram durante nosso curso). Icy explica que, em julho de 2010, AngstGoddess mandou um e-mail para ela com a ideia de um website que hospedaria ficção original e cobraria uma pequena taxa por capítulo, e convidou Icy para participar. Icy já tinha sugerido anteriormente que ela estaria interessada em investir em algo parecido, mas na época AngstGoddess tinha se mostrado menos entusiasmada. Aparentemente, esta discussão é o contexto do comentário de Snowqueens Icedragon, conforme tuitado por AngstGoddess:

> Bem, não conte a ninguém — Tenho visões de ser entrevistada pela revista *Time* por revolucionar o mundo editorial...

Este comentário estranhamente profético aconteceu em uma conversa sobre modelos baseados na web para a publicação de ficção original que, como postado por Icy, parece generosa e cordial. Quando surge o tópico de publicar *fanfiction*, no entanto, aparece um claro conflito. AngstGoddess é totalmente contra a prática. A conversa se volta para Omnific, a editora criada pelo site de fanfic Twilighted, que publicou primeiro *O inferno de Gabriel*, de Sebastien Robichaud, e muitos outros romances com origem nas fics. A editora ainda estava começando em 2010 e sua criação era muito controversa.

(*Nota:* Os seguintes trechos são reproduzidos como foram postados por Snowqueens Icedragon, com erros etc., intactos por questões de precisão.)

SAM [AngstGoddess]: eu sim. Veja a criação da omnific. É uma enorme cicatriz negra.

EU [Snowqueens Icedragon]: Por quê?

SAM: porque tudo bem, pense no fandom em termos de SM [Stephenie Meyer] nos dando esta coisa e estamos fazendo fics a partir do conceito dela não importa o quão diferente não importa é uma comunidade de dar e receber de graça e nós já demos e já recebemos e agora queremos espremer mais e usar o fandom para encher nossos bolsos por algo que eles poderiam ter de graça algo que devemos admitir sem a SM ninguém teria nem prestado atenção

EU: Bem... a gente não está exatamente roubando dela. E você precisa me perdoar — mas eu ainda sou relativamente nova neste fandom.

SAM: não, mas estamos roubando o CONCEITO de FF

é, eu sei

EU: Eu não acho não...

SAM: por isso que gosto de meio mostrar o outro lado só não tenho certeza que você esteja vendo este outro lado, mais lógico do fandom

EU: Não sinto tanta paixão pelo fandom quanto você.

Francamente ele me deixa absolutamente apavorada

SAM: acho que você viu muitas de suas próprias resenhistas, o que é ótimo, mas elas são apenas um lado, e querem te apoiar. e você precisa pensar que existe o outro lado da moeda

EU: Por quê?

SAM: mas o fandom fez motu ser popular. você a fez boa mas o fandom a fez popular

EU: É verdade

E elas puderam ler inteira

E eu até fiz a coisa da FGB...

que não é algo para mim porque nunca, nunca quis fazer o EPVO [Edward Point of View] quer dizer EPOV. Fui obrigada a escrever... mas, dito isso... eu adorei escrever. Forçou mesmo meus limites. E levantou uns trocados para a ALS Mas eu acho que você e eu estamos em lados opostos em relação a isso.

As duas autoras não poderiam mesmo estar mais distantes — sobre publicação de fic e sobre o processo de fanfiction. AngstGoddess tinha doado uma quantidade enorme de tempo e conhecimento à campanha Fandom Gives Back, enquanto Snowqueens Icedragon aparentemente teve uma participação meio relutante. AngstGoddess via a fanfiction como um empreendimento coletivo, Icy se via como uma escritora com leitores.

Numa conversa de abril de 2010, AngstGoddess tentou explicar sua oposição à publicação de fanfic, e seus problemas com sua própria história popular, que considera ser "sua forma de escrita mais pobre".

> EU: Então se a harper collins te procurasse e dissesse que gostaria de publicar WA ["Wide Awake"] você diria não
>
> SAM: eu diria nem fodendo
>
> EU: hummm — não tenho certeza se eu teria esta determinação... é improvável que aconteça no entanto mas como um cartão de visitas... ei...
>
> SAM: bom WA é... progressivamente, minha forma mais pobre de escrita, e é FF de *Crepúsculo*. não quero quaisquer aspirações a ser bem-sucedida baseada em algo tão bobo.
>
> EU: eu não era boba!!!
>
> SAM: quero dizer, eu entendo sua visão. já passei por isso, honestamente, mas algum tempo na comunidade vai mudar isso
>
> EU: Eu paguei 60 libras fazendo o download no meu telefone... na Espanha!!!
>
> SAM: escrever smut de crepúsculo é um pouco bobo.... pelo menos eu considero bobo para mim mesma. mas tudo bem, porque a maioria dos hobbies são um pouco bobos

Então, parte do que vemos na resposta de AngstGoddess é o senso — profundamente arraigado em muitos escritores de fic — que é errado, de certa forma, levar a fanfiction a sério. É aceitável como um hobby, mas ser bem-sucedida em cima de uma forma de escrita de um hobby desvalorizado ou bobo seria algo de menor valor. No entanto, apesar de dar um valor menor a sua própria história, AngstGoddess valoriza muito a comunidade.

Snowqueens Icedragon, ao contrário, não tem certeza sobre o valor da comunidade e sua parte nela: "Não tenho certeza se me sinto parte da comunidade... Estou nervosa com ela..." Em resposta, AngstGoddess tentou explicar seu valor — um sistema de troca igualitária, uma economia alternativa:

> SAM: e você precisa ler e resenhar, nada frustra mais a comunidade do que um autor que só está disposto a receber resenhas e nunca dar... acho que em casos como o nosso, a comunidade nos deu tanto, e nós simplesmente temos que lembrar que o relacionamento foi feito para ser simbiótico muitos autores que ficaram populares recentemente esquecem o que eu fiz
>
> EU: Não sei o que você quer dizer... ??? explique por favor... estou fascinada

SAM: tipo... um leitor significa tanto quanto um autor. estamos oferecendo algo. leitores oferecem feedback, e autores oferecem literatura grátis... é tudo igual no sentido de que ninguém tem mais direitos que os outros

EU: Sim consigo entender isso...

SAM: então eles dão e nós recebemos, e nós damos e eles recebem mas ser apenas um autor que recebe faz com que a coisa fique desequilibrada mesmo que você tenha dado atualizações, você também poderia contribuir com a moeda do fandom em recomendações e resenhas que a fortalecem

EU: Entendo... Simplesmente não tenho mais tempo para ler... Se leio — faço resenha... mas só se eu gosto — se não gosto paro de ler... Desde que comecei a escrever — se eu ler vou fazer a resenha... mas simplesmente não tenho tempo...

SAM: é eu sei como é isso, entendo

Esta conversa é melhor entendida como representando divisões no fandom que estão muito difundidas e possuem muitos matizes. Na verdade, investimentos no lado comunitário da fanfic variam tanto quanto as opiniões sobre qualquer outro tópico em relação à fic — quer dizer, muito. No entanto, para as pessoas que *estão* investindo na comunidade, uma atitude individualista em relação à escrita no fandom pode ser dolorosa e frustrante:

SAM: eu só tenho a sensação de que você realmente não... se importa com o fandom como um todo comunitário. o que é uma escolha sua, claro. e se esse for o caso, e você realmente não estiver preocupada com a fundação deste lugar que todas pudemos visitar e crescer e aprender, então é. publicar motu é realmente o que você quer fazer. a única razão para não publicar, além do fato dele ter sérios problemas legais, é que você deve um respeito à comunidade que fez de motu o que ele é, sabe? mas se você realmente não sente isso então ninguém pode fazer você sentir

EU: Como eu falei... ela me deixa bolada mais que qualquer outra coisa. Eu respeito e adoro meus leitores O que não gosto é da negatividade... Então vejo meus horizontes ficando cada vez menores para que eu possa evitar

SAM: bem negatividade existe em todos os lados. mesmo quando você publicar na amazon, sempre vai existir negatividade

EU: verdade... mas tenho certeza que é mais fácil aguentar isso com muito dinheiro no bolso LOL.

SAM: e negatividade tem seu lugar. é o que nos impede de monopolizar as ideias que não são totalmente nossas

A noção de que "negatividade tem seu lugar" como um sistema de controle de ego, individualismo ou mau comportamento é uma noção bem de fandom. É o que impulsiona sites de wank e anti-fandom. Até, como vimos, impulsiona a fic, como em, "odeio a forma como fizeram isso. Posso fazer melhor".

Estas trocas também enfatizam até que ponto concepções errôneas sobre a lei de direito autoral são repetidas com autoridade dentro do fandom, e na verdade fornecem a base para os tipos de contratos subentendidos sobre os quais os fandom de fanfiction são criados, como: "Tudo bem doar meu tempo para o seu trabalho porque nenhum de nós vai ter lucro." Estas confusões — de que um trabalho como *Cinquenta tons de cinza* não poderia ser publicado porque num momento anterior ele teve nomes de personagens e algumas estruturas de enredo em comum com um material registrado, ou porque foi escrito e postado no contexto de um fandom — foram assumidas como lei divina por alguns. Eu vi várias autoras do fandom bastante respeitadas, que sempre foram bastante reverentes a Stephenie Meyer, anunciando que tinham perdido todo o respeito por ela quando ela não processou a Omnific ou E. L. James. Na verdade, como vimos, o ethos tradicional de troca em fandom se originou em parte pelo medo da perseguição e até de processos por parte dos detentores dos direitos, mas a compreensão destas tradições mudou com o tempo. As pessoas *silenciosamente* "lixaram os números de séries" de fics muito menos populares desde — bem, vimos a prática encorajada por Arthur Conan Doyle. Mas muitos escritores nunca consideraram publicar sua fanfic porque acreditavam que tentar fazê-lo seria prejudicial à comunidade, que introduzir o lucro quebraria os sistemas de trabalho do fandom baseados na confiança e na troca livre. Por um lado, estes contratos implícitos de fandom, derivados de crenças sobre direitos autorais, constituem um clássico "efeito assustador" — que manteve todos os lucros fora das mãos dos fãs. Por outro lado, estas crenças alimentam as soluções criativas e colaborativas conforme os fãs constroem suas próprias estruturas e economias comunitárias.

Todas estas estruturas, tradições e contratos implícitos, no entanto, se basearam em participação voluntária e uma espontânea compreensão da comunidade. Quando se trata de escrever e postar fanfiction, não há regras dizendo que somente podem participar pessoas com mentalidade de comunidade — e, se houvesse, como estas regras seriam impostas? Nos primeiros dias tanto dos zines quanto do fandom de internet, como vimos, todo mundo dava a mão nos aspectos da produção e distribuição, mas hoje em dia, estes mecanismos já existem — em alguns casos (como o Wattpad, um site de "leitura social" que hospeda tanto fanfiction quantos trabalhos originais), eles foram criados com um objetivo explicitamente comercial. Você só precisa de um minuto para criar uma conta e já pode postar fic como quiser. Os caminhos até a fic diferem: já tendo tentado escrever romances, e apaixonada por um livro que a inspirou, James encontrou online outras histórias como as que queria escrever. Então escreveu uma e depois outra. Nada exigia ou pedia que ela entrasse numa organização ou doasse seu trabalho além do que já escrevia. E, assim como no fandom de *Harry Potter*, quando Cassandra Claire usou citações não atribuídas, expectativas e pressuposições diferentes no fandom de *Crepúsculo* criaram enorme controvérsia:

> EU: Olhe, não estou dizendo que vou publicar...ou tirar do ar ou coisa assim. Preciso dizer que não me sinto tão apaixonada quanto você pelo fandom...
>
> SAM: isso me deixa triste acho que o fandom foi um lugar que te ajudou muito aqui há muita gente que te apoia
>
> EU: Meus leitores foram ótimos para mim... Tenho alguns leitores simplesmente maravilhosos e eles são fabulosos e estou muito honrada
>
> SAM: mas seus leitores são o fandom
>
> EU: mas eu os vejo como aquela... parte do fandom é como a velha piada do groucho marx que eu não me lembro sobre não querer pertencer a um clube que você é membro... e não acho que esteja sendo arrogante... Sou apenas uma mulher de meia-idade... que escreveu uma fic razoavelmente interessante Que acabou sendo muito popular... por que eu não sei... e posso reagir aos leitores nesse nível... como leitores...
>
> SAM: você só precisa mergulhar lá. ler o que as pessoas estão dizendo e reagir, tornar-se mais relacionavle [relacionável]. mostrar a eles que há uma pessoa por trás do pseudônimo e não apenas alguma dama sentada num pedestal
>
> EU: Gosto do meu pedestal...
>
> SAM: o ódio será menor
>
> EU: é seguro
>
> SAM: é, mas você não quer dar a impressão de que se acha acima da comunidade, sabe?
>
> EU: Acho que qualquer um que tuita comigo regularmente não pensaria isso...
>
> SAM: eu só seria cuidadosa se fosse você mantendo negócios longe de motu
>
> esta é realmente a única coisa com a qual você deve se preocupar
>
> EU: Não me sinto em relação a motu da mesma forma que você se sente em relação a wa [Wide Awake]... Fiz dela um tipo de exercício... para ver se eu conseguia... e acho que provei a mim mesma que posso...
>
> Agora quero capitalizar sobre ela...
>
> Não sou uma jovenzinha como você... Já tenho mais de 40 anos... então quero tentar fazer algo antes de que seja muito tarde — lol
>
> Acabei de descobrir o que amo fazer — e demorou isso tudo!!!
>
> E a vida não é um ensaio de teatro etc.

A vida pode não ser um ensaio de teatro, mas parece que, de alguma forma, esta conversa foi, considerando como E. L. James usou esta mesma linha em incontáveis entrevistas. Por mais que Snowqueens Icedragon pudesse ter escrito sua fanfiction "Master of the Universe" "como um tipo de exercício" para provar a si mesma que podia fazer, ela rapidamente decidiu reempacotar o ensaio completo como o evento principal.

Como também emerge da conversa estendida, James — quer dizer, Erika Leonard, a produtora de televisão — não só não era uma jovenzinha, mas tampouco era ignorante em finanças e no mundo da escrita profissional. Seu marido é um roteirista de televisão bem-sucedido; como produtora, ela também levava jeito para os negócios. Para ela, escrever era, desde o começo, um empreendimento com objetivo de lucro. Aquele era seu mundo. Era uma profissional confiante que encontrou uma habilidade nova que poderia ter valor, e decidiu vendê-la. Seus leitores tinham provado o potencial de vendas — o fandom de *Crepúsculo* tinha se tornado, efetivamente, um mercado de teste.

AngstGoddess publicou primeiro partes muito editadas dessas conversas; Snowqueens Icedragon retaliou postando o contexto mais completo. Ela fechou seu post tentando esclarecer seu respeito pelo fandom que a criou:

> Quero que vocês saibam que sou grata às pessoas que me apoiaram. Realmente grata. Conheci algumas mulheres incríveis, talentosas, inteligentes e maravilhosas neste fandom. Não me considero acima de nenhuma de vocês — são minhas companheiras. Sei que algumas de vocês ficarão desapontadas que eu tenha descido ao nível de AG, e parte de mim também está — mas realmente, já me cansei da negatividade dela. Gostaria de deixar esta confusão para trás.
>
> É tudo que vou dizer, exceto que finalmente — porque tenho uma vaca dentro de mim —, aqui há alguém dizendo que gostaria de publicar sua fic.
>
> [Foto de AngstGoddess na Comic-Con de San Diego 2009]

No post "gentleblaze" no LiveJournal com o qual AngstGoddess deixou o fandom de *Crepúsculo*, ela explicou algumas de suas motivações para deixar o conflito tão público: "SQID demonstrou um contínuo preconceito de classe contra mim. Quando me perguntaram se eu pensava em publicar minha própria popular fanfiction 'Wide Awake', eu falei que não, e ela perguntou por quê, se eu era *tão pobre*." AngstGoddess também explica sua convicção de que a grande soma de dinheiro que o trecho de "Master of the Universe" conseguiu no leilão na Fandom Gives Back foi importante para transformar a publicação em realidade:

> Sei que ela vai publicar MotU em algum momento, e tenho 100% de certeza de que ver seu trecho levantar 28 mil dólares para a pesquisa de câncer pediátrico teve muito a ver com isso. Não sou mais muito ativa no fandom e o website do leilão foi minha última contribuição digna de menção, então não tenho problema em revelar estas conversas.

As ramificações deste conflito não terminaram ou começaram com esta divulgação pública de chats privados. Antes de se tornarem públicos, mas consideravelmente depois de terem ocorrido, um novo jogador chegou ao fandom de *Crepúsculo*: Twankhard, o centro do tipo de negatividade que James mencionou em seu post no chat. Neste site de ódio contra Big Name Authors, todos os posts eram anônimos; seus alvos, não. Especulações sobre seus administradores e colaboradores corriam soltas, mas, quando a verdade foi revelada, chocou a comunidade. Uma delas não era simplesmente uma pessoa "de dentro" da confusão. Era *a* pessoa. AngstGoddess. Os motivos que declarou. Raiva de Snowqueens Icedragon e do fenômeno "retirar para publicar". Este mesmo post "gentleblaze" explicou Twankhard, suas motivações e próprios motivos dela para participar.

> Twankhard, criado no final de setembro de 2010, foi um blog meio anon-meme no qual eu tive algum envolvimento. Está hospedado em Wordpress.com, e seus posts estavam normalmente relacionados a autores sendo publicados, arquivos se convertendo em editoras sob demanda, ataques contra resenhistas, wank de ego etc. etc. Todos os moderadores, administradores e comentaristas estavam obrigados a ser anônimos. Não era permitido agir com arrogância.
>
> [...]
>
> Quando me procuraram para fazer o blog Twankhard, minha reação foi:
>
> É UMA IDEIA HORRÍVEL HORRÍVEL E VAI ENFURECER TODO MUNDO NO UNIVERSO (quando podemos começar?).
>
> [...]
>
> A missão geral de Twanwkhard era ressaltar vários wanks no fandom e cultivar uma discussão anônima sobre eles. Como declaramos continuamente, não era para ser sério. Só queríamos tirar um sarro dos egos dos outros e informar a comunidade de quais histórias estavam sendo retiradas para publicação. Os posts do blog geralmente caíam para a zombaria, enquanto a discussão real aconteceu nos comentários.
>
> Como na maioria das coisas, eu era muito irregular para ter qualquer envolvimento realmente significativo, mas vou dizer que fiz o trabalho técnico, escrevi um pouco (menos do que deveria), e estava encarrega de responder e-mails.

Qual foi o catalisador imediato para que AngstGoddess tuitasse trechos editados dos chats privados? Ela é muito clara sobre isso:

> Na manhã em que descobri que MotU seria publicado, tuitei para meus mais de 6.500 seguidores: "*Possivelmente estou a ponto de cometer suicídio social no fandom, mas eu só quero que vocês todos saibam, vale muito a pena.*"

Seu tuíte final foi o seguinte:

> /Furor de glória. Estou fora. Parem de perpetuar a arrogância. Doem sua bondade às pessoas que não vão se aproveitar dela.

AngstGoddess não deixou os círculos de *Crepúsculo* permanentemente, mesmo que tenha parado de postar fic no fandom. Estas não foram suas últimas palavras, mas, naquele momento, ela escolheu estas palavras para se despedir:

> Eu aprendi muito (esse foi meu primeiro fandom) e sou capaz de refletir em meus wanks com igual quantidade de humildade e divertimento. Sei onde errei, e sei onde acertei.
>
> Grudgewank? *Errado.*
>
> Caridade? *Certo.*
>
> Então não estou totalmente iludida. Eu me dou um C-, sou apenas humana, afinal, e vamos falar a verdade, posso mudar meu avatar e entrar em outro fandom sem problemas.

Tish Beaty é romancista e editora. Ela escrevia fanfiction BDSM de Crepúsculo *e também editou MOTU, antes de sua primeira apresentação ao mundo como* Cinquenta tons de cinza. *Aqui, Tish conta sua experiência com o fandom de* Crepúsculo *e explica seu envolvimento com "aquele livro" e com The Writer's Coffee Shop, a editora independente que ajudou a construir a partir do site de fanfic de mesmo nome. Como Omnific, este empreendimento editorial foi muito controverso dentro do fandom de* Crepúsculo.

Agridoce

Tish Beaty (his_tweet)

O único fandom de que eu tinha ouvido falar antes de 2009 foi dos filmes de *Jornada nas estrelas* — os Trekkies. Fui apresentada ao fandom de *Crepúsculo* em novembro de 2008 por uma grande amiga. Era diferente de tudo que já tinha participado: mães, filhas, irmãs e amigas que eram tão apaixonadas pela saga *Crepúsculo* que ficavam em filas por horas esperando um filme, e desenvolviam comunidades online para seguir estes livros e filmes. Achei que eram meio loucas — até janeiro de 2009, quando li todos os quatro livros em cinco dias. Fui fisgada.

Entrei na comunidade online NewMoonMovie.org, onde conheci um grupo incrível de mulheres que acabariam me conectando com a fanfiction. "Wide Awake", de AngstGoddess, tirou minha virgindade na fanfic. "Wide Awake" tomava a inocência de *Crepúsculo* e a distorcia em algo maduro, cru e apaixonado. Li o máximo de fics que consegui em FanFiction.Net por vários meses. O que me atraiu em fanfictions como "Wide Awake", "Emancipation Proclamation", "Clipped Wings and Inked Armor" e "The Hunter & The Hunted" na verdade foram as diferenças entre as fics e seus personagens comparados com *Crepúsculo*. Gostei de ler sobre Edward e Bella em um nível mais maduro, com mais substância e em conflitos um pouco mais realistas. Depois de abrir uma conta no Twitter como moderadora de NewMoonMovie.org, descobri que muitas das autoras de fic também tinham contas no Twitter e comecei a segui-las. O Twitter foi o que me levou a outras comunidades de fic como Twilighed.net e LiveJournal.

Foi em outros sites que descobri como o fandom poderia ser feio e violento. Era como no colégio, com panelinhas de autores e seus seguidores. Se um ou outro não gostasse de algo que você escreveu no fórum ou numa resenha, você certamente estaria fora. Excomungada. Por exemplo, o grupo conhecido como Bunker Babes —

as fãs mais devotadas de James enquanto ela escrevia "Master of the Universe" (ou seja, *Cinquenta tons de cinza*) — eram rápidas em localizar resenhadoras negativas e bloqueá-las no tópico de MOTU em Twilighted. Ouvi de um caso onde uma leitora não pôde mais voltar ao site de Twilighted depois de questionar o conhecimento que James tinha de BDSM. Não era fã deste tipo de comportamento, mas não me afetava diretamente. Não me envolvia nos dramas de fandom, e apesar de não gostar daquilo, não era forte o suficiente para me desligar inteiramente dele. Eu até comecei a escrever minha própria fic.

"The Submissive", de Tara Sue Me, foi a primeira fic de BDSM que li. Fiquei interessada no estilo de vida BDSM e no final isso me levou a um site de estilos de vida alternativos. O site de estilo de vida alternativo me apresentou a pessoas na comunidade BDSM com quem me conectei e fiquei amiga. Estes relacionamentos me inspiraram a escrever minha história "Nilla Days and Bound Nights".

Não queria fazer uma história inspirada em *Crepúsculo* quando comecei a escrever "Nilla Days". Considerava a história uma criação original, misturada com características de pessoas reais da minha vida, assim como experiências reais com as quais tomei liberdades criativas. O BDSM estava crescendo em popularidade nos sites de fic, e sentia que as leitoras de fic de BDSM seriam uma boa comunidade para a qual escrever e onde aprender — uma boa caixa de ressonância para uma história que queria publicar, eventualmente. (Eu não conhecia o estigma de retirar-para-publicar quando comecei a escrever minha fic.)

Não dá para ser uma autora de fic e esperar que sua história vá bem sem que você se envolva com os outros no fandom. Então, quando comecei a postar minha história, comecei a interagir cada vez mais com a comunidade de fanfic. Foi através destas interações que eu ouvi falar pela primeira vez da "Literate Union" (LU).

Fundada por uma usuária da FanFiction.Net do Reino Unido, a Literate Union tinha membros espalhados por todo o globo — não só nos Estados Unidos. Eles se proclamavam os "assassinos de sonhos, destruidores do amor e estripadores de histórias". As seguintes regras são do tópico deles chamado "Critique/Flame Request" [Pedidos de Crítica/Flame]:

> Viu uma shit!fic? Leu uma história mal-escrita e ficou com vontade de usar água sanitária para limpar seu cérebro e seus olhos? Então poste o link aqui e a gente dá uma olhada na história... Acrescente uma descrição contando por que ela deveria ser revisada/denunciada... Vai economizar tempo das pessoas e é mais provável que sua missão seja bem-sucedida.

Eles procuravam histórias, de vários fandoms, que não tinham qualidade o suficiente para ser postadas e/ou lidas. Uma autora será atacada em resenhas de capítulos até que ela mude o que a LU acha ofensivo — ou até que ela retire a história. Nas "House

Rules and Newbies Guide" (Regras da Casa e Guia de Novatos), eles declaram que seus membros deveriam "colocar um 'LU' no final de cada resenha de LU. Isso vai espalhar a palavra de LU e, no processo, possivelmente irritar aqueles que estamos resenhando". O grupo parece prosperar com a confusão e o confronto.

No final de 2009, com o crescimento mundial da Saga, a Literate Union se alojou no fandom de *Crepúsculo*. Membros do fórum concordaram que Stephenie Meyer era uma "amadora sem talento", que o fandom consistia em um bando de "seguidores de modinhas", e assim começou o ataque contra a Twific. As primeiras fics atacadas foram aquelas que quebravam as regras de classificação da ff.net: "FanFiction não aceita conteúdo explícito. Classificação de Fic: MA, e esta classificação só é apresentada como referência." Maduro ou "M" supostamente é a classificação mais alta que a ff.net aceita: "Não apropriado para crianças ou adolescentes menores de dezesseis anos com temas adultos não explícitos, referências à violência ou linguagem de baixo calão. Ficção M pode conter linguagem adulta, temas e sugestões. Descrições detalhadas de relações físicas de natureza sexual ou violenta são consideradas Ficção MA."

Não sei bem quantos autores da ff.net realmente seguiam estas regras. A maioria das fics que li no site era MA no conteúdo e fics MA ainda podem ser encontradas lá em abundância hoje. Independentemente disso, os administradores da ff.net começaram a enviar avisos aos autores que postavam conteúdo MA. Estes autores tinham a escolha entre remover o conteúdo ou ser retirados do site. Com bastante frequência, as histórias atacadas eram as que tinham um grande número de resenhas e/ou acessos.

Mais ou menos nesta época, fics começaram a desaparecer do site, ou porque os autores não queriam mudar o conteúdo e então moviam suas fics para outro lugar, ou porque tinham sido forçados a sair pelo FanFiction.Net. Comecei a postar em Twilighted.net para proteger "Nilla Days and Bound Nights" porque, como muitas outras Twifics, continha material MA. Mas achei o processo em Twilighted.net exclusivista e irritante. O uso de leitores "beta de validação" para pré-aprovar capítulos me lembrou o que a LU estava fazendo em ff.net — os leitores beta estavam decidindo se uma história e/ou seus autores eram dignos de fazer parte do site. E, apesar de minha história ter sido aprovada para postagem, eu fiquei incomodada com a necessidade de pré-aprovar, assim como os pequenos círculos de leitores que se formaram em alguns dos tópicos da história.

O tumulto afetou minha criatividade, e eu procurei outro fórum para minha história. Um amigo sugeriu uma nova comunidade de fic chamada The Writer's Coffee Shop (TWCS). Uma das fundadoras do site tinha sido atacada em ff.net por não se conformar com as regras devido a conteúdo explícito MA, então um grupo de mulheres dos Estados Unidos e da Austrália decidiu começar seu próprio lugar onde fãs poderiam discutir livros, autores, blogs e muito mais. Em janeiro de 2010, a Biblioteca da TWCS foi aberta para permitir que escritores postassem trabalhos originais, assim como fanfiction, sem ter que passar pelas barreiras que outros sites exigiam.

Depois de visitar a comunidade e a biblioteca, eu mudei minha história para TWCS. Na minha opinião, era o melhor site disponível para autoras de fic na época. TWCS tinha seções de histórias em destaque, pequenas xícaras de café fofas para que as leitoras classificassem os trabalhos que liam, realizava desafios de escrita e postava listas de dez melhores. "Nilla Days and Bound Nights" foi recebida com braços abertos pelas leitoras e administradoras do site, e ficou entre as dez melhores por vários meses. Não demorei a ficar amiga de Amanda Hayward, uma das fundadoras de TWCS. Depois de algumas semanas, eu me tornei administradora do site. Espalhei a notícia aos meus leitores em ff.net e seguidores no Twitter de que TWCS era o melhor lugar para nós.

Amanda e eu conversávamos muito sobre nosso amor por todas as coisas literárias, assim como nosso desejo de ver alguns escritores talentosos da TWCS Library publicados. Ela pensara em abrir uma editora online, e sentia que TWCS seria a plataforma perfeita para fazê-lo. Concordei porque acreditava naquilo que o site defendia: um lugar para as pessoas de todo o mundo se encontrarem e se tornarem amigas; um lugar onde as autoras pudessem postar sua fic ou histórias originais sem ficar limitadas por grupos ou panelinhas como a LU; um lugar onde eu me sentia bem-vinda e querida.

Um ponto importante das conversas que tive com Amanda era a criação de Omnific, uma e-editora que começaria transformando populares fics de *Crepúsculo* em livros publicáveis. Estas fics iam de romances contemporâneos a paranormais e eram publicados depois de um pouco de edição e da troca de todos os nomes de personagens de *Crepúsculo*. A primeira fic "editada", *Boycotts and Barflies*, foi lançada em janeiro de 2010. A visão da Editora TWCS era encorajar escritores da comunidade de fic a abrir as asas e escrever trabalhos originais que poderiam ser publicados ao mesmo tempo em que os ajudavam a crescer como autores. Uma editora que cuidaria das necessidades das autoras aspirantes. Por mais que a Editora TWCS acabasse publicando algumas fics retrabalhadas, ao contrário da Omnific ela não começou como um lugar de publicação de fanfic popular.

De fevereiro a maio de 2010, nós pesquisamos como funcionava a edição de livros. Eu trabalhava durante o dia, então passava minhas noites e fins de semana olhando a legislação de contratos, escrevendo contratos e formulando textos informativos para editores e autores, contatando gráficas em todo o globo para pedir orçamentos e discutindo com Amanda como a editora deveria ser montada e dirigida. Contratei várias autoras enquanto estava na Editora TWCS e ajudei a trazer novos editores também. No verão de 2010, TWCS Library hospedou um concurso para trabalhos originais no qual dois ou três participantes receberiam ofertas de um contrato com a editora. *The Changeling's Champion* de Miya Kressin e *The Children of Creation: Convergence* de JD Watt foram os dois escolhidos, e eu os recebi para editar os textos.

Desde o começo, recebi o título de editora gerente e de aquisições. Foi meu entendimento que eu receberia 20% de sociedade na editora como uma forma de compensação por todo o trabalho que estava tendo, porque havia um fluxo limitado de dinheiro no pré-lançamento, e provavelmente seria assim nos primeiros anos. Depois dos meus primeiros meses de trabalho, me falaram que funcionaria melhor para mim se, em vez de receber parte da sociedade, eu recebesse por livro um valor maior que os outros editores, como compensação por todo o trabalho administrativo que eu tinha feito e continuava a fazer. Não tinha motivo para duvidar que seria compensada de forma justa por ajudar tanto na aquisição de autoras quanto no desenvolvimento da editora. Afinal, Amanda e eu tínhamos formado o que eu achava que era um relacionamento de trabalho assim como amizade, frequentemente assinando nossos e-mails ou terminando nossos chats com "Te adoro".

Tive a honra de trabalhar com várias autoras maravilhosas durante meu tempo com a TWCS. Editei cinco mulheres incríveis — incluindo a internacionalmente conhecida E. L. James. A decisão de publicar *Cinquenta tons* foi fácil para a TWCS. James tinha uma base de fãs na fic que se espalhava por todo o globo. Sua série era exatamente o que nossa empresa precisava para colocar no mapa uma editora genuína ao mesmo tempo em que gerava dinheiro para o negócio. Até este ponto, as únicas fics que a TWCS tinha publicado haviam sido muito editadas e retrabalhadas, e mesmo que eu não gostasse muito da ideia de retirar as fics para publicação, sabia que a TWCS precisava de um impulso se eu quisesse começar a trabalhar exclusivamente para a editora. Depois que me disseram que eu "era a única capaz de fazer o trabalho", concordei em trabalhar com James como a editora de *Cinquenta tons*.

Meu principal objetivo, de acordo com a TWCS, era ter certeza de que o conteúdo tinha sido mudado o suficiente para que não tivéssemos nenhum problema de direitos autorais. Pediram que eu tratasse *Cinquenta tons de cinza* e James com luvas de pelica para manter a paz e a felicidade dela. Em retrospecto, eu teria lidado com a edição do texto de *Cinquenta tons* de forma diferente? Claro que sim. Eu teria seguido meu instinto e feito as mudanças que sentia que eram necessárias no manuscrito. Não fazê-las me transformou no bode expiatório da TWCS quando James ficou infeliz com a falta de um copidesque em *Cinquenta tons* (não havia copidesques na equipe quando eu editei *Cinquenta tons*). Também perdi a chance de editar os livros dois e três, e não fui compensada de forma apropriada por editar o livro e recuperar qualquer compensação pelo trabalho que fiz para desenvolver a TWCS como editora.

Fui sendo eliminada da editora ao longo de um período de nove meses — bem na época em que estavam fazendo em Nova York os contratos de *Cinquenta tons* com a Random House. A TWCS substituiu sua oferta de me tornar editora gerente da divisão erótica por uma posição na TWCS Library, que não pagava o suficiente para que eu deixasse meu emprego diurno. Fui colocada numa lista negra por muita gente no fandom de *Crepúsculo* por ter trabalhado naquele livro. Autoras que antes eu tinha considerado minhas amigas deixaram de me seguir e de falar comigo nas redes sociais; amigas do fandom fizeram vista grossa quando a TWCS me dispensou — apesar de terem repetido muitas vezes que havia sido antiprofissional e errado o que tinha acontecido. Agora sou conhecida como a editora do livro que precisava ser editado: o romance que chegou ao primeiro lugar no *New York Times* e vendeu megamilhões de exemplares, *Cinquenta tons de cinza.*

Minha experiência foi agridoce. Vi algumas facetas do fandom, da fic e do mercado editorial que a maioria das pessoas não conhece — o bom, o ruim, o fabuloso e o feio. Trabalhei com autoras que se tornaram grandes amigas e que avançaram além da TWCS em seus empreendimentos editoriais. Vi algumas das minhas fics favoritas transformadas em obras prontas para a publicação, e algumas até chegaram a ser publicadas. Mesmo que minha oportunidade de trabalhar em tempo integral com a TWCS tenha desaparecido há muito tempo, agora sou representada por Louise Fury, uma fabulosa agente da L. Perkins Agency. Estou trabalhando no meu próprio romance e, pela primeira vez nos últimos anos, estou empolgada em ver o que o mundo editorial tem a oferecer.

parte três

FIC E PUBLICAÇÃO

Existe uma comunidade de escritores — bem, diversas comunidades aninhadas ou sobrepostas ou estranhamente paralelas — baseada quase inteiramente na troca, no elogio, no respeito mútuo e na crítica. As obras produzidas nesta comunidade, quase por definição, não possuem valor monetário. Em pelo menos alguns círculos desta comunidade, produzir trabalho por dinheiro é malvisto, até zombado, como "vendido". Alguns podem ganhar dinheiro com a venda de seus trabalhos e estes poucos são os mais conhecidos para os que estão fora da comunidade, mas são caçoados pelos verdadeiros crentes.

Claro, estou falando da poesia.

Nem sempre foi assim. Em uma época diferente, dois jovens queriam levantar dinheiro para uma viagem pela Europa. Eles pensaram: *Ei! Vamos escrever um livro de poesia experimental!* Mesmo que William Wordsworth e Samuel Taylor Coleridge jamais pudessem ter se aposentado com o dinheiro que ganharam com *Lyrical Ballads* (por mais que certamente tenham acumulado um impressionante capital cultural), a ideia de levantar dinheiro através da venda de poesia não era tão absurda no final do século XVIII quanto parece ser hoje. (Temos que admitir que *Lyrical Ballads* não vendeu nem perto de *Cinquenta tons de cinza.*) A verdade é que atitudes e expectativas sobre a literatura mudam o tempo todo. Os sistemas de valor — sejam financeiro ou cultural — que se aplicam a diferentes tipos de escrita mudam também.

Valores financeiros e culturais são vistos, às vezes, como antitéticos. O crítico cultural Theodor Adorno argumentou que qualquer forma de cultura de massa, popular, comercial — qualquer coisa que participasse da "indústria cultural", como ele chamava — não era arte, mas era o inimigo da arte. Em um meio cultural totalmente diferente, a colaboradora de *Fic* Rachel Caine se lembra de ter sido ignorada em uma convenção de fãs porque era publicada comercialmente — escritores *de verdade*, ela escutou, escreviam apenas por amor. Em outros círculos (a Science Fiction & Fantasy Writers of America, por exemplo), apenas escritores pagos podem se inscrever; a associação aceita apenas escritores publicados em mercados reconhecidos. A partir de ainda de outra perspectiva, também é onde você publica que conta, mas de uma forma diferente: alguns escritores sérios, profissionais de ficção literária e experimental consideram qualquer associação com as grandes editoras comerciais como algo destrutivo para seus valores e objetivos literários, o equivalente a se deitar com o inimigo.

No final, os sistemas culturais e financeiros de valor são muito diferentes, e provavelmente deveriam ser entendidos de forma distinta. Em vez disso, eles são confundidos de forma contínua e, talvez, inevitável.

Esta confusão certamente ficou aparente no mundo emaranhado da fanfiction. Em parte por causa do medo das consequências legais, por um senso de originalidade exagerado do material fonte em oposição às fanworks que ele inspira, e pelo orgulho de fazer "fic pelo prazer de fazer fic" e o ethos da economia da troca. O princípio de que "não deveis lucrar com fanworks" na cultura de fã foi, dependendo de quem for seu interlocutor, um princípio fundador quase sagrado e inviolável, totalmente necessário. Para outros dentro da mesma comunidade, é apenas um mal necessário.

Parte da confusão sobre a publicação de fanworks vem do fato de que *fanfiction* não significa nada específico. É um termo guarda-chuva para trabalhos identificados por seus autores como sendo relacionados a um produto cultural particular ou figura pública, mas o termo em si não é uma afirmação real sobre a proximidade de certo fanwork com sua fonte. Às vezes o distanciamento do original era intencional (Holmes e Watson são mulheres troianas na Grécia antiga!), e às vezes é completamente acidental — o fanwriter está se esforçando, mas o estilo, tom e a natureza da história seriam completamente irreconhecíveis como remotamente relacionados a sua fonte se não fossem os nomes dos personagens, tags de identificação e o website onde aparecem ("OMG Homes, I can't even said Jon LOL Wastin U R so dumb that was homes said that"). Então há mais de uma razão para que a publicação por lucro não seja uma questão para a maioria dos fanwriters.

Muitos fanwriters ficam surpresos ao descobrir que existe uma longa história de adaptar fanworks para uso comercial — como vimos no caso de Sherlock Holmes, por sugestão do próprio Sir Arthur Conan Doyle: "Caro senhor, li sua história. Não é ruim e não vejo por que o senhor não deveria mudar os nomes e tentar publicá-la." Claro, a história do fandom não é necessariamente cumulativa nas mentes e experiências de qualquer geração de fãs. Os fanwriters de hoje não sabem nada da carta de Conan Doyle, nem da prática aberta e aceita de transpor novos nomes sobre pastiches de Sherlock Holmes e publicá-los comercialmente. Da mesma forma, a nova geração de leitores e escritores de hoje que está crescendo e compartilhando material original e fanworks em uma única plataforma, como vemos sendo feito no Wattpad e na comunidade online Movellas, pode não experimentar o compartilhamento de material original e fanworks como sendo de naturezas diferentes. Quanto ao pequeno número de escritores que conquistaram reconhecimento e até contratos comerciais nestes sites, eu nunca vi nenhum protesto.

Claro, nunca vamos saber quantos romances começaram como obras de fanfiction que nunca foram compartilhadas publicamente, o escritor percebendo em algum ponto no processo que o trabalho tinha se desviado para um território independente e poderia ter continuidade assim. Mesmo para trabalhos que *foram* compartilhados como fanfiction, "raspar os números de série", como se chama com frequência o reposicionamento de um trabalho transformativo ou derivativo, não é nada novo. O que é novo é o fato de a prática agora ter se tornado totalmente aberta — tanto que aquilo que *Newsweek*, *Time* e *Publisher's Weekly* destacaram como sendo a nova e ousada tendência no ano passado já se tornou corriqueiro este ano. Tão corriqueiro a ponto de acontecer o tempo todo. Fanfics que conseguem contratos de publicação não ganham mais as manchetes, porém, enquanto as fics juntarem milhões de leitores online, elas vão continuar a conquistar contratos de publicação — até que um número suficiente delas fracasse tão terrivelmente que publicar um autor com dezenas de milhares de leitores pareça mais arriscado do que investir em um romancista iniciante desconhecido. Por enquanto, são as fanfics mais bem-sucedidas que estão conseguindo contratos — aquelas cujo número de acesso está nos milhões —, não as pedras preciosas escondidas, ou as pedras preciosas descobertas somente por algumas centenas ou milhares de leitores.

Como espero que esta seção deixe claro, no entanto, raspar o número de série não é de nenhuma forma o único relacionamento que a fanfiction teve com a publicação comercial. A história bem mais comum é de aprendizado, de escritores novos ou novatos desenvolvendo suas habilidades e confiança dentro das comunidades de fanwriting antes de lançar suas próprias carreiras editoriais. Estas origens na fanfic costumavam ficar escondidas, mas os autores ex-fic *também* estão saindo, cada vez mais, do armário.

Nem sempre é uma rua de mão única, também. Há exemplos de romancistas profissionais de muito sucesso que escrevem fanfic para se distrair. S. E. Hinton talvez seja a mais conhecida, mesmo que ela, como muitos outros, divulgue muito menos a fanfic escrita sob pseudônimo do que seus livros. O anonimato é um benefício central. A fanfic oferece aos profissionais as mesmas coisas que oferece aos amadores: crítica honesta, a brincadeira (que também pode ser disciplina!) de assumir outras vozes, outros estilos e tramas. A liberdade de experimentar sem arriscar sua reputação ou os investimentos de suas editoras. Escritores de não ficção — e professores! — conseguimos tirar nossos mantos de autoridade e toda a bagagem positiva e negativa que os acompanha. Se J. K. Rowling tivesse publicado seu romance de mistério como fic, ela poderia ter recebido muito do benefício (a resposta honesta, imparcial, livre de Potter em seu trabalho) que procurava.

Todos os escritores nesta seção possuem diferentes experiências de fanfiction e como isso se relacionou com suas carreiras editoriais. Com novos esquemas de licenciamento de fic, projetos estilo fanfic patrocinados por corporações e a integração de fanfic e histórias amadoras originais em sites como Wattpad e Movellas, é provável que vejamos uma variedade ainda maior destas experiências no futuro.

Uma Entrevista com Eurydice (Vivean Dean)

Eu sabia que queria entrar em contato com uma fanwriter chamada Eurydice para este livro porque ela escreveu a primeira fanfiction que eu li inteira. Eu estava no hospital. Estava mal — queria conforto. Espere... Eu tinha ouvido... não havia todo um gênero para isso? Eu tinha colecionado links de fanfic para quando me sentisse corajosa o suficiente para ler (passei várias vezes pela mesma experiência que a maioria das pessoas vivencia quando clica aleatoriamente em algum link de fanfic: horror — no meu caso, não por algo que estivesse acontecendo na fic, mas pela gramática e a pontuação. Problemas profissionais). Finalmente comecei a ler uma longa (eu queria assim pois seria uma longa noite) "entre as cenas", ou inserção de episódio, uma clássica fic de dor/conforto chamada "The Promise of Frost". Buffy e Spike ficam presos numa cabana durante o inverno e... ficaram.

Eurydice era uma escritora que parecia estar bem no controle de seu estilo e, mesmo que pudesse ser romântica demais para meu gosto em certos pontos, muitos leitores afirmavam que estas mesmas passagens eram as favoritas deles. Quando pesquisei por ela, descobri que tinha publicado trabalhos originais depois de escrever "Frost". Hoje, ela divide seu tempo entre fanwriting e romances profissionais. Em um ponto, Eurydice revisou significativamente um trabalho que tinha postado como fanfiction e o publicou como romance, deixando a versão fanfiction online. Tudo foi muito aberto.

Perguntei a Eurydice como experimenta as diferenças entre fanwriting e romance original; sobre as mudanças que ela observou na cultura de fanwriting, incluindo o relacionamento entre fanfiction e publicação; e sobre o quê, como escritora, a leva de volta à fic.

Como você vê a diferença entre seu trabalho original e seu fanwork? Os processos são diferentes para você? Quais parecem mais livres, quais têm mais regras ou restrições?

Os processos são muito diferentes para mim, na verdade. Eu sempre me senti motivada a escrever fanfiction por causa do meu amor pelos personagens, assim, escrevia histórias especificamente para deixar os personagens felizes.

Minhas leitoras [de fic] tinham uma expectativa na maior parte do tempo: ver a dupla que elas amavam ficar junta. Eu poderia forçar ou ignorar muitas regras na estrada para levá-los lá. Não é o mesmo no romance original. Há expectativas de gênero que tipicamente precisam ser cumpridas. Dependendo da audiência (eu escrevo tanto m/m quando trabalho original het, e as audiências nem sempre têm necessidades sobrepostas), eu poderia ter escolhido especificamente limitar personagens secundários, por exemplo, ou mantê-los em relacionamentos monogâmicos mesmo se não estivessem comprometidos. Eu, na verdade, comecei a escrever em um novo fandom nos últimos anos especificamente porque estava procurando algo com mais liberdade.

Como escritora, o que você consegue com a fic que não consegue com sua escrita profissional? Muitas pessoas — incluindo os próprios escritores de fic — veem fic como prática, algo para começar, mas eu conheço alguns escritores profissionais que ainda escrevem fic — ou que começaram depois de ter carreiras editoriais bem-sucedidas. Falando só por você, por que gosta das duas?

Escrever fic me permite mergulhar em personagens que adoro. Há um número limitado de episódios, um número finito de experiências para ter com essas pessoas. Fic, tanto escrever quanto ler, me dá a oportunidade de passar tempo com eles quando não conseguiria fazê-lo de outra forma. Mas eu me canso muito facilmente, para ser honesta. Não quero repetir as mesmas coisas por muito tempo. Então escrever os dois me dá o melhor dos dois mundos.

Sei que você retrabalhou [sua fanfiction de *Buffy*] "Rhapsody in Oil" até virar um original, removendo os elementos de vampiros. Você sentiu que precisou mudar muito as caracterizações, ou aquele Spike e aquela Buffy — no mundo da pintura — se tornaram tão diferentes que pareceram seus?

Na verdade, retrabalhei profundamente "Rhapsody". Muitas tramas são diferentes, alguns relacionamentos são diferentes, o final é diferente, e mais de 70% da prosa foram reescritos. O que eu terminei mantendo foi a premissa básica, o relacionamento antagônico inicial entre o herói e a heroína, e certas cenas. Como eu tive que criar histórias de fundo completamente novas para eles, ganharam uma vida própria que parecia diferente o suficiente de Buffy e Spike para me sentir confortável chamando-os de novas pessoas. Claro, eles compartilham similaridades... Cash é britânico, pensa rápido, é um pouco perigoso e extremamente sexy, por exemplo. Na verdade, me levou tanto tempo para retrabalhar quanto para escrever na primeira vez, por causa de todas as mudanças/reescrita.

Fiquei encantada com a forma aberta como você anunciou a publicação de "Rhapsody" no seu LiveJournal, e notei que a versão fic ainda está online. Tudo pareceu muito discreto. Está consciente da controvérsia em outros fandoms em torno de "tirar do ar para publicar" ou "raspar os números de série"? Do que vi no Buffyverse, o fandom parece encorajar os escritores a virar profissionais com sua fic. Será que eu perdi muito wank?

No fandom de *Buffy*, não muito. Ouvi menção disso em alguns outros poucos fandoms, mas não testemunhei em primeira mão. Vi mais wank no mundo [da escrita] original da parte de leitores e outros autores que ficaram loucos quando foi revelado que uma fanfic tinha sido retrabalhada para publicação. Eu entendo [a controvérsia no fandom], na verdade. Uma das crenças principais do fandom é que você nunca vai lucrar com isso. Acho que parte disso poderia depender também de quanto os escritores são populares quando anunciam que estão retirando a fic. Escritores com um forte grupo de apoio, pessoas que eles consideram amigos, não parecem ser tão atacados.

Você tem alguma ideia do quanto essa prática de publicação se espalhou, neste ou em outros fandoms de que você participou?

Tirando meus amigos de *Buffy*, só conheço o que vejo no mercado original de romances, principalmente no nicho m/m. As opiniões parecem estar divididas. Por um lado, os escritores que sabem quanto trabalho a fanfic dá parecem não se importar com a prática (e certamente algumas editoras não se importam de onde o texto venha, desde que lhes faça dinheiro). Por outro lado, vi leitores sentirem-se enganados por terem pago por algo que já foi gratuito, e escritores bravos porque não entendem fandom e a escrita da fic.

Você tinha alguma ideia dos números de leitores de histórias populares como a sua no fandom de *Buffy*? Pareciam existir tantos arquivos diferentes, LiveJournals, e sites de prêmios e, pelo menos quando eu estava lá, a maior parte do fandom tinha migrado de ff.net. Não me lembro de ninguém falando sobre contagens de resenhas. Não tenho certeza se era apenas uma diferença cultural, no escopo da comunidade ou uma falta de contagem (resenhas e contagem de acessos em sites como FanFiction.Net e Wattpad agora às vezes são usadas como evidência de "plataforma").

Só sabia de acessos ao meu site, mas vou ser honesta, nunca me dei ao trabalho de prestar muita atenção a nada disso. A popularidade nunca foi meu objetivo (eu provavelmente venderia mais trabalhos originais se tentasse conquistar um público mais amplo, LOL). Mas preocupar-se com contagens de resenhas, monitorar acessos... Isso está no centro do impulso da mentalidade dos blogs hoje em dia, então não me surpreende que tenha se tornado tão importante em certas comunidades.

Houve algum wank/drama em ser uma Big Name Fan ou Big Name Author em algum dos fandoms nos quais você se envolveu? Isso foi importante no fandom de *Crepúsculo*, e havia alguns sites dedicados especificamente a derrubar fãs que pareciam "grandes demais para seu ego".

Nunca vi isso, não. O mais próximo que consigo me lembrar em meu canto do fandom de Buffy era uma autora popular de Spuffy que queria escrever em tempo integral. Ela se ofereceu para escrever fics para pessoas que fizessem "doações" a ela, tenho certeza que seria como o mecenato durante o Renascimento, e imediatamente foi atacada por ousar querer ganhar dinheiro com sua fic. Ela desapareceu do fandom rapidinho depois disso. Não tenho ideia do que aconteceu com ela.

Lembro de Linden Bay Romance como sendo uma editora online que publicava muitos escritores-fãs, às vezes trabalhos originais, às vezes fics modificadas. Era uma prática aberta deles? Você sabe se eles discutiam isso? Linden Bay foi comprada pela Samhain Publishing; será que a Samhain sabia, e será que eles ainda apoiam os fanwriters?

Dois dos donos originais da Linden Bay eram autores populares de Spuffy, então eles imediatamente abordaram muitas de nós para escrevermos para eles. Pediram que eu reescrevesse algo e me recusei, principalmente porque não acreditei que era certo arrancar o número de série e se dar por satisfeito, como sei que alguns autores decidiram fazer. Terminei escrevendo um romance original em vez disso. Não discuti a prática na comunidade de romance, só atrás de portas fechadas e dentro da comunidade do fandom onde eles conseguiram seus autores. Só terminei reescrevendo "Rhapsody" depois de três anos escrevendo material original, tanto na Linden Bay e em outros lugares. Senti neste ponto que tinha aprendido o suficiente sobre o mercado e estava suficientemente confortável para mudar a ponto de torná-la original.

Quando Samhain comprou a Linden Bay, eles não assumiram automaticamente todo o catálogo. A maioria dos livros foi liberada de seus contratos. Dos três que eu tinha com Linden Bay, eles aceitaram um. Aconteceu de ser a versão reescrita de "Rhapsody", mas, mesmo assim, me pediram para fazer mudanças ainda mais significativas nela (incluindo reescrever todo o terceiro ato/final pela segunda vez, LOL). Não acho que meu editor soubesse que o livro tinha começado sua vida como uma fanfic Buffy/Spike, no entanto, e, certamente, a prática de retrabalhar fanworks nunca foi encorajada.

Andrew Shaffer é escritor, crítico e observador editorial que tende a atrair o rótulo de "agitador". Ele é notável por ter mais alter egos do que o escritor de fic médio, entre eles Evil Wylie, Emperor Franzen e Fanny Merkin, o aclamado autor da paródia Fifty Shames of Earl Grey. *Aqui, ele reflete sobre o fenômeno de publicar fanfiction e seu próprio papel como parodista.*

Cinquenta Tons de Ouro

Andrew Shaffer

Quando James W. Marshall descobriu ouro em Sutter's Mill na cidade de Coloma, Califórnia, em 24 de janeiro de 1848, ele inadvertidamente provocou um influxo massivo de colonos que ficou conhecido como a Corrida do Ouro da Califórnia. Da mesma forma, quando Random House fechou com E. L. James um contrato de múltiplos livros com cifras de sete dígitos, em março de 2012, foi um tiro de largada ouvido em todo o mundo editorial. Não só a fanfiction se tornou algo justo, um sistema de preparação de escritores, ela agora também era um veio lucrativo de ouro, parado ali, esperando para ser minerado. No final do dia em que a Publishers Marketplace anunciou o contrato de *Cinquenta tons*, metade dos agentes e editores em Nova York estavam ocupados procurando ouro na FanFiction.Net — enquanto a outra metade tinha mandado seus estagiários fazerem isso.

Atualmente, a história de *Cinquenta tons* é conhecida e batida: mãe de dois filhos, quarenta e poucos anos, se torna uma sensação mundial escrevendo fanfiction de *Crepúsculo* sob o pseudônimo de "Snowqueens Icedragon". Depois de mudar os nomes dos personagens e reestruturar seu trabalho como uma trilogia, ela lança os livros através de uma pequena editora australiana. E os fãs não param. Em um ano, a editora vende 100 mil cópias entre impressos e e-books da trilogia. Quando uma repórter do *New York Post* ouve falar dos livros atrevidos rodando entre as mães ricas em Hamptons e publica uma matéria a respeito, os livros *explodem*. Não apenas explodem: eles na verdade *causam um terremoto*. Dominam o topo das listas de e-books da Amazon por muitas semanas: as livrarias não conseguem manter as edições print-on-demand de 30 dólares em estoque. Dr. Drew fala deles no *The Today Show*. E depois Random House compra a trilogia e republica os livros com poucas alterações para poder colocá-los nas livrarias o mais rápido possível. No final, eles não precisavam ter se preocupado com o fim da febre: a trilogia *Cinquenta tons* relançada passa inéditos seis meses no alto das listas de mais vendidos do *New York Times* e da Amazon, dominando a consciência nacional e internacional de uma forma que nenhum outro livro tinha feito em um bom tempo.

Não desde *Crepúsculo*, é claro.

O que levanta uma questão, uma que estava na mente de todo profissional da indústria editorial (incluindo os que estavam investigando websites de fanfiction atrás do próximo *Cinquenta tons*): Não existe algo *errado* nisso? Não existe algo errado em cooptar o trabalho e base de fãs de um autor vivo?

Imitações não são um fenômeno novo; os filmes populares fazem isso desde sempre ("Se você gostou de X, vai adorar Y!"). Mas desta vez foi diferente. A Random House não estava simplesmente publicando um romance de vampiros porque *Crepúsculo* tinha provado que havia um mercado para o romance paranormal; a Random House estava publicando uma série que copiava outro livro, personagem por personagem (Edward = Christian, Bella = Anastasia, Jacob = José). Era menos vender um trabalho parecido para uma base de fãs, e mais usar os personagens de Meyer e seus fãs como trampolim.

A escritora best-seller do *New York Times* Jodi Picoult foi uma das muitas escritoras que se pronunciaram sobre as origens duvidosas de *Cinquenta tons*: "Se gosta [de erótica], leia erótica," Picoult tuitou. "Mas leia autores que criam seus próprios personagens e não roubam uma base de fãs que outro escritor lutou para ter. Os leitores [de James] queriam mais dos personagens de Meyer e foram atrás. Se ela não tivesse começado como fanfic teria ficado tão popular?" Mesmo assim, ela reconheceu que havia tons de cinza no que dizia respeito à ética de publicar fanfiction. "Interessante perguntar onde traçar a linha: [*Orgulho e preconceito e zumbis*] também é suspeito?" ela tuitou, questionando os "mashup" da Quirk Books com o clássico de domínio público de Jane Austen.

Eu também fui um crítico da tendência de retirar para publicar (tirar a fanfiction online e publicar por lucro, também chamado de "raspar o número de série", quando se muda os nomes para evitar complicações legais). Na verdade, anunciei no Twitter que iria escrever fanfiction de *Cinquenta tons de cinza* e colocar de volta os vampiros *na* história. Comecei a escrever uma paródia, chamada *Cinquenta e um tons* (porque era "um melhor do que *Cinquenta tons de cinza*", uma referência oblíqua a um dos meus filmes satíricos favoritos, *This Is Spinal Tap*), e fui publicando em série no meu blog de graça, postando uns poucos parágrafos por dia. Brinquei de que assim que tivesse a chance de "ganhar uma grana" com uma editora, eu mudaria o título e os nomes dos personagens, como fez E. L. James.

Depois de apenas três dias, aconteceu o impensável. Recebi o primeiro de vários contatos de editoras. Minha agente me perguntou com que rapidez eu poderia terminar o livro; falei que achava que poderia tê-lo completo em uma semana. Muitos Red Bulls e sete dias depois, enviei por e-mail um primeiro esboço para minha agente; uma semana depois, eu tinha um contrato com Da Capo Press. Da Capo correu com a produção para ter as edições impressa e digital o mais rápido possível (apesar de que passei dois meses revisando o manuscrito com meu editor, para garantir que estávamos lançando o melhor livro que éramos capazes de produzir). E, mantendo minha palavra, mudei o título (para *Fifty Shames of Earl Grey*) e os nomes dos personagens.

Apesar das minhas piadas, não era "fanfiction da fanfiction", em vez disso era uma paródia que tirava um sarro de *Cinquenta tons de cinza*, do romance erótico e da cobertura da mídia sobre todo o caso. Mesmo assim, deixei dicas por todo o *Fifty Shames of Earl Grey* de que o herói, Earl Grey, era secretamente um vampiro. Nos agradecimentos, eu também incluí Stephenie Meyer — que, ironicamente, não recebeu nenhum reconhecimento de E. L. James em *Cinquenta tons*. Senti que estava fazendo justiça. Mas estava? Uma fã irada de *Cinquenta tons* se aproximou de mim em uma convenção literária e me disse que minha paródia era ofensiva e que eu deveria ter vergonha. "É errado tentar se aproveitar do sucesso dos outros", disse a fã, aparentemente sem perceber a ironia.

Paródias são protegidas legalmente nos Estados Unidos e no Canadá. Por tirarem um sarro e questionarem a cultura pop, elas possuem uma função crítica na sociedade. A fanfiction, em contraste, não parece (no começo) ter nenhuma função, a não ser permitir que seus fãs se divirtam. Mas será que algumas fanfictions não são tão transformativas quanto uma paródia? Especialmente fanfics em universos alternativos, nas quais os personagens são transformados de vampiros em empresários excêntricos. Terei sido muito superficial em meu julgamento de *Cinquenta tons de cinza*? Será que E. L. James e seus editores não têm o mesmo direito de ganhar dinheiro que eu tive?

Para muitos escritores e artistas nascidos nos séculos XX e XXI saturados de cultura pop, a fanfiction é um importante trampolim em sua evolução criativa. Minha primeira experiência com fanfiction foi na terceira série. Eu era fã das Tartarugas Ninjas: tinha os quadrinhos, jogava o videogame da Nintendo, assistia aos desenhos animados. Nossa, eu até tentei aprender a andar de skate porque era o estilo das Tartarugas. Escrevi e ilustrei meu primeiro quadrinho das TN em cadernos da escola. Uma de minhas professoras deve ter me pegado desenhando na classe em vez de prestar atenção e, para eterno crédito dela, não me deu nenhuma bronca. Não. Em vez disso, ela pediu que contribuísse com uma tira de quadrinhos mensal das TN ao jornalzinho da escola, que era enviado a todas as casas do distrito escolar. Acho que desenhei apenas três "episódios", no entanto, já que estávamos perto do final do ano escolar, então — horror! — minha grande estreia nos quadrinhos terminou num cliffhanger. (Deve haver alguns velhos companheiros de escola ainda esperando que eu termine minha saga; para eles, digo: continuem esperando.) Mas, mesmo neste momento, eu, um estudante da terceira série, *sabia* que era de alguma forma "errado" usar os personagens de Eastman e Laird sem permissão. A escola estava me dando autorização, no entanto, por que eu iria me preocupar?

Esta foi meio que a resposta informal da indústria editorial: o que importava se agora estávamos no meio do jogo de tirar para publicar? Stephenie Meyer não pareceu se importar que *Cinquenta tons* tivesse começado como um fac-símile de seu trabalho. "Não li", ela falou para a *MTV News*. "Realmente não é o gênero de que gosto. Bom para ela — está indo bem. Isso é ótimo!" Todo mundo ficou esperando por algo mais, algum litígio complicado de Meyer ou sua editora, agora que milhões de dólares estavam mudando de mãos... mas nada aconteceu. E então o mundo editorial desceu para os fóruns de fanfiction em um frenesi devorador...

O selo Berkley da Penguin comprou *O inferno de Gabriel* e *A redenção de Gabriel* de Sylvain Reynard com um contrato "substancial de sete dígitos" para dois livros em agosto de 2012. *O inferno de Gabriel* começou sua vida na fanfiction de *Crepúsculo*, "The University of Edward Masen", sob o pseudônimo de Sebastien Robichaud. Quando a fanfiction estava completa, Reynard a retirou e publicou com o novo título — com os nomes dos personagens trocados, claro. Reynard tomou a decisão a pedido de seus leitores, ele explicou. "Eu dei ouvidos às milhares de mensagens enviadas por leitores que queriam que a história fosse publicada", ele escreveu em um post no blog naquele abril. "Então, claro, eu não esperava problemas ao anunciar a publicação. Na verdade, a reação [negativa] de alguns, incluindo aqueles a quem chamo de amigos, me surpreendeu muito." Alguns meses depois, o selo Gallery Books da Simon & Schuster comprou os direitos de *Beautiful Bastard*, de Christina Hobbs e Lauren Billings, um retrabalho do sucesso "The Office", da fanfiction de *Crepúsculo*. O acordo foi divulgado, mais uma vez, como "substancial" — o que mostrava que grandes editoras estavam investindo bastante dinheiro, com a esperança de conseguir o mesmo sucesso que E. L. James conseguiu com *Cinquenta tons*.

Os fãs "bravos" citados por Reynard mostraram seu desprazer com esse novo fenômeno em fóruns e em resenhas na Goodreads e Amazon. Uma resenhista anônima, usando o nome "VanessaLovesBooks", deixou esta resenha com uma estrela na Amazon por "The Submissive", de Tara Sue Me, outra antiga fanfic de *Crepúsculo*: "Economize seu dinheiro, esta é outra história de fanfiction, QUE ERA GRATUITA, na qual agora a autora está usando os fãs de Stephenie Meyer para vender seus livros." A blogueira australiana Bianca escreveu em seu blog WriterlingWorks sobre a tendência: "Será que *ninguém* consegue mais criar algo original? Ou vamos exaurir essa coisa toda *ad nauseam* por apenas uns dólares a mais? A cobra está se comendo!"

A controvérsia de tirar para publicar e "raspar os números de série" há muito está limitada às comunidades online de fanfiction, e não teve um impacto negativo nas perspectivas comerciais de qualquer um dos romances que eram originalmente fanfiction. O público em geral simplesmente não parece se preocupar com as questões éticas cercando a publicação da fanfiction. A maioria dos leitores está procurando uma boa história; se aquela história parece outra história de que eles gostavam, então melhor ainda (o que provavelmente vale o dobro para executivos de Hollywood encarregados de aprovar os novos filmes). E mesmo que muitas autoras como Picoult tenham falado abertamente contra a tendência de publicar fanfiction com fins lucrativos (provavelmente), não é algo ilegal. É difícil imaginar um tribunal lendo *Crepúsculo* e qualquer uma das fanfics retrabalhadas e encontrar qualquer violação — na verdade, isso pode ser um dos motivos pelos quais Stephenie Meyer nem tentou processar James ou qualquer outro de seus imitadores. (Só Meyer e seu advogado podem saber com certeza.) Mesmo se Meyer ou outro autor levassem um autor de fanfiction para os tribunais, não há nenhuma certeza se isso criaria um precedente.

Tudo indica que a tendência vai continuar até que os arquivos de FanFiction.Net sejam exauridos. (Eles serão reabastecidos, mas possivelmente não rápido o suficiente para os especuladores.) Felizmente, a próxima corrida do ouro já foi identificada: e-books autopublicados, não derivados da fanfiction. Autores autopublicados como Tracey Garvis Graves e Bella Andre já assinaram contratos de sete dígitos; Sylvia Day assinou um contrato de *oito* dígitos para os livros quatro e cinco da série Crossfire, antes autopublicada. A autopublicação está experimentando algo como uma era dourada, com uma indústria editorial lutando para se adaptar depois de ser sacudida pela Grande Recessão e a ascensão dos e-books.

Mas e quando os poços da fanfiction e da autopublicação secarem temporariamente, o que acontecerá? Editores e agentes poderão ter de voltar a vasculhar as pilhas de originais não solicitados para encontrar ouro — uma perspectiva bem triste. Não é nenhuma surpresa que editoras e autores tenham começado reforçar as muralhas para proteger sua propriedade intelectual. Talvez na ironia maior, a editora francesa de James enviou uma "carta aviso" em novembro de 2012 a editoras que ela sentia que estavam infringindo os direitos autorais de *Cinquenta tons de cinza* publicando livros como *50 Ways to Play: BDSM for Nice People* e *Fifty Shades of Pleasure: A Bedside Companion*. "Alguns destes títulos, que usam elementos do livro, são claramente parasíticos", contou um diretor da editora de James ao *The Telegraph*.

Os advogados de James também se ocuparam de reprimir tudo que podiam, de festas de lingerie com temas de *Cinquenta tons* a camisetas piratas. Sua agente, Valeris Hoskins, defendeu esta postura: "Não se pode simplesmente tomar algo que pertence a outra pessoa", disse Hoskins ao *Mirror*. No entanto, se o sucesso de *Cinquenta tons* e outras fanfics de *Crepúsculo* indica alguma coisa, é que você *pode* sequestrar algo que pertence a outra pessoa — e ganhar dinheiro com isso. Então, por enquanto, a corrida do ouro continua...

O Caminho de Espinhos

Escritores de Fic Falam sobre Publicar Fanfic

Recentes tendências no mercado editorial demonstraram que dá para ganhar dinheiro com a fanfiction. Editoras (Omnific e The Writer's Coffee Shop) surgiram a partir de arquivos populares de fic; a venda de fics retrabalhadas autopublicadas se tornou bastante comum; concursos de fanfiction oferecem prêmios; e, mais recentemente, o esquema de licenciamento autorizado de "fanfiction" da Amazon, chamado Kindle Worlds, começou a oferecer royalties para trabalhos que obedeçam a certas condições e regras. Os exemplos mais proeminentes (ainda que menos comuns) de ex-fic profissionalizada resultaram nas Seis Cinco Grandes Editoras lançando fanfiction retrabalhada como romances "originais": *Cinquenta tons de cinza*, *Beautiful Bastard*, *O inferno de Gabriel*, *The Submissive*, *Wallbanger*, *Sempre* e *Loving the Band*.

Eu usei aspas ao redor da palavra "original" não para sugerir que fanworks não merecem o termo, mas para sublinhar o termo como algo contestável — e muito contestado. No mercado editorial, frequentemente parece significar "original o suficiente" (para não ser processado), e aparentemente já vem significando isso há um *bom* tempo — não só a partir de *Cinquenta tons*. Para leitores leigos, o sentido vai de "único" e "o produto do meu próprio trabalho" a "acho que consigo ganhar um trocado com isso" e "o conteúdo expressivo completamente autônomo da minha alma". "Original" significa coisas diferentes para pessoas diferentes em círculos diferentes — assim como a própria palavra "fanfiction". "Fanfiction" é geralmente usada como um sinônimo de "trabalho derivativo", uma frase com implicações no direito autoral. Mas fanfiction é geralmente melhor descrita como transformativa, paródica, crítica e, sim, "original" em qualquer um dos sentidos acima. E, mesmo que tais distinções possam ser material para debate literário (é realmente uma paródia? Ou apenas uma imitação ruim? Todos os trabalhos não são derivativos de alguma coisa? Existe algum trabalho escrito que seja realmente "único e original"?), esses termos escorregadios são geralmente usados para determinar a diferença legal entre "tudo bem lucrar com isso" e "violação de direitos autorais".

A recente explosão de fanfiction publicada ocorreu porque *as editoras* perceberam — muito publicamente e em larga escala — que "fanfiction" não era sinônimo de "derivativo". Acontece que o mundo editorial e as comunidades de fanfiction há muito vêm trabalhando com hipóteses sobre o direito autoral, no que se refere aos fanworks, ainda *mais* restritivas do que a lei de direitos autorais em si.

A colaboradora de *Fic* e advogada de propriedade intelectual, Heidi Tandy, oferece uma perspectiva sobre como e por quê, pelo menos uma parte deste lucro é legal:

Um dos fundamentos da lei de direitos autorais dos EUA é que um autor/criador só pode proteger a "expressão" de uma ideia. Normalmente, isso significa o texto palavra por palavra em uma música, filme ou livro. Desde os anos 50, também é possível ter os direitos autorais de um personagem, mas esta proteção é muito limitada; um personagem só pode ser protegido quando é especialmente diferente, ou tão central à história que o personagem é essencialmente a "história que está sendo contada". Meninos bruxos de cabelo escuro com cicatrizes e corujas não podem ser protegidos; se fossem, Tim Hunter, de Neil Gaiman (em *Os livros da magia*), teria impossibilitado a existência de *Harry Potter* como conhecemos. Mas, como Gaiman disse em 1998:

> Não são as ideias, é o que você faz com elas que importa.
>
> A ficção de gênero, como Terry Pratchett apontou, é um ensopado. Você tira coisas da panela, coloca coisas de volta. O ensopado continua borbulhando.[100]

Tropos, elementos de personagens muito usados, falhas de caráter, Mary Sues e Gary Stus — até quando um autor usa muitos destes elementos juntos, isso não torna o personagem "copyrightable" e, portanto, se outra pessoa usar estes elementos para contar uma história diferente usando palavras diferentes (e nomes de personagens diferentes, porque usar os mesmos nomes poderia ser uma questão de marca), o segundo autor não está automaticamente cometendo uma violação de direito autoral. A expressão de ideias — as palavras específicas — não é a mesma.

Opiniões legais, claro, variam em *todos* os assuntos, e *Fic* não tem o objetivo de dar conselhos legais. Mas a ideia de direito autoral descrita acima está muito distante da que muitos fanwriters tinham. Fanwriters geralmente acreditam que suas vidas literárias existem por uma permissão dos detentores dos direitos autorais e, mesmo que isso possa não ser verdade, poucos fanwriters têm os recursos para enfrentar legalmente uma grande corporação, e nenhum caso chegou aos tribunais. A maioria dos fãs tira o material da internet quando solicitado. Muitos se opõem a atrair atenção a fanworks de *qualquer* maneira — muito menos de forma comercial, como fizeram *Cinquenta tons de cinza* e seus cúmplices — e isso foi especialmente verdadeiro no caso daqueles fãs que se lembram dos "velhos dias ruins" de múltiplas ordens de "cease and desist".

Deixando a legalidade de lado, no entanto, acho que a noção geral de que as pessoas *podem* às vezes publicar fanfiction levou a algumas concepções equivocadas sobre como os fanwriters veem a si mesmos e seus trabalhos. Pessoas de fora assumem com frequência que os fanwriters devem ficar extasiados com o novo potencial de lucro dos seus trabalhos, e muitos fanwriters *estão* felizes por terem novas oportunidades. Mas nem todos eles estão loucos para ter lucro, e alguns acham a prática totalmente antiética. Enquanto muitos fãs não expressam nada além de amor e apoio a fanwriters que encontraram sucesso comercial com sua fic, outros veem isso com desprezo e raiva. Alguns reagiram inicialmente com ultraje, mas aceitaram a mudança; outros julgam caso a caso (uma maior transformação da fanwork faz com que a venda seja mais aceitável, enquanto edição mínima ou superficial é "simplesmente apelação"); alguns esperam que chegue logo sua vez. Alguns simplesmente dão de ombros e continuam escrevendo por prazer e amor — eu geralmente ouço de fanwriters que, se quisessem lucrar, eles teriam escrito algo diferente, mas o que outro escritor quer fazer com o próprio trabalho não os afeta.

Muitos outros, no entanto, continuam intensa e apaixonadamente opostos à prática de publicar fic — mais explicitamente, talvez, entre as fileiras do fandom de *Crepúsculo,* que foi onde nasceu a tendência atual. Os oponentes mais fortes da publicação de fanworks rapidamente investigam e rotulam qualquer nova publicação nas listas de Goodreads e na Amazon, postando resenhas com apenas uma estrela onde notam a origem da publicação na fic. Um desses comentários em *The Submissive*, de Tara Sue Me coloca: "Muitas pessoas querem passar a mão na cabeça desta mulher (e inventam babaquices hilárias para desculpá-la — total hipocrisia patética) porque gostam dela. Ela não é diferente de nenhuma das outras pessoas moralmente fracassadas que se dedicam a esta prática antiética e repugnante." Outra resenha, o autopublicado *Wake*, um retrabalho de uma fic popular na qual um Edward com câncer luta para conviver com a sexualidade de seu corpo doente, com as tags: "cheap-ploys-to-make-a-buck [truques baratos para ganhar uns trocados], rewritten-fanfiction [fanfiction reescrita], dont-even-bother [não perca seu tempo], gonna-be-sick [vai passar mal], no-just-no [simplesmente não], not-cool [nada legal], not-if-i-were-dying [nem se eu estivesse morrendo], severe-side-eyes [reprovação severa], shouldn-t-be-published [não deveria ser publicado], wtf-is-this [que porra é essa]." Mesmo pelos padrões do Twitter e Tumblr (climas retóricos muito expressivos), as discussões desse tema se destacam. Amizades próximas e parcerias de trabalho forjadas durante anos terminaram, de forma amarga.

Uma das críticas mais proeminentes, explícitas e vigilantes no fandom de *Crepúsculo* tem sido einfach mich, que no começo escreveu um influente post em seu blog:

> O fato triste é que nem toda situação pode ser um compromisso. Especialmente quando as ações de uns poucos gananciosos insultam a base do que fazemos.
>
> Você pode não se importar de onde vêm as histórias. Pode pensar que está apoiando um amigo que está vivendo seu sonho (Deus sabe que eu fiz isso), mas no final, usar a fanfiction e o fandom de outra pessoa para lançar sua própria carreira literária vai acabar prejudicando todos os escritores e leitores de fanfiction. Seja ao ameaçar a capacidade dos escritores de fanfiction... de fazer o que fazemos sem nenhuma ameaça de sermos perseguidos, ou por convencer outros escritores de fanfiction de que o trabalho deles não é legítimo a menos que tentem vendê-lo.
>
> Se você não vê a fanfiction como uma forma de arte legítima, então não a escreva.[101]

Nesta visão, fandom não está e nunca pode estar ligado a dinheiro; tem a ver com igualdade, discurso aberto, uma quase utopia de trocas livres. O dinheiro ameaça tudo, desvaloriza tudo, mancha tanto os fanwriters quanto as fontes.

Claro, poucos fan writers fecharam grandes contratos de publicação: sete ou oito com grandes editoras na época em que estou escrevendo, mas mesmo se fosse dez vezes este número, representaria apenas uma minúscula fração das quase 4 milhões de fanfics postadas só no Wattpad — que é apenas um site, e um dos mais novos. Também, os hábitos da comunidade variam em termos de plataforma, fandom e geração. Em alguns fandoms, é aceitável passar (silenciosamente) um chapéu digital ou até pagar autores por fanworks encarregados. O que é ou não aceitável dentro das comunidades de fanfiction muda o tempo todo.

Alguns fãs, no entanto, ainda estão se perguntando como isso é possível. Como Aja Romano, há muito fangirl e agora comentarista do *The Daily Dot* e outros veículos, explica:

> Durante décadas, a regra dourada da fanfiction foi *Não devereis lucrar.* Esta é uma proteção em dois níveis: protege o detentor dos direitos autorais original de ter seus direitos violados por uma busca por lucro, e protege o autor de fanfic de processos de violações de direito autoral.
>
> Mas as atitudes em relação à fic por lucro mudaram tão rapidamente e tão drasticamente que, em uns poucos anos, nós passamos da prática ilícita e tácita de "raspar os números de série" a *Cinquenta tons de cinza* aceitando abertamente seu status de fanfic publicada.
>
> E agora, claro, temos Kindle Worlds, cuja abordagem de fanwork como uma franquia de livre empreendimento pode ser um passo doloroso e inevitável no caminho para que as corporações alcancem um relacionamento permanente mais imparcial com seus fandoms.
>
> Mas o que significa "lucrar"? A partir de que ponto começamos a lucrar com o fandom? É lucro quando alguém ama uma fanfic alheia o suficiente para desenhar fanart para ela? Quando você consegue patrocínio para participar de uma convenção? Quando você consegue um emprego por causa das conexões no fandom, ou quando capitaliza sobre seus seguidores para lançar um Kickstarter bem-sucedido, como *Fight Like a Girl*, a campanha financiada basicamente por fandoms que permitiu minha estreia literária em 2013?
>
> A estrada que vai de "Não devereis lucrar" passando por "Se lucrares, pelo amor de Deus, não reconheça" até chegar em "Dane-se, podeis lucrar se quiserdes" não é simples. Não registra a trajetória das primeiras exceções como Cassandra Clare e Naomi Novik, que ataram diretamente suas carreiras literárias bem-sucedidas aos seus seguidores na fandom — Clare, ao manter seu pseudônimo, manteve os fãs que já a conheciam, Novik ao tratar sua *identidade editorial* como o "segredo aberto" só conhecido por sua bem-esta-

belecida base de seguidores no fandom. Nenhuma delas estava lucrando com a fanfiction — pelo menos, não diretamente. Mas se escrever fanfic permitiu que elas construíssem uma forte base pessoal de fãs, criassem as conexões no mercado e ajudou a se tornarem escritoras disciplinadas e desenvolvidas? Com certeza.

Alguns fan writers são tão críticos destas dinâmicas quanto são de escrever fic por lucro. Por exemplo, o já citado post no Tumblr de einfach mich denuncia a prática de idolatrar alguns fan writers acima de outros, e de fazer com que o fandom de fanfiction seja mais centrado nos escritores de fic e nas fics em si do que ao redor do entusiasmo e aderência às histórias originais. Ela reclama que novos leitores vieram procurar histórias sobre Edward e Bella de Stephenie Meyer e encontravam estranhos — uma variação das reclamações de que fic UA "arruína" ou "não é realmente" fanfics que podiam ser encontradas já nas reações ao universo Kraith de Jacqueline Lichtenberg nos anos 1970.

einfach mich também reitera os argumentos comuns e geralmente repetidos de que a "fanfiction deve ser um presente para outros fãs" e que "fãs não veem outros fãs como clientes". Esse fandom inteiramente igualitário que ela imagina pode não ser a norma — Big Name Fans parecem ter sido um fato na vida dos fandoms desde sempre —, mas certamente a introdução de dinheiro em uma economia não monetária complica os relacionamentos e acordos implícitos que fundamentam seu funcionamento.

Vejamos os leitores beta. Leitores beta atuam como pré-leitores, caixas de ressonância e editores dos escritores de fic. Todo o trabalho deles é voluntário e é um trabalho real. Eles dedicam tempo e atenção à tarefa e, como muitos deles não escrevem, não recebem o mesmo serviço em troca. Grupos de crítica ou parceiros de escrita preenchem um papel similar na comunidade literária mais ampla, mas ao contrário do parceiro de crítica em um grupo literário, onde a comunidade entende a publicação por lucro como um resultado provável e desejável para o qual o grupo todo está trabalhando, betas de fanfic se oferecem porque acreditam que nenhum ganho comercial virá de seu trabalho. Um leitor beta que deseja permanecer anônimo comparou a sensação de ver o trabalho que ele leu como beta vendido fora da comunidade com um trabalho doado a uma ONG que depois virou e disse: "Decidimos vender suas coisas e ficar com o dinheiro porque a gente queria curtir a vida."

A ativa fan writer Ms Kathy era a leitora beta de "The Submissive", de Tara Sue Me, e suas sequências de fanfic, agora disponíveis pela Penguin. Ela também foi temporariamente a beta de validação em Twilighted.net para "Master of the Universe", de Snowqueens Icedragon (Twilighted.net exigia que seus autores passassem por esse nível extra de edição, se bem que a popularidade de Snowqueens Icedragon significava que ela possuía mais margem para ignorar as sugestões). Ms Kathy, que não aprova o lucro com fanworks, há muito expressou sua preocupação de que esta prática possa ter sido negativa para a comunidade de fic e continua dizendo isso. Apesar dessa posição, seu trabalho e energia voluntários sem dúvida contribuíram para o sucesso comercial das fanfics em que trabalhou. (Mesmo tendo tornado sua posição pública, Ms Kathy não está entre as vozes públicas mais raivosas, e parece não estar disposta a deixar que nem mesmo desacordos tão fundamentais destruam amizades produtivas: "Aprecio a capacidade de todo mundo de decidir por conta própria, e sou muito grata aos autores por confiarem suas palavras a mim quando seus projetos eram fic. Sou grata que me permitam falar que, mesmo que eu sempre vá apoiá-los, não é algo que eu faria ou apoiaria com meu dinheiro. Opiniões diferentes sempre vão existir na vida e gosto quando podemos ser todos adultos respeitosos.")[102]

Essa idealização do fandom como um espaço livre de lucro e não capitalista também não é totalmente precisa. Visite a Comic-Con e você verá enormes estandes corporativos e outros menores, independentes, todos vendendo aos fãs. Alguns destes trabalhos são autorizados por detentores de direitos autorais, outros não. Mas raramente há algum protesto de fãs sobre a venda de artesanato relacionado ao fandom para outros fãs, mesmo aqueles que claramente violam o direito de marca (mesmo que ordens de "cease and desist" corporativas ataquem esses trabalhos o tempo todo). Historicamente, fãs transformaram outros fãs em clientes em todo tipo de projeto em pequena escala. Parte da diferença nas opiniões em relação à fic retrabalhada pode ser explicada pela diferença em escala, mas mesmo aí parece que há uma raiva especial reservada para ter lucro com *escrita de fã*. (Por quê? A literatura é facilmente reproduzível em massa? A romantização da originalidade e da autoria? Não sei.)

A Organization of Transformative Works (OTW), que comanda o Archive of Our Own (AO3), é proponente e apoiadora de um espaço não comercial, não explorador para fanworks. O website explica sua posição sobre publicação, lucro e o site sem fins lucrativos no FAQ, sob o título "A OTW apoia a comercialização da fanfic?":

> A missão da OTW é, acima de tudo, proteger os fãs criadores que trabalham puramente por amor e dividem seus trabalhos de graça dentro da economia de presentes, que querem ser parte de uma comunidade e se conectar com outros fãs e celebrar e responder às obras de que eles gostam...
>
> Mesmo que alguns trabalhos transformativos circulem legitimamente no mercado que busca lucro — paródias como *The Wind Done Gone* (a recriação de *...E o vento levou* da perspectiva de um escravo), análises críticas que citam substancialmente um original, "guias não autorizados" etc. — esses trabalhos não são realmente o que os escritores de fanfic e os fãs criadores estão fazendo ou querem fazer. Só queremos nos divertir com nosso hobby e nossas comunidades, e compartilhar nosso trabalho criativo, sem a constante ameaça sobre nossas cabeças de que algum advogado zeloso demais em alguma corporação vá começar a mandar cartas de "cease and desist", baseando-se não no mérito legal, mas no peso desproporcional do dinheiro que está do lado deles.[103]

O Archive of Our Own é um espaço sem fins lucrativos, feito por fãs, para fãs, com seus parâmetros e expectativas claramente estabelecidos. Isso já o distingue de boa parte do fanspace, que, como vimos, tende a se basear na noção de uma base comum de verdades autoevidentes que não são nem tão comuns nem tão autoevidentes assim. É comum nos Termos de Serviço e avisos aos autores dos sites que hospedam fanfic especificar que as obras não são postadas para fins comerciais, mas também especificar que os fan writers retêm os direitos do material original em suas histórias. Porém, eu frequentemente vi e ouvi a opinião de que postar uma versão de uma história como fic constitui uma promessa de jamais adaptá-la para lucrar posteriormente. Pedi à colaboradora de *Fic* e cofundadora da OTW Francesca Coppa que comentasse:

> Eu pessoalmente não acho que publicar uma história como fanfiction seja uma promessa de não comercializá-la depois, e não há nada nos TDS da AO3 que impeça as pessoas de retirarem sua fic e venderem profissionalmente, ou mesmo de reescrever uma fic que esteja arquivada conosco e vendê-la profissionalmente, apesar de que não permitiríamos que um fã usasse a AO3 para promover ou a linkasse a aquele trabalho publicado. Você também não pode, por exemplo, postar o primeiro capítulo do seu trabalho, fã ou original, no AO3 e depois falar, sabe, "Compre o resto aqui" — é uma violação dos nossos TDS. Mas de qualquer maneira, isso é muito hipotético: a maior parte da fanfiction não é apropriada para o mercado (isso é o melhor da coisa!) e, como eu notei muito na mídia recentemente, para mim *Cinquenta tons* é distinguido basicamente pelo fato de ser tradicional (romance erótico paranormal heterossexual já é uma categoria editorial enorme).[104]

O que determina que uma obra "não é adequada" ao mercado pode mudar e vem mudando rapidamente nos últimos tempos. Qualquer que seja a definição de comercialidade de um trabalho, porém, há muita ficção potencial que não se encaixa nela, e o conhecimento de que existe um espaço e audiência disponíveis para esses trabalhos (mesmo sem recompensa monetária) é um dos maiores benefícios que a fanfiction oferece à literatura. Como aponta Coppa, os trabalhos de fanfiction que fecharam contratos com grandes editoras não chegam perto de refletir a diversidade das histórias que existem aí.

O exemplo mais óbvio: todos os grandes contratos editoriais para fic retrabalhada foram para os romances heterossexuais, ainda que mesmo uma pesquisa superficial possa desenterrar escritores slash que possuem milhões de "leituras" ou "acessos". Mas vejam o caso da fanwriter Kryptaria, da fic de *Sherlock* "Northwest Passage", que agora será publicada (depois de muita revisão) como *The Longest Night* (Sourcebooks, julho de 2014). Como a autora (publicando como Kara Braden) explica num post no Tumblr sobre o processo de "raspar os números de série", uma das primeiras coisas que ela decidiu quando planejava adaptar sua fic para publicação era mudar o relacionamento central de m/m para heterossexual. Na verdade, ela já havia começado o processo de revisão e decidido isso antes de ter sido contatada por uma editora. Quando o editor perguntou se estava disposta a reimaginar a história como heterossexual, ela já tinha uma resposta pronta:

> Parte de querer ser escritora é que eu quero ser uma autora profissional e publicada. Em tempo integral. Isso significa que preciso ganhar dinheiro escrevendo, o que significa chegar à maior audiência possível. Há mais público para romances heterossexuais do que para m/m. Não gosto necessariamente disso. Em minha opinião, Northwest Passage, como foi escrito originalmente, é um romance incrível que vai além do "OH MEU DEUS SEXO GAY" e fala direto ao coração de uma forma que poderia ser obscurecida ao se designar papéis de gênero aos personagens.[105]

Este post ajuda a ilustrar como o mercado intervém para moldar o que aparece nas prateleiras de uma forma que a fic não faz. "O mercado" que faz isso, no entanto, é uma projeção — um conjunto de hipóteses de como um livro vai se sair baseando-se em tendências generalizadas ou percepções sobre tendências. "Northwest Passage" era uma história popular, mas apesar do seu desempenho comprovado junto aos leitores e da crescente presença de um mercado lucrativo (ainda que menos mainstream) para romances eróticos m/m, suposições sobre o mercado levaram à sua reinvenção como uma história mais mainstream, mais de acordo com a norma. Na cultura geral, este tipo de intervenção acontece em notas editoriais, de estúdio ou dos executivos da rede — e, antes disso, na mente dos autores. Acontece *antes* de as histórias chegarem a nossas prateleiras ou telas. Mesmo retrabalhada, no entanto, a fanfiction da internet deixa um registro: a história (menos ou) não normativa terminada, como foi originalmente concebida, realizada e sua relação com os leitores.

Parte da importante — até crucial — função social, literária e política da fanfiction é que as pessoas realmente contam as histórias que querem contar, sem pré-censura ou noções preconcebidas sobre o que vai vender. Escritores podem fazê-lo a qualquer momento, claro, mas a fanfiction leva essas histórias aos leitores com quem elas ecoam, mesmo que eles não constituam um mercado valioso. É *este* valor que está sendo ameaçado pela comercialização da fic.

Outra preocupação demonstrada por oponentes da publicação de fic é que o lucro individual ameaça a forma como a criatividade trabalha nas comunidades de fanfiction: a troca livre de ideias — conceitos de história, premissas, sugestões, tropos — que ocorre em muitos fandoms de fic. Há uma sensação de que a fic é um empreendimento coletivo, e que remover uma obra e reivindicá-la com exclusividade é um roubo de propriedade comunitária. Isso soa muito parecido com o argumento de que toda propriedade é um roubo, o fechamento de uma área pública. Mas este não é um argumento da fic, é um argumento anarquista. É a máxima (*Toda propriedade é um roubo!*) de Pierre-Joseph Proudhon, ou do Marquês de Sade: "Se traçarmos o direito de propriedade de volta a sua fonte, chegamos infalivelmente à usurpação. No entanto, o roubo só é punido porque viola o direito de propriedade; mas este direito é em si, nada mais do que, em sua origem, o roubo."[106] Por essa lógica, E. L. James roubou da fic, que roubou de Stephenie Meyer, que roubou de Shakespeare, que roubou de... alguém que roubou algo primeiro e aquele primeiro roubo é propriedade. Quaisquer que sejam os valores comunitários da fanfiction, no entanto, e qualquer que seja a popularidade das histórias BDSM, as comunidades de fanfiction não estão povoadas por uma maioria de seguidores de Sade, anarquistas ou socialistas. A posição antilucro parece melhor resumida como: "Há uma quantidade infinita de propriedade privada — mas não para nós", como Franz Kafka, que inspirou muita fic que chamamos de ficção literária, poderia ter colocado. Ou, para falar de outra forma, se o modelo é "fãs não transformam outros fãs em clientes", isso não leva a um fluxo de mão única de capital dos fãs para as corporações?

Neste ponto, quero deixar bem claro onde eu entro em tudo isso, e qual foi meu papel. Eu tenho sido citada com bastante frequência na mídia, falando sobre fanfiction e publicação, e também falando sobre fanfics conhecidas, algumas das quais conseguiram contratos com grandes editoras.

Das seis ou sete fanfics de *Crepúsculo* que até agora conseguiram contratos, quatro são de escritoras sobre as quais eu dei aula ou discuti na mídia. E isso pode ter ajudado a chamar a atenção para elas, é verdade — mas essas fics conseguiram bons contratos porque puderam demonstrar que receberam milhões de acessos. Eu dei aula sobre elas ou as discuti porque eram influentes e populares — não ao contrário. Se uma citação minha pudesse gerar milhões de acessos, a poesia das mulheres vitorianas estaria no topo das listas de mais vendidos. (J. K. Rowling tirou o título de seu livro de mistério, *O chamado do Cuco*, de um poema de Christina Rossetti. Talvez elas *estejam* começando a ficar populares.)

Minhas declarações na mídia foram interpretadas como sendo tanto muito opostas quanto muito favoráveis à publicação de fanfic, mas a verdade é que meus sentimentos são ambivalentes e sempre foram. Eu me preocupo com as ameaças contra a livre troca de ideias. Eu me preocupo com o direito autoral tradicional, também. Eu me preocupo com isso na academia. Não acho que as forças do mercado e a liberdade intelectual sejam necessariamente amigas. Também tenho preocupações literárias tanto quanto a publicação de fanfic como de romances tradicionais: para mim, fics são simplesmente mais ricas e mais interessantes dentro do contexto, em uma comunidade de textos mutuamente comentados. *Esse* é o formato que acho interessante e novo: fanfiction como organismo. Enquanto a estrutura de trama e escrita geralmente ficam mais firmes através da edição, não acho que o processo de publicação necessariamente melhore a experiência de leitura. Sua experiência pode ser diferente, no entanto. Aqueles que não gostam das intervenções da serialização, comentários, resenhas e outras interrupções relacionadas com a fic — aqueles procurando um romance comercial popular, em outras palavras — provavelmente vão preferir as fics publicadas. Aqueles que esperam que o resultado tenha uma estrutura de romance tradicional, no entanto, podem ficar desapontados mesmo com as publicadas, já que as fics normalmente não são estruturadas como romances e, mesmo editadas, podem parecer episódios editados de uma novela de TV na esperança de que resultem em um filme bem-montado.

As questões literárias, no entanto, não são as únicas que me interessam. Eu me preocupo com as oportunidades para os escritores — oportunidades de todos os tipos para escritores de todos os tipos. A fanfic é desproporcionalmente escrita por mulheres, gays e outros que estão sub-representados ou excluídos das economias do capital financeiro *e* cultural. A fanfic pode servir para fortalecer estes grupos excluídos e marginalizados: eles encontram uma voz, usam a voz que possuem, alcançam os outros. Para muitos leitores e escritores, isso é suficiente, isso é *mais* do que suficiente, e não quero ver aquela oportunidade não financeira e premiação ameaçada pela intervenção da mesma cultura comercial que os deixou marginalizados para começar.

Mas, para muitos destes escritores do fandom, o universo da mídia de massa não é a única economia na qual eles são marginalizados ou excluídos. Apesar de que algumas tenham carreiras bem-sucedidas em vários tipos de campos (e por isso possam querer guardar bem suas identidades na fic), muitas fan writers *não* desfrutam de sucesso financeiro ou estabilidade econômica. Se uma escritora, com a ajuda e o apoio de uma comunidade, consegue fazer aquela coisa incrivelmente incomum — criar uma história que se conecta com dezenas ou até centenas de milhares de leitores — e então pode passar a lucrar legalmente com ela... Não acredito que uma escritora — ou qualquer escritor — deveria sentir vergonha de aproveitar esta oportunidade. É verdade que muitas das fics da primeira onda, bastante divulgadas e com grande lucro foram escritas por profissionais bem-remuneradas em outras carreiras. Faz sentido para mim que seja assim; profissionais bem-sucedidas estão numa boa posição para se informar sobre lei de direitos autorais, têm confiança em sua própria capacidade e também estão acostumadas a pedir e receber excelente compensação por seu trabalho. Este pano de fundo não é compartilhado por *todas* estas escritoras bem-sucedidas, e *certamente* não por todas as escritoras de fic. Muitas estão lutando, desempregadas ou subempregadas. Não é razoável (nem defensável) exigir que todas as escritoras que escreveram fanfic coloquem a fanfiction acima de seus próprios interesses econômicos.

Kara Braden — a escritora de *Sherlock* que revisou seu slash como um romance heterossexual — explica sua decisão de fazer mudanças em sua fic como uma forma de deixá-la mais vendável em termos bastante diretos:

> no momento, tenho uma hipoteca para pagar, comida para comprar e gatos e cachorros para alimentar com peixe e galinha. Meu marido teve que sustentar minha bunda desempregada por dois anos e meio. Quero contribuir com minha parte.[107]

Diante do potencial de lucro, comunidades não comerciais devem ser comunidades por escolha, não por coerção, e espero e acredito que a fanfiction vá continuar a florescer como um empreendimento não comercial ou extracomercial. Como escritora e acadêmica, eu me beneficiei e desfrutei imensamente daquele sistema. Mas também acho que a vergonha pública e humilhação das (principalmente) mulheres por outras (principalmente) mulheres por terem querido se beneficiar financeiramente de seu próprio trabalho criativo é algo profundamente irritante. Da minha perspectiva como acadêmica estudiosa de mulheres escritoras e da história das mulheres, vejo esta tendência entrando no jogo de uma longa tradição de envergonhar mulheres por quererem compensação por trabalho que as normas sociais ditam que deveriam ser feitos somente por amor. Trabalho doméstico, incluindo cuidar de crianças. Ensinar. Até trabalho sexual. Boa parte da retórica empregada pelos oponentes mais estridentes do lucro da fic lembra a retórica ao redor das "mulheres caídas" de uma era anterior: oponentes da publicação falam da "repugnância moral", de uma "mancha" que pode espalhar o contágio moral. Já vi chamarem de prostitutas e coisas piores aquelas que vendem fic — e por mulheres que se oporiam veementemente a este tipo de retórica sendo usada contra prostitutas ou mulheres sexualmente ativas.

Uma parte da raiva é simplesmente porque a escritora de fic está tomando o "caminho fácil" da publicação. O argumento geralmente usado é que, se uma autora consegue escrever uma fic tão boa, ela consegue escrever uma história "original" ainda melhor. Talvez seja verdade — ótimo! —, mas a capacidade de escrever aquela história não significa que ela consiga vendê-la. Não há garantia de que, só porque uma escritora consegue escrever uma história que apela a centenas de milhares ou até milhões, ela pode escrever outra. J. K. Rowling é a escritora mais bem-sucedida economicamente na história — mas o livro que ela escreveu usando um pseudônimo (antes de ser desmascarada) vendeu modestas 1.500 cópias apesar de ter recebido boas resenhas em veículos importantes.

De muitas formas, no entanto, tudo isso é irrelevante. Assim que minha turma de 2010 e eu começamos a entender a escala da comunidade de fanfiction de *Crepúsculo* e os muitos milhões de acessos que suas histórias populares recebiam, ficou claro para todos nós que *alguém* ia encontrar uma forma de ganhar dinheiro com este mundo. Nossa questão era se os verdadeiros fan creators iam ver esse lucro. Ou talvez os fãs seriam explorados, mas teriam a "permissão" de impulsionar tráfego do website e fortalecer marcas e talvez até pagar pelo privilégio? Eles abririam mão de todos os direitos sobre o conteúdo (geralmente) altamente original que estavam compartilhando de graça para que outros lucrassem?

A internet parece gratuita, mas alguém está sempre lucrando. Peguemos, por exemplo, Archive of Our Own, uma verdadeira organização sem fins lucrativos. Eles não faturam, mas têm custos: pagam por espaço no servidor e outras necessidades; seus usuários pagam por acesso à internet; e assim vai. *Alguém* está lucrando. E quanto aos outros sites de uso gratuito, mas que *não* são sem fins lucrativos — quem está lucrando aqui? Provedores de acesso? Donos de sites que recebem por publicidade ou vendem dados analíticos? No caso de muitos sites, ainda não sabemos; ainda estamos na era do "Facebook", na qual a ideia é primeiro conseguir milhões de usuários, depois descobrir como lucrar com eles.

É o plano de negócios atual do Wattpad. Este é um site de compartilhamento e discussão de ficção original e fanfiction que está crescendo rapidamente. Uma pequena renda vem da publicidade de banners, mas eles dizem que preferem não usar muito esse tipo de publicidade, pois é irritante, invasivo e "não nativo". A ambição deles é criar um ambiente de leitura e escrita inteiramente "nativo digital" e não análogo. Uma vez que tiverem se tornado uma parte integral de um sentido transformado de leitura e escrita vão encontrar formas de lucrar. Este é o plano. E atualmente, como parte da construção dessa base de usuários, estão muito interessados em fanfiction, uma área de crescimento importante para eles. O site já hospeda mais de 3 milhões de trabalhos de fic.

No Wattpad, é grátis fazer download e upload de histórias, trabalhos originais e fanworks. Todo o conteúdo no site é gerado por usuários. Os escritores retêm todos os direitos autorais dos "Envios de Usuários"; O Wattpad reclama o direito não exclusivo de distribuição, mas não vende a ficção postada em seu site, e seus termos de serviço dizem que o próprio site não pode ser usado para os propósitos comerciais do colaborador. Mesmo assim, o site tem agora uma média de 15 milhões de visitantes únicos por mês. Em julho de 2013, eles contavam com 22 milhões de uploads de conteúdo de usuário e ao redor de 20 milhões de dólares em capital investido. O plano de lucratividade deles é esperar e ver; parecem amigáveis a escritores e leitores, além de bem-intencionados. Meu plano de julgamento dos métodos de lucro do Wattpad a partir do próprio site é esperar e ver juntinha com eles. Eles podem encontrar caminhos para o lucro que agregam valor à experiência do leitor e do escritor e que pareçam menos exploradores do que alguns outros esquemas que despertaram a ira dos fãs. Em todas as circunstâncias, no entanto, eu acho que os fan writers precisam tomar cuidado e se manter informados sobre *quem* lucra com o trabalho deles e como.

Também na categoria de esperar para ver — por enquanto — está o Kindle Worlds. Enquanto o veredito atual parece ser de que este plano é mais um esquema de licenciamento estilo crowdsource do que uma fanfic verdadeira (muitas regras), não deixa de ser um sinal dos tempos de que aqui a fic é uma marca, uma atração que os produtos "derivados" ou "licenciados" não são. Novamente, vamos esperar para ver. John Scalzi fez um post muito influente quando o Kindle Worlds foi lançado. Ele cita os termos da Amazon que considera problemáticos e depois reage:

> "Também entregamos ao Licenciador Mundial uma licença para usar seus novos elementos e incorporá-los em outros trabalhos sem maiores compensações a você."

> Quer dizer, aquela ideia criativa realmente legal que você colocou na sua história, ou aquele incrível personagem que você criou? Se a Alloy Entertainment gostar, eles podem pegar e usar para seus próprios propósitos sem pagar nada — ou seja, eles ganham dinheiro com sua ideia, *muito dinheiro*, *até*, e tudo que você recebe é o reconhecimento de que eles gostaram da sua ideia.[108]

Scalzi se preocupa com a possibilidade do Kindle Worlds criar uma mina barata de ideias que os detentores dos direitos autorais podem simplesmente explorar sem nenhum investimento ou compensação aos escritores. A perspectiva de Scalzi é, claro, do lado profissional da equação. A maioria dos fanwriters ficou muito mais preocupada com o impacto potencial do Kindle Worlds sobre a fanfic de forma mais ampla. Esta plataforma vai simplesmente introduzir o mesmo controle corporativo normativo contra o qual tantos se voltaram para a fic usando-a como uma forma de resistência? Isso vai dar aos detentores de direito mais desejo ou incentivo para acabar com a fanfic gratuita? Heidi Tandy não está preocupada com a perspectiva legal:

> Se a existência do Kindle Worlds e projetos parecidos de editoras/detentores de PI impactam sobre aqueles que escrevem e compartilham fanfic de graça, mesmo se fizerem isso em sites com anúncios, links para Amazon ou Apple Associate, e outros pequenos elementos produz renda?
>
> Não acho que seja realista estar preocupada que a existência de Kindle Worlds vai significar que os criadores de séries de TV/filmes/livros vão acabar com as fics distribuídas gratuitamente. Neste ponto, para todos os fandoms existentes, a questão da negligência que há tanto tempo protege as fics postadas por todos os lados e distribuídas ainda vai impactar o que o Sistema pode e não pode fazer. Negligência significa que, se um escritor de fanfic baseia-se no fato de que um detentor de direitos autorais permitiu que fãs criativos compartilhassem suas fics, arte, vídeos e filmes, eles não podem depois ser barrados de compartilhar o que criaram, especialmente se começa como algo não comercial e continua desta maneira.
>
> No entanto, isso significa que as pessoas que escrevem nos fandoms cobertos por Kindle Worlds e que *vendem* e-books daquelas histórias fora da licença Kindle podem acabar lidando com cartas de "cease and desist". Mas sempre houve uma chance de que isso pudesse ser feito por causa do aspecto comercial daquela ação.
>
> Kindle Worlds e a comercialização de algumas fanfics podem criar questões além da legalidade, que vão impactar a cultura de presentes criada pelos fãs, levando-a para o mainstream, comissões, levantamento de fundos para a caridade ou até a capacidade dos escritores profissionais de escreverem em outros universos, e estas são as perguntas que não podemos responder em 2013. Mas há certamente muitas pessoas que estão interessadas na discussão.

No momento em que este volume for publicado, o veredito ainda em aberto sobre Kindle Worlds já pode ter saído; o sistema pode já não ter dado em nada, ou podem ter surgido mais empreendimentos tentando licenciar fic, aproveitar — ou controlar — a energia da fanfiction. Mas não acredito que o ato de publicar fanworks profissionalmente vá encerrar a fanfiction, mesmo enquanto a comunidade de fanwriting continua mudando, como sempre aconteceu. O fato é que há muito mais pessoas que gostam de escrever e compartilhar histórias do que seria possível que pudessem viver disso ou mesmo que quisessem. Há mais tipos de histórias do que seria possível vender em grandes quantidades. A fanfiction permite que estas histórias encontrem leitores, e leitores encontrem histórias. Mesmo para escritores profissionais, a fanfiction permite liberdades (de tamanho, formato e conteúdo) que o mercado simplesmente não comporta. Compartilhar versões de histórias e personagens adoráveis cria uma base comum que estimula conversa, criatividade e comunidade. É um sistema que funciona e, apesar dos novos desafios, a fic parece estar ganhando força.

Tiffany Reisz é a autora da série Original Sinners de romances eróticos com temas BDSM publicados pela Harlequin. Tendo desistido do seminário, ela descobriu sua paixão por escrever sobre paixões quando tentou escrever fanfiction como um desafio.

É só Mudar os Nomes

Tiffany Reisz

Meu nome é Tiffany Reisz e este é meu nome real. É o nome que uso para viver e o nome que uso para escrever, porque são a mesma coisa para mim. Porém, era uma vez, eu tinha um nome diferente. Enquanto era estudante em um seminário conservador no sul, trabalhando em um mestrado duplo em teologia e estudos bíblicos, percebi que minha criatividade e personalidade estavam sendo reprimidas por meus companheiros evangélicos e sua visão de mundo estreita. Não queria abandonar a escola, mas tinha que encontrar um lugar para a verdadeira Tiffany, aquela que possuía uma estranha imaginação erótica e que estava lentamente ficando louca enquanto ouvia pessoas que se chamavam de cristãs explicando por que apoiavam impostos baixos para os ricos e o envio de crianças pobres para lutar nas guerras.

A salvação veio na forma do e-mail de uma amiga minha. O e-mail continha um link e este link levava a uma história. Era uma obra de fanfiction erótica. A história — nem me lembro do nome — era centrada no vilão Coronel Tavington do filme *O patriota*. Li a história com prazer. Quem não ia gostar de uma comédia erótica com um casaco-vermelho tarado? Especialmente com alguém tão terrivelmente lindo como Jason Isaacs, o ator britânico indicado ao Oscar, que representou o personagem no cinema. Eu só tinha uma única reclamação da história — a escrita. Falei à minha amiga que adorei as imagens eróticas na história, mas poderia escrever melhor do que aquilo com os olhos fechados. Ela me desafiou a tentar.

Nunca me desafie a fazer algo. Eu faço.

Enquanto estávamos nas férias de primavera do seminário, eu me sentei na frente do desktop HP da minha mãe e digitei as primeiras 9 mil palavras de uma novela sobre o Coronel Tavington e sua sedução de uma legalista virgem cuja casa (e corpo) ele tinha tomado. Minha irritação com a história que minha amiga tinha enviado era como o personagem de Tavington era tão "anti-Tavington". O autor o transformou em alguém doce e sentimental, um velho doce apesar de todas as igrejas queimadas e dos assassinatos cometidos no filme. Besteira. Eu o adorava por sua vilania sem remorso, não apesar dela. Fiz o melhor que pude para capturar seu sarcasmo grosso e inteligente, sua sedução desdenhosa. Criei cenas de sexo mais rudes e violentas mesmo que fossem menos explícitas, menos pornográficas. Literatura erótica deveria fazer uma garota querer enfiar a mão na calcinha, não jogar o livro na lata de lixo. Então nada de "xoxotas cremosas" ou "cajados pulsantes de masculinidade" na minha história. Se eu ia escrever literatura erótica sobre um sociopata violando uma inocente que faria qualquer coisa para proteger sua casa, inclusive entregar-se ao sexo com um monstro, eu o faria com classe.

Quando completei a história, postei no mesmo fórum do conto que tinha me inspirado. Como estudante de seminário, eu poderia ter sofrido uma severa punição por distribuir trabalhos pornográficos. Os estudantes adultos não tinham permissão de fazer sexo fora do casamento e poderiam ser expulsos por isso. Eu tinha feito voto de celibato e não gostava nem um pouco dele. Se ia escrever e postar smut online, tinha de ser sorrateira.

Um dos meus livros favoritos quando criança era *A história sem fim*, de Michael Ende. Meu personagem favorito era o velho dono da livraria, o Sr. Coreander. Eu roubei o nome e postei a história como "Corriander". Depois disso não pensei muito nela até que comentários e elogios, além de gritos pedindo mais começaram a chegar. Uma jornalista profissional, e também fã de Jason Isaacs, me mandou um e-mail para me dizer que eu escrevi o melhor diálogo que ela já tinha lido. Aquelas 9 mil palavras me deram mais atenção, adulação e autoconfiança do que qualquer coisa que já tinha feito em toda minha vida.

Logo deixei a lição de casa de lado e me dediquei a terminar a história. Escrevi um capítulo por semana e fui postando no mês e meio seguinte. Em dois meses, eu tinha completado um romance de 80 mil palavras. E não conseguia parar de escrever. Precisava escrever mais. O outro papel muito famoso de Jason Isaacs foi o de Lúcio Malfoy nos filmes de *Harry Potter*. Não posso negar que achei atraentes seus poderes sinistros e cabelos loiros compridos. Os fãs imploraram para que eu escrevesse uma história com Lúcio. Como eu poderia dizer não?

Escrever uma história do *Harry Potter* me liberou muito das restrições da ficção histórica. Eu não sabia quase nada da Revolução Americana, mas *Harry Potter* acontecia nos anos 1990, em um mundo bastante parecido com o nosso, onde eu poderia fazer referência à cultura popular e fazer piadas. Criei uma heroína adolescente ranziza que seria levada a este mundo mágico e zombaria dele o tempo todo. Pensei no poema "Leda and the Swan", de William Butler Yeats. Um poderoso bruxo seduzindo uma adolescente normal resumia a imagem do deus Zeus descendo para a mortal Leda. Chamei minha história de *Leda* e a enchi de sexo e piadas, até com referências a David Bowie (há uma piada recorrente em *Leda* de que David Bowie na verdade é um bruxo, pois, fala sério, ele provavelmente é mesmo).

Na época, não havia fandom mais agitado no mundo do que o do *Harry Potter*. Aqueles sete livros geraram milhares de trabalhos de fanfiction, principalmente contos e novelas curtas, mas também algumas maiores como, por exemplo, a minha. Cada capítulo de *Leda* que postei online começou a acumular dezenas de comentários. Fui indicada a prêmios de fanfiction. Os leitores começaram a dar nomes a seus animais de estimação baseados em meus personagens. Alguns poucos até imploraram para saber meu nome real e meu endereço para assim poderem me mandar presentes. As pessoas traduziram a história para seus idiomas nativos. Eu até me lembro de entrar numa sala de chat e alguém me perguntar: “Você é a Corriander?” Sim, acho que era. E muitas vezes recebi os mesmos comentários:

Esta história é tão boa que você poderia mudar os nomes e publicá-la de verdade.

Um grande elogio, na verdade, mas uma sugestão realmente engraçada. Quem faria isso? Quem iria roubar o mundo de outro escritor e vender como se fosse próprio? Eu adorava J. K. Rowling, eu a admirava. Ela construíra um lindo playground em seus livros e tinha permitido que os fãs viessem brincar nele. Mudar os nomes e vender a história seria um tapa na cara deste mundo que eu tanto amava, desta autora que eu tanto admirava.

E além disso eu sabia que tinha mundos próprios esperando dentro de mim. Não precisava dos personagens dela. Não precisava do mundo dela. Escrever um romance de *Harry Potter* próprio era como aprender a andar de bicicleta com rodinhas. Lá eu não precisaria mergulhar na tarefa confusa de construir um mundo. Ela já tinha construído a casa; eu só tinha que decorá-la em meu próprio estilo. Poderia me concentrar em aprender a arte do suspense, de criar mistério e clima, de desenvolver a tensão sexual, de usar o humor para humanizar um personagem. Aprendi a escrever rápido e deixar bons ganchos no final de cada capítulo para manter os leitores implorando por mais. Se eu fosse fazer isso, no entanto, virar uma escritora de verdade, eu faria do meu jeito. J. K. Rowling trabalhou duro para criar seu mundo. Eu não queria pular nenhum degrau ou pegar carona na influência de outra pessoa. E é claro que não queria passar o resto da minha vida marcada como uma artista plagiadora que não tinha o talento para criar uma história própria.

Eu sabia que não precisava do mundo de outra pessoa, já que eu podia encontrar inspiração em qualquer lugar. Voltei para meu muso favorito: Jason Isaacs. Ele falou em uma entrevista que, apesar de adorar os vilões que representava, só uma vez ele gostaria de fazer um papel mais parecido com ele mesmo — um neurótico judeu britânico. Eu me perguntei se conseguiria fazer isso. Se poderia criar um personagem erótico que fosse inteligente, bastante educado, britânico, judeu e um pouco neurótico. Consigo. Claro. Mas ele não poderia carregar o livro todo. Meu britânico precisaria de uma frustração, alguma mulher louca para ajudá-lo a se soltar. Talvez uma escritora como eu, mas uma escritora que tivesse uma vida muito mais estranha do que sua ficção. Talvez ela não fosse simplesmente uma escritora também. Talvez tivesse outro emprego, também. Sempre achei que Jason Isaacs pareceria glorioso com os olhos vendados com seda negra e as mãos amarradas nas costas. Que tipo de mulher amarraria um homem para fazer sexo? Uma Dominatrix faria isso. Seria divertido, não? Talvez este britânico fosse um editor de livros que tivesse que ajudar esta louca Dominatrix norte-americana com seu novo romance. Ele a detestava no começo, claro. Mas ela não se importava. Era dura, forte, inquebrável. Talvez tivesse um ex-amante que a deixou desta forma, deixou-a forte. Fiquei imaginando quem seria ele... precisava descobrir. Sim, minha escritora Dominatrix deixaria meu britânico certinho louco com seus flertes e seu destemor. Ele odiava a dor e ela fazia isso, de propósito, por dinheiro. Que casal estranho. Seria como *Minha bela dama*, mas com sexo. Um editor britânico neurótico, lindo, tipo A frustrado por uma escritora de romance erótico com pouca cultura. Perfeito. Eu poderia escrever este livro. Eu *iria* escrever este livro.

Então deixei o seminário. Fui morar na despensa de uma amiga. Consegui um emprego de tempo integral em uma livraria. Comecei a escrever.

Em 1º de maio de 2012, *The Siren*, livro um da série Original Sinners, de Tiffany Reisz/Corriander, foi publicado com as melhores resenhas que a Harlequin MIRA, o selo de ficção de mulheres da editora, tinha visto em anos. É o primeiro de uma série de romances BDSM apresentando uma Dominatrix excêntrica e linda, seus vários amantes (inclusive um padre católico) e seus clientes ricos e poderosos.

E tudo por causa de um desafio.

Rachel Caine é uma autora das listas de mais vendidos do New York Times *e do* USA Today, *que já publicou 40 livros, incluindo a série de Vampiros de Morganville, inspirada em fanfiction. Escritora publicada desde 1991, ela é a prova viva de que a fanfiction pode trazer benefícios aos escritores — mesmo aqueles que já possuem uma carreira profissional.*

Rezando por mais *Prey*

Rachel Caine

Minha carreira literária provavelmente foi salva por meu amor pela fanfiction e especialmente por uma série de TV em especial no final dos anos 1990.

Uma declaração ousada, eu sei. E vou explicá-la.

Você sabe como os fandoms tipicamente ficam energizados, depois criativos, depois cheios de panelas, e aí terminam autodestrutivos? (Se não sabia, descobriu agora.) Bom, há um fandom que conseguiu parar no ponto "criativo", e simplesmente... ficou ali, por muito tempo. Era incrível, e até hoje ainda estou em contato com muitos dos escritores de fanfic que cresceram ali.

E você provavelmente nunca ouviu falar desse fandom.

A série se chamava *Prey*, e seus (únicos) treze episódios foram ao ar pela ABC em 1998. Apesar de ter atores excelentes, incluindo Adam Storke, Frankie Faison, Vincent Ventresca e Larry Drake, provavelmente é mais conhecida como a série em que Debra Messing apareceu antes de conquistar a fama em *Will & Grace.*

A série em si tinha uma premissa interessante: e se chegássemos à conclusão de que os assassinos em série têm uma explicação evolutiva? E se houvesse toda uma espécie separada de seres humanos aí fora, com DNA bastante divergente dos *Homo sapiens*, que estivesse apenas interessada em garantir sua própria sobrevivência? E se houvesse toda uma civilização e estrutura se escondendo entre nós no dia a dia? Era... fabuloso, na verdade. Toda a premissa era incrivelmente fascinante — especialmente quando você coloca no fator uma história de amor épica estilo Romeu/Julieta entre um assassino tentando se reformar e a adorável médica (humana) que acidentalmente descobre a existência da nova espécie.

Infelizmente, os telespectadores em geral não concordaram, e *Prey* foi cancelada. Terminada. Desaparecida.

Mas, neste mundo pós-internet, não é tão fácil assim se livrar dos fãs... não, senhor. A gente simplesmente não quer ir embora, não é mesmo? Certamente, os estúdios de

TV desenvolveram uma resistência contra as campanhas dos fãs — nem mesmo enchendo os escritórios deles com todos os bichinhos de pelúcia mais lindos do mundo vamos conseguir mudar os frios números —, mas, naqueles dias relativamente jovens e inocentes, bem, acreditávamos que qualquer coisa fosse possível. Fãs com paixão tinham a internet, um novo método para se conectar, participar e realizar campanhas para salvar a série, e isso também ajudou a distribuir um velho método de continuidade de uma série perdida: a fanfic.

O fandom de *Prey* foi prolífico em sua criatividade — que em alguns fandoms significa "escrever um monte de histórias realmente horrorosas". Não foi o que aconteceu entre os *Preymates*. Significava escrever histórias realmente muito boas, e muitas delas. E participar no processo: editar, fornecer feedback e encorajamento, e devolver — não só para outros no grupo, mas para o mundo — com o levantamento de fundos para caridade.

O que é ainda mais incrível é que estes fãs ainda se comunicam e — apesar de não existir nenhum DVD oficial da série — ainda escrevem histórias.

Eu sei disso tudo porque fui uma dessas escritoras de fic. E ainda sou.

Mas deixe-me contar um pouco da minha história primeiro. Tive um sucesso modesto como autora profissional (publicando como Roxanne Longstreet) de 1991 a 1996, quando, de repente, descobri que minhas vendas não eram suficientes para fazer a cabeça da editora, e me foi solicitado (com toda a educação) que procurasse outro lugar para publicar. Sem problema... Eu me casei e consegui publicar mais dois livros como Roxanne Conrad. Mas, por volta de 1998, as coisas ficaram complicadas, porque estes dois outros livros não venderam muito bem e, em 1999, eu estava sem editora, sem perspectivas e sem inspiração.

Aí aconteceu *Prey*. Bom, na verdade, aconteceram *Buffy*, *Angel*, *The Pretender* e muitas outras séries que se tornaram motivadores divertidos para mim, mas meu caso de amor com *Prey* provavelmente foi o mais consistente e produtivo daqueles terríveis três anos. Só comecei a escrever fic sobre a série quando ela saiu do ar — principalmente porque o gancho do décimo terceiro episódio era enlouquecedor, e simplesmente não havia... mais nada. Então escrevi uma história chamada "Bound", que essencialmente terminava a série. Apenas para minha satisfação própria. Depois, grande ousadia, eu a postei no meu website, porque... bem. Porque sim. Então escrevi uma sequência, "Extinction Event". E aí pensei em outra direção que o gancho poderia ter levado, então comecei um segundo conjunto de histórias totalmente diferente, começando com "Flashfire".

E, de repente, eu tinha amigos de *Prey*. Eram ótimos. Eram criativos, divertidos, enérgicos, animados... na maioria, mulheres adultas, em geral boas escritoras que trouxeram bastante habilidade ao esforço. Tivemos uma sequência de histórias fantásticas... histórias individuais, coescritas, em turnos. Uma segunda temporada virtual da série.

Mais histórias. Romances. A coisa continuou, por anos. A única coisa que vi parecida foi o fandom de *Firefly*, mas, ao contrário dos Browncoats, os fãs de *Prey* nunca contaram com o sucesso de outras séries relacionadas para apoiar e validar seu bom gosto. Mesmo que os criadores, produtores e roteiristas de *Prey* fossem excelentes, não tiveram o poder unificador de Joss Whedon para galvanizar seus fãs.

Em 1999, eu estava pronta para deixar a literatura. Abandoná-la completamente. Eu ainda estava escrevendo alguns contos (para bons amigos — estou falando com você, P. N. Elrod!) e ensaios (como a série de ensaios de Smart Pop que escrevi para BenBella Books, que também me ajudou a me manter engajada e empolgada com esta ideia toda do poder das palavras e da imaginação). Durante este tempo, escrevi outro romance, *Exile, Texas*, um mistério/thriller normal, mas que, mesmo sendo publicado, também não vendeu números fantásticos.

Porém, acima de tudo? Acima de tudo foi a fic que me manteve escrevendo, pelo grande prazer de criar histórias em um mundo que eu amava habitar. Também amava o desafio de trabalhar em um mundo que tinha regras e personagens claramente definidos. Ao contrário da maioria dos escritores de fanfic, eu não queria escrever fora das linhas; os maiores elogios que poderiam me oferecer eram quando os leitores confundiam uma das minhas histórias com um episódio real da série (o que, por sorte, acontecia com frequência).

Prey também é um dos poucos fandoms de que participei que não se destruiu sob o peso da "loucura". Não havia trocas de insultos sobre preferências em relação a um par romântico ou outro; não havia coisas como *queria que este personagem morresse*, brigas e feudos... Todos nós simplesmente... adorávamos a série. Era pacífico, positivo e divertido. Gostaria que mais fandoms pudessem conviver desta maneira.

Então, *Prey* me manteve trabalhando. Foi meu bote salva-vida. O feedback de meus colegas fãs e escritores de fanfic de *Prey* me manteve na frente do teclado quando parecia que não haveria mais espaço para mim no lado profissional... e me motivou a completar um total de dez contos de tamanho considerável, mais todo um romance de 100 mil palavras.

Mais ou menos em 2001, pouco depois de ter terminado aquele romance de *Prey* (*Chrysalis*, se alguém estiver interessado), eu tive uma ideia para outro romance que achei que poderia ser divertida. Tinha algo a ver com *Prey*? Não. Mas *Prey* tinha colocado fogo na minha mente de formas renovadoras e o que saiu foi um livro que mais tarde chamei de *Ill Wind*, que foi publicado em 2003 pela Penguin Books sob meu novo e reluzente pseudônimo de Rachel Caine. Foi o começo da série Weather Warden.

Desde 2003, eu publiquei nove livros na série Weather Warden, quatro na série Outcast Season, dois na série Red Letter Days, um na série de mundos compartilhados Athena Force, incríveis quinze novelas na série Morganville Vampires e dezenas de contos em antologias. Já fui publicada em dezenove idiomas diferentes e vendi algo perto de 3 milhões de exemplares dos meus livros. Entrei na lista de mais vendidos do *The New York Times* e do *USA Today*. Cheguei ao topo das listas do Reino Unido e da Austrália.

O que quero dizer é que isso nunca teria acontecido sem a fic. Sem a fanfic de *Prey*, em especial, eu provavelmente teria desistido durante aqueles dias difíceis. Sem *Prey*, nunca teria encontrado um grupo tão apoiador e entusiasmado de amigos e fãs (que mais tarde me ajudou a promover *Ill Wind*, por exemplo, assim como meus adoráveis amigos na comunidade de *Stargate SG-1*).

Tenho uma dívida com vocês, roteiristas, criadores, atores e fãs de *Prey*. Sou grata pela inspiração, o amor e a amizade.

Ocasionalmente, ouço outros escritores dizerem que a fanfic é ruim, que não há profissionais que escrevem/escreveram fanfic que vão confessar isso, e eu digo que isso é uma completa bobagem. Conheço quatro autores da lista do *The New York Times* que começaram no mundo da fic e admitem isso abertamente, e outros que se aventuraram na fic enquanto também trabalhavam em suas próprias coisas.

E não há motivos para ter medo ou vergonha disso. É apenas escrever. No melhor dos casos, é um híbrido de roteiro e romance — a mesma estrutura que você recebe em uma antologia de mundo compartilhado ou quando você coescreve com outro autor. Também pode fornecer um espaço seguro no qual experimentar e tentar coisas novas com sua escrita — coisas que você poderia não ser capaz de fazer numa ficção original. Não é ruim, e não é ruim para você. *Escrever é escrever.*

O importante é dar o melhor de si, independente do que estiver escrevendo.

Tendo dito isto, a fanfic obviamente não foi feita para dar lucro. É um trabalho derivativo, e é importante entender e reconhecer isso. Você pode raspar o número de série e conseguir um sucesso incrível? Bom, se olharmos para *Cinquenta tons de cinza*, pode, sim. Mas eu não aconselho. É arriscado. Em vez disso, leve o que você aprendeu da fanfic para seu trabalho original.

O que a fanfic pode fazer por você como escritor é ensinar sobre o desenvolvimento de personagens. Pode ensiná-lo disciplina e como pensar em termos altamente visuais. E se você for diligente, vai ajudá-lo com ritmo e diálogo, e todas estas coisas que parecem insuperáveis em um trabalho original quando você está começando. Quando você assiste a uma história contada no meio visual, instintivamente aprende as "batidas" — a construção dos blocos de ritmo. Você treina seu ouvido para avaliar o diálogo (e separar o bom diálogo do ruim). Então é uma questão de internalizar e aplicar isso a seus personagens e situações.

Então, quanto eu amava *Prey*? A palavra final está no quanto eu escrevi de fanfiction de *Prey*: aproximadamente 220 mil palavras. Isso é muito amor. E sabe de uma coisa? Se eu tivesse tempo, eu escreveria mais. Porque é uma ideia que merecia — e ainda merece — todo o desenvolvimento possível.

Mas aqui está uma estatística impressionante para você, se acha que a fanfic me atrapalhou de alguma forma. Quanto eu escrevi de ficção original desde então? Estimativa superficial: *5 milhões de palavras* — e estou escrevendo pelo menos meio milhão a mais, a cada ano.

Alguém está comigo? Preparado? Agora escreva o que o inspira.

Ei, funcionou para mim.

parte quatro

FANWRITING HOJE

Todas as comunidades de escritores de fanfic que este livro discutiu até o momento ainda estão ativas. Eu falei sobre as atividades delas durante momentos históricos especiais, mas nenhuma desapareceu. Ao criar este livro, eu escolhi fandoms e momentos que senti que eram transformativos, mas também representativos de desenvolvimentos similares acontecendo em outros fandoms. Fazê-lo significava sacrificar um relato mais realista de multiplicidades simultâneas por algo mais próximo a uma narrativa coerente.

Foi uma manobra meio anti-fic, mas é o tipo de manobra que livros ainda precisam fazer.

Em contraste, esta seção possivelmente sacrifica a coerência da narrativa por alguma multiplicidade simultânea. Ou, pelo menos, este é o plano.

Pelo momento em que este livro estiver publicado e for lido, a seção seria melhor chamada de Fanfiction Ontem, ou Fanfiction como Era Há Vários Meses — mas isso não seria tão sugestivo. Uma das principais diferenças entre os mundos digital e analógico, no entanto, é o tempo, e esta é uma diferença que vale a pena notar. As comunidades de fic podem mudar, se adaptar e reescrever em uma velocidade que a edição tradicional não consegue acompanhar. Há uma seção deste livro que lida com o relacionamento entre publicação e fanfiction, no entanto, e não é esta aqui. Aqui, o foco é no que estão falando as comunidades de fanfiction. O relacionamento publicação-fanfiction recentemente apresentou a fanwriting ao público, mas lucro nunca foi a principal preocupação da comunidade de fic.

Até agora, não *há* preocupação principal da comunidade fic — principalmente porque não existe comunidade unificada de fic que poderia ter uma única preocupação principal. Há muitas comunidades e elas estão se proliferando.

A *Fic* olhou as comunidades que crescem ao redor de livros, filmes e séries de televisão. Dentro destas comunidades, vimos outras comunidades menores se juntando ao redor de certos relacionamentos sexuais entre personagens — ou o desejo de não ver relações sexuais. As comunidades de fãs se organizam de outras formas, também. Há comunidades que se unem ao redor das identidades da vida real (gênero, sexual, étnico) e geografia. Há comunidades que crescem ao redor de gostos e perversões específicos. Existem até comunidades que surgem da oposição a outras comunidades.

Em todas elas, há pessoas jovens e velhas que encontram mundos e personagens que ativam suas imaginações, e essas pessoas querem participar da diversão. Há gente como um ex-professor meu que recentemente me contou que tinha postado sua primeira fic. (Uma fic de Hercule Poirot! É maravilhosa!) Há um garoto que conheço que escreve jogos de futebol imaginários. (Espere! Agora ele é um poeta publicado! Ele tem quinze anos!) Há *muito* mais acontecendo do que poderia caber em um livro, do que poderia caber em *qualquer* livro. Este é um tira-gosto *muito* pequeno.

Francesca Coppa é professora de inglês e de estudos de cinema, e escreveu muito sobre fanfiction e fan vídeo. Ela também foi ativa no fandom de fanfiction desde os zines e convenções do começo dos anos 1980, e dos primeiros fandoms de internet dos anos 1990 e, assim, tem conhecimento em primeira mão da desconfiança mútua que pode existir entre corporações de mídia e as comunidades criativas de fãs que suas propriedades inspiram. Fundadora da Organização para Obras Transformativas, Francesca explica como preocupações sobre controle de conteúdo e direitos dos fan creators levaram ao estabelecimento desta organização sem fins lucrativos e dirigida por fãs e seu arquivo de fanworks.

An Archive Of Our Own — Um Arquivo Só Nosso

Escritores de Fanficton, Uni-Vos

Francesca Coppa

> Ainda temos este problema: estamos sentadas em silêncio junto ao fogo, criando pilhas e pilhas de conteúdo ao nosso redor, e outras pessoas vão olhar para isso e verão uma oportunidade. E elas vão acabar criando as portas pelas quais os novos escritores de fanfic entrarão, a menos que consigamos resistir e construir nossa PRÓPRIA porta da frente.
>
> – Astolat, 2007

Pelo que eu me lembro, ser uma fã na internet em 2007 parecia um pouco como acordar cercada por hienas. Depois da conferência de tecnologia da O'Reilly, muitas pessoas começaram a falar sobre "Web 2.0" e "mídia social" e "conteúdo gerado pelo usuário", que parecia muito com aquilo que os fãs já faziam naturalmente, exceto que chamávamos de "conversar um com o outro", "fazer meta" e "criar coisas". Mas, da noite para o dia, a atividade criativa do fandom tinha se tornado parte do *modelo de negócio* de alguém. Os fãs perceberam rapidamente a ameaça e começaram a se organizar bem um ano antes que algum brincalhão em Bash.com resumisse memoravelmente a nova e exploradora economia da Web 2.0 como: "Você cria todo o conteúdo. Eles ficam com toda a renda."

Mídia social? Para os fãs, a mídia *sempre* foi social; era algo a ser discutido, dissecado, analisado e conversado. Nos fandoms, a cultura sempre trafegou em mão dupla: fãs não são consumidores passivos de mídia, seja ela textual, analógica ou digital. Antes da internet, os fãs organizavam peregrinações literárias, iam a convenções, planejavam festas, contribuíam com análises para newsletters e escreviam fanfiction — *muita* e *muita* fanfiction — para fanzines. Mas os fãs sempre foram os impulsionadores da tecnologia, e já se comunicaram entre si através de toda plataforma concebível: Usenet, Internet Relay Chat, fóruns, BBS (bulletin board systems), listas de e-mail, web rings, blogs, arquivos, wikis, Twitter, Tumblr, é só escolher. O crescimento de softwares de mídia social estilo Web 2.0 certamente facilitou a participação em fandom: agora qualquer um poderia criar uma página apenas se inscrevendo numa rede; quando antes isso exigia habilidade, assim como espaço em servidor. Por outro lado, os fãs estavam compreensivelmente precavidos com a possibilidade de ser explorados pelos empreendedores da internet, muitos dos quais pareciam querer capitalizar sobre nossa produtividade e vasta criatividade sem ter qualquer compreensão ou simpatia por fãs ou sua cultura.

Se a Web 2.0 era composta de plataformas em busca de conteúdo — bem, nós fãs tínhamos muito conteúdo! Fãs são prolíficos autores e sempre foram, seja escrevendo pastiches de Sherlock Holmes há cem anos ou tagueando episódios de *Sherlock* da BBC hoje. Além do mais, fãs já construíam "sites de rede social" para compartilhar "conteúdo gerado por usuários" — só que chamávamos de "arquivos de fanfiction". Antes que a Web 2.0 facilitasse a criação de páginas, os fãs trabalhavam juntos para construir sites comunitários, usando a energia das pessoas para compensar as limitações tecnológicas. Então, por exemplo, a maioria dos arquivos de fanfiction do começo para o meio dos anos 1990, era organizada por "elfos" de arquivos: fãs que iam pessoalmente formatar e fazer upload da sua história para a web. Você mandava sua história por e-mail para um destes elfos, que iria codificar à mão em formato .txt ou .html, fazer o upload para um website (que alguém — tipicamente outro fã, que era sysadmin profissional ou um técnico — estava pagando) e criaria um link para ele. O trabalho dos fãs substituía uma interface avançada tecnologicamente e a generosidade substituía um modelo de negócios.

Apesar da natureza árdua do processo, milhares e milhares de histórias de fanfiction foram arquivadas na web durante os anos 1990, em sites como Gossamer (*Arquivo X*), Due South Archive (*Due South*) e Seventh Heaven (*Highlander*). Quando os fãs desenvolveram softwares automáticos de arquivamento (os fãs de *Arquivo X* escreveram scripts para transferir as histórias de alt.tv.x-files.creative diretamente para o arquivo Gossamer; o software Automated Archive de Naomi Novik foi usado pela primeira vez em 1998; Rebecca Smallwood desenvolveu um software de "e-fiction" em 2003), o número de histórias de fanfiction arquivadas chegou às centenas de milhares. Depois que o fandom de *Harry Potter* explodiu, o número de histórias online subiu aos milhões e depois dezenas de milhões. O Fanfiction.Net, um site desenvolvido pelo programador Xing Li enquanto era estudante na UCLA, rapidamente cresceu além das expectativas mais inacreditáveis.

Dá para entender como este tipo de produtividade atrairia atenção. Os empreendedores da Web 2.0 estavam loucos para desenvolver plataformas e redes que atrairiam usuários (que eles viam como meros olhos para os anunciantes), e sites de fanfiction atraíam um grande número de fãs, tanto leitores quanto escritores. Então, talvez não fosse surpresa que as pessoas estivessem registrando domínios como fandom.com e fans.com, formando empresas como Fandom, Inc. e Fandom Entertainment LLC, mas a tendência era preocupante para os fãs de longo prazo.

Havia estranhos se instalando na cidade.

O evento definidor foi a estreia do FanLib.com em 2007. O Fanlib era um arquivo de fanfiction de vários fandoms que dizia ser o fornecedor "da melhor fanfiction do mundo por exigência popular". Um empregado da empresa mandou e-mails para muitos dos mais conhecidos escritores de fanfiction da época, elogiando suas histórias e pedindo que considerassem o uso do novo site. Quando os fãs investigaram, não gostaram do que viram. A apresentação da Fanlib assegurava que o "lançamento de FanLib.com representa a chegada da fanfiction à maturidade" (uma afirmação que fez os fãs de muito tempo se coçarem) e que o site daria aos fãs "um espaço para compartilhar o que eles criaram" (fãs já vinham criando espaços assim para si mesmos há anos). Pior ainda eram os materiais que a empresa fornecia a seus investidores e patrocinadores, que deixavam claro que o FanLib não estava colocando os fãs em primeiro lugar; em vez disso, o site seria "administrado e moderado ao máximo", com a atividade dos fãs acontecendo "em um ambiente personalizado com que VOCÊ" — o patrocinador corporativo — "poderá controlar". Estes materiais deixaram claro que o FanLib.com era "uma grande ideia de marketing!" que iria "criar um valor incrível para o negócio" ao estabelecer "relacionamentos de clientes personalizados com uma gigante base de dados" e "grandes oportunidades de integração com patrocinadores", independente de quem fossem.

O FanLib não estava tentando ajudar os fãs a criar e compartilhar fanworks. Estava *empacotando* os fãs para as corporações.

Empresas como o FanLib nos eram ameaçadoras porque eram bastante visíveis e tinham muito dinheiro. O que poderia impedir que o FanLib se tornasse o rosto público do fandom de fanfic para o mundo exterior ou, pior ainda, para os novos fãs? Empresas como FanLib iriam defender os fãs se os detentores de direitos autorais (leia-se: seus verdadeiros clientes) fizessem exigências injustas e mandassem cartas de "cease and desist"? E se a coisa ainda piorasse e os escritores de fanfiction se envolvessem em uma verdadeira batalha legal? Detentores de direitos autorais — geralmente chamados pelos fãs como O Sistema — não estavam interessados na fanfiction porque não havia nenhum dinheiro envolvido, mas o FanLib.com era um empreendimento com fins lucrativos. Foi *criado* para ganhar dinheiro. O desejo da FanLib de ter lucro com a fanfiction colocava os fãs em risco e, se algo acontecesse, ela iria defendê-los? Ela os defenderia e argumentaria que a fanfiction era um uso justo e uma forma de cultura legítima e valiosa?

Foi nesse contexto que começaram a ser desenhados os planos para o Archive of Our Own (AO3). Em meio ao fracasso da FanLib, alguns fãs (eu era um deles) começaram uma conversa no LiveJournal sobre como não apenas resistir à comercialização da fan culture, mas criar uma alternativa positiva: um arquivo grande, visível e sem fins lucrativos dirigido por e para os fãs.

Astolat, uma fã de longa data, declarou em um post, em 17 de maio de 2007: "Precisamos de um arquivo central nosso... Algo que NÃO se esconderia do Google ou de qualquer menção pública, e deixaria bem claro nosso argumento pela legalidade de nosso hobby abertamente." Ela continuou elaborando:

> Acho que os recursos necessários incluiriam:
>
> - dirigido POR leitores de fanfic PARA leitores de fanfic
> - sem anúncios e financiado somente por doações
> - com uma interface simples e fácil de usar, além de páginas de busca rápida navegáveis
> - aberto a QUALQUER COISA — het, slash, RPF, chan, kink, totalmente adulto — com um processo de registro para a leitura de histórias adultas, assim você não precisa ficar clicando em vários avisos quando quiser ler
> - permitindo que quem postar possa controlar suas histórias (p.ex., upload, apagar, editar, colocar tags)
> - permitindo que os usuários deixem comentários e que o responsável possa apagar e banir usuários/IPs, mas não editar o conteúdo do comentário (p.ex. ao estilo [LiveJournal])
> - com programação suficiente para aguentar um arquivo gigante com possivelmente milhões de histórias
> - dando crédito explícito para os criadores originais ao mesmo tempo em que deixa claro que não há nenhum status oficial

A ideia pegou fogo. Centenas de fãs comentaram o post de Astolat, fazendo brainstorming e se oferecendo para ajudar. Ficou claro quase imediatamente que um arquivo desta escala que estávamos imaginando (não apenas para a fanfiction de vários fandoms, mas criado para em algum momento hospedar fanart e vídeo) não poderia ser administrado por elfos em um servidor doado. Teríamos que criar uma empresa sem fins lucrativos, tanto para levantar fundos e ter uma entidade legal que fosse capaz de fazer negócios e assinar contratos.

Assim nasceu a ideia da Organization for Transformative Works (OTW), uma organização baseada em voluntários dedicada a fornecer acesso e preservar a história das fanworks e da fan culture. O nome foi escolhido para mostrar nossa posição sobre a legitimidade e legalidade dos fanworks, concebida no geral. As pessoas que achavam que fanworks como fanfiction violavam os direitos autorais argumentavam que fanworks eram obras *derivativas* e, portanto, sob o controle do autor ou dos detentores dos direitos autorais. Mas é a posição da OTW que a fanfiction é *transformativa* — uma distinção legal importante — e, portanto, não apenas legítima, mas também legalmente protegida por uso justo, pelo menos nos Estados Unidos. Obras transformativas dizem coisas novas, geralmente em formas que não seriam aceitáveis ou desejáveis no mercado (por isso, infelizmente, é improvável publicar seu épico slashfic Harry/Draco, pelo menos por enquanto). Assim como faz a crítica literária, a fanfiction analisa os personagens (como a leitura queer de Harry e Draco em seu épico slashfic) e constrói explicações de universos ficcionais. A fanfiction é uma das formas pelas quais os fãs compartilham suas ideias e interpretações sobre uma história. Enquanto alguns fãs poderiam escrever um ensaio para explicar, digamos, como funciona a varinha ou como Hermione Granger é indispensável para a guerra contra o Lorde das Trevas, outros poderiam escrever uma história de fanfiction para *mostrar* como funciona a varinha e como Hermione é fantástica. A fanfiction, como fanart, vídeos e outras fanworks, é uma forma de conversa criativa.

A OTW imediatamente começou a trabalhar para criar o Archive of Our Own. Este nome foi escolhido com cuidado, também, como uma alusão ao famoso ensaio de Virginia Woolf, "A Room of One's Own", no qual ela nota que "uma mulher deve ter dinheiro e um quarto próprio se quiser escrever ficção". O "Archive of Our Own", portanto, evoca a importância de ter espaço — mesmo sendo o espaço virtual hoje, *espaço de servidor* —, para as escritoras em especial, e também serve como um lembrete de que a fanfiction era (e ainda é) escrita principalmente por mulheres.

A OTW trabalhou rápido; em junho de 2007 já tinha sido montada uma diretoria. Eu era uma das diretoras, assim como outras fãs de longa data, como a autora de fantasia Naomi Novik e Rebecca Tushnet, professora de Direito em Georgetown e especialista em propriedade intelectual. Formamos comitês para trabalhar em vários projetos, não apenas no AO3, mas também uma equipe de auxílio jurídico, uma revista acadêmica devotada à fan culture (*Transformative Works and Cultures*), e uma wiki de fan culture (Fanlore). A OTW também precisava de pessoas para organizar campanhas de recrutamento, conseguir mais voluntários, desenvolver propostas e gerenciar finanças. Tivemos toda esta ajuda e mais: a FanLib poderia ter tido 3 milhões de dólares, mas o fandom tinha uma forte rede de pessoas com todos os tipos de habilidades. O fandom está positivamente *transbordando* de talento: temos advogadas, contadoras, relações públicas, desenvolvedoras, programadoras, sysadmins, webmasters, professoras, bibliotecárias, especialistas em RH, gestoras e escritoras — *muitas e muitas* escritoras. Todas elas e muitas outras se juntaram à OTW nos primeiros dias; agora, seis anos depois, a OTW tem mais de 400 voluntários ativos e uma equipe também voluntária dirigindo dezoito comitês e sete grupos de trabalho.

O Archive of Our Own, o sonho dos escritores de fanfiction que querem ser livres, possui, segundo seus cálculos, mais de 172 mil membros registrados, enquanto outros estão esperando um convite. (Como o site ainda está em beta, com o software ainda em desenvolvimento e recursos sendo adicionados continuamente, o AO3 atualmente controla seu crescimento através de um sistema de convites para não ficar travado.) Estes membros registrados, no entanto, são apenas uma fração do número de pessoas que realmente usam o site. Mesmo que você precise ter uma conta AO3 para postar fanfiction no arquivo (ou para anexar arte ou vídeo; o site futuramente vai se expandir para hospedar outros tipos de fanworks), você não precisa dela para ler ou comentar a fanfiction, como já fizeram milhões de fãs: em novembro de 2012, o AO3 tinha visitas de 2,3 milhões de endereços de IPs únicos. E o Archive of Our Own, como todos os outros projetos da OTW, é livre para o uso de qualquer um: como a National Public Radio ou PBS, somos sustentados por doações (por favor, faça a sua!).

Então esta é a história de como uns poucos fãs (umas poucas centenas, uns poucos milhares, umas poucas centenas de milhares e, algum dia, milhões!) se juntaram para não ser transformados em mercadorias pela cultura da Web 2.0. Quando eu escrevo isso, a Amazon já iniciou um programa chamado Kindle Worlds: outra tentativa de comercializar fanfiction que não mostra nenhuma compreensão especial dos fãs ou da sua cultura. Mas não estou preocupada, pois já passamos por isso. A história da OTW e da AO3 é a história de uma comunidade, e do triunfo da organização de fãs sobre o poder do capital de investimento. Também é um argumento a favor da fanfiction como uma importante atividade cultural de base, pois provavelmente não é nenhum acidente que tantas das fundadoras da OTW fossem escritoras de fanfiction. Pode ser que escrever fanfiction tenha nos dado a coragem para contar nossa própria versão, alternativa, da história de escrever nosso próprio final feliz. Ou como está no primeiro relatório anual da OTW:

- E se as centenas de milhares de histórias, vídeos e imagens criados por fãs fossem celebrados, em vez de ficarem meio escondidos?
- E se os fãs tivessem acesso a um arquivo online que não fosse retirado do ar na primeira ameaça de processo ou mudasse de política por exigência dos anunciantes?
- E se não houvesse anunciantes?
- E se, em vez de permitir que falsas hipóteses sobre direitos autorais ficassem sem resposta, houvesse um grupo que defendesse a legalidade das obras transformativas?
- E se, em vez de permitir que quatro décadas de história cultural fossem reescritas, os criadores e consumidores de trabalhos de fãs celebrassem seu passado e o compartilhassem com a comunidade mais ampla?

Escritores de fanfiction, mais do que a maioria das pessoas, sabem como contar uma história que começa com "E se...?".

Jules Wilkinson é uma fangirl épica, mais conhecida por administrar a Wiki de Supernatural, *que documenta tanta o cânone quanto o fandom da série. Ela escreve fanfic e também contribuiu com vários livros sobre* Supernatural *e seus fãs. Neste ensaio, Jules discute como o relacionamento de* Supernatural *com seu fandom muito ativo é um testamento da forma como as fronteiras entre criadores e fãs — e entre cânone e fanon — são cada vez mais porosas, transformando o relacionamento tradicional entre um programa de TV e seus telespectadores.*

A Épica História de Amor entre *Supernatural* e a Fanfic

Jules Wilkinson (missyjack)

A primeira regra do fandom é: você não fala sobre fanfic.

A segunda regra do fandom — ou do fandom de *Supernatural*, pelo menos — é que o fandom não tem regras.

Supernatural foi transmitida pela primeira vez em 13 de setembro de 2005, e era um programa feito para fanfic. Tinha dois atores principais atraentes, obrigados a uma intensa relação codependente nos confins de um Impala 67, apimentada por traumas de infância e liberalmente salpicada por problemas com o pai. Arremessados em uma rica mitologia que incluía tudo, de lendas urbanas à religião, o fandom não precisou de muito encorajamento para pular a bordo.

O que não tínhamos ideia na época era que esta série que amávamos e sobre a qual escrevíamos com tanta paixão veria o que estávamos fazendo e adoraria.

É uma verdade universalmente reconhecida que sempre que há dois caras gostosos em uma série, eles devem ser *slashed*, e este foi o caso de *Supernatural*. Havia um pequeno problema, desta vez: os dois personagens principais — Sam e Dean Winchester — eram irmãos.

O fandom de *Supernatural* não ia deixar que um pequeno detalhe como incesto atrapalhasse nossas necessidades criativas (entre outras), e, na verdade, a primeira fanfic que apareceu online foi uma história slash entre Sam e Dean, postada um dia depois da transmissão do episódio piloto.[109] Em uma verdadeira tradição de fandom, a dupla ganhou um nome misturado — Wincest — em poucas semanas.

Fanfic em qualquer fandom é fortemente moldada não apenas pelo assunto em que está baseada, mas também por seus escritores mais populares e por aqueles que administram as comunidades de fanfic na vida inicial do fandom. Enquanto alguns sites de fãs de *Supernatural* deixaram claro desde o começo que slash com os irmãos não era bem-vindo, no LiveJournal — o coração criativo inicial do fandom de *Supernatural* —, os escritores populares escreveram vários gêneros, incluindo slash, Gen e *até* histórias com casais heterossexuais.

Ficção Slash escrita durante as três primeiras temporadas de *Supernatural* mostravam quase exclusivamente os irmãos Sam e Dean. Claro, alguns fãs não se sentiam confortáveis escrevendo ou lendo histórias que se centravam em um relacionamento incestuoso, e então se voltaram para Real Person Slash ou RPS.

Ironicamente, naquele momento, RPS, que apresenta personagens baseados nos atores, era considerado algo eticamente dúbio por muitos fãs, o que levou à criação da frase sarcástica "*Supernatural* — onde a RPF é a moral mais elevada".

RPS cresceu e se tornou uma parte maior da fic do fandom por esta razão, assim como o fato de que já havia um fandom bem-estabelecido ao redor da fanfic com atores da The WB Network (e mais tarde da The CW Network), especialmente *Buffy* e *Angel* e, mais tarde, *Smallville*, no qual Jensen Ackles, o ator que interpreta Dean em *Supernatural*, também tinha aparecido.

Outros fãs ficaram felizes explorando o relacionamento de Sam e Dean sem sexo, na fic Gen. O fandom de *Supernatural* tem uma alta proporção de fic Gen — mantendo-se consistentemente em torno de 20% a 25% de histórias postadas no LiveJournal.[110] É notável que a fic Gen e slash na fandom de *Supernatural* geralmente compartilha o mesmo foco na relação emocional intensa entre os principais personagens, o que, claro, está no centro da série. De volta a 2007, a roteirista e, mais tarde, produtora de *Supernatural*, Sera Gamble, brincando chamou a série de "A Épica História de Amor de Sam e Dean". Na verdade, tirando o sexo, fics Gen e Wincest podem ser quase indistinguíveis, levando à criação dos termos "Gencest" e também "hard Gen".

É difícil estimar quantas dezenas de milhares de histórias de fanfic de *Supernatural* foram escritas. Há mais de 80 mil histórias de *Supernatural* no FanFiction.Net,[111] e mais de 43 mil no Archive of Our Own.[112] O número de histórias postadas no LiveJournal é impossível de estimar, mas um projeto que catalogou todas as histórias postadas em "*Supernatural* Newsletter" no LiveJournal entre outubro de 2006 e março de 2010 encontrou links para quase 40 mil fics.[113]

O fandom de *Supernatural* vem sendo muito produtivo e criativo em seus escritos e outros fanworks durante os mais de oito anos da série, de comunidades nichos com histórias sobre um personagem menor como o anjo Anna Milton,[114] ou histórias onde um dos irmãos Winchester está grávido,[115] passando por comunidades e desafios multigêneros. Seria muito difícil encontrar um tópico ou gênero ou desvio sexual não coberto pelas nossas histórias, e quando ficamos sem tropos estabelecidos, inventamos os nossos próprios. Ao fandom de *Supernatural* é creditado, por exemplo, ter popularizado fanfics do tipo "knotting", nas quais as pessoas assumem as características sociais e sexuais de cães.[116]

Nada resume a natureza colaborativa e comunitária da fanfiction melhor do que o desafio SPN J2 Big Bang.[117] Este desafio se tornou um evento anual do fandom, muito esperado, juntando artistas com escritores e envolvendo muitos outros fãs como caixas de ressonância, betas e, claro, leitores. De 2007 a 2012, houve mais de mil histórias, cada uma com uma média de 40 mil palavras, acompanhadas de uma artwork. Isso representa mais de 40 milhões de palavras escritas em um desafio de fandom. Existem agora outros quinze desafios Big Bang centrados em *Supernatural*, cada um focando personagens ou gêneros específicos.[118]

Dois eventos que tiveram um forte impacto no fandom e na fanfic ocorreram durante a quarta temporada de *Supernatural*. Na temporada que começou em setembro de 2008, vimos a chegada do personagem Castiel, o anjo, que foi adorado pelo fandom. Os fãs adoravam sua "profunda ligação" com Dean, e o casal (conhecida como "Destiel" na verdadeira tradição de misturas) se tornou incrivelmente popular; agora ultrapassou Wincest como o casal mais popular na slash.

O outro evento importante na temporada quatro foi que a fanfic slash se tornou cânone.

Em 2005, a proibição de compartilhar fanworks com as pessoas envolvidas na série era muito mais forte do que hoje — especialmente quando tais trabalhos envolviam pornografia gay incestuosa. Apesar disso, e apesar da primeira regra do fandom, a fanfic nunca foi um segredo para as pessoas envolvidas na criação de *Supernatural*. Em maio de 2007, na Inglaterra, na primeira convenção que contou com Jensen Ackles, foi perguntado se ele conhecia a fanfiction. Conhecia:

> Uma das minhas favoritas é, hã, Wincest... Só espero que minha avó nunca leia. Jared [Padalecki, que interpreta Sam] e eu rimos bastante com essa. Só ficamos sabendo porque Kim Manners [produtor de *Supernatural*] postou.

Os fãs levantaram o tópico de fanfiction em quase todas as convenções de *Supernatural*. Quando perguntado o que ele achava de Wincest na convenção EyeCon, na Flórida, em abril de 2008, Jared Padalecki conseguiu validar as obras transformativas ao mesmo tempo em que evitava a complicada questão do incesto:

> Com fanfiction e RPGs... todo mundo está participando em *Supernatural* e não apenas assistindo... e realmente estão apaixonados pela série e especialmente os fãs de *Supernatural*. É uma ótima ferramenta de aprendizado e de exploração para descobrir este mundo. Então eu apoio.

Jim Beaver (que faz o papel de Bobby Singer) foi o primeiro ator a provocar os fãs com seu conhecimento da cultura fã quando usou uma camiseta declarando: "Eu leio John/Bobby" (referindo-se a fanfic slash apresentando seu personagem e o pai de Sam e Dean) na EyeCon de 2008. Ele até enviou um e-mail elogioso à autora de uma fanfic que criava um passado para Bobby. (Nota: não continha nenhum slash Bobby/John.)

Misha Collins em especial mostrou uma grande curiosidade e disposição de conversar sobre fanfic, que ainda causa desconforto em alguns fãs, como Misha notou em uma entrevista de 2009:

> Você pode sentir toda a audiência ficando tensa, como se eles não quisessem que você falasse sobre esta ficção slash meio pervertida que estão fazendo. Então eu gosto de falar exatamente por isso.[119]

Até a mídia pergunta a Misha sobre fanfic. Em uma entrevista de 2012, feita pela crítica de TV do *The Huffington Post*, Maureen Ryan, esta comentou que seu personagem Castiel e Dean Winchester eram "uma fonte contínua de especulação, fanfiction, pornografia..." Em resposta, Misha falou: "É verdade. Estou sempre grato por estar, de alguma forma pequena, contribuindo com qualquer tipo de pornografia. Aquece meu coração. Escolhi com cuidado as palavras."[120]

Desde o começo, nossa fanfic não foi nenhum segredo e, mesmo assim, isso não nos preparou para o episódio da quarta temporada, com o sugestivo nome de "The Monster at the End of This Book" [O Monstro no Final deste Livro]. Neste episódio, Sam e Dean descobrem uma série de romances chamados *Supernatural*, de Chuck Shurley, que parecem ser baseados nas vidas dos Winchester. O episódio também apresenta Sam e Dean ao fandom, e o fandom ao cânone da série, quando os irmãos descobrem um fórum sobre os livros:

> DEAN: Há garotas que preferem Sam e garotas que preferem Dean e... O que é uma fã de slash?
>
> SAM: Como em "Sam slash Dean", juntos.
>
> DEAN: Tipo juntos, juntos? Elas sabem que somos irmãos, não sabem?
>
> SAM: Parece que não importa.
>
> DEAN: Bom, isso é doentio!

Alguns ficaram encantados por sermos incluídos nos metacomentários ao lado dos próprios roteiristas da série. Outros fãs ficaram desconfortáveis com a transmissão (literal) do que eles viam como "questões do fandom". Alguns fãs viram isso como o apoio dos escritores ao Wincest, outros como uma condenação.

No episódio de estreia da quinta temporada, "Sympathy for the Devil", escrito por Eric Kripke, fomos apresentados a nós mesmas, na forma da fangirl Becky Rosen. Uma ávida fã dos livros de *Supernatural*, Becky administra um website chamado morethanbrothers.net. Nós a conhecemos quando está trabalhando em sua última fanfic, como o trecho abaixo:

> Os irmãos se aninham no escuro enquanto o som da chuva batendo no telhado diminui o medo da perseguição. Apesar do frio do lado de fora e dos demônios que, mesmo agora, devem estar se aproximando, o calor do abraço os confortava.
>
> E então Sam acariciou o ombro de Dean.
>
> "Isto está errado", disse Dean.
>
> "Então não quero estar certo", respondeu Sam, com a voz rouca.

Assim, o criador da série que inspirou Wincest escreveu Wincest. Claro, Kripke deixou esta "fanfiction" sem terminar, mas em 13 de setembro de 2009, só três dias depois da transmissão do episódio, um membro do LiveJournal usando o pseudônimo online de Becky — Samlicker81 — postou uma versão completa da história chamada "Burning Desires" em uma comunidade de Wincest.[121] Isso é tão pós-moderno que chega a doer.

"Sympathy for the Devil" na verdade não foi a primeira vez que Kripke escreveu fanfic. Em novembro de 2008, o último episódio de "Rising Son", a segunda série de quadrinhos de *Supernatural*, incluía uma história standalone de seis páginas chamada "The Beast with Two Backs", escrita por Eric Kripke e o produtor Peter Johnston.

A besta do título é uma quimera de Jared Padalecki e Jensen Ackles, uma linda criatura de duas cabeças que mata fangirls porque não aguenta deixar viva ninguém mais bonita que ela. O título é uma referência à frase "criar uma besta com duas costas", que é uma gíria para fazer sexo, mais conhecida por seu uso em *Otelo*, de Shakespeare, e *Ulysses*, de James Joyce. Kripke, parece, "shipa" suas estrelas — ou pelo menos sabe que nós fazemos isso.

A integração do fandom e das histórias que entremeamos no texto de *Supernatural* combina com uma série que sempre esteve interessada no papel da narrativa no mundo. Em um nível individual, a série olhou para as histórias que usamos para construir nossas próprias identidades e explorou as histórias morais modernas (na forma de lendas urbanas) e as antigas (do folclore), e as histórias épicas da sociedade — a que chamamos religião.

A narrativa da cultura pop foi examinada em episódios apresentando filmes ("Hollywood Babylon"), TV ("Changing Channels") e a cultura da celebridade ("Fallen Idols" e "Season Seven, Time for a Wedding"). "The French Mistake" é um episódio notável que mostra a produção de uma série de TV chamada *Supernatural*, e muitos dos participantes dos bastidores e os atores são mostrados como paródias de si mesmos.

O episódio "The Monster at the End of the Book" usa o recurso metaficcional dos romances Winchester para comentar o processo de escrita em geral e em *Supernatural*, e seus roteiristas em especial. O personagem do autor Chuck Shurley representa o criador da série Eric Kripke e é usado para explorar o papel do autor.[122] No final da temporada cinco, o telespectador é deixado com a impressão de que o autor pode, literalmente no caso de Chuck, ser Deus.

Na oitava temporada, um anjo chamado Metraton é revelado como escriba do Céu. Ele é um ardente colecionador de histórias e pode ser visto representando tanto os roteiristas da série quanto os escritores do fandom quando diz: "Quando vocês criam histórias, tornam-se deuses, de pequenas e intricadas dimensões sobre si mesmos." Notavelmente, ele mais tarde é revelado como um personagem disforme e vingativo.

A cultura geek e de fã em especial foi representada por vários personagens de *Supernatural* e em episódios como "The Real Ghostbusters", "The Girl with the Dungeon and Dragon Tattoo" e "LARP and the Real Girl". Além da fangirl escritora de fanfic Becky, outros personagens inspirados por fãs incluem fanboys que gostam de RPG Demian e Barnes, além da hacker, fangirl e lésbica Charlie Bradbury.

A série em si sempre foi abertamente influenciada pela cultura de fã. Dean Winchester foi criado como um fã de filmes de terror, ficção científica e rock clássico, e descobrimos que ele é um fanboy da epônima estrela de uma série de TV chamada *Dr. Sexy, M.D.* Sam Winchester revelou-se fã de *Harry Potter*, e até o rude Bobby Singer se revelou fã de *Deep Space Nine* (uma homenagem à falecida esposa do ator Jim Beaver, que apareceu na série). Fica para o anjo Castiel representar o não fã, como ele comenta sempre: "Não entendo esta referência."

A série também apresentou vários tropos populares na fanfiction, diversos dos quais foram explorados na fanfiction de *Supernatural* muito antes de aparecerem na série. O aca-fan Henry Jenkins, ao ver a primeira temporada da série, também notou a similaridade com a fanfic, chamando-a de "uma longa história de dor/conforto".[123] Tropos gerais de fanfic que apareceram incluem universos alternativos, viagens no tempo, loops no tempo, troca de corpos, doppelgängers demoníacos e cenários pós-apocalípticos. Alguns eram específicos do universo de *Supernatural* — o fandom estava explorando a possibilidade do malvado Sam e do vampiro Dean muito antes da série. O fandom até tem um termo para quando uma história de fanfic é validada ou replicada no cânone — "Kripked".

Roteiros de TV, de todas as atividades artísticas, podem ser vistos como o mais análogo à fanfic. Do roteiro à tela há um esforço colaborativo, no qual roteiristas, artistas, equipes e atores funcionam dentro de um universo compartilhado para produzir uma história a cada semana. Talvez aqueles envolvidos na criação de TV sejam mais capazes de entender o que fazemos, porque é uma versão do que eles mesmos fazem. Não acabou sendo surpresa para os fãs quando os roteiristas Robbie Thompson e Adam Glass de *Supernatural* entraram no Twitter e imediatamente começaram a encorajar os fãs a escrever fanfic sobre *eles*, até inventando o nome mashup Robdam para eles mesmos.[124]

Apesar de *Supernatural* não ser a primeira série a mencionar a fanfiction, é certamente a primeira a fazer referência especificamente ao seu próprio fandom e ter fanfic gay incestuosa discutida pelos personagens sobre os quais é escrita. É um sinal de um relacionamento mais amplo e transformado que vai além da quebra da quarta parede, chegando a um reconhecimento aberto do caso amoroso épico entre fãs e criadores.

Coeditora do revolucionário volume Fan Fiction and Fan Communities in the Age of the Internet, *Kristina Busse é uma voz importante no campo dos estudos de fãs. Seu trabalho apareceu em numerosas revistas, e ela coedita a revista de estudos de fãs* Transformative Works and Cultures, *seu ensaio aqui considera um legado do fandom slash de* Jornada nas estrelas, *mostrando como alguns de seus tropos mais radicais agora chegam aonde, bem, ninguém tinha pensado em ir antes — e então talvez um pouco além. Uma boa parte deste livro focou o desenvolvimento de comunidades de fic dentro de fandoms específicos, mas este ensaio ilustra como, no fandom de internet, tropos e narrativas podem cruzar e se proliferar mais rápido do que esporos sexuais, gerando universos multi-fandoms. Ainda mais do que o mashup corriqueiro de canções pop, estes multiversos misturam espécies e cruzam fronteiras biológicas — e são muito populares.*

Pon Farr, Mpreg, Bonds e o Crescimento do Omegaverso

Kristina Busse

Quando comecei a ler fanfiction quase quinze anos atrás, fiquei imediatamente fascinada pela enorme quantidade de sexo e, mais interessante, a enorme quantidade de sexo bizarro. Todo ato sexual que eu já tinha imaginado — e alguns que eu não tinha — era facilmente acessível e, ainda melhor, estava catalogado. Graças aos títulos e aos motores de busca ainda rudimentares na época nos arquivos específicos de fandom, eu poderia procurar e ler todas as histórias de um cenário particular, fosse determinado por sexo, trama ou personagem. Angel se transformando em humano e voltando a ficar com Buffy em todas as suas centenas variações; Mulder como refém de Krycek, e vice-versa; ménages com Kirk, Spock e Bones — estavam lá para ser buscados e lidos. "Diversidade infinita em combinações infinitas" poderia ser a declaração filosófica central do vulcano, mas também é o lema dos fãs de mídia.

Tudo bem com seu kink; simplesmente não é o meu kink

Uma das coisas de que mais gosto sobre fanfiction é que existe um sentido claro de se escrever para kinks específicos. Ellen Fremedon descreve isso como o Id Vortex: "No fandom, todos concordamos em simplesmente deixar a vergonha de lado... Todos sabemos bem onde está Id Vortex, e todos concordamos em nos aproximar com cuidado, mas sem qualquer vergonha." Branding e bestialidade, "esportes aquáticos" e controle mental, tentáculos e voyeurismo, mas também vida familiar e telepatia, amnésia e dor/conforto, escravidão e viagem no tempo — todos estes são tropos que podem nos levar a ler uma história; eles podem até nos excitar e nos fazer gozar.

Tropos favoritos, claro, são diferentes para todo mundo. Mas o fandom é grande o suficiente para que possamos encontrar alguém que queira ler o que escrevemos e, se tivermos realmente sorte, escrever o que queremos ler. Mais do que isso, a fanfic nos entrega esta história específica muitas vezes exatamente com os personagens e os cenários que queremos ver. Droga, se participarmos de um desafio ou tivermos bons amigos, eles poderiam escrever uma das nossas especificações detalhadas! Também, o fandom como comunidade é aberto o suficiente para que a maioria dos fãs tenda a aceitar tropos que não apelam a eles pessoalmente como Just Not My Kink [Simplesmente não é meu kink], em vez de acharam que são ruins ou errados.

Machos alfa e a mente de colmeia dos fãs

Porém, mesmo com a aparente perda de tabus e uma aceitação geral de todos os kinks, ainda há alguns kinks que tendem a ser considerados um pouco mais pervertidos do que outros. Um tropo especialmente popular no momento são as histórias Alpha/Beta/Omega (A/B/O), que são populares em vários fandoms, incluindo *Supernatural*, *Sherlock* e *Teen Wolf*. Muitas histórias A/B/O mostram sociedades onde os imperativos biológicos dividem as pessoas, baseando-se nas hierarquias das alcateias de lobos, em Dominadores sexuais (alfas), submissos sexuais (ômegas) e todo o resto (betas). Além da hierarquia determinada biologicamente, estes humanos geralmente têm outros traços parecidos com lobos: eles podem sentir o cheiro de seus parceiros ou se conectar à primeira vista e geralmente ficam juntos por toda a vida. Às vezes os alfas e ômegas são raros, às vezes são apenas machos, às vezes têm órgãos sexuais alterados. Geralmente os ômegas se excitam e soltam feromonas que deixam os alfas loucos.

Terminologia animal, como *cio*, *ciclos de acasalamento*, *reivindicação*, *montar*, *cruza*, e o sempre popular *bulbo* (um inchaço na base do pênis que acontece nos gatos depois da ejaculação e que força o pênis a ficar dentro para garantir a fertilização), tende a ser popular nas histórias A/B/O. Mesmo que o fandom sempre tivesse sua cota de transformações animais e kinks de bestialidade, histórias A/B/O também parecem se basear outros tropos, incluindo ciclos de acasalamento e cio, cruzas e gravidez masculina (mpreg em inglês), assim como marcações emocionais e conexões de almas. Na verdade, é difícil fazer qualquer generalização sobre os grupos de tropos resumidos na sigla A/B/O ou "omegaverso" (enquanto os dois termos podem ser intercambiáveis, o segundo tende a ser reservado para a construção do mundo ideológico em vez da simples dinâmica sexual). Em vez de tentar definir A/B/O e suas múltiplas subvariantes específicas de fandom, quero explorar de onde vem o tropo e como ele evoluiu, usando essa discussão para ilustrar como tropos se cruzam, mudam e se modificam dentro e em todos os fandoms.

Pon farr como prototropo

O imperativo biológico dos ciclos de acasalamento aparece no cânone de *Jornada nas estrelas*, e subsequentemente foi aceito por muitos fandoms. O *Jornada nas estrelas* original é visto por muitos como o primeiro fandom moderno de mídia: nos anos 1960, os fãs começaram a se encontrar em convenções de fãs e começaram a escrever, editar, mimeografar e enviar pelo correio os primeiros fanzines. Fãs que nunca ouviram falar do episódio "Amok Time", no qual Spock entra em pon farr, podem conhecer, mesmo assim, o termo *pon farr*. E, mesmo se não conhecessem, eles provavelmente teriam lido histórias onde a biologia de um personagem vai forçá-lo a fazer sexo — às vezes com seu parceiro, outras, com qualquer um disposto e capaz.

Em *Jornada nas estrelas*, pon farr descreve o ciclo de acasalamento vulcano, durante o qual os vulcanos precisam fazer sexo ou sofrem dores terríveis, insanidade e potencial morte. Mas os fãs conseguem ser os mais criativos! Este momento em particular no *Jornada nas estrelas* original se tornou a base de uma grande quantidade de histórias de pon farr onde Spock foi aos poucos ficando louco — e Kirk é sua única opção. O mesmo cenário também ocorreu em outros fandoms onde não existe um apoio canônico ao pon farr: a justificativa pode ser mágica, sobrenatural ou alienígena, mas, mesmo em séries policiais realistas como *CSI* ou *Bones*, nós ainda encontramos muitas versões deste cenário trepar-ou-morrer.

O animal em todos nós

Animais e transformações em animais aparecem em muitas fanfictions. Muita mídia que inspira fanfiction inclui transformação animal como cânone: *Buffy, a Caça-Vampiros*, *Harry Potter*, *Crepúsculo* e *Teen Wolf*, por exemplo, todos apresentam lobisomens. Outros fandoms geralmente criam universos alternativos com mudança de forma para explorar ideias de identidade e transformação, de monstruosidade e coisas diferentes. Mesmo que a bestialidade não pareça ser tão forte no fandom, ela existe — seja como um subconjunto dos universos de mudança de forma ou de outra maneira qualquer. Na verdade, *Harry Potter* popularizou os kinks de bestialidade, geralmente colocando personagens humanos em ligação sexual com Remo em sua forma de lobisomem ou Sirius em sua forma do cachorro Almofadinhas. Mas foi o fandom RPF de *Supernatural*, J2 (chamado assim pelos primeiros nomes dos principais atores da série, Jared Padalecki e Jensen Ackles), e seus kink memes que introduziram bestialidade em larga escala em fandoms que não são mágicas.

Então pode não ser coincidência que *Supernatural* e o fandom J2 tenham provavelmente originado A/B/O. Em seu texto introdutório, a fanwriter Nora Bombay descreve A/B/O como "algo que parece ter sido espontaneamente criado quando J2 mpreg e J2 lobisomem se combinaram, formaram uma ligação de alma, e criaram uma ideia que era perfeita para se espalhar por todo o fandom". Nem pode ser coincidência que a primeira série inspirada por fãs de Jensen Ackles, *Dark Angel*, o apresentou como um soldado modificado geneticamente com DNA felino. Mesmo que *Dark Angel* só mostre ciclos de cio em personagens femininos, o fandom — especialmente fandom slash — obviamente respondeu com homens no cio também.

De fato, o foco em fertilidade e ciclos de acasalamento em muitas fanfictions com protagonistas homens é certamente interessante quando se considera que uma grande maioria de slashers, e consequentemente de escritores que usam este tropo, são mulheres. Independentemente de se tratar de uma forma de abordar questões de sexo forçado ou de se pensar as restrições sociais baseadas em biologia, em muitas destas histórias os personagens masculinos no cio são forçados a interpretar papéis femininos tradicionais, vítimas da biologia. Na verdade, quando colocamos o homem na posição de precisar ser fodido, fanwriters geralmente alteram a biologia masculina para incluir bundas autolubrificantes.

Bebês de bunda e barriga de bebê em menino

Como se a necessidade desesperada de ser fodido não fosse suficiente, o propósito final do cio é, claro, engravidar. A gravidez masculina (mpreg) é um tropo popular em todos os fandoms, às vezes explicado dentro da lógica do universo do programa fonte usando mágica ou ciência, mas, com mais frequência, simplesmente ocorre espontaneamente. Seja Alex Krycek mudando de gênero, Severo Snape criando uma poção que induz à gravidez, John Sheppard ativando um artefato antigo ou Brian Kinney acordando grávido certa manhã sem nenhuma razão aparente, um canto do fandom aprecia ver seus heróis masculinos grávidos. E apesar de o filho do amor de Kirk e Spock só ter existido na fanfiction, a série prequel de 2001, *Jornada nas estrelas: Enterprise*, nos trouxe um mpreg canônico, quando o engenheiro Trip Tucker ficou grávido durante um encontro com uma alienígena mulher.

Mpregs podem vir em todos os formatos e tamanhos e, como resultado, podem preencher uma vasta gama de desejos das fãs: uma necessidade romântica de criar uma criança entre amantes homens, um interesse nos efeitos emocionais e físicos da gravidez em um relacionamento, ou mesmo um fascínio pelos horrores da reprodução forçada. Mais ainda que o tropo do cio, a mpreg permite que uma escritora mulher possa brincar com temas dos corpos femininos, preocupações de gênero em relacionamentos e questões de reprodução. E ela pode interrogar todas estas ideias em um cenário que permite uma certa distância emocional ao divorciar a gravidez do corpo feminino. Ao mesmo tempo, uma das críticas da mpreg é que geralmente replica, em vez de criticar, a forma como as mulheres são retratadas ao aceitar estereótipos de gênero.

Os lobos se acasalam por toda a vida

De fato, considerando quantas histórias de mpreg mostram nascimentos inesperados, mesmo que não inicialmente indesejados, é impressionante a quantidade de histórias que mostram famílias felizes nas quais a criança cimenta o amor e a ligação por toda a vida. Novamente, o fandom geralmente parece preferir casais felizes no lugar dos infelizes, e almas gêmeas mais do que encontros de uma única noite. Então, por mais que o desejo dos fãs por conexões intensas possa não ter nenhuma base no cânone, textos-fonte que celebram a união certamente não fazem nenhum mal.

A/B/O pode ter transcendido sua fonte dos lobos, mas o papel das impressões de alma, acasalamentos e conexões permanece poderoso. *Crepúsculo*, por exemplo, mostra não apenas conexões intensas, mas também impressões canônicas como quando Jacob conhece pela primeira vez o bebê de Bella. O tropo de imprinting (impressões) efetivamente oferece um determinismo biológico que exige que o casal precise ficar junto. Na fanfiction, onde escrevemos milhares de cenários para juntar o nosso adorado par, através de espaço, tempo e universos alternativos, a impressão é um conceito satisfatório e efetivo.

Da minha mente para a sua

Enquanto isso, em *Jornada nas estrelas*, a fusão mental vulcana, que garante "da minha mente para a sua", gerou uma riqueza de histórias sobre conexões mentais profundas e permanentes. Como há uma grande quantidade de fanfiction e especialmente de slash tratando de fortes ligações emocionais e conexões eternas — sobre o amor entre parceiros —, a predominância da fic de conexão não é surpreendente. Um voto de casamento é tão bom quanto os participantes que o proferem, mas uma conexão é para sempre.

Conexões de mente e alma são simplesmente a forma mais extrema de um tropo que habitualmente ata o físico ao emocional. Ele apresenta aos leitores um casal cujo amor não é apenas ilimitado e eterno, mas confiável: os dois parceiros podem ter certeza disso, já que podem sentir todo pensamento e emoção do outro. Este tropo então usa corpos, usa o físico, usa o sexo para significar intimidade emocional. Parceiros nestas fics leem os corpos um do outro, leem pensamentos nos olhos do outro, sabem o estado mental um do outro a partir de suas posturas, podem sentir seus amados pelo som ou cheiro. Geralmente sua biologia permite que eles — quer dizer, obriga que — procurem a outra pessoa e a conheçam completamente. Todas estas coisas podem ser horríveis na realidade, mas se a popularidade do tropo é algo a se levar em conta, como metáforas ficcionais elas possuem imenso apelo emocional.

Omegaverso: A tempestade perfeita

Isso nos traz de volta a A/B/O, onde todos estes tropos se juntam em uma tempestade aparentemente perfeita, geralmente com uma forte dose de sexo animal: pintos enormes e bulbosos; uma enorme quantidade de sêmen alfa fértil; e cus ômegas, molhados e abertos. Mesmo assim, tão importante quanto os aspectos kinky do omegaverso são os aspectos emocionais; a força dos ciclos de cio e o desejo impulsivo, a inevitabilidade das impressões e conexões, os prazeres e os horrores da mpreg.

No final, então, não existe somente uma explicação para o gosto dos fãs por fic Alfa/Beta/Ômega, ou até uma só descrição que englobe todas as histórias. Algumas histórias brincam com a primazia dos sentidos e a capacidade farejar o par de alguém. Algumas histórias pintam cenários dub-con onde um ou os dois parceiros estão doidos com o cio e perdem toda a capacidade de raciocínio e inibições. Algumas histórias criam culturas quase escravagistas onde a biologia determina todos os aspectos da sociedade e sexualidade é a força central da Dominação. Algumas histórias brincam com a construção do mundo, enquanto outras só querem sexo kinky e animalesco; muitas fazem os dois.

E também existem aquelas histórias que brincam com os tropos só para subvertê-los: Tony Stark perde toda sua empresa porque os investidores não confiam em alfas; Erik e Charles possuem um relacionamento ilícito alfa/alfa; Sherlock esconde seu cheiro verdadeiro com vários feromônios químicos porque não quer ser presa de preconceitos biológicos; Mike esconde seu status ômega ao ficar perto de Harvey. Todas estas histórias usam tropos A/B/O para interrogar gênero e sexualidade assim como orientação sexual e suposições culturais. E, quando são bem-sucedidas, essas histórias não são apenas quentes e permitem que nossos adorados objetos sexuais se juntem na felicidade conectada, mas elas também interrogam algumas das questões e preconceitos de nosso tempo.

V. Arrow é uma acadêmica de estudos de fãs e escritora de fanfiction. Ela é autora de Panem Companion *de Smart Pop e publicou não ficção em uma variedade de locais. Escreve fic nos campos da literatura YA e músicos "pessoas reais" — incluindo One Direction, seu tópico aqui.*

Como explica Arrow, Real Person Fic — RPF — hoje é tema de muita controvérsia e desdém pela comunidade fic mais ampla, uma subcultura considerada inaceitável mesmo por escritores que possuem poucos limites para o que estão dispostos a ler personagens fictícios fazendo. Há uma sensação geral de que RPF é algum tipo de decadência contemporânea — mas dificilmente pode ser algo novo para a fic. A paródia de J. M. Barrie de seu amigo e colaborador Arthur Conan Doyle apresentava esses dois autores "da vida real" interagindo com os personagens de Holmes e Watson de Doyle, e as histórias das Fábulas do Fandom Irlandês publicadas em zines nos anos 1950 eram RPF de fãs sobre fãs. No ensaio de V., exploramos o mundo da fic de banda ou músicos do ponto de vista dos fãs escritores de RPF de hoje.

Real Person(a) Fiction

V. Arrow (aimmyarrowshigh)

Real Person Fic, ou RPF, é um mundo de certa forma completamente diferente do resto da subcultura da fanfiction. Enquanto toda a fanfiction sofre de um estigma na cultura popular, RPF é algo que até outros escritores de fanfiction geralmente zombam e desprezam como "assustador" e geralmente "juvenil".

Por quê? RPF, como seu nome sugere, é fanfiction escrita sobre "pessoas reais" — celebridades. Escrita, quase exclusivamente, sobre... bem, meninos lindos. E nada mais que garotos lindos, essencialmente — apesar da ideia dominante entre outros fãs de que leitores e escritores de RPF querem se imaginar com suas estrelas favoritas, a RPF se desenvolve em cima de fãs imaginando seus meninos lindos favoritos com outros meninos lindos.

Quase toda a RPF é slash, com a notável exceção de Robert Pattinson/Kristen Stewart (que gerou um enorme boom de material entre 2008 e 2010, mas que já sumiu em grande parte, ou talvez completamente) e David Henrie/Selena Gomez da série do Disney Channel *Os feiticeiros de Waverly Place*. Mesmo que alguns RPF tenham se tornado parte central e entranhada do fandom de fic de mídia, notavelmente J2 RPF (Jared Padalecki/Jensen Ackles) no fandom de *Supernatural* ou os spinoffs de Andrew Garfield/Jesse Eisenberg no fandom de *A rede social*, ela é geralmente vista como uma entidade totalmente autônoma, com pouca intercessão de escritores e leitores entre ela e a fanfiction sobre o cânone em que os atores trabalham. E legitimamente: é uma entidade própria. Há um grande contingente que escreve sobre Chris Pine/Zachary Quinto completamente separado da dupla básica de Kirk/Spock; a dupla de Robert Downey Jr./Jude Law, em seus papéis como Sherlock Holmes e John Watson, é escrita de forma diferente dos seus papéis como o grande detetive e seu assistente — apesar de que "Johnlock" é um slash ship extremamente popular em si, não importa em qual adaptação.

No entanto, a maioria da RPF na verdade gira em torno de casais em fandoms que não possuem ligações com a ficção. Há fanfiction de atores, há fanfiction de políticos e há fanfiction de figuras históricas, mas a maioria da RPF é de músicos. Virtualmente toda banda popular dos últimos cinquenta anos que incluiu pelo menos dois homens teve um fandom RPF slash, de John Frusciante/Anthony Kiedis do Red Hot Chili Peppers a Brendon Urie/Ryan Ross do Panic! at the Disco; Nick Jonas/Joe Jonas do Jonas Brothers (sim, nem mesmo esta linha é sagrada no mundo da fanfiction — são textos muito cheios de angústia), até, mais conhecido e *gigantesco* no momento, os membros do One Direction com... *todos* os outros membros do One Direction.

One Direction, claro, é uma boyband: um grupo vocal harmônico pré-fabricado criado para se alinhar com certos arquétipos em vez de produzir música; felizmente, o One Direction faz bem os dois. Formado em 2010 (depois de aparecer no programa de competição de talentos da TV britânica, *The X Factor*) como um empreendimento do famoso magnata da música, Simon Cowell, o One Direction é formado por cinco garotos, nascidos entre 1991 e 1994, em diferentes partes do Reino Unido e da Irlanda. Eles se alinham, como fazem todas as boybands, de forma muito organizada em seus diferentes personagens publicitários, algo que funciona incrivelmente bem tanto para escrever fanfiction e, seu propósito inicial, cortejar a admiração dos fãs. Niall Horan, o Descolado; Zayn Malik, o Sensível; Liam Payne, o Maduro; Louis Tomlinson, o Engraçado; e Harry Styles, o Bonitinho. Eles foram recebidos com amplo apoio da crítica e sucesso financeiro; o One Direction foi escolhido entre as "Pessoas mais Fascinantes de 2012" por Barbara Walters, ganhou um cobiçado BRIT Award (o equivalente britânico do Grammy) por "BRITs Global Success" em 2013, levou dois VMAs, se apresentou na cerimônia de fechamento das Olimpíadas de 2012 e são os favoritos das filhas de Obama.

Apesar deste sucesso, o One Direction sofre as mesmas armadilhas da maioria das boybands em termos de "respeitabilidade". RPF, como foi notado, carrega um estigma dentro da comunidade de fanfiction. Mas mesmo dentro da RPF, há uma hierarquia de respeitabilidade e o One Direction, junto com outras boybands — devido a seu estilo pop de música, seu começo pré-fabricado e a percepção de sua audiência como sendo de garotas adolescentes — está no fundo. Comparado com o circuito enlameado de festivais, as conexões próximas entre as bandas do "bandom", e a realeza pop-punk dos selos Fueled by Ramen e Decaydance, o One Direction e suas fãs são vistos como imaturos, e sua fic como fantasias subdesenvolvidas. Como a jornalista musical Natalie Zina Walschots apontou no *Toronto Standard*: "Se os homens aprovam um disco, se eles acham que é... sofisticado o suficiente, então esta opinião tem valor e peso... Por outro lado, [o] amor das fãs adolescentes femininas é visto como algo reducionista e perigoso."[125]

A forma como o fandom de RPF é visto está frequentemente conectada à forma como seu material-fonte é visto pelo resto do mundo — em outras palavras, se está ou não baseado em pessoas vistas como "artistas" legítimos ou pelo menos conectados com uma narrativa legítima. A RPF de *A rede social* (*The Social Network a TSN*) é um excelente exemplo. *A rede social*, claro, é RPF em si, sobre o relacionamento de Mark Zuckerberg com Eduardo Saverin, fazendo da fanfiction do filme um tipo de primo de segundo grau do RPF; a fanfiction sobre seus astros, então, é a RPF sobre as pessoas interpretando RPF — um tipo incrivelmente legal e meta de ficção.

Como *TSN* em si é considerado arte legítima, é um passo curto dali para considerar a fanfiction sobre os atores que interpretam estes papéis ser legítima também. Como TSN foi tão elogiado pela crítica e pela mídia, seu fandom, incluindo derivados RPF como Jesse Eisenberg/Andrew Garfield, não é só respeitado, mas também é formado por fãs mais velhos escrevendo slash cuidadosamente construída. Em contraste, como os membros do One Direction são jovens, bonitos e pops, além de serem vítimas do escárnio dos Críticos Musicais Sérios, assume-se que suas fãs são jovens e rabiscam sua fanfiction enquanto olham sonhadoras para pôsteres dos garotos com quem vão se casar, um dia, de forma poliamorosa.

A concepção errônea da RPF por fãs e fandoms que não participam dela vem da ideia de que a RPF, porque tende a ocorrer em fandoms vistos como predicados sobre o bom visual de suas celebridades, deve ser uma tentativa ilusória de fãs mais jovens de fazer uma das três coisas: sentir que a devoção por estas celebridades é validada e vai além da aparência delas; "provar" de alguma forma que eles "conhecem" melhor uma estrela do que os outros fãs (e, portanto, merecem seu amor); ou — e isso é geralmente o maior ataque dos detratores da RPF — procurar legitimar uma forma "menor" de mídia da qual a estrela é parte.

Por "menor", eles normalmente querem dizer, como até fãs adolescentes em outros fandoms zombam, o predomínio de Garotas Adolescentes. Claro, isto não é verdade. Em uma pesquisa realizada no outono de 2012 com mais de 1.550 fãs de One Direction que escreviam ou liam RPF, incríveis 83% tinham mais de dezesseis anos e 35% tinham mais de vinte.[126] Apesar de as garotas serem a maior parte dos fãs do One Direction, esta pesquisa sugere que a maioria da comunidade que participa ativamente no fandom, especialmente lendo e escrevendo RPF, está dentro de um espectro de idade comparável ao fandom em geral — ou pelo menos se encaixa com a percepção de muitos fãs do fandom em geral. O que está realmente sendo dito quando o termo "garota adolescente" é usado por outros fãs como um insulto contra a RPF ou, especialmente, um fandom como o de One Direction é: *Não acho que aquilo de que você gosta tenha tanto valor cultural quanto o que eu gosto, e acho que você é inferior por gostar daquilo.* Em uma fandomesfera que tanto glorifica quanto objetifica os homens ao mesmo tempo em que demoniza — ou ignora completamente a existência das — mulheres, esta rejeição internalizada da feminilidade é condenatória.

A implicação das críticas da RPF de pop music é que, como você gosta de "lixo", você naturalmente deve produzir fanworks lixo. A conversa nos fandoms de pessoas reais não poderia jamais ter a nuance das conversas sobre pessoas ficcionais. O que teríamos para escrever sobre isso além de arrancar as calças vermelhas do One Direction e deixar que eles — para citar suas próprias letras de música — "be the first to take it all the way like this"?

Uma olhada em qualquer comunidade de fanfiction do One Direction, no entanto, revela o oposto. Claro, como acontece com a maioria da RPF, ela é quase toda voltada a slash — 98% dos fãs pesquisados liam slash, enquanto que somente 15% liam het fic (e destes, 18% liam *somente* het genderswap/sexswap, onde a garota é "na verdade" um dos garotos do One Direction em um casal intrabanda). De fato, 66% dos leitores-escritores de RPF pesquisados dentro do fandom de One Direction nem mesmo consideram que a fanfiction com autoinserção e realização de desejos *seja fanfiction.*

"Autoinserção, para mim, é como escrever uma anotação em um diário mais sofisticada sobre seus sonhos acordados ou contar a seus amigos (e a toda a internet) sobre esses sonhos", afirma Colazitron, uma escritora do fandom de One Direction de vinte e quatro anos. "Eu não tenho, no entanto, absolutamente nada contra a autoinserção de início. Temos a permissão de fantasiar, e podemos compartilhar estas fantasias com os amigos/a internet, se quisermos. Eu acho que é uma expressão companheira da RPF, mesmo que haja uma diferença." (Colazitron escreve het fic sobre Louis Tomlinson/Eleanor Calder e Harry Styles/Caroline Flack, além de slash fic sobre Harry/Louis, Harry/Ed Sheeran e outros casais, e costumava escrever slash fic sobre a boyband alemã Tokio Hotel.)[127]

Lucy Jones, uma escritora de slash de One Direction de vinte e um anos, assume uma visão semântica sobre o assunto: "Eu considero [autoinserção] um gênero diferente da RPF tradicional. Toda a questão da RPF é que é ficção: sua caracterização é ficcional, o cenário é ficcional, a trama é ficcional... [Autoinserção] não é mais completamente ficção, porque a pessoa está escrevendo algo que não é ficcional, mesmo se estiver colocado em um ambiente ficcional."[128]

"Eu, pessoalmente, e sei que isso é uma opinião provavelmente impopular para a maioria do fandom... não quero conhecer [os membros do One Direction] assim como não quero conhecer meus novos vizinhos", conta a escritora de slash Elle, de dezoito anos. "Acredito na quarta parede, estritamente, e escrevo sobre eles não para me aproximar destas pessoas, mas porque eles são atraentes e divertidos, e eu gosto de escrever... para escrever sobre eles eu preciso de certa distância."[129]

Então que tipo de fic as fãs de One Direction estão lendo e escrevendo, se existe tanta preponderância de slash e nenhuma autoinserção? Impressionantes 94% da fic sobre One Direction, como diz a pesquisa de 2012, foram escritos sobre a dupla Harry Styles/Louis Romlinson, apesar de outras duplas aparecerem também: 74% dos fãs leem Liam Payne/Zayn Malik, por exemplo, e desde que a pesquisa original foi feita em 2012, Niall Horan/Zayn Malik (então com 58%) tiveram um enorme aumento na popularidade.

Como em outros fandoms, muito conteúdo é impulsionado por smut: 98% das fãs pesquisadas leem material para maiores de dezoito anos, mas este raramente é o propósito por trás da história; PWP (Porn without Plot; ou Plot, What Plot?) é raro no fandom de One Direction. Enquanto a maioria das histórias inclui (ou gira em torno do) conteúdo sexual, a dinâmica da banda ou das duplas é o que impulsiona a história, já que são as interações na vida real dos garotos que tentam o fandom em primeiro lugar. Muito mais do que o visual deles (mesmo que obviamente ele seja uma base da popularidade deles), é a forma como se comportam um com o outro ou a forma como eles poderiam se comportar por causa das inerentes semelhanças e diferenças que intriga as fãs. Mesmo que os membros das boybands como One Direction já venham pré-empacotados em seus arquétipos, as fãs devotas são as primeiras a dizer, bem alto, que nenhum deles *realmente se encaixa* no papel que são pagos para fazer. Em vez disso, elas descobrem as nuances do comportamento que os separam de suas calças coloridas e usam isso para criar virtualmente novos personagens que usam os rostos dos meninos do One Direction.

Uma grande, enorme maioria das histórias é UA, ou seja, passa-se em um universo alternativo, onde os membros do One Direction não são membros da banda. Mostram Zayn e Niall tocando tambores na banda de desfile do colégio; Harry e Louis como pais acidentais; Liam e Zayn presos em um trágico caso amoroso durante a Segunda Guerra Mundial; Harry como um barman e Louis como um dançarino burlesco; Zayn como um estudante de arte e Liam como um barista; Niall como um leprechaun; e assim vai. Louis como o Doctor e Harry como Amy Pond. Harry como Mark Zuckerberg e Zayn como o sofredor Eduardo contra a nefasta presença de Nick Grimshaw como Sean Parker. Apesar de não ter contado esta estatística, provavelmente há mais fics UA intensas per capita para One Direction do que fics baseadas no cânone (estimativa baseada em repositórios de fics e listas de gravações do LiveJournal, Tumblr e AO3).

Novamente, "cânone" — "realidade" oficial ou sancionada como definida pelo material-fonte — significa algo diferente em relação à RPF porque, claro, não existe algo como RPF baseada em cânone. Não mesmo. Só existe uma pequena porção de "realidade" manufaturada que as fãs podem observar. É um tipo diferente de realidade manufaturada em relação aos cânones ficcionais, onde todas as escolhas foram feitas deliberadamente por um autor ou produtor, porque os momentos observáveis da RPF são um monte de manobras aleatórias de marketing e eventualidades, construções artificiais e trechos da personalidade real, a partir dos quais o fandom precisa chegar a um consenso.

A diferença central entre RPF e fanfiction tradicional é que a RPF se origina no que Kayley Thomas, um candidato ao mestrado na Universidade da Flórida que estuda folclore e fanfiction, chama de remediação:[130] um processo de criação global de uma narrativa comum a partir de eventos não relacionados do mundo real, com o propósito de criar uma compreensão canônica ou de fanon (um consenso comum de fãs não baseado em "verdades" observáveis ou textuais) de pessoas reais como personagens.

O que Thomas está essencialmente argumentando é que celebridades (ou suas relações públicas, pelo menos) criam um personagem intencional através de todo o material público, mas ele varia e muda ao longo do tempo e das circunstâncias. Como qualquer outra pessoa viva, a celebridade cujas ações criam seu "cânone" cresce, muda e reage a situações organicamente — ao contrário do personagem ficcional. Assistindo a este crescimento orgânico, leitores e escritores de RPF tentam construir e manter viva uma narrativa convincente e singular da vida da celebridade. No entanto, vidas reais não possuem narrativas singulares. São confusas. E não são narrativas de forma alguma.

Thomas sugere que, como as entrevistas com as principais fontes de mídia são geralmente feitas para ser compreensíveis aos telespectadores não iniciados (e é por isso que as entrevistas com celebridades tendem a ser redundantes), cada matéria na mídia de celebridade deveria ser vista como um cânone individual e único, não como parte de um todo maior.

Na realidade do fandom, no entanto, não é assim que acontece. Os fãs na verdade pegam as informações soltas fornecidas por aquele material — entrevistas, Twitter, fotos e assim por diante — e as reincorporam em um fanon unificado ou uma imagem "total" da celebridade. Já que as celebridades são geralmente conscientes de como são vistas pelos fãs, especialmente na era de interação instantânea e contínua do Twitter, as celebridades então às vezes levam o fanon em conta — consciente ou subconscientemente —, ampliando ainda mais seus cânones pessoais.

Ramona, uma escritora de vinte e um anos participante de muitos fandoms RPF, explica que o processo de escrever RPF é "muito como [ser] um ator preparando-se para um papel, olhando o roteiro várias vezes e formando as próprias ideias do personagem na [própria] cabeça. Provavelmente não será exatamente a mesma ideia da pessoa que escreveu o roteiro, mas eu acho que é por isso que gosto de fic e de cinema em geral. Você nunca vai encontrar duas pessoas que caracterizam [outras] pessoas exatamente da mesma forma... Acontece com tudo, até pessoas que você conhece no trabalho ou na escola. Você pode ter falado com alguém só uma vez, mas já presume muito sobre a personalidade dele, baseando-se em qualquer conversa que teve".[131]

Esses "personagens" construídos também são necessariamente simplificados, reduzindo pessoas reais e complexas a estereótipos mais vendáveis (o Cool, o Sensível etc.). Neste contexto, até mesmo Liam Payne da fanfiction mais encaixada no personagem — o Liam que parece aderir mais de perto ao "cânone" público — ainda é profundamente

OOC, ou Out Of Character, se comparado à pessoa real. O próprio Zayn Malik declarou que, apesar de ser visto como o "bad boy quieto, mal-humorado e misterioso", adora uma piada e gosta de pegadinhas; adora ficar com sua namorada, Perrie Edwards do Little Mix; e considera seu personagem/papel como "incompreendido". Louis Tomlinson, financeiramente responsável por sua família e profundamente dedicado a melhorar sua cidade natal (até dirigindo o time de futebol local — um verdadeiro símbolo de patriotismo no Reino Unido), é pintado na mídia oficial e de fãs como sendo imaturo e egoísta, apesar de isso ser visivelmente mentira.

"Quando leio e escrevo RPF, mantenho uma linha distinta na minha cabeça, uma linha que separa as pessoas reais de suas caracterizações ficcionais", conta a escritora-leitora Shrew, de dezoito anos.[132] "Pessoalmente, eu não acredito que nenhuma dessas relações que escrevo (het, slash ou outras) seja real. Tenho a tendência a sentir que estou escrevendo sobre personagens em vez de pessoas — entendo que há uma diferença entre o que alguém apresenta dos outros/do público como celebridade, e a forma como eles realmente são." Shrew escreve het e slash, com duplas que vão do cânone — neste caso, relacionamentos reais e confirmados — ao fanon e crack (duplas que não podem de jeito nenhum ser consideradas como canônicas, como uma pessoa real/personagem ficcional ou personagens que nunca se encontraram ou interagiram). Todas são baseadas em personagens que ela criou a partir das hipóteses que fez enquanto via o material oficial, que chama de "headcanon".

Da mesma forma, hipóteses baseadas em headcanon são construídas sobre materiais disponíveis para o fandom durante seus estágios iniciais (como foi com a incrível popularidade de Harry/Louis como o OTP, o One True Pairing, o favorito). A dificuldade — e a diversão e o desafio e a beleza — da RPF vem da natureza sempre mutante dos materiais disponíveis para criação de cânone, já que as pessoas que o geram crescem, mudam e reagem a experiências de formas novas. O que era considerada uma hipótese "precisa" em 2010 pode ser vista como totalmente irreal em 2013. O processo de remediação de Kayley Thomas (a construção, por escritores RPF, de uma realidade coerente a partir dos pedaços disponíveis de mídia) então se torna a criação de uma trajetória, de quem estas pessoas "eram" no princípio do fandom para quem elas "são" agora, através de uma narrativa convincente — essencialmente interpretando as "pessoas reais" sendo escritas em personagens totalmente ficcionais que acontecem de ter caras reais (assim como qualquer personagem mostrado por um ator de cinema ou TV).

"Eu diria que a principal diferença para mim na RPF é a acessibilidade do material-fonte, e o fato de que o fandom está constantemente se movendo com novas informações e eventos...", diz Cat, uma escritora de vinte e cinco anos que participou tanto da fanfiction RPF quanto da tradicional por quase uma década.[133] "Eu uso o máximo de material que posso conseguir para criar caracterizações. Não acho de jeito nenhum que isso signifique que estou conseguindo uma caracterização precisa, mas faz com que eu me sinta como se estivesse oferecendo uma história apropriada para o fandom em vez de apenas uma história sobre dois caras gostosos (ou algo assim)."

"Tento manter os eventos e a caracterização o mais próximos possíveis do que acho que é a vida deles [baseando-me na informação disponível], mas não há como saber", diz Darcie, uma escritora de slash de One Direction de 24 anos. "Tento ser o mais respeitosa possível, também."[134]

Aí está a maior diferença entre o que é a RPF e o que os detratores tendem a pensar que é a RPF: os leitores e escritores de RPF querem que seu trabalho não seja só respeitoso com seus retratados, mas também encontrem ou criem uma verdade interna sobre eles, em vez de sensacionalizar ou envergonhá-los. A sociedade no geral trata os casais de celebridade como commodities públicas voltadas para o consumo de todos, explorando e cutucando as rachaduras de seus relacionamentos até que as tripas que explicam "por que eles estão juntos ou não" caiam para fora para que nós banqueteemos.

Afinal, toda edição da revista *People* nos últimos dez anos apresentou suposições sobre as vidas privadas das celebridades, "Estão/Não Estão?", ensaios fotográficos sobre supostos casais, e reafirmações autorreflexivas de que as "Estrelas São Como Você!". A especulação ofegante exigida para ship, digamos, Harry Styles/Louis Tomlinson ou Niall Horan/Demi Lovato ou Zayn Malik/Perrie Edwards é uma dica recebida e um comportamento aprendido da própria cobertura da mídia. Mas também é mais do que isso. De certa forma, escritoras de RPF estão tentando humanizar celebridades, em vez de *des*umanizá-las. Em vez de *dizer* que as Celebridades São Exatamente Como Você!, a RPF quer *mostrar* isso.

A RPF existiu desde que existiram as celebridades. Qualquer mídia "baseada em uma história verdadeira!" é RPF. Qualquer ficção histórica que coopta uma pessoa ou grupo real é RPF. *Júlio César* de Shakespeare é RPF e reflete a realidade tão precisamente quanto a RPF escrita de forma melhor, mais cuidadosa e mais carinhosa na internet de hoje: virtualmente nem um pouco. Os nomes continuam — Júlio César, Marco Antônio —, como certos traços simplificados, os papéis arquetípicos que eles representam. No lugar do Real Júlio César e do Real Marco Antônio, temos UA!César e UA!Antônio em uma narrativa mais simples e mais dramática.

Um mundo cada vez mais conectado — especialmente via Twitter — mudou as lentes através das quais a história "real" e as pessoas reais são vistas. Historiadores trabalham entrelaçando documentos primários para criar suas versões da verdade — a historiografia é, essencialmente, um Fanon da Humanidade em escala maior —, e escritores de RPF fazem o mesmo. Com cada nova prova, todo dia, toda entrevista, todo tweet, o cânone se desenvolve e muda. A maioria dos fãs pode e vai encontrar uma forma de encaixar cada novo documento primário em seu fanon preferido. Em alguns casos, isso exige níveis de reviravoltas na trama e teorias conspiratórias à Steven Moffat, que geralmente são a principal causa de discórdia dentro dos fandoms de RPF (especialmente One Direction). Este processo de remediação não é, em si mesmo, algo ruim, mas quando as pessoas esquecem que estão, na verdade, criando seu próprio cânone, esquecem o princípio mais básico da RPF...

Que é *Ficção* de Pessoa Real.

Não existe como saber, nem mesmo fingir, que a RPF é realidade. Não há garantia — ou mesmo desejo de parte da maioria dos leitores-escritores — de que os conteúdos de uma fic de RPF estejam mais próximos do "cânone" do que uma fanfiction tradicional sobre algo que aconteceu entre as páginas de *Jogos Vorazes* entre personagens a que Katniss nunca nem deu um nome. Em vez disso, a RPF procura, como todas as outras fanfictions, dar respostas hipotéticas a perguntas colocadas pela mídia.

O que acontece quando uma banda sai do palco?

Como é Niall Horan em casa?

Harry Styles e Louis Tomlinson seriam felizes juntos, e será que o apartamento deles ficou muito bagunçado depois daquela festa de Ano-Novo?

Quem é Zayn Malik quando ninguém está olhando? Liam Payne é realmente um adulto com medo de colheres?

E como foi exatamente que o One Direction decidiu que brincar de Fruit Ninja da Vida Real em um ônibus em movimento seria uma boa ideia?

Brad Bell é hoje mais conhecido como "Cheeks", a persona da internet que também inspirou seu personagem em Husbands, *a comédia de um casamento gay que ele cocriou e coescreveu com Jane Espenson. Antes de Brad ser um marido ficcional folgado, no entanto, ele era um namorado na vida real que também (junto com seu então parceiro, Adam) tinha um talento para o teatro. Juntos, eles criaram um tipo de atração composto de casal performático, conhecido nas festas como "Bradam". Nenhum era famoso — ainda. Muito depois de terem se separado, quando um se tornou muito mais conhecido, de repente, também o relacionamento deles, quando o tipo de foto ridícula que eles antes adoravam agora estava espalhado por todas as grandes mídias e ameaçava arrasar com uma carreira. Então, a fanfic encontrou e abraçou seu relacionamento — como fazem os fanwriters — de vários ângulos.*

Brad aqui reflete histórias contadas sobre a vida dele — por ele mesmo, pela mídia e por fãs — e considera os significados diferentes que cada um encontrou ao contá-las.

#Bradam Forever

Brad Bell

Em um sentido, a mistura dos dois nomes é simplesmente uma manifestação da infinita admiração da humanidade pelas parcerias. No entanto, a celebração de Bradam, tanto pré quanto pós-fama, não tinha a ver só com um título. Bradam nasceu porque dois homens se apaixonaram, não só um pelo outro, mas pela noção de que, como unidade, eles poderiam conquistar o mundo. Como acontece geralmente, isso não deu resultado. Por esta mesma razão faz muito sentido que Bradam viva na ficção e não na realidade. Bradam continua porque as pessoas são atraídas pela mágica de um casal de homens carismáticos mostrando ao mundo, sem medo, que estão apaixonados. Esta é uma história não fic de como Bradam foi de IRL a RLF...

Fevereiro de 2005: Brad fechou a porta atrás de si e deitou na cama ao lado de Adam. Eles estavam saindo fazia apenas dois meses, então dividir mesmo os detalhes mais mundanos no final do dia ainda parecia algo divertido e maravilhoso. Depois de uns minutos conversando sobre nada em particular, Brad apoiou a cabeça na mão e olhou para Adam.

"Sabe", disse Brad com um sorriso alegre, "quando formos famosos, nosso apelido de casal celebridade será 'Bradam'."

Adam estava deitado de costas, olhando para o teto, quando seu rosto se iluminou com um sorriso. "Ah! Bradam!"

A reação de Adam foi um alívio para Brad, pois ele não tinha certeza se criar um apelido de casal celebridade, mesmo que fosse algo divertido, seria demais... tão cedo no relacionamento.

"Sabe o que eu mais gosto disso?", Adam começou.

Brad quis completar: "É que tem nossos dois nomes completos?"

"Exatamente! Brad. Adam. Bradam." Adam soltou outra gargalhada feliz e olhou para Brad. "Adorei."

Quando dois meses se tornaram dois anos, o nome ficou conhecido entre o círculo de amigos de Brad e Adam. Hipsters festeiros sempre proclamavam felizes: "Bradam ganha a melhor fantasia de novo esta noite!" SMS com convites para festas perguntavam sobre "a disponibilidade de Bradam para uma ponta esta noite". Era um apelido pegajoso, no espírito dos caprichos glamorosos. Nem Brad nem Adam perceberam o significado futuro do nome na época.

O verão de 2007 encontrou o casal no Lago Tahoe, descansando depois de uma semana de Burning Man. Eles não tinham antecipado a horda de jovens universitários que invadiram o lago apenas com a intenção de fazer barulho. No começo, o caos dos adolescentes era difícil de aguentar, mas não demorou muito para os garotos de fraternidades em shorts de surfistas que tinham tomado as margens do lado desaparecerem e os dois amantes só terem olhos um para o outro.

Até que um "OHMEUDEUS" agudo puxou Brad e Adam de volta à festa regada a cerveja que acontecia ao redor deles. Eles olharam e viram duas garotas, talvez de dezesseis anos, com os olhos arregalados. "Vocês são, tipo... namorados?", as garotas perguntaram excitadas.

Brad e Adam trocaram olhares. Se as duas garotas parecessem desdenhosas ou desgostosas seria um cenário mais conhecido; julgamento do público geral não era nada novo. Em vez disso, Brad e Adam sentiram que eram admiradoras, aparentemente fascinadas por uma visão tão exótica.

Brad respondeu: "Hum... somos."

Gritinhos agudos cortaram o ar, atraindo os olhos dos festeiros mais distraídos ali perto.

"Vocês poderiam, tipo... se beijar?", pediu a outra garota, as mãos apertadas na frente do peito com uma tonta apreensão.

"Hum... está bem." Os garotos trocaram um beijinho leve e casto, que levou a um longo. "Uauuuuuuu!"

"Vocês são *tão* lindos! Obrigada!" Com isso, as garotas foram embora, dando umas últimas olhadas para trás enquanto se afastavam.

Brad olhou para Adam. "Foi a primeira vez que vi isso."

Adam passou o braço pela cintura de Brad. "Temos fãs!"

Com o tempo, os dois homens foram ficando cada vez mais diferentes, o que também significava que iam ficando cada vez menos compatíveis. A separação foi dolorosa, como qualquer separação, mas, no final de 2008, eles descobriram que podiam ser amigos para toda a vida. Junto com seu relacionamento, a realidade de suas vidas individuais também tinha tomado um caminho surreal. A participação de Adam no principal concurso para cantores dos EUA o transformou em um nome conhecido — vamos chamá-lo de ídolo — da noite para o dia. Brad tinha começado a produzir sátiras em uma promissora carreira como escritor e ator. Os dois estavam saindo com outras pessoas e, apesar de se apoiarem com grande afeição e lealdade, Bradam era apenas uma lembrança. Então, em março de 2009, Bradam foi ressuscitado de uma forma que nenhum dos dois poderia ter imaginado.

"Finalmente aconteceu", foi como a mensagem de voz de Adam para Brad começava. "Somos o *Velvet Goldmine.*"

Quando Brad ligou de volta para Adam, ele ficou sabendo dos detalhes. "Aparentemente, toda foto da gente se beijando que já foi tirada acabou descoberta e publicada em todos os blogs. Estão por toda parte." Na época, "toda parte" significava as colunas de fofoca. Em poucas semanas, "toda parte" se tornou programas de entrevistas, Bill O'Reilly, *Rolling Stone*, *US Weekly* e Oprah Winfrey. Houve falsas acusações de que Brad tinha vazado as fotos atrás de seus quinze minutos de fama. Isso doeu, mas Brad nunca se preocupou com o que os outros pensavam dele. Esta atitude também ajudou quando estranhos olhavam para Brad com simpatia, assumindo que interpretavam que o sucesso de Adam queria dizer que Brad tinha fracassado. Foi frustrante, mas passageiro. O que mais deixou Brad chateado foi que alguns dos momentos mais felizes de sua vida estavam sendo mostrados como pecado. As orgulhosas declarações fotográficas de amor um pelo outro estavam sendo descritas como transgressões vergonhosas. O que era uma época de alegre romance tinha sido deformada em uma colossal dor de cabeça que ameaçava o potencial do futuro de Adam... em um escândalo que estaria melhor se fosse esquecido.

Quer dizer, até que um Google Alert trouxe um novo mundo para a atenção de Brad: fanfiction. Entretido pelas fics Bradam que estavam aparecendo online, muitos dos amigos de Brad perguntavam: "Não é estranho? Estas pessoas não conhecem você e estão... quero dizer, tipo, você é uma pessoa real." Declarações como esta ainda são comuns.

No entanto, Brad não achou a fanfic estranha. Fic sobre Bradam significava que o tempo adorável que ele tinha passado com Adam não resultaria em uma lembrança arrependida. Bradam assumiu uma nova encarnação, ressuscitada por pessoas que se conectaram com a liberdade, a ousadia e a aventura que a união deles representava.

O que começou como uma fantasia leve entre amantes terminou se desenvolvendo até ser a realidade exata que pretendia ser: a celebração do primeiro amor, de estar vivo e ser jovem, de transformar seu mundo em um reino encantado dos caprichos. Por causa dos autores e fãs que deram a Bradam um lugar para viver em seus corações, esta celebração vai continuar para sempre.

Peter Berg é escritor, blogueiro e estudante do ensino médio. Ele também é um "brony" — um fã do programa de televisão infantil My Little Pony: A amizade é mágica. *Desde a primeira transmissão em 2010, a série surpreendeu a empresa Hasbro e o mundo, ao atrair uma grande base de fãs majoritariamente masculina de adultos e adolescentes. Com a mídia tentando entender o fenômeno, tentando ver estes fãs como rebeldes contra estereótipos de gênero ou proponentes de uma nova era de sinceridade na internet, os bronies estavam ocupados criando um conjunto realmente impressionante de arte relacionada com pôneis, vídeos (incluindo a série dublada por fãs "Friendship is Witchcraft" pelo brony conhecido como "Sherclop Pones"), música e, claro, histórias. Peter Berg criou um enorme universo crossover com estes pôneis e a parte quatro de* Viagens de Gulliver, *entre outras fontes. Aqui, ele reflete sobre suas motivações, experiências e o papel que este fandom online jogou em sua vida de escritor.*

Hobbyhorsing

Peter Berg (Homfrog)

Deixe-me começar com uma declaração ousada: eu tenho ideias demais para o meu próprio bem. Meu cérebro parece lotado de grandes fontes de chocolate de criatividade e eu nunca consigo desligá-las, nunca. Alguém poderia pensar: "O que há de tão ruim em chocolate que nunca termina?" Com toda a honestidade, não é tão ruim, em um dia lento, um dia quando estou muito focado em outras coisas mais mundanas para prestar atenção ao fondue borbulhante de ideias.

Mas nos dias agitados, um dia em que quase 100% da minha atenção está na minha própria cabeça, o excesso de coisas boas pode ser terrível. As ideias ficam aparecendo na minha mente todas as horas da minha vida, borbulhando e espumando como uma cafeteira e expelindo como gêiseres. Ideias, para mim, são algo muito líquido. São capazes de gotejar, pingar, fluir, correr, bater, avançar, ferver e congelar. Em relação a isto, e especialmente em relação ao fandom de *My Little Pony: A amizade é mágica*, tenho chocolate no cérebro.

Aqui conto um pouco do meu histórico. Escrevo desde que aprendi a ler. Comecei a ler aos três anos e meio, e pela minha estimativa foi só alguns meses depois que tentei escrever algo. Acredito que estava tentando comunicar meus sentimentos sobre os fantasmas que viviam na assustadora árvore em nosso quintal; ou isso ou algo sobre um dos meus bichos de pelúcia. A primeira história completa que escrevi foi um conto sobre dragões chamado "My Dragon Book". Incluía descrições de seus hábitos alimentares, estruturas familiares, rituais de acasalamento (assim como eu entendia tal conceito aos cinco anos de idade — eu sabia que envolvia bundas) e uma capa decorada com adesivos dos planetas, porque todo mundo sabe que dragões estão associados ao espaço exterior. Surpreendentemente, consegui criar algo parecido com uma trama. Seguia um dragão, um personagem sem nome que eu lembro que era azul, do nascimento à morte. Eu desenhei à mão várias imagens de dragões para o livro e colei com a cola em bastão roxa que todas as crianças escolares têm. Quando terminei, o livro tinha dez páginas grampeadas, encapado com cartolina preta e o título em lápis de cera branco. Era, para meus jovens olhos, o melhor compêndio de biologia e cultura dracônicas que existia, provavelmente o melhor livro com uma visão científica sobre a mitologia na história do universo. Fiquei tão orgulhoso, e a partir daí, eu adorei escrever. Este foi o dia em que as ideias começaram a escorrer.

Escrever e ler, na minha experiência, pelo menos, se tornou uma relação biológica quase simbiótica. Cada um se beneficia e se apoia no outro para sua existência continuada e eles reagem um com o outro como sistemas químicos complexos. No meu caso, ler permite que eu tenha mais ideias do que meu corpo pode guardar, e escrever permite que eu drene estas ideias e alivie alguma pressão que vai surgindo. Sou um cozinheiro de ideias sob pressão; o que sai do meu corpo através das minhas mãos e da minha boca é muito mais saboroso e mais suculento do que os vegetais que entraram através do olho e do ouvido.

Eu atualmente tenho um documento com ideias para histórias de *My Little Pony* com, no momento em que escrevo isso, 250 páginas. Consiste de mais de 400 premissas para histórias categorizadas com mais de trinta e cinco tags de cores diferentes, uma linha do tempo de eventos que cobre 400 mil anos e catorze páginas, mais de 49 mil palavras de ideias, e quarenta e um personagens originais. Das muitas premissas históricas, somente nove foram completadas, e trinta e duas estão no processo de ser escritas. Minha produção criativa, se canalizada efetivamente e com conteúdo inteiramente original, poderia render algum bom dinheiro. Mas, em vez disso, eu escolhi escrever histórias sobre pôneis usando personagens que nem mesmo criei. "Por que isso?", alguém poderia perguntar. "Por que um escritor tão prolífico escolheria escrever fanfiction em vez de obras-primas originais, com potencial para ganhar dinheiro?"

A simples resposta é: eu não escolhi a vida de pônei; a vida de pônei me escolheu. O que fez minha vida se tornar tão conectada com a experiência de escrever *My Little Pony* foi uma combinação de fatores, internos e externos. Eu honestamente não me lembro como comecei a participar deste fandom ou em que ponto falei para mim mesmo: "Sou um brony agora." No entanto, acho que a primeira coisa que realmente teve um apelo pra mim nesta série foi a construção do mundo. Ohhh, a construção do mundo, tão grande, tão antigo, tão profundo para uma série infantil. Equestria é um reino grande; tanto que uma boa parte continua inexplorada pela audiência, e mesmo assim temos a sensação de que quase sabemos o que existe em todos os cantos. Mais de mil anos de história foram colocadas como pano de fundo da série, e posso apostar que há muito mais que ainda não vimos. Muita da fanfiction que escrevo, e as ideias que crio, tem a ver com a história da Equestria. Detalhei muitas eras, com cinco sistemas de calendários, a gradual mudança de idiomas e governos, e mostrei a evolução ajudada pela mágica também, pela escala de tempo através da qual eu trabalho. Começo a marcha do tempo antes do Big Bang e termino depois do Big Whimper, digamos. Eu literalmente (e literariamente) criei um universo.

Em *My Little Pony: A amizade é mágica* há criaturas mitológicas e seus similares em todos os pontos: cocatrizes, dragões, grifos, hidras, crianças trocadas, quimeras, deuses trapaceiros, hipocampos, constelações vivas, híbridos animais-plantas, tribbles insetos — a lista segue. A mitologia que a série simultaneamente incorpora e produz realmente me atraiu, especialmente as raças e espécies de seres que formam Equestria e as terras além de seus lares. Seu rico e complicado universo faz com que meu cérebro ressoe com uma multidão de ideias sinfônicas. Então eu faço meu dever como um fã devoto e construo em cima disso eu mesmo.

Expandi ou inventei, total ou parcialmente, mais de quinze espécies de pôneis e mais de vinte outras espécies, que vão de pôneis cita-neandertais a zebras com dois chifres e pôneis que vivem no centro da Terra, na mesosfera e na Lua; de casacos de pele sábios a sombrios papagaios telepatas e criaturas voadoras que parecem OVNIs. E quando eu os criei, eu me afastei e observei como viviam. Um amigo disse que sou, em certo sentido, um deus-antropólogo; crio uma espécie e depois a estudo. Detalho uma biologia clara, tanto geral quanto específica, para cada espécie. Tomo nota de suas histórias, suas culturas e suas sociedades, e listo suas interações com outras espécies e como se comportam no mundo contra os obstáculos que crio para superarem.

Quanto à minha própria espécie — bronies —, eu tenho muitas interações com ela, também. Mantenho um grupo social de uns vinte bronies com quem interajo diariamente. Vão de amigos antigos que conheço na vida real a pessoas que só conheço através de Twitter ou Facebook. Escrevemos juntos, conversamos sobre ideias e organizamos sessões de RPG, e assistimos aos episódios juntos e rimos. Acho que os bronies são uma comunidade muito recompensadora — quase sempre otimista, com boas intenções, doce e compreensiva. Realmente significa muito para mim ter "encontrado minha gente" e que eles tenham me aceitado. Para mim, não é muito estranho que a série de que todos gostamos deveria ser para criancinhas, ou que a série tenha uma população de personagens principalmente feminina.

Então, no final, suponho que eu possa dizer que o que realmente me atraiu a escrever fanfiction de *My Little Pony* foi que oferecia uma oportunidade sedutora para florescer meu tipo específico de fluxo criativo obsessivo e irrefreável. Esse fandom me permite sair do meu cérebro — flutuar em um mar tumultuado e salgado de ideias douradas — com um balde extragrande em vez de uma pequena colher enferrujada como fazia nos outros fandom antes de *My Little Pony*. Ela me dá um meio para derreter e fundir meus pensamentos e ideias em uma arquitetura brilhante ou armas bem-feitas. Muitas das minhas ideias — eu diria uma grande porcentagem delas — nunca verá a luz do dia ou o olho de qualquer leitor. Às vezes é algo chato, mas normalmente eu consigo lidar com isso e, no lugar, me concentro nas histórias que quero lançar no mundo.

Eu não diria que minha vida é muito agitada para que eu consiga escrever tudo que preciso. Tenho muito tempo livre na maior parte do dia, apesar de que varia de acordo com minha agenda e o curso geral dos eventos na minha vida. Minhas tardes e fins de semana são normalmente completamente abertos, mas eu não passo todo o tempo escrevendo. Geralmente, no entanto, preciso equilibrar minha vida real e a vida que vivo quando meu cérebro está ligado ao computador através das minhas mãos. Passar muito tempo escrevendo e lendo fanfiction não me deixa fazer minhas lições e ficar com minha família e amigos... mas passar muito tempo no espaço de carne e osso não me deixa drenar minhas ideias e depois eu tenho que soltar estas ideias para minha família e amigos, ainda que eles não entendam nada deste tipo de coisa. Afinal, não conheço muitos bronies na vida real, e menos ainda quem tenha a mesma paixão por esta constelação particular de ideias, este universo que eu meio que peguei emprestado, meio que criei. É por isso que procuro meus amigos online.

Ali, não sou só membro do fandom de *My Little Pony: A amizade é mágica*. Sou membro da SCP Foundation (um website colaborativo de literatura de ficção científica/horror), vários grupos de poesia e arte na internet, e um grupo de piadistas profissionais e loucos prodígios no Twitter. Eu enfio meus tentáculos em toda rede social com a esperança de fazer novas conexões. Quanto mais eu conseguir, e mais opções de novos amigos e comunidades eu explorar, mais espaços terei para expressar minhas ideias. Isso me dá mais pessoas com quem estabelecer noções e com quem eu posso discutir Grandes Questões — as Maiores Questões que me preocupam como pessoa e as regiões da internet que eu habito. Os amigos que fiz através de todos estes websites e fandoms agem como uma rede de apoio para me manter saudável e flutuando no meio do caos infernal zumbindo na minha cabeça cheia de ideias.

Uma nota que o meu editor me mandou no começo: "Esta é uma questão tão importante que você não tocou muito no começo do livro." Suspiro. Eu sei. E nem a fanfic — não muito. Não o suficiente, eu diria. Houve alguns momentos, e esta troca entre Rukmini Pande e Samira Nadkarni, duas críticas de estudos de fãs da Índia, toca em vários. No geral, no entanto, o relacionamento do fandom da mídia com diferença racial e étnica na fanfiction tem sido mínimo.

Até onde vi — e por favor veja isto como um desafio, um convite sincero para que provem que estou errada — a fanfic não fez o tipo de desconstrução e reimaginação de raça e etnia que foram feitas com gênero e sexualidade, ocasionalmente classe social e, mais recentemente, deficiência. Nos fandoms de fic que apresentam personagens negros, a fanfic ao redor destes personagens ainda não trabalha com suas raças ou etnia, e em todas as brincadeiras biológicas e mudanças de gênero que já vi, nunca encontrei muitos Spocks negros, por exemplo. Nesta área, a reimaginação de fontes pelo entretenimento comercial ultrapassou a cultura dos fãs; vejam Lucy Liu como Joan Watson no Elementary *da CBS e o quadrinho digital da New Paradigm Studios,* Holmes and Watson, *que recria a dupla como detetives afro-americanos no Harlem.*

Enquanto algumas séries que inspiraram enormes fandoms de fic fizeram importantes experimentos em mudanças e representação de diferenças raciais e étnicas — o original Jornada nas estrelas *sendo o exemplo mais óbvio e inovador —, a própria fic não seguiu esse caminho necessariamente. Nas franquias de ficção científica e fantasia, além do mais, as questões raciais e étnicas são geralmente exploradas através da divisão entre espécies imaginárias ou sintéticas e humanos biológicos — uma postura que, apesar de fascinante, coloca a questão da raça como experimentamos de uma forma afastada. Tudo bem; é assim que esses gêneros abordam cultura e política, e sou uma grande fã dessa abordagem. Mas as tensões entre lobisomens e vampiros ou entre Cylons e humanos não confrontam abertamente a raça da forma como uma série como* The Wire *faz.*

Por outro lado, quando a cultura de mídia ocidental ou a fanfic imaginam personagens em algum cenário não branco ou não ocidental, nem sempre isso é feito de forma sensível ou com bom gosto. Claro que não. A história da apropriação e exploração cultural é tão óbvia quanto é extensa e ofensiva — Charlie Chan e Gunga Din não sabem nada sobre parir nenhum bebê e por aí vai. Se as pessoas estão escrevendo fic para se divertir, faz sentido que elas possam ficar longe destas questões — falar de questões raciais não chega nem perto de ser tão divertido quanto falar de sexo. Parece muito pesado e as pessoas que aparentemente levam a fanfiction muito a sério podem se expor ao ridículo. Além do mais, a fic recebe feedback, e convidar ao feedback em questões raciais pode ser amedrontador. Escritores não querem ouvir acusações de racismo ou descobrir que na verdade foram, mesmo sem intenção, racistas ou insensíveis. Eu conversei com muitos escritores (com históricos diferentes) que estão interessados em retratar personagens mais diversos ou brincar com a diferença racial e étnica, mas estão cansados de ser ofendidos, atacados ou simplesmente terminar com trabalhos ignorados. Ouvi de muitos fãs negros que estão cansados de se sentirem os únicos não brancos na sala virtual, mesmo quando falei com aqueles que participam da fandom online como um meio onde eles não precisam interagir ou escrever principalmente através de sua identidade étnica ou racial. Com mais frequência, ouvi comentários parecidos com os seguintes, de uma troca de e-mail com um blogueiro e crítico de fandom:

> *Para mim, fandom online não tem sido lugar no qual não tenho que lidar com a questão da raça. Na minha experiência, fandom online simplesmente tem sido um subconjunto menor da cultura maior (que, claro, não é exatamente o lugar mais saudável no qual existir se você não for Branco). Tive sorte suficiente de ter um grupo de pessoas legais, relaxadas, socialmente conscientes de todas as raças, com quem posso compartilhar meu amor pelo fandom (apesar de isso não necessariamente eliminar o desconfortável sentimento de ser um "fan of color" [FOC] em um mar de Brancos). Vi muitos outros fãs negros sendo atacados, degradados e ameaçados por expressarem críticas legítimas dos elementos problemáticos nas séries/livros que eles adoram (ou do comportamento frequentemente opressivo de outros fãs).*[135]

A dinâmica racial e étnica acontece de forma diferente em mangás, animes e outros fandoms de origem não ocidental, que não foram meu foco aqui. Mas todas as propriedades midiáticas ocidentais e predominantemente brancas que Fic *discutiu possuem enormes fandoms globais. Cada uma destas séries, filmes e livros inspirou fãs de diferentes culturas e etnias a ler e escrever fic. Alguns desenvolveram suas próprias culturas de fãs localizadas, como vimos antes, neste livro, com o fandom irlandês dos anos 1950. Algumas não desenvolveram comunidades locais, tendo fortes razões culturais para não reconhecer pessoalmente os tipos de materiais que gostam de ler e escrever online. Alguns leem e escrevem em inglês; alguns expandem a diversidade dos leitores do fandom doando trabalho em projetos de tradução, ganhando, digamos, leitores chineses, tailandeses ou indonésios para escritores de fic de Londres, Utah ou Finlândia. Há muitas experiências diferentes de fandom global fora dos centros culturais onde as propriedades de mídia são produzidas. O seguinte diálogo dá duas perspectivas de duas pessoas que não falam por vastas e indiferenciadas demografias, mas só por elas mesmas.*

De uma Terra onde Vivem "Outras" Pessoas

Perspectivas da Experiência de Fãs Indianos

Rukmini Pande e Samira Nadkarni

É um truísmo que nenhuma pessoa experimenta ou "faz" fandom de nenhuma forma específica. Quando se trata de raça no fandom, isso é ainda mais verdade. Como aca-fans que começamos nossas jornadas como acadêmicas e membros do fandom da mídia quase ao mesmo tempo (em 2002) e no mesmo lugar (Mumbai), queríamos fazer um retrospecto das diferentes experiências que tivemos enquanto assumíamos nossas identidades como fãs, e em especial como fãs não brancas. Enquanto Samira deixou a Índia em 2008 e navegou pelas comunidades de fãs no Reino Unido, Rukmini continuou até Délhi e encontrou outros fãs ali, também.

A fanfiction, em especial, foi examinada como um lugar de subversão por vários aca-fans e críticos, e é onde nós duas esperávamos que a dinâmica racial fosse explorada também. Nossa conversa aqui é uma tentativa de mapear nossas diferentes experiências, enquanto também tocamos como as comunidades de fãs contemporâneas tentam (e, devemos dizer, com muita frequência fracassam em) resolver questões como a representação equilibrada e a apropriação cultural nos textos de mídia popular que são seu foco.

Encontrando o Fandom na Índia

RUKMINI: Samira, você foi minha introdução ao fandom de mídia, e por muito tempo foi minha única fã "IRL".[136] Você acha que sua distância das maiores comunidades de fandom, que são principalmente ocidentais, afetaram a forma como você vê o fandom, e sua própria identidade como participante? E, além disso, a raça no fandom?

SAMIRA: É uma coisa estranha, porque minha comunidade de fandom original, e na verdade a comunidade de fandom com que eu ainda mais me identifico, é a comunidade que construí dentro dos meus próprios círculos sociais preexistentes — pessoas que conheci fora e trouxe para o fandom, não pessoas que conheci porque era fã. Como resultado, raça e cultura realmente não entraram neste estágio inicial de minha persona no fandom como uma questão tanto de idade como de gênero — eu achei muito mais fácil conversar com mulheres mais jovens sobre meu crescente interesse em slash simplesmente porque havia maior probabilidade de que fossem receptivas. A cultura indiana está muito preocupada com machismo, e a homossexualidade era um tabu extremo até julho de 2009.[137] Assim, de muitas formas, você foi minha primeira experiência do que significava uma comunidade de fandom no mundo real também.

Minha própria introdução ao fandom aconteceu somente em 2002, por volta de um ano antes de nos conhecermos, graças às minhas tentativas de entender o anime *Weiss Kreuz*. Eu acabei acidentalmente em uma comunidade no LiveJournal (LJ) que, na época, achei que estivesse discutindo os eventos reais da série.

Só com umas poucas semanas assistindo ao anime que entendi o básico das fanworks e o que aquele tipo de engajamento com o cânone poderia significar em termos da manipulação e/ou produção de uma narrativa. Nesta fase inicial, eu não conhecia ninguém online e não tinha uma conta LJ. Fazia sentido então discutir com amigos que eu já conhecesse, em um esforço para entender a comunidade slash que eu tinha encontrado por acaso e que me interessou.

Como resultado, quando conheci você, Rukmini, e percebi que tínhamos interesses parecidos, bombardeei você com informações sobre *Weiss Kreuz* e os casais slash, e nós meio que começamos nossa própria comunidade independente, cada uma tentando entender como conciliar o conteúdo e o estilo da mídia com nossa própria experiência do que envolvia a literatura e a cultura. Neste momento, eu associei minha identidade com uma persona online neutra em termos de gênero e raça, que habitei como uma lurker no fandom.[138] Foi só quando nós nos separamos, em 2006 — eu fiquei em Mumbai e você se mudou para Délhi —, que eu percebi que raça, gênero e cultura eram bastante codificados na experiência de fandom. Isso aconteceu principalmente porque você conheceu outras pessoas, tanto online quanto pessoalmente, que também produziam ou consumiam fanworks, integrando-se a uma maior comunidade fandom indiana preexistente, enquanto eu continuava a visitar fóruns online. Como resultado, sua experiência de fandom em termos de etnia é bastante diferente da minha: você conheceu gente pessoalmente em Délhi que esteve, e continua a estar, envolvida no fandom por tanto tempo, até mais, do que nós, enquanto eu terminei no geral tentando me localizar dentro de comunidades de fandom online multirraciais e etnicamente diversas. E, como você sempre falou, Délhi realmente mudou sua experiência com fandom...

Rukmini: Acho que não sabíamos que poderia existir uma comunidade fandom local, na verdade, além de nós duas. Primeiro, claro, nossa identidade como lurkers era um fator, e acho que este elemento de subterfúgio foi levado às interações IRL com potenciais membros do fandom. Além disso, as duas éramos slashers e isso carregava (e até certo ponto ainda carrega) seus próprios tabus.[139] Eu conheci outros fãs em Délhi muito gradualmente, e apesar de brincar agora sobre as estranhas manobras verbais que cada encontro envolvia antes de nos reconhecermos como "aquele tipo de pessoa", este cuidado hesitante era motivado por um medo muito real da descoberta. Continuei a ser lurker por muito tempo e só montei um blog online quando fui provocada por uma amiga do fandom local (indiano) em 2010. Juntando a confiança das experiências dela, conheci outros fãs no espaço online depois disso, mas continuei a ver as comunidades de fandom como algo que estava “lá fora”, principalmente nos EUA ou no Reino Unido.

No entanto, quando percebi que ia trabalhar profissionalmente com a cultura de fãs, também comecei a perceber que eu tinha encontrado várias “pessoas como eu” em casa, em Délhi, e a ideia de que uma comunidade de fãs indiana já poderia existir começou a ficar evidente. A primeira vez que uns cinco se encontraram e conversaram sobre o fandom foi bastante recente, no começo de 2012. E foi uma experiência incrível! Coincidentemente, 2012 foi também a primeira vez que se organizou uma Comic-Con em Délhi! Acho que a ideia de que o fandom estava, e está, aqui também continua sendo entendida lentamente, mas com certeza foi um ponto de inflexão na forma como penso em minha identidade como fã.

Samira: Você está muito certa de que o sutil tabu do fandom slash, junto com o tabu cultural da homossexualidade na Índia, dificultou muito a localização de outros que poderiam estar dispostos a discutir seus interesses no fandom slash sem correr o risco de ser considerados “pervertidos”. Na Índia, eu ainda acho mais fácil falar em casais heterossexuais quando discuto meu interesse em fandom com alguém que identifico como estando fora de alguma comunidade de fãs. E isto acontece principalmente porque as pessoas estão mais dispostas a discutir o assunto abertamente e em termos justos quando estão tratando do que é visto como a norma sexual. Em contraste, minha experiência foi que as fanworks slash precisavam de uma visão mais dissimulada e assim ocorriam principalmente online ou em lugares onde sentíamos que não seríamos descobertos tão facilmente. Não estamos sozinhas nisso: conversei com fangirls do Irã, Romênia e Sri Lanka que indicaram experiências semelhantes.

Diversidade cultural (ou não) e como os fandoms slash tratam disso (ou não tratam)

Samira: Fora a questão do slash, eu nunca realmente encontrei fanworks com muita diversidade racial ou cultural. Nunca li nenhuma história boa que se passasse na Índia e que não “exotizasse” de alguma forma a região ou a cultura, ou não caía no ridículo de perseguições na selva em cima de elefantes. Pessoalmente, eu acho que as fanworks desta natureza me cansam, e tendo a me afastar deste tipo de apropriação da cultura ou subcultura asiática.

Rukmini: Sim, eu sei. Acho que foi RaceFail '09[140] que realmente me levou a começar a pensar em raça no fandom e como minha identidade, que eu estava sempre discutindo criticamente em termos da minha vida acadêmica, estava interagindo com meu comportamento de fã.

Acho que até certo ponto eu tinha compartimentalizado minha identidade de fandom de mídia (que estava baseado no consumo de séries e filmes principalmente dos EUA) como algo separado da minha identidade cultural e racial, já que sempre tive uma representação midiática da minha cultura; Bollywood (e outro cinema indiano) e literatura sendo produzida na Índia forneciam isso. O fandom de mídia era uma parte muito diferente dos meus hábitos de consumo de cultura popular.[141] Não que eu não tivesse notado que havia uma grave falta de diversidade nas fanworks que consumia, mas eu ainda não tinha me relacionado criticamente com esta questão. Acho que as conversas que RaceFail começou (ou, melhor, destacou, já que não foi a primeira vez que estas questões tinham sido comentadas) foram importantes, não só em termos do que estava sendo discutido, mas o fato de que se tornaram um caminho para os fãs não brancos se encontrarem e construírem comunidades também.

Samira: É verdade que muitas séries que levam à criação de fandoms — por exemplo, os maiores sucessos atuais de fandoms slash incluem *Teen Wolf*, *Skyfall*, *Supernatural*, e por aí vai — não tendem a ter mais do que um ou dois personagens que são racial ou culturalmente diferentes e, quando aparecem, estes personagens são sempre secundários, na série e nas fanworks, em favor de um casal dominante formado apenas por brancos. Por exemplo, eu tenho enormes problemas com *Supernatural*, principalmente com a quarta e a quinta temporadas. Os dois principais anjos não brancos, Uriel e Raphael, mandam uma mensagem direta, mas problemática: a linguagem e as interações do primeiro — referindo-se aos humanos como macacos da lama, e coisas assim — mostram um tipo de racismo[142] que apropria e reverte a terminologia racista usada contra POCs (People of color ou pessoas não brancas), e ele no final se revela como um agente duplo agindo em nome de Lúcifer em "On the Head of a Pin" (4-16); o segundo age como um grande antagonista angelical (também mostrado como estando errado) dos caras bons (os irmãos Winchester e Castiel). Apesar de ser possível argumentar que o racismo de Uriel indica que POCs poderiam ter seu próprio viés racial inerente, mostrar isso colocando-o além de sua representação como homem afro-americano em seu papel de anjo do Senhor, este argumento é difícil de sustentar pois os *dois* anjos negros são mostrados como antagonistas. Por causa da simpatia cuidadosamente alimentada dos espectadores pelos irmãos Winchester e Castiel — todos homens brancos (ou apresentados assim) —, a ideia de colocar Uriel e Raphael como "os caras maus" mostra claramente uma questão mais profunda que, pelo menos parcialmente, aponta para a questão da raça.

Além disso, o episódio "Hammer of the Gods" (5–19) se apropria de várias mitologias de todo o globo — mitologia indiana sendo claramente representada no uso de Ganesh e Kali — e, apesar de terem sido mostrados como deuses *não* subordinados ao cristianismo, um ícone branco cristão, Lúcifer, mata todos... exceto Kali, que foge amedrontada junto com os Winchesters. A sugestão de que Kali, certamente uma das deusas mais fortes do panteão hindu, fugiria de medo de um confronto é ridícula e ofensiva. Desvaloriza não só a força associada com um símbolo feminino de poder (notavelmente a única deusa feminina naquele episódio), mas também o poder cultural associado a seu mito. Isso simplesmente sublinha a absoluta desvalorização associada a raças e culturas que não participam da hegemonia ocidental, branca, anglocêntrica (e principalmente norte-americana). É algo que é repetido quase sempre que o programa se apropria de uma figura mitológica, vilifica e depois envia dois homens brancos ocidentais para matar e salvar a pessoa/cidade/mundo enquanto se recusa a conectar estes eventos a qualquer contexto histórico ou cultural que poderia destruir uma interpretação fácil da trama.[143] O fandom que então assume esta linha de narrativa, na qual o racismo e o preconceito cultural existentes são promovidos de forma não tão sutil, continua sem conseguir realmente desafiar ou lidar com isso em termos diferentes. E isso está totalmente errado.

RUKMINI: Ah, sim, totalmente! *Teen Wolf* atualmente está cometendo todos os erros que me incomodam em termos de raça e apropriação cultural. Há muitas formas pelas quais a série empurrou seus personagens não brancos para escanteio.[144] Porém, mais do que os erros de seu criador, Jeff Davis, foi a reação do fandom que me preocupou. Como você apontou, os fandoms de slash geralmente são acusados de deixar de lado os personagens não brancos para se concentrar em casais brancos. No entanto, a rejeição pelo fandom de *Teen Wolf* daquele unicórnio, um verdadeiro personagem queer não branco (Danny Mahealani), enquanto fazia uma campanha agressiva para tornar cânone o principal slash ship da série (Derek Hale e Stiles Stilinski, os dois brancos), abertamente para atacar a causa de representação queer na televisão, foi especialmente complicada.

Também preciso comentar o atual uso do personagem de Kali em várias mídias como algo que realmente me tocou de perto! *Supernatural*, de Eric Kripke, não foi o primeiro a destruir sua representação, de jeito nenhum, e tenho medo que a mesma coisa esteja acontecendo com *Teen Wolf* — só que a representação em *Teen Wolf* poderia ser ainda pior porque a Kali deles é uma personagem recorrente. (No momento desta conversa, os episódios que a apresentam ainda não foram transmitidos.) Sei por que Kali é uma figura tão atraente para os escritores ocidentais; sua ligação com as forças do caos na mitologia hindu, a violenta iconografia que a cerca e os elementos sexuais da filosofia tântrica com a qual ela está associada são quase sempre irresistíveis. Como falei antes, o que me dói não são realmente os problemas do roteiro em si, mas meu cinismo em relação aos roteiristas ocidentais se apropriando da minha cultura é quase automático. O pior é a insistência do fandom de *Teen Wolf* de que Kali é "só um nome" — que o personagem é um lobisomem e não deveria ser uma deusa —, apesar de os fãs indianos escreverem muitos textos bem-argumentados de meta explicando por que isso não é verdade.[145] O fato de que a atriz chamada para o papel não é indiana (Felisha Terrel é meio negra) só joga sal na ferida!

SAMIRA: De muitas maneiras, nós temos sentimentos fortes em relação à questão da apropriação cultural que beira a negação da cultura em si[146] porque está sempre sendo deixada de lado mesmo quando está sendo discutida, e é irritante que aparentemente não se faça uma distinção entre se engajar com uma cultura e seu povo ou apropriar-se dela. E é para isso que queremos chamar a atenção aqui: Davis e Kripke *escolheram* se apropriar em vez de se engajar, e é irritante quando partes do fandoms resolvem fazer o mesmo. É muito mais simples considerar o problema racial e cultural como simplesmente arraigado ou inevitável dentro da mídia, porque, em algum momento, quando estamos consumindo, reproduzindo ou reposicionando este conteúdo para fanworks, também o estamos aceitando ao apoiá-lo de forma financeira ou sistemática. E precisamos pensar sobre isso, sobre nossa cumplicidade nestes sistemas.

As fanworks podem ser um espaço incrível para negociar esses limites porque elas os tornam permeáveis. Mudança de gênero, de raça, de idade, universos alternativos — tudo isso oferece uma oportunidade para se engajar, desafiar, reposicionar ou remover estas ideologias que foram mostradas na mídia original.

Diversidade cultural: fanworks podem ser melhores e geralmente são

RUKMINI: O debate sobre a diferença entre apropriação e relação com outras culturas é complicado, tanto no fandom de mídia quanto na sociedade em geral. Mas é um debate vital se o fandom de mídia quiser manter sua afirmação de que quer resistir às narrativas sociais dominantes. Fãs não brancos geralmente encontram silêncio nas comunidades fãs sobre o tópico de raça, e isso definitivamente é um desastre para a ideia de inclusão que muito de nós defendemos. Acho que a ideia básica que surge sempre nas discussões, impulsionada por eventos como RaceFail, é a necessidade de explorar a ideia do privilégio branco e não eliminar o discurso sobre isso com um tom defensivo. A ruptura certamente não é a resposta, há muitos recursos disponíveis para ajudar as pessoas se elas realmente quiserem aprender.

Um fandom que esteve muito vinculado à discussão de raça foi o formado em torno de *Avatar: A lenda de Aang* (2005–2008) e sua sequência, *A lenda de Korra* (2012-2014). A série animada original foi elogiada por retratar vários grupos raciais e étnicos na Ásia (os dobradores de ar, por exemplo, foram vistos como representantes do Budismo Tibetano, com sua aniquilação pela Nação do Fogo traçando um paralelo com a história real do Tibete). Apesar de não ser perfeito, ATLA foi uma tentativa genuína de trabalhar com culturas "estrangeiras" sem torná-las exóticas; por exemplo, a "dobra" de cada nação, ou poder especial sobre os elementos, foi cuidadosamente individualizada para corresponder a estilos específicos de artes marciais, evitando a postura de "um tamanho para todos" que os ocidentais usam para mostrar as artes marciais.

O fandom que se formou ao redor de ATLA também estava muito ligado às nuances daquela representação e, o mais importante e gratificante, partiu para a ação quando o princípio central foi esquecido pelo Sistema. Quando o longa-metragem da série foi anunciado em 2007, o fandom reagiu com ultraje à notícia de que atores brancos seriam contratados para interpretar todos os protagonistas bons. Eles deixaram seu desprezo nítido através das mesmas ferramentas que tinham usado para celebrar a série: fanworks transformativas. Combinando inteligência e crítica social, alguns fãs usaram memes de internet para mostrar como era ridículo o elenco branco, enquanto outros usaram o fracasso do elenco como um trampolim para estender a crítica para outros fandoms. Por exemplo, em 2010, a comunidade Dreamwidth Dark Agenda lançou "The Racebending Revenge Ficathon", que desafiou fãs a escrever uma fanfic em um fandom de sua escolha, na qual eles mudaram a raça de um personagem branco central para mostrar como isso afetaria o universo da série. A controvérsia do filme também levou ao estabelecimento de Racebending.com, uma organização que continua a apontar os elementos raciais problemáticos em textos culturais populares. Então é claro que o fandom pode contribuir significativamente para expor textos com equívocos raciais e construir uma resistência a eles; isso só precisa ser uma vontade contínua para transformá-la em uma prioridade.

Samira: Está perceptível que a mídia e a sociedade que a produz estão em uma relação simbiótica e isso acontece por causa do rápido crescimento atual e da consciência da fandom, e da fanfiction em especial, como um subconjunto reconhecido de mídia. Produtores de fanworks estão em uma posição invejável para se relacionar com estas preocupações, e não simplesmente reproduzir os sistemas de pensamento que funciona como o cânone (seja em termos da própria mídia ou a sociedade que a produz). Eles podem interagir com estes, se não como iguais, então como novos concorrentes, e na verdade produzir um espaço onde raça e cultura se relacionam de forma consciente e respeitosa.

O Visual da Fic: 2013

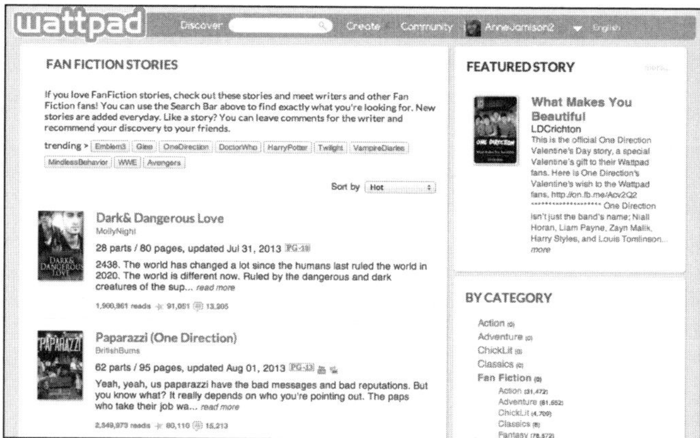

Página de fanfiction do Wattpad, agosto de 2013.[K]

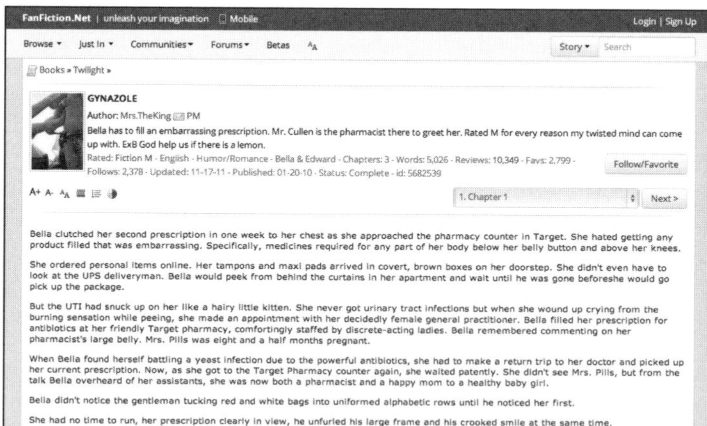

A fanfiction de *Crepúsculo* "Gynazole", escrita por Mrs.TheKing, em FanFiction.Net. Apesar de "Gynazole" ter sido originalmente postada em 2010, esta tela mostra o arquivo visto em 2013. A maior parte da história foi removida pela autora.[L]

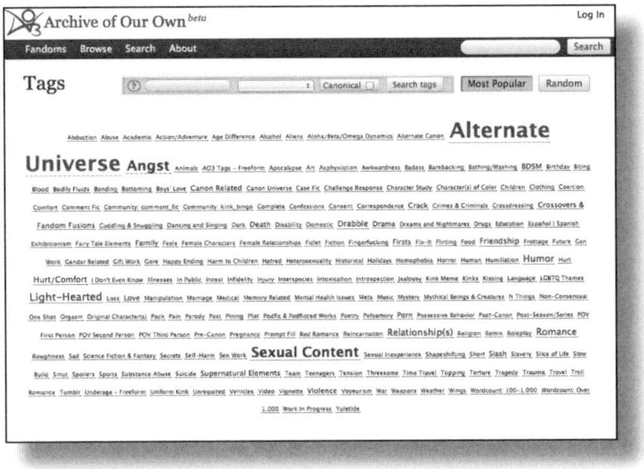

As tags de fanfiction mais populares em Archive of Our Own, em agosto de 2013. Tags permitem a busca por tipos específicos de fic dentro ou entre fandoms.[M]

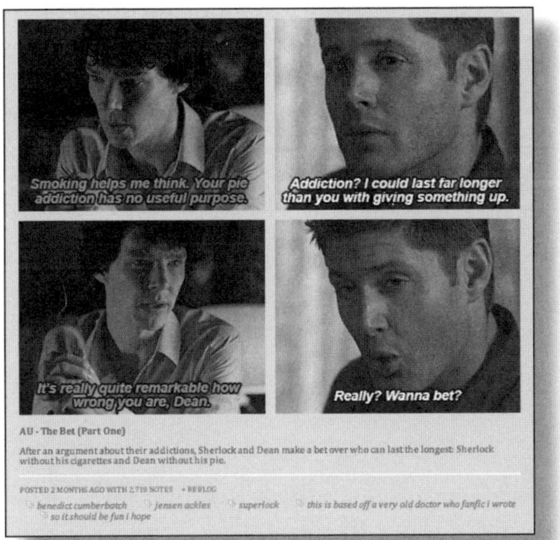

Um post fanfic reblogado no Tumblr SuperWhoLock. O Tumblr, a plataforma de blogs mais voltados para imagens, transformou a interface da fanfic para incluir mais interação entre fanart ou GIFs e texto. Também facilitou a união e a sobreposição de fandoms. A maioria dos posts da fanfiction no Tumblr são formas curtas (geralmente chamadas "drabbles"), geralmente respostas a imagens ou teasers que mostram o link para trabalhos mais longos em outras plataformas ou arquivos.[N]

parte cinco

FANFICTION E ESCRITORES QUE NÃO ESCREVEM FANFICTION

Mas que Fazem algo Parecido. Eu Acho.

O pós-modernista sempre toca a campainha duas vezes.

– @EricIdle

PÓS-MODERNISMO: paródia e pastiche. Desorganizando grandes narrativas. Rejeitando a Iluminação e o gênio Romântico. William S. Burroughs cortando romances. Kathy Acker plagiando Dickens. E Sade. E todo o resto.

Apropriação. É a vanguarda... já há um longo tempo.

E. L. James escreveu um tipo de pastiche de Stephenie Meyer e fanfictions populares de *Crepúsculo*. Ela pegou frases, traços de personagens, pontos de trama, estruturas — até cenas. Não é *nem um pouquinho* vanguarda. É o inimigo com o qual a vanguarda amedronta seus filhos à noite.

A fanfiction não foi a primeira cultura de escrita baseada em apropriação e pastiche a se tornar popular. Pense em Don DeLillo: literário, mas publicado por editoras populares, amplamente ensinado e consumido, seu trabalho adaptado num filme protagonizado por Robert Pattinson. E. L. James começou em uma subcultura literária e escreveu sua fic *baseada* em uma franquia de filme protagonizado por Robert Pattinson. Coincidência? Sim, absolutamente. Mas você não adoraria ser convidado para uma festa de jantar com *aqueles* dois autores?

Um tête-à-tête entre DeLillo e James provavelmente não vai acontecer tão cedo, exceto na fanfiction de pastiche que estou escrevendo na minha cabeça, "Blood and Guts in Twi-School". Mesmo assim, você poderia achar que a fanfic e o pós-modernismo, como culturas literárias baseadas na apropriação de relacionamentos um pouco complicados com o mainstream, teriam muito assunto para conversar — além de jovens atores britânicos. Algo que aprendi desde que voltei minha atenção para as culturas literárias contemporâneas: elas não conversam uma com a outra e, quando fazem, não falam exatamente a mesma linguagem.

Um exemplo: eu vivo com um pioneiro no campo da "literatura conceitual" — uma prática vanguardista que Darren Wershler descreve em seu ensaio aqui. Quando ouvi pela primeira vez, pensei: Oh! *Conceitual* — baseado em ideias ou talvez algo kantiano. Entendi.

Eu *não* tinha entendido nada. Literatura conceitual não tem nada a ver com Kant. Literatura conceitual tem tudo a ver com apropriar o material de outras pessoas e reapresentá-lo — o que parece com uma descrição da fanfiction com a qual muitas pessoas concordariam. Estas comunidades (geralmente) não têm nada a ver uma com a outra, no entanto. Elas se apropriam de diferentes materiais para diferentes fins, produzem diferentes tipos de textos, compartilham pouca ou nenhuma preocupação ou objetivos, e provavelmente se sentiriam insultadas — dos dois lados — pela insinuação de qualquer associação entre elas.

Bem, eu *digo* "provavelmente". Então, pedi que outra pessoa escrevesse esse ensaio, e Darren acabou produzindo muito mais perguntas e paralelos provocadores do que consegui tentando começar discussões com meu parceiro vanguardista (como é comum fazer).

A ser continuado.

Como eu falei, convivo diariamente com um "escritor conceitual". Eu o abraço (e um de seus pioneiros). Também gosto de fazer leituras filosóficas (possivelmente conceituais) de textos literários. Então, enquanto contemplava outra cultura literária, a indústria editorial comercial, eu vi tanta discussão e desejo por algo chamado romances de "alto conceito", que fiquei surpresa, mas feliz. Eu me perguntei se eles queriam dizer literatura conceitual como as bem-conhecidas perguntas de testes de psicologia apresentadas como poesia, ou literatura conceitual, como talvez Wallace Stevens quando ele usa a fenomenologia para falar de uma jarra.

Chute de novo. Por "alto conceito", a indústria editorial quer dizer, essencialmente, livros que podem ser resumidos em quatro palavras ou menos. O equivalente literário de *Serpentes a bordo*. Veja, eu não teria pensado nisso.

"Pode ser resumida em quatro palavras ou menos" não é uma definição perfeita. "Redigitei o *Times*" poderia resumir um bem conhecido trabalho de literatura conceitual em três palavras (*Day*, de Kenneth Goldsmith, que consiste de uma única edição de domingo do *New York Times* redigitada e reformatada como livro), mas não vai conseguir que os agentes façam uma guerra de propostas. Na realidade, muitos destes resumos curtos de romances de alto conceito parecem como cruzamentos de fanfiction. *Buffy* se encontra com *Brideshead*. Edward Cullen, Senhor de Downton. Quando comecei a falar com as pessoas no mundo editorial mainstream há alguns anos, no entanto, descobri que a maioria das pessoas deste mundo não tinha ideia do que era a fanfiction. Aqueles que tinham ouvido falar nessas coisas não aceitavam a ideia de que o que *eles* faziam (publicar e divulgar histórias que esperavam que se tornassem populares) tinha algo em comum com o que as comunidades de fanfiction faziam (postar e divulgar histórias que esperavam que se tornassem populares). Estou baseando estas generalizações em conversas pessoais e trocas informais. Desde então eu falei com vários agentes que eram também conhecidos fan writers, mas continuo com minha posição. Até *Cinquenta tons de cinza*, a fanfiction estava à margem da consciência do mundo editorial de Nova York. Para dizer o mínimo.

Tentei entrevistar uma escritora de ficção literária sobre basear um personagem em uma figura política bem-conhecida. Não fiz perguntas sobre fanfiction, mas expliquei o contexto deste livro. Queria identificar diferentes motivações e processos para escrever sobre pessoas reais que estão vivas e poderiam não consentir. Escritores podem fazer uso de processos aparentemente análogos, mas conceber seus projetos de forma diferenciada, para fins diferentes, e quero que este livro deixe isso bem claro. Esta escritora não conhecia a fanfiction, mas ela ainda queria diferenciar o que fazia daquilo. Ela queria deixar claro que não escrevia apenas sobre pessoas famosas, mas somente sobre pessoas que sentia que tinha uma certa ressonância e importância mítica ou filosófica. Concordo com esta análise de seu trabalho, e entendo não querer discutir algo que você não conhece. No entanto, a conversa ainda pairava perto de alguns preconceitos espantosos que aderiam às noções de celebridade e à palavra *fã*, e que parecem operar mesmo na ausência de qualquer conhecimento direto ou experiência da fanfiction.

E se um escritor de fanfiction tivesse compartilhado mais do que um interesse em escrever sobre personagens baseados em mitos ou pessoas reais muito reverberantes? Estou pensando em uma escritora de fic bastante talentosa que escreveu personagens baseando-se em figuras políticas; seu trabalho é profundamente psicológico, além de político. Eu poderia imaginar a escritora descrevendo estes personagens trabalhando através de mitos arquetípicos norte-americanos e britânicos. Agora, ela poderia ser uma "fã" de algumas das inspirações de seu trabalho — mas isso a tornaria menos séria? O trabalho é automaticamente menos sério por causa da forma como é compartilhado? Ou é menos sério porque, além de ser meio mítico, arquetípico e político, os personagens dela também estão tendo todo tipo de sexo explícito e terminam juntos em vez de numa tragédia? Acho que os críticos literários e escritores às vezes fazem este tipo de julgamento de forma automática. Eu me pergunto se isso pode ser traçado até um gênero antigo diferente do drama clássico: comédia termina em casamento e falta o peso da tragédia. Mas *Middlemarch* termina em casamento e mistura política com uma trama de romance, e não consigo pensar em ninguém que já tenha pensado que George Eliot não era séria. Nunca.

Eu já venho pensando sobre a fanfiction faz um bom tempo, mas estive pensando em literatura por mais tempo. Acredito que as distinções importam. A convenção dramática que separa tragédia e comédia leva a importantes diferenças, e não acho realmente que *Sonhos de uma noite de verão*, digamos, possua toda a ressonância política e psicológica de *Hamlet* ou *Rei Lear.* Mas também temos algo como *A tempestade*, que incorpora elementos de tragédia e comédia, mas pode ser melhor descrita como um tipo de proto-ficção-científica/fantasia. Não gosto das linhas na areia que dividem ficção literária da ficção de gênero, mas também não gosto de apagar todas as linhas — a ficção de gênero tem alguns elementos distintivos que não deveriam ser motivo de vergonha. O que gosto é de literatura comparada. Tenho um doutorado nisso. Gosto de cruzar linhas sem apagá-las.

Gosto, por exemplo, que Jonathan Safran Foer tenha "escrito" um livro que corta fora pedaços de *The Street of Crocodiles*, um dos nossos livros favoritos (conversávamos sobre ele quando éramos estudantes), para fazer o meu livro favorito dele, *Tree of Codes*. É um livro impressionante e um objeto incrível — e para mim, mais original do que o romance pelo qual ele é conhecido. Não acho que este projeto o torne de uma *espécie* diferente, mais elevada do que uma amiga minha que cria incríveis fanvids ou qualquer uma das pessoas neste livro que escreve fic. Mas é como a cultura tem tratado eles — como espécies diferentes.

Não é só, claro, preconceito de gênero literário. Porque também há o preconceito de gênero sexual para competir. Quando *Vogue* fez um ensaio fotográfico para homenagear Edith Wharton, eles colocaram Foer, seu professor Jeffrey Eugenides, e o escritor Junot Díaz como os amigos intelectuais e escritores de Wharton. Mas para o papel de Wharton, colocaram uma modelo.

Neste volume, Wharton é interpretada pela fanfiction.

Os altos escalões literários são dominados por homens. É menos verdade em ficção de gênero, e acho que não é acidente que as escritoras profissionais neste volume que saíram da fanfiction sejam escritoras sobre questões de gênero e mulheres.

Gosto de pensar nesta seção final do livro como uma fic crossover (não ficção) entre pós-modernismo e um painel especial na Comic-Con de San Diego de 2010. Este painel, "The Power of Myth", apresentou vários escritores profissionais cujo trabalho revisita e reconta mitologia — entre eles Amber Benson e Lev Grossman, cujos nomes agora estão na capa deste livro. Na época, eu estava tuitando ao vivo a Comic-Con para minha classe de teoria da cultura pop, que estava "se encontrando" aquele dia no Twitter. Como tinha feito durante todo o dia, fazia a pergunta do aluno e digitava de volta para a classe. A pergunta: "Além dos direitos autorais, qual foi a diferença entre o que estes escritores estavam fazendo e a fanfiction?"

Nem todos os panelistas ficaram inteiramente felizes. Um respondeu bruscamente, "Qualidade" — que eu não *acho* que teve a intenção de ser autodepreciativo. Seanan McGuire, autora das séries October Daye e InCryptid, deu a resposta mais completa — o que não é surpreendente, pois ela é, ou pelo menos foi, uma fan writer e fã cantora-compositora (ou filk) de *Buffy, Firefly, Veronica Mars* e Shakespeare. (*Veronica Mars* e *Josie e as gatinhas*. Meu tipo de fangirl.) Faz sentido que ela tenha pensado muito na questão de como o trabalho publicado profissionalmente se relaciona com a fic.

McGuire sentia que a diferença essencialmente era uma questão de personagens e caracterizações específicas. Se ela fosse escrever (hipoteticamente) uma história de Cinderela, explicou, não usaria a exata caracterização de Andrew Lang — ou se fizesse, seria a fanfiction do *Blue Fairy Book* dele. Mas, se ela escrevesse uma história na qual Cinderela vai à Comic-Con vestida como, digamos, Batman, esta é uma história totalmente diferente. Ela explicou que já tinha lido livros e dito para si mesma: "Ei, isso totalmente começou como fanfiction de *Battlestar Galactica*", para o que sua resposta era essencialmente — bom para você!

Nesta seção, então, eu quis justapor vários escritores que celebram e ativamente buscam técnicas associadas com fanfiction. Eles representam a vanguarda, o literário e o popular. Eles escrevem poesia, crítica, romances literários, ficção de gênero, dramas, musicais, filmes e quadrinhos. Não há muitos deles, e todos se misturam um pouco — uma delas já escreveu e interpretou o mesmo personagem. Não quero apagar todas as diferenças de gênero, pois, novamente, gosto de comparar coisas. E é muito mais divertido e interessante comparar maçãs com laranjas do que comparar um grande barril de purê de maçã com ele mesmo.

Mas é perfeitamente correto — e possivelmente mais produtivo — comparar uma maçã verde com uma amarela e um tipo particular de Macoun que cresce somente no norte do estado de Nova York. Reconhecer as similaridades básicas não significa apagar o fato de que poderíamos cultivar e preferir sabores diferentes. Ou que poderíamos realmente acreditar que passar anos aperfeiçoando uma variedade rara em nosso quintal é melhor do que apenas estocar as variedades populares no supermercado. Ou que poderíamos considerar isso uma relíquia elitista da maçã e uma perda de tempo, e simplesmente querer algo que podemos comprar no atacado e usar para fazer uma torta...

Você entende o que quero dizer. Há muito a debater, mesmo se formos todos maçãs, comendo umas às outras... e exaurirmos nossa metáfora tanto em teor quanto em veículo, o que aparentemente nos levou a uma orgia de frutas e nos deixou ali.

Isso não é o que eu quero dizer, de forma alguma.

Vamos tentar desta forma. Vamos então, eu e você... de volta ao fandom de *Harry Potter*, por um minuto. Ou visitar o *Arquivo X*. Os fandoms dividem sua produção e suas culturas literárias — e às vezes suas amizades — de acordo com o retrato dos relacionamentos em seus trabalhos: se é romântico ou sexual, e com quem. Arquivos inteiros estão geralmente divididos desta forma, e os fandoms discutem ou brigam sobre se as pessoas deveriam ou não representar certos relacionamentos, e de que forma. Parece natural no contexto de fandom que Mystrade e Wincest sejam importantes categorias genéricas, ou que Kirk e Spock sejam um animal ficcional diferente de Kirk/Spock. E, na verdade, estes são termos descritivos importantes que as pessoas não só vão defender, mas recomendar acima de todos os outros. Mas quando gente de fora vê uma comunidade de fãs tão polarizada por seus sentimentos sobre, digamos, escrever sobre Hermione com Harry ou Gina com Harry, a ponto de não conseguirem nem conversar um com o outro e nem quererem compartilhar o mesmo espaço (digital) — bem, francamente, para as pessoas que não estão envolvidas neste conflito, parece um pouco absurdo.

Então, talvez seja esta a aparência do resto de nós:

As pessoas que shipam escrever/dificuldade e escrever/revolução não conversam com as pessoas que shipam escrever/entretenimento ou escrever/romance. Os que shipam escrever/dinheiro possuem uma trégua inquieta com os caras que shipam escrever/

literatura no fandom de prosa, mas quase nenhum deles fala com o pessoal da poesia porque como isso poderia acontecer? O pessoal de escrever/YA criou uma forte comunidade ou forma uma panela, dependendo de a quem você perguntar, e todo mundo sabe que não deve convidar as pessoas do escrever/gênero para a mesma festa do povo do escrever/literário pois vai terminar numa discussão aos berros.

Fandom explicaria que é por isso que não podemos ter coisas bacanas.

Há algumas diferenças legais importantes entre o que (alguns) dos escritores nesta seção fazem e o que (alguns) dos escritores em outras seções fazem — há permissões negociadas, trabalhos transformados, críticas feitas. Mas, de longe, é muito mais confuso do que você poderia pensar. *Fanfiction* não designa um status legal ou um tipo específico de trabalho. Muito é paródia, muito é crítico e transformativo, e a maior parte (ainda) não está à venda. Eu provavelmente não teria problema em publicar parte de uma fic de *Buffy* que escrevi como uma obra de crítica de gênero — é bastante explícita(mente crítica). Reusar porções do meu próprio trabalho acadêmico sem citações muito explícitas, por outro lado, constituiria fraude. Mas escritores de ficção retrabalham seus próprios contos como romances e não existe nenhum problema nisso. Citação é tudo — mas em termos de processo criativo, como é que a citação muda algo?

E se um trabalho *for* ilegal? Eu posso falar: nada na história literária sugere que podemos descontar com confiança um valor cultural ou literário da obra com base em seu status legal. Ao contrário. Obras que desobedecem as regras ou, de alguma maneira, ofendem a ética e a moral de sua época geralmente terminam tendo um tremendo significado literário, cultural, intelectual e político. Por outro lado, ser ilegal e eticamente horripilante dificilmente garante valor ou significado. Há muita cópia descarada e suspeita. Não há como desenhar uma linha fácil. Parecemos, como espécie, operar sob algum tipo de imperativo de categorização, mas não existe imperativo categórico — um julgamento que sempre seria certo em todas as circunstâncias — a respeito de qualquer tipo de literatura baseada em fontes.

E, como Amber Benson vai explicar, mesmo as linhas que costumávamos ser capazes de traçar estão apenas ficando mais embaçadas. Fanfiction e sua mídia já mudaram a forma como as pessoas estão escrevendo, lendo, encontrando e pensando as histórias. Essas coisas não vão mudar de volta. A fanfiction virá à festa e provavelmente dizendo todo o tipo de coisas estranhas que uma companhia mais educada nunca falaria.

Dá para imaginar os jantares de Natal.

E, se você não conseguir, é provavelmente hora de começar a tentar.

Darren Wershler é um poeta experimental, ensaísta e crítico cultural. Mais conhecido por The Iron Whim: A Fragmented History of Typewriting, *ele também é Pesquisador Catedrático em Mídia e Literatura Contemporânea na Universidade de Concordia. Darren esteve ativo à frente do que se tornou conhecido como literatura conceitual — um movimento contemporâneo na literatura de vanguarda que envolve cópia, manipulação, reformatação e outras formas de apropriar-se de textos encontrados. Além de usar material de formas que geralmente ocupam uma área legal cinzenta, o que a fanfic pode ter em comum com a vanguarda? Existem formas pelas quais esta vanguarda se parece com cultura de fãs? Este ensaio considera como estas comunidades literárias e interpretativas diferentes evoluíram em relação à mídia digital, o establishment literário mainstream, e seu próprio status marginal.*

Literatura Conceitual como Fanfiction

Darren Wershler

Literatura conceitual e fanfiction são os Spocks de barba de seus respectivos universos.

Se você está lendo este livro, provavelmente já conhece mais sobre fanfiction do que eu.

O que eu conheço é uma coisa chamada literatura conceitual. E acho que é uma forma útil pensar que a literatura conceitual é como a fanfiction da arte conceitual.

Outra pessoa poderia dizer que, em universos próximos que se sobrepõem um pouco, tanto a fanfiction quanto a literatura conceitual jogam o papel do Spock de barba. O que quero pensar neste breve ensaio é o valor de um tipo de troca cultural forçada. No evento de uma inesperada tempestade de íons e um acidente do teletransportador, ou seu equivalente na prosa, há algo útil que os escritores de fanfiction e a literatura conceitual poderiam aprender um com o outro? Vão ser necessárias algumas centenas de palavras para chegar ao ponto em que poderemos descobrir.

Literatura conceitual é um termo que veio descrever o trabalho que meus amigos e eu produzimos nos últimos anos. Um grande exemplo é *Day*, de Kenneth Goldsmith, que consiste de todo o texto da edição de 1° de setembro de 2000 do *New York Times* — cotações do mercado de ações, anúncios, legendas e tudo — republicada em letra de nove pontos, reproduzida linha a linha e encadernada como um enorme livro de capa mole, com Goldsmith listado como o autor.[147] Em termos mais gerais, a literatura conceitual é uma descrição multiconteúdo para várias técnicas de escrita usadas por pessoas que estão interessadas no impacto da mídia digital em rede sobre o processo criativo, a função social da autoria e a economia da publicação.

Este tipo de literatura se parece com a cultura de fã no sentido de que tira muito de suas inspirações das coisas que estavam acontecendo no mundo da arte do meio dos anos 1960 ao final dos 1970. A arte conceitual é uma categoria grande e complexa, mas Alexander Alberro felizmente a descreve em termos de quatro grandes "trajetórias": uma diminuição da importância da habilidade técnica do artista e da coesão do produto final; um aumento da importância do texto sobre as imagens; um distanciamento do que é esteticamente agradável para a comunicação daquela estranha invenção que chamamos de *informação;* e um questionamento de como a arte "supostamente" deve ser enquadrada e a noção de que há um contexto "correto" (como uma galeria) no qual as pessoas deveriam encontrá-la.[148] A literatura conceitual segue estas trajetórias porque, com algumas poucas exceções, elas foram amplamente ignoradas por escritores literários.

Antes que houvesse um claro consenso sobre o que era ou como seria chamada, o que a literatura conceitual fez foi chamar atenção aos aspectos retóricos da escrita que a literatura canônica normalmente negligencia: relatórios de clima, transcrições legais, feeds de mídia social, ações, posts de Usenet e por aí vai. Estes textos são a "matéria escura" da literatura; eles criam o centro de tudo que foi escrito, mas nós habitualmente fingimos que eles não importam a não ser no momento.

John Guillory descreve estes textos como pertencentes ao que ele chama de "gêneros de informação". Para usá-los com o objetivo de transportar aquela peculiar invenção moderna que chamamos de "informação", temos que fingir que eles não possuem nenhum valor retórico próprio que poderia macular o texto.[149] Ao reembalar grande quantidade de informação na mídia e outros formatos diferentes nos quais ela apareceu inicialmente — novamente, pense em Goldsmith reformatando o *The New York Times* como livro —, a literatura conceitual chamou atenção ao fato de que tudo que é escrito é poético. É poético no sentido de que sempre diz mais do que era a intenção, e designamos valor a isso de acordo com grandes conjuntos de fatores externos que às vezes têm pouco a ver com o conteúdo ostensível.

O que a literatura conceitual faz agora é produzir mais poesia.

Há mais de trinta anos, o lendário poeta vanguardista e editor artesanal Bob Cobbing comentou que "não há nenhum sentido em aumentar a quantidade de poesia neste mundo. O mundo já tem poesia suficiente. Provavelmente muita. Demais. A única desculpa para ser poeta hoje é acrescentar qualidade à poesia, acrescentar uma qualidade que não existia antes".[150] Da perspectiva de Cobbing, o papel do escritor não é produzir mais de algo que já é reconhecível, mas mudar constantemente posturas e técnicas, literalmente *fazendo a diferença.* Em vez de simplesmente acrescentar ao grosso dos livros não lidos na estante a literatura conceitual, como os trabalhos de Cobbing — e, eu argumentaria, como a fanfiction —, reenquadra grandes pedaços da cultura em um contexto diferente do que ela apareceu originalmente, assim podemos pensar como eles são realmente estranhos.

Como é o destino de todas as intervenções culturais bem-sucedidas, a literatura conceitual não existe mais nas margens da cultura; tornou-se (semi)respeitável. Escritores conceituais se apresentaram no Whitney Museum of American Art e na Casa Branca, e Goldsmith foi selecionado como o Poeta Laureado do MoMA em 2013. Digam o que quiserem sobre estas instituições e se a literatura conceitual merece ou não um lugar nelas, mas definitivamente ela não está nas margens. A literatura conceitual também produziu os sinais inevitáveis de legitimidade cultural: duas antologias gigantes, do tamanho de paradores de porta, *Against Expression: An Anthology of Conceptual Writing*[151] e *I'll Drown My Book: Conceptual Writing by Women.*[152] A literatura conceitual se tornou uma grande tenda, e todo o tipo de pessoas afirma fazer parte dela (o que não é especialmente surpreendente, por razões que vou tratar em breve).

Da minha perspectiva, esta não é a ocasião nem para celebrar, nem para lamentar. Estou tentando oferecer uma descrição neutra de um processo de circulação cultural que aconteceu muitas vezes antes e vai voltar a acontecer muitas vezes. Monet era um radical antes de ser um calendário. O que me interessa — e é relevante tanto para a literatura conceitual quanto para a fanfiction — é o que acontece em seguida: como uma comunidade baseada em torno de uma prática de escrita anteriormente marginal lida com seu próprio sucesso relativo.

Certamente é possível argumentar que a fanfiction também segue pelo menos algumas das trajetórias de arte conceitual, mas isso necessitaria de mais espaço do que tenho aqui. As semelhanças entre fanfiction e literatura conceitual que quero considerar no momento não têm nada a ver com tom, estilo ou assunto. O que me interessa são semelhanças particulares nas práticas de suas respectivas comunidades e como o policiamento cultural as mantém separadas. Em alguns aspectos, acho que a literatura conceitual tem mais a aprender da fanfiction do que o contrário.

Literatura conceitual, como fanfiction, cresce a partir de tipos particulares de comunidades interpretativas.

Em sua introdução, a *UbuWeb Anthology of Conceptual Writing*, Craig Dworkin criou o termo *literatura conceitual* em seu uso atual.[153] (Desde então ele foi revisado e expandido em *Against Expression.)* Dworkin enfatiza que, apesar da maioria dos escritores da antologia "ser participante no conjunto de práticas contemporâneas que terminaram sendo conhecidas como 'Arte Conceitual'" (veja Lippard[154]), "literatura conceitual" não se refere exclusivamente a "escrita por artistas conceituais". Em vez disso, Dworkin quer algo que ele chama de "escrita distintamente conceitual".[155]

Esta manobra retórica hábil permite um pouco de plágio antecipatório por parte de Dworkin. A invenção da categoria de "escrita distintamente conceitual" significa que independente da era, nacionalidade, forma, política ou aliança estética, Dworkin pode agora incluir os trabalhos de modernistas como Alfred Jarry, Gertrude Stein e Samuel Beckett, assim como textos de vários indivíduos e grupos neovanguardistas, como Fluxus e o Oulipo. O que está acontecendo aqui é uma tentativa de imaginar uma comunidade.

Todas as comunidades artísticas tentam se situar dentro de uma história maior do tipo de trabalho que elas admiram. A invenção de Dworkin da noção de "escrita distintamente conceitual" significa que ele pode expandir seu cânone até o presente, para incluir obras de escritores do século XXI. Estas pessoas, cujos nomes foram listados em diferentes combinações em tempos e lugares diferentes (Dworkin incluído), são minhas amigas e aqui chegamos ao ponto crucial da questão. Independentemente de onde estamos agora ou do que está acontecendo em outra parte (e eu sei realmente que em Vancouver e na Inglaterra, pelo menos, outras comunidades estavam desenvolvendo suas próprias ideias sobre o que poderia ser incluído, em algum momento, sob a grande tenda da literatura conceitual), minha experiência de literatura conceitual começou pelas amizades mais do que com um sentido de afinidade estilística. Se você não gosta das pessoas com quem está falando e escrevendo ou para quem está escrevendo, deve encontrar outro grupo. (Suspeito que isto seja verdade com as comunidades de escritores fãs, e amizades, também.) Semelhanças de família são superficiais no começo e se desenvolvem quando você e seus amigos discutem e debatem, em seguida trabalhando para encontrar pontos em comum e ponderar diferenças com as outras comunidades que se encontram pelo meio do caminho.

O ensaio de Dworkin, claro, aparece primeiro no contexto de UbuWeb. A coisa mais próxima ao lar online da literatura conceitual, o UbuWeb é um repositório enorme de arte, escrita, áudio e vídeo vanguardistas: tudo, de flyers de rua anônimos e arte externa a cópias digitais dos primeiros filmes feitos por diretores como Gus Van Sant. Muito do material no UbuWeb desrespeita muitos direitos autorais. Tudo isso foi coletado e postado sem permissão e é mantido por milhares de horas de trabalho sem remuneração — exceto, talvez, pelo aumento da reputação online. Eu argumentaria que este tipo de categorização, organização e posicionamento sem autorização ou quase autorizado dos nossos heróis literários, a fim de contextualizar o próprio trabalho, é funcionalmente idêntico ao da atividade dos fãs, incluindo a fanfiction.

O que faz a diferença entre literatura conceitual e fanfiction são os respectivos campos culturais no qual eles ocorrem.

A literatura conceitual está localizada dentro da literatura e é ambivalente em relação ao desejo de querer sair. A fanfiction está localizada fora da literatura e é ambivalente em relação ao desejo de querer entrar.

Charles Jencks, um teórico arquitetônico e cultural norte-americano, expande a noção de "dupla codificação" de Umberto Eco para descrever estilos híbridos que implementam conotações populares *e* elitistas simultaneamente. Textos de dupla codificação se comunicam com o público e "uma minoria preocupada" ao mesmo tempo.[156] Às vezes chamados de "apito de cachorro", estes textos contêm referências que normalmente só serão reconhecidas por aqueles "bem-informados". Quando Omar cita uma linha da música "New York City", de Steve Earle para McNulty em um episódio de *The Wire* ("The Cost," 1–10), e Steve Earle já é um personagem recorrente na série, este é um apito de cachorro. O uso de Morrissey da frase Polari, "Bona Drag", como título de um de seus discos é outro tipo de dupla codificação. Como a gíria de rimas Cockney, Polari foi desenvolvida para indicar aos membros de comunidades específicas (gays, carnies* etc.) que você era um deles. Diferentes manifestações de código duplo podem conseguir fins muito diferentes.[157] Literatura conceitual e fanfiction compartilham a dupla codificação de uma forma que cria uma semelhança forte, mas ligeiramente distorcida — pensem em Spock *versus* Spock com barba. Quando se encontram por acaso diante do pano de fundo da vida cotidiana, tanto a fanfiction quanto a literatura conceitual podem ser facilmente confundidas com algo mais mundano, a menos que você conheça os sinais sutis (a barba de Spock) indicando que está olhando para algo profundamente diferente do que acha que está.

A literatura conceitual foi formada dentro do mundo das pequenas editoras de poesia, apesar de muitos de seus praticantes serem ambivalentes em identificar seu trabalho como poesia ou a si mesmos como poetas (vemos como Kenneth Goldsmith repete frequentemente que ele não é poeta, apesar de ter sido publicado principalmente por editoras de poesia). Dworkin menciona um exemplo no qual "uma das figuras centrais da linguagem poética — um escritor que na verdade tinha incorporado textos transcritos na poesia" — repetidamente separava a literatura conceitual da poesia.[158] Este mesmo poeta da linguagem me contou, em outra ocasião, que o que eu escrevia não era poesia, mas era "algum tipo de arte conceitual". Se era um elogio, não funcionou muito. Acho que ele quis dizer isso como um tipo de gesto policialesco, excluindo meu trabalho do conjunto de coisas que ele queria que fossem consideradas importantes. Mas é difícil saber, porque na cultura norte-americana a própria poesia já é uma atividade marginal. Livros de poesia representam apenas 0,12% do total de vendas no Canadá[159]

* Gíria norte-americana para os trabalhadores de circo ou de parques de diversões itinerantes. (N. do T.)

(sou canadense; com a quantidade de apoio que as editoras literárias canadenses recebem do governo, e a falta de apoio nos Estados Unidos, eu presumo que estes números sejam menores lá). Apesar de todo o capital cultural recém-descoberto que alguns de seus membros acumularam, em termos do número de livros em circulação, a literatura conceitual permanece uma margem de uma margem.

A fanfiction também começou como a atividade marginal ao redor da ficção de gênero (ou, como a academia chama, de forma condescendente, de "paraliteratura"). Há trilhas estabelecidas entre fanfic e ficção de gênero, especialmente na ficção científica. Não apenas alguns autores de fanfiction de ficção científica se tornam escritores comerciais, mas alguns escritores de ficção científica comerciais fazem mais do que apoiar a fanfiction — eles continuam a escrever.[160] Mas a fanfiction está fazendo incursões sérias à indústria editorial. A Penguin e outras prestigiosas editoras estão começando a comprar pequenos selos que publicam fanfic e eram anteriormente considerados serviços de "edições pagas".[161] A Amazon está entrando no negócio de licenciar universos ficcionais inteiros, principalmente com o interesse de produzir uma versão domesticada da fanfiction. Em um contexto contemporâneo, a fanfiction tem um papel mais convincente para a centralidade cultural do que a literatura conceitual e até, sem dúvida, do que a poesia em geral.

A fanfiction e a literatura conceitual foram, as duas, alimentadas pelo rápido crescimento da mídia digital em rede.

Se a fanfiction e a literatura conceitual tiveram suas origens nas práticas circulantes à moda de pequenas editoras de comunidades interpretativas específicas, as duas cresceram como resultado da ampliação explosiva da internet. Aqui de novo encontramos a barba de Spock, porque há teorias incrivelmente parecidas, mas diferentes, sobre este crescimento tanto na fanfiction quanto na literatura conceitual, cada uma com seus respectivos defensores críticos.

De um lado do espelho, Henry Jenkins, o proeminente teórico da convergência e da transmídia, criou um forte argumento sobre a dependência da transmídia em relação à fanfiction.[162] Brevemente, a teoria da transmídia argumenta que a narrativa agora acontece em múltiplas plataformas de mídia, criando universos ficcionais inteiros que exigem que a audiência visite muitos deles para experimentar a ficção totalmente e participar ativamente nas histórias que são contadas. *Jornada nas estrelas*, com suas múltiplas séries, livros, quadrinhos, desenhos animados, websites e uma enorme e ativa comunidade, é o exemplo canônico; a obra de Jenkins começou com estudos da fanfiction na comunidade de *Jornada nas estrelas*. Do outro lado, Marjorie Perloff, a conhecida crítica de literatura de vanguarda, desenvolveu uma teoria similar do que ela chama de "texto diferencial",[163] que expliquei em outro lugar como uma teoria de "mídia diferencial".[164] O trabalho de Perloff sobre este assunto começa com uma consideração de *Fidget*, de Kenneth Goldsmith, um texto central da literatura conceitual. Enquanto Perloff enfatiza que o texto diferencial é uma série de possiblidades estéticas para diferentes tipos de manifestações (*Fidget* foi, entre outras coisas, um livro, um website, uma performance, uma instalação numa galeria e dois ternos de papel feitos sob medida), Jenkins focou a transmídia como um modelo de negócio — mas, para dizer a verdade, tanto a transmídia quanto a mídia diferencial se baseiam na criação e circulação do capital cultural. Além do mais, os dois demonstraram que reputação e outras formas de capital cultural podem ser traduzidos como capital *real*.

Mas há uma diferença substancial entre fanfiction e literatura conceitual que procede diretamente da relação de cada um com a transmídia e o texto diferencial. Tanto a fanfiction quanto a escrita conceitual podem se manifestar de forma diferenciada, mas elas enfatizam diferentes aspectos de seu material-fonte. Onde a fanfiction usa a transmídia como seu veículo, a escrita conceitual toma como seu assunto a materialidade das novas configurações e formas que a transmídia fornece.

Onde a fanfiction transfere os personagens para outros cenários, a literatura conceitual transfere os textos para outros contextos discursivos.

O movimento básico tanto da fanfic quanto da literatura conceitual é o antigo tropo da *clinâmen:* repetição com uma leve diferença. Na forma de um diagrama, poderíamos representar os respectivos desvios da tradição da fanfic e da literatura conceitual como espirais de variados graus de estreiteza, expandidas a partir de um ponto que elas, mesmo assim, continuam a orbitar. No entanto, estas espirais operam em diferentes objetos. A fanfiction trabalha no nível do que está escrito ou dito: por exemplo, combinando personagens de dois mundos ficcionais diferentes. A literatura conceitual trabalha no nível do *contexto* no qual algo é escrito ou dito: por exemplo, mudando o contexto da publicação de um texto de uma transcrição de um tribunal para uma edição capa dura de uma editora literária pequena.

Se a fanfiction sempre acontece em referência a algum tipo de texto original produzido por um escritor comercial bem-sucedido, a literatura conceitual começa referindo-se aos gestos e práticas produzidos por gerações de artistas de vanguarda que já estavam colocando a noção de originalidade em questão. E, mesmo assim, Dworkin nota que a escrita conceitual adquire um "forte sentido de assinatura" porque faz "irrevogáveis" intervenções na cultura.[165] Com o tempo, um ato inteligente de apropriação se torna indistinguível das noções românticas de criação a partir do nada. W. G. Sebald supostamente deu o seguinte conselho a seus estudantes de redação criativa: "Só posso encorajá-los a roubar o máximo que puderem. Ninguém vai notar. Vocês deveriam manter um caderno de trechos, mas não escrevam as atribuições, e depois de uns anos, podem voltar ao caderno e tratar a coisa como de vocês sem culpa."[166] Criatividade e apropriação são dois lados da mesma moeda, e no final acabam sendo inextricáveis um do outro. Mesmo que tanto a fanfiction quanto a literatura conceitual possam parecer desafiar ou ameaçar a originalidade, elas também dependem dela e a reproduzem em outros momentos.

Kenneth Goldsmith é a E. L. James da literatura conceitual. Ou, para colocar de outra forma: Este é um ensaio sobre E. L. James se eu disser que é.

Tanto Goldsmith quanto James são sintomas do que quer que seja que está substituindo as narrativas desmoronantes que estávamos acostumados a entender como o resultado dos frangalhos da modernidade — alguma forma mutante de cultura da celebridade.

A fanfiction agora é evidentemente capaz de produzir best-sellers. A literatura conceitual teve alguns sucessos mainstream: o sucesso internacional de *Eunoia*, de Christian Bök, e a leitura de Kenneth Goldsmith para o presidente Obama — e sua subsequente sátira por Jon Stewart — são dois deles. Se a literatura mantém qualquer um de seus privilégios, é apenas para que este privilégio possa ser reivindicado pela ralé de Spocks com barba que fora tradicionalmente relegada às terras distantes, e agora volta para dividir entre eles os espólios cada vez menores do que costumávamos chamar de literatura.

Para evitar reproduzir a miopia e a estreiteza que a literatura conceitual e a fanfiction foram criadas para contestar, os dois precisam reconhecer que são parte de uma tendência cultural maior que vê toda a criatividade como um processo de remixagem. Dworkin nota que "no século XXI, a poesia conceitual assim opera contra o pano de fundo de práticas vernáculas relacionadas, em um clima de participação dominante e apropriação casual".[167] O único problema com esta sentença, da minha perspectiva, é o que conta como primeiro plano e o que conta como pano de fundo.

Ao se reconhecer como uma prática minoritária (quer dizer, parte do pano de fundo), a literatura conceitual poderia se tornar capaz de fazer algo que a poesia nunca foi: reconhecer as coisas que se parecem com ela e transpiram ao redor dela e que não são publicadas como poesia, não circulam através das comunidades literárias, não são recebidas pelas pessoas como textos literários; mas mesmo assim poderiam ser formalmente indistinguíveis da literatura conceitual... *e não colonizá-las como poesia no processo.* Há um preço a pagar por isso, no entanto; na verdade, abrir mão dos últimos vestígios da noção romântica de autor como um gênio solitário, aqueles que mesmo um século de modernidade se recusaram a apagar. Em seu lugar, poderíamos instalar algum tipo de conspiração invisível, mas aberta, que é capaz de apreciar as eficiências táticas das coisas que queremos dispensar como imitações bregas e falsificações. Se os criadores da literatura conceitual e da fanfiction realmente desejam operar de forma diferente da cultura geral (e não tenho mais certeza se isso jamais foi o caso), eles precisam produzir escritores que não estão interessados em se tornar celebridades, mas estão dispostos a se dissolver nas sombras antes que os prêmios possam ser entregues. Não Warhol's Factory, mas Batman Incorporated.

Uma Entrevista com Doug Wright

Doug Wright é um dramaturgo premiado, libretista e roteirista que geralmente trabalha com material histórico. Sua peça *Quills* (e seu roteiro para o filme) baseou-se na vida do Marquês de Sade, e seu *I Am My Own Wife*, vencedor do Pulitzer e do Tony, baseou-se na vida de Charlotte von Mahlsdorf, uma antiquária transgênero que sobreviveu aos regimes nazistas e comunistas na Alemanha Oriental. Doug também colaborou para adaptar filmes documentários para o palco, escrevendo os livros para os musicais *Grey Gardens* e *Hands on a Hardbody*. Discuti o trabalho de Doug em vários cursos no contexto da adaptação, da ética da representação e da caracterização de gêneros e sexualidades não normativos. Aqui, eu perguntei a ele sobre as diferenças entre trabalhar com fontes de "pessoas reais" *versus* fontes literárias, entre personagens históricos e aqueles que ele realmente conhece, e como ele faz com que o trabalho que constrói a partir destas fontes seja dele.

Você poderia contar um pouco sobre a história da escrita dramática a partir de fontes? Parece que existe uma tradição muito longa.

Não acho que qualquer escrita seja totalmente forjada na mente do escritor; estamos todos escrevendo a partir de "fontes", seja esta fonte nossa própria memória, uma experiência que tivemos, um livro ou poema que nos influenciou uma vez, um quadro que admiramos, ou um pedaço de história que se alojou no nosso cérebro. Não dá para escrever sem precursores; nenhum de nós está imune à influência. Inclusive pode ser verdade que nenhum escritor possa afirmar que é total e indubitavelmente "original".

Que tipo de trabalho entra na adaptação de uma obra criativa existente como uma peça? Como, sendo um dramaturgo, você a transforma em sua?

Eu só me interesso por materiais que me comovem de uma forma visceral e absoluta. Tenho que me ver nele (em um personagem especial, ou na verdade humana central que a obra abraça) antes que eu concorde em adaptá-lo. Não aceito o trabalho e depois tento me localizar dentro dele. Tenho que estar ali dentro desde o começo.

Em uma questão relacionada, quanto você diria que é transformativo retrabalhar um conto ou romance, digamos, como uma peça? (Ou um filme documentário em um musical?) Essa mudança de gênero sempre faz uma grande diferença ou o grau de diferença depende em grande parte da abordagem do dramaturgo?

Formas diferentes seguem regras diferentes; musicais da Broadway, por exemplo, exigem fortes narrativas de uma forma que o cinema da verdade, documentários psicologicamente motivados (como *Grey Gardens)* não precisam. Você tem que atender às exigências da forma que escolheu, mesmo que isso signifique reinventar o material fonte até certo grau. Uma boa adaptação raramente apresenta uma fidelidade escravizada.

Falando criativamente, você vê muita diferença em trabalhar com fontes ficcionais ou criativas e trabalhar com fontes de "pessoas reais"?

Uma fonte é uma fonte, e o processo de adaptação é largamente o mesmo. E você tem que mostrar a mesma sensibilidade a qualquer pessoa viva que é impactada por seu trabalho. Um romancista pode se ofender tanto, se você distorcer a ficção dele, quanto uma figura histórica se você distorcer sua vida.

Você acha que seu processo ou sua atitude mudam em relação a seu trabalho quando está escrevendo baseado em uma figura bem conhecida e icônica (mas já morta) como Sade, ao contrário de alguém como Charlotte von Mahlsdorf, que você conheceu?

Com certeza. Graças a outros escritores como Yukio Mishima e Peter Weiss, Sade é tanto uma figura histórica quanto um ícone literário. Você pode empregá-lo das duas formas. Há uma miríade de biografias sobre Sade — muitas delas pesquisadas e escritas com maestria — que informa o registro histórico. E se você assume liberdades com a vida dele, há muitos trabalhos não ficcionais disponíveis para deixar o leitor geral reposicionar seus caprichosos voos de fantasia. E uma audiência está (na maior parte) pronta para experimentar Sade como um símbolo; eles não esperam realmente uma biografia correta. Ele já apareceu como um personagem semificcional em incontáveis outros livros, peças e filmes. Mas Charlotte era bastante desconhecida; eu sabia que as audiências estavam conhecendo-a pela primeira vez. Desta forma, senti uma forte obrigação de não reinventar os fatos de sua vida, mas representá-los da forma mais fiel possível. Ela ainda precisa entrar no panteão de dispositivos literários!

Você poderia falar sobre o processo de adaptar as pessoas vivas que eram o assunto de *Hands on a Hardbody*, mas que foram (até onde eu entendi) combinadas e de certa forma adaptadas para caber nas necessidades dramáticas? Como você procurou a permissão delas? Como reagiram ao processo e ao resultado final?

Quando nos aproximamos inicialmente dos concorrentes originais do filme [documentário] de 1997 de Robb Bindler, ficou inequivocamente claro para eles: falamos que nossos personagens iriam se esforçar para ser verdadeiros em relação aos seus espíritos essenciais como pessoas, mas que iríamos tomar liberdades com os dados crus de suas vidas. Eles entenderam que iríamos aumentar certos traços dos personagens ou inventar certos detalhes biográficos para servir mais completamente a nosso drama. Eles todos nos deram permissão, e quando os levamos pela primeira vez a La Jolla para ver a a temporada inicial da peça, e mais tarde a sua abertura na Broadway, eles ficaram igualmente contentes. Apesar de reconhecerem que tomamos licenças criativas, nenhum se sentiu violado ou mal representado de alguma forma muito fundamental. Obviamente, foi um grande alívio para mim!

Você teria receio de basear um personagem (muito reconhecível) em uma pessoa viva? Você se sentiria diferente baseando este personagem em uma figura pública ao contrário, digamos, de alguém que você conhece socialmente?

Foi muito mais fácil escrever sobre Sade do que Charlotte von Mahlsdorf por esta razão. Como escritor, você certamente tem obrigações morais, mas elas são abstratas. Com um amigo, elas se tornam intensamente pessoais, e você as viola por sua própria conta e risco.

Quando você escreve sobre uma figura histórica ou "pessoa real", como equilibra as exigências da peça (dramática ou tematicamente) com preocupações sobre a exatidão histórica ou ser autêntico em relação aos fatos?

Depende da intenção que motiva seu trabalho. Se o seu objetivo principal é fornecer um retrato biográfico e dramático de uma vida, então deveria fazer isso com muita atenção ao registro histórico. Se o seu objetivo é criar uma parábola ou uma alegoria que usa esta pessoa em questão de uma forma metafórica ou simbólica, então você deveria sentir-se livre para fazer isso, acho, dentro do razoável. Obviamente, você não deveria criar distorções absurdas ou representações equivocadas. E a peça em si deveria alertar a audiência para sua intenção autoral, para que eles então possam experimentá-la de acordo. Sou um grande fã de avisos em programas ("a peça está inspirada, mas não é totalmente fiel aos eventos reais"), mas fico ainda mais animado quando o estilo e o tom da peça contextualizam seu tratamento de pessoas reais. Por exemplo, dado seu estilo absurdista e jogo de palavras fantástico, seria muito difícil confundir *Travesties*, de Tom Stoppard, com uma história real das vidas de James Joyce, Tristan Tzara e Lenin. Da mesma forma (eu espero), o estilo Grand Guignol da minha peça *Quills* — escrita com todo o macabro ofegante de um "penny dreadful"* — sinaliza para a audiência de que eles deveriam dar um desconto aos eventos.

Você ficaria preocupado em ser um personagem reconhecível na peça ou romance de alguma outra pessoa? Que tal um personagem na fanfiction slash?

Como pessoas reais confiaram em mim para integrá-las em meu trabalho, suponho que não deveria ser tímido e pedir aos amigos autores que evitassem fazer o mesmo comigo! Isso seria um pouco hipócrita, não? :)

Você está ciente da fanfiction baseada em *Quills*? (Encontrei umas quarenta e cinco histórias online.) Como você se sente quanto às pessoas escrevendo sobre personagens e cenários que você criou?

Não tinha ideia! Desde que a ficção não crie nenhuma possibilidade de plágio ou violação de direitos autorais, então acho que é a mais alta forma de elogio!

Até onde sei, toda a fanfiction baseada em *Quills* é oferecida gratuitamente na internet no espírito tradicional da fanfiction — outros "brincando na sua caixa de areia" sem intenção de lucro. MAS, se alguém de repente escrevesse uma fanfiction baseada em *Quills* que se tornasse fantasticamente popular, mas decidisse ter como cenário, digamos, Madison Avenue no começo dos anos 1960, e depois mudasse todos os nomes e publicasse ou produzisse... isso o deixaria bravo?

Novamente, desde que não me plagiassem, não acho que eu poderia fazer nada. Como falei em minha resposta de abertura, nenhum escritor escreve livre de influências. Em *Quills*, eu devo muito às obras do falecido Charles Ludlam e *I Am My Own Wife* nasceu do teatro documentário que teve Emily Mann, Anna Deveare Smith e Moises Kaufman como pioneiros.

---

* Revistas populares na Inglaterra do século XIX, geralmente com histórias em série, de terror e baratas. (N. do T.)

Com toda a discussão de uso criativo, escrever a partir de fontes e escritores ganhando dinheiro com trabalhos baseados nos trabalhos de outros escritores, existe algo que você gostaria de esclarecer sobre sua posição na proteção de direitos autorais ou o relacionamento entre uso criativo e violações?

Direito autoral é um imperativo moral para todos os artistas, vivos ou mortos, e deveria ser tratado com o máximo cuidado. Na era do compartilhamento de informação, isso está em perigo. Devemos batalhar para mantê-lo. Fornece a base para nossa sobrevivência e faz nosso ofício ser sustentável economicamente. Escritores deveriam ser inspirados uns pelos outros e deveríamos estar abertos à influência artística de nossos colegas. Mas nunca deveríamos roubar o trabalho do outro.

Uma Entrevista com Jonathan Lethem

Jonathan Lethem é autor, editor, crítico, ensaísta e ganhador da bolsa MacArthur. Ele escreveu o romance vencedor do prêmio National Book Critics Circle, *Motherless Brooklyn*, e *Fortress of Solitude*, que entrou na lista de mais vendidos do *The New York Times*, e todo um livro baseado no disco *Fear of Music*, do Talking Heads. Misturou ficção detetivesca com ficção científica; editou Philip K. Dick. E, por tudo isso, sou uma fangirl dele.

Lethem também hospeda o Promiscuous Materials Project (Projeto de Materiais Promíscuos), um arquivo de histórias próprias que ele disponibiliza para adaptação por dramaturgos e roteiros. Não está exatamente dizendo: "Façam fic comigo para se divertir e lucrar" — ele confere alguns direitos, mas não outros, por uma taxa de um dólar e não quer ver sua ficção republicada como ficção de outra pessoa. (Ele expressou algum interesse em ser slashed, mas esta é outra história. Ou, pelo menos, uma sugestão promissora.)

Lethem explica seus motivos para criar o site Promiscuous Materials:

> Gosto de arte que vem de outra arte e gosto de ver minhas histórias adaptadas a outros formatos. Minha literatura sempre foi fortemente baseada em outras vozes, e sou fã de adaptações, apropriações, colagens e sampling.
>
> Recentemente, explorei algumas destas ideias em um ensaio ["The Ecstasy of Influence"] na *Harper's Magazine*.[168] Conforme pesquisava para este ensaio, passei a acreditar cada vez mais que os artistas deveriam idealmente encontrar formas de tornar o material livre e disponível para reuso. Este projeto é uma (primeira) tentativa de fazer minha própria arte refletir esta crença.

Eu recomendo totalmente o ensaio que ele menciona. Incitou muitas perguntas na minha mente sobre como Lethem poderia ver a fanfiction e seu relacionamento com outros tipos de empréstimos criativos e retrabalho, e como nós os julgamos. Eu fiquei realmente curiosa em saber como ele as responderia. Então lhe perguntei.

Em seu ensaio "The Ecstasy of Influence", originalmente para a *Harper's*, você argumenta que "apropriação, mimetismo, citação, alusão e colaboração sublimada consistem em um tipo de sine qua non do ato criativo, cortando através de todas as formas e gêneros no reino da produção cultural". Você nota uma diferença em como as pessoas reagem a estratégias similares em diferentes áreas de produção cultural?

Sim, eu notei absolutamente uma diferença. É por isso que estou tão interessado em escrever atráves de mídias e disciplinas, para ajudar as pessoas a reenquadrar suas resistências à citação. O que me pareceu tão peculiar é que coisas como sampling e citação parecem tão naturais em uma área, mas inaplicáveis ou inaceitáveis em outra. Muito disso tem a ver com o estabelecimento de uma experiência da recepção — são estabelecidas expectativas de pureza ou alta cultura, e portanto expectativas de "originalidade".

Você menciona a alta cultura como se nos concedesse altas expectativas de originalidade, mas alguns dos próprios artistas que mais sugerem alta cultura e pureza para muitas pessoas — como o que é conhecido como Alto Modernismo, escritores como Ezra Pound e T. S. Eliot — eram grandes praticantes da citação e da apropriação.

Sim, esta é uma razão pela qual fico irritado com quem tenta colocar o pós-modernismo em quarentena. Eles realmente precisam sujeitar T. S. Eliot a este teste. E a história da arte visual no século XX é uma procissão de colagem, apropriação etc., um constante aprisionamento do baixo vernáculo. Virtualmente todo grande movimento artístico do século XX esteve implicado na apropriação com a possível exceção de um expressionismo puramente abstrato.

É onipresente, básico, um gesto nativo, então, para mim, eu tento universalizar estas técnicas o máximo possível. Não que a experiência do novo não seja importante — a *experiência* do novo é muito importante —, mas a *verdade* é que o artefato ou gesto despertando esta sensação provavelmente *não* é novo. Não somos a primeira pessoa a chegar à autorreflexão ou intertextualidade. Os gregos tinham um coro.

Então fico irritado com a opressiva autocongratulação do presente que comemora sua autorreflexão e mashup. *Ou* a denúncia das mesmas coisas. Porque em todos os tipos de tradições folclóricas, a autorreflexão e o mashup *sempre* estiveram aqui, especialmente naquelas tradições mais próximas da fanfiction. Os narradores orais, por exemplo, sempre estiveram trabalhando com uma tapeçaria de empréstimos, referências, histórias. Como o hip-hop, suas histórias transformadas em mosaicos, riffs sampleados, extensivamente emprestados.

É quando as economias do dinheiro e do prestígio entram no jogo que vemos pessoas levantando cercas, balcanizando o território e vendendo o que eles fizeram como "defensivamente original". Quase sempre gestos artísticos são emprestados. Vivemos em uma linguagem comum da cultura.

Mas o plágio não existe?

Sim, nas margens extremas, há algo patético. É quando alguém pega algo que é quase tudo que faz o trabalho de alguém ser interessante, disfarça o original e apresenta. Isso é horrível. Mas qualquer coisa que não chega a *esse* ponto é muito mais complicada. Um trabalho ganha energia pela forma como transforma uma fonte ou muitas fontes, a forma como combina este material com elementos que são nativos para o narrador. Este tipo de trabalho compreende a enorme preponderância do que queremos dizer com "cultura". Uma pequena fatia de plágio e um vasto campo de cultura. Não vai nos fazer nenhum bem sugerir que as práticas exaltadas e aceitas não estão de alguma forma relacionadas com o que chamamos de plágio. As coisas não saem do vácuo; saem de outras coisas.

Quando você aceita *isso*, pode entrar na fascinante região do que está, na verdade, na sua frente. Então podemos conversar sobre sentimentos de recepção. Que tipo de referência faz com que você se sinta bem e o que o faz sentir que algo injusto ocorreu?

Eu geralmente uso a música para discutir estas reações. Tipo, que tal *Graceland*, de Paul Simon? Se você sabe algo sobre música africana, sabe que o disco é música africana, com a voz de tenor e as letras de Paul Simon enfiadas no meio. Algumas pessoas sentiram surpresa e desconforto quando ouviram o disco e depois ouviram música africana e perceberam o quanto o disco se baseava naquela música. Mas, por outro lado, Paul Simon nunca escondeu isso. Ele colocou um nome, deixou explícito. Se pensarmos em uma escala, no grau de transformação, eu diria que *Graceland* consegue um 15/100. Não está muito transformada. Mas em transparência? 99/100 Paul Simon dedicou gratidão, exposição e dinheiro a suas fontes. Ele tocou com eles. Então, neste caso, se temos estas duas escalas, Paul Simon foi tão bem em uma delas que desculpamos a outra.

Vamos pegar um exemplo diferente. Led Zeppelin. Eles roubaram músicas de Willie Dixon. O maior monstro de uma banda britânica branca roubou músicas deste cara negro mais ou menos desconhecido, colocou o nome deles, e tiveram que ser processados para fazer algo, para dar algum crédito ou compensação. Eles marcaram um 3 na escala de reconhecimento e transparência. Mas por outro lado, a música deles não se parece com Willie Dixon. A transformação é extremamente vital. O Led Zeppelin não só criou um som novo e impressionante a partir destas canções, eles inventaram todo um novo gênero de música. Criaram o heavy metal a partir de Willie Dixon. Então, tiraram um 99 em nível de transformação. Fizeram algo completamente novo, que você precisa reconhecer o gesto transformador, e é difícil querer que não tivessem feito isso do ponto de vista musical — mesmo se a forma como fizeram tenha sido imoral.

Você acha que a quantidade de dinheiro envolvido influencia como as pessoas reagem à apropriação — incluindo como reagem na arena legal?

No geral, não estou interessado em legislação; estou interessado em arte — mas dinheiro tem tudo a ver com a forma como as pessoas reagem. Se não há dinheiro no meio, as pessoas não se preocupam tanto.

Por que você acha que estas práticas de apropriação são muito menos aceitáveis para pessoas em termos de palavra escrita? Por que é muito mais sério plagiar o que está escrito? Os críticos literários (de literatura contemporânea, quero dizer — críticos de livros) cederam o que deveriam ser julgamentos sobre estética e efeitos aos interesses da indústria editorial?

Acho que é verdade [que os críticos literários tenham cedido estes julgamentos à indústria editorial], mas eu acrescentaria outro diagnóstico: a crítica literária está muito conectada ao jornalismo. Então, enquanto outros campos de recepção da arte estão bem divididos do ethos dos jornalistas, os resenhistas de livros são normalmente gente de jornal que se acha resenhista. O campo da resenha de livros supera totalmente a crítica literária acadêmica em termos de influência e os jornalistas estão, claro, obcecados com noções jornalísticas de plágio, fontes e imprecisão. Estes padrões migram em excesso para dentro do campo da escrita literária.

Imaginem o escândalo Ian McEwan nas artes [visuais] — é uma loucura, isso nunca aconteceria. [McEwan foi acusado de pegar emprestado muito de seu romance *Atonement* das memórias de Lucilla Andrews do seu tempo em um hospital na época da guerra, *No Time for Romance*. McEwan coerentemente reconheceu que tinha usado as memórias como fonte.] Mas os jornalistas adoram essas coisas. Como *eles* escrevem a partir de fontes, às vezes com pouquíssimas transformações, precisam se tornar policiais. Mas o grau de transformação deles é muito pequeno em comparação com o de Ian McEwan. É o narcisismo da diferença menor; é a supercompensação.

Falando em diferenças, como é diferente — em termos criativos — quando baseamos um personagem na história ou no personagem de outra pessoa, em oposição a se basear este personagem na vida ou personalidade de outra pessoa?

Não há diferença. Legalmente, eu sei que estão em patamares totalmente diferentes, mas do ponto de vista criativo esta distinção coloca uma quarentena sem sentido entre as fontes. Porque muitas pessoas — eu mesmo incluído —, *elas mesmas* se baseiam bastante em personagens literários.

Meus personagens sempre se basearam em alguém real e também ecoaram algum personagem literário. É disso que se trata. Fantasias, arquétipos. Em *Motherless Brooklyn*, era o detetive de Raymond Chandler, o cara com Tourette que eu vi [em] um ônibus, estudos de caso que li nos trabalhos de Oliver Sacks — e em mim, ele está baseado em mim, também. E Elliot Gould, no *Long Goodbye* de Altman! Como alguém poderia pensar que isso possa ser menos complicado (tirando advogados)? O sonho de que esta complexidade poderia ser organizada é uma fantasia muito tipicamente norte-americana, pragmática, anti-intelectual, baseada na suspeita contra o artista ou intelectual.

Quando alguém diz a um escritor de fanfiction que eles "não são escritores de verdade", eu digo a esta pessoa: "Você não tem a menor ideia do que significa escrever uma cena e um personagem na língua inglesa, com imagens e palavras carregadas de significado recebido." Acho que há uma inocente bravura em dizer: "Vou escrever outra história de Sherlock Holmes", mas claro que já é um novo Sherlock Holmes no momento em que você começa a escrever. Não é o do Doyle. É *seu*.

Uma das formas pelas quais as vanguardas e seus críticos teorizaram colagem, apropriação e *cut-up* foi como formas de ruptura da narrativa e até do ego (ideologicamente construído). Como estas mesmas estratégias funcionam *para* a narrativa e *para* a construção dos egos (ficcionais)?

Eu respeito muito esta posição vanguardista, mas quero dar uma cutucada nela. Peguemos, por exemplo, a apropriação francesa do *film noir* de Hollywood quando eles inventaram a Nouvelle Vague. Goddard estava adaptando estes modelos românticos americanos, estes textos sobre crimes. Então, ele os destruiu, lutou com eles, os picotou. Em entrevistas, ele fala sobre a resistência a este material, como seus filmes evitavam os gestos óbvios de suas fontes. E, sim, há uma enorme energia nestes atos de resistência e ruptura. Mas, depois que eles fizeram isso duas ou três vezes — e é uma enorme fonte de material para eles —, o que não estão admitindo para si mesmos sobre o que amam e desejam? As coisas que você escolhe transformar são as coisas que você ama, mesmo se estiver desfazendo-as. Você ainda está participando delas.

Você acha que a mesma crítica se aplica a um escritor como Kenneth Goldsmith e seu trabalho em reformatar o *New York Times* ou informes de trânsito e clima? Ou ele só está usando material, interessado em como os formatos mudam a maneira como vemos o material?

Não, acho que é bastante justo. Não acho que ele tenha um sentimento de proximidade com o *Times*. Ele está transformando suas fontes em pura linguagem, de certa forma. Mas Kenny Goldsmith está no lado extremo, eu diria. Do outro lado, digamos, está um fan writer muito talentoso que escreve delicadas histórias de *Jornada nas estrelas*, mantendo os personagens, preenchendo os detalhes de uma forma muito respeitosa, mas sem transformar o mundo. Identificar estes dois extremos é como o continuum Led Zeppelin–*Graceland* que discutimos. Goldsmith e o respeitável escritor de fanfiction são os casos limite — o que todo o resto faz está no meio.

Como escritor e detentor de direitos autorais, como você reconcilia o ethos "open source" com a necessidade de ganhar a vida?

Não sou Lawrence Lessig; não tenho propostas. Ganho a vida parcialmente pela propagação dos direitos autorais. Cresci nisso; estou ligado a isso. Não tenho a visão, mas meu instinto me leva a acreditar que há proteções concedidas ao meu trabalho que são absurdas. É como se existissem 18 quilômetros de cobertura de glacê sobre um bolo. Eu gosto do bolo, posso me agarrar ao bolo, mas certamente não é necessário tanto glacê.

Algumas pessoas diriam que tenho o direito de não ver certas coisas serem feitas com meus personagens enquanto ainda estiver por aqui, e posso entender isso. Mas acredito que, depois da minha morte, meu trabalho pertence à cultura. A reação de muitas pessoas tem a ver com quanto tempo leva para isso poder ser feito, e eu acho que pode ser feito rápido. É legal que eu consiga ganhar a vida, mas muitos artistas não conseguem. É fácil exagerar o ganhar a vida com algum tipo de direito nativista. Tenho sorte, mas estou em uma categoria rara. A maioria das pessoas participa da cultura de graça, ou precisa pagar. Eu entrei já sabendo disso, mas fui mesmo assim. Tive sorte, mas ainda tento ignorar o dinheiro e apenas fazer e reagir à arte.

Patricia Storms "slashou" você com Michael Chabon em formato de quadrinhos, e eu sei que você expressou interesse em ser "slashado". Com quem você gostaria de ser "slashado", Sr. Lethem?

Oh, não depende de mim! Que me surpreendam. A questão é que quando você quer ser slashed, você está implorando para ser perturbado. Mas não dá para protestar por estas coisas. Minha pequena fatia de fama — deixa meu nome disponível. Eu aceito. Não é que eu sinta que sou terrivelmente importante, que qualquer um esteja obrigado a ter fantasias comigo. Mas, se você aceitar minha visão de que a propriedade intelectual é meio que uma quimera, então isso inclui os nomes e personagens que viajam pela esfera pública. Sou uma ficção, inventando-me no caminho — mas por que eu deveria ser o único com este direito?

Amber Benson é atriz, escritora e cineasta. Muito adorada por ter interpretado Tara em Buffy, a Caça-Vampiros, *Amber parece estar criando na maioria das mídias hoje em dia. Ela é cocriadora de Ghosts of Albion, uma propriedade transmídia que começou como uma série animada para a web e continuou através de livros e um RPG. Fez vários filmes; escreveu a série de romances de Calliope Reaper-Jones e um livro infantil; e colaborou em várias novelas gráficas para o universo de* Buffy, *revisitando como escritora o personagem que protagonizou durante anos. Escritores de fic também revisitam este personagem. Muitas vezes. Aqui, Amber escreve sobre como o acesso à internet, a cultura participativa e a transmídia transformaram divisões altamente estruturadas em uma atmosfera de fluxo criativo (às vezes confusa).*

Borrando as Linhas

Amber Benson

Antigamente existia uma regra inflexível. Havia "eles" e havia "nós". O "eles" era formado por artistas — as pessoas que criavam séries de TV, livros, filmes, música e arte visual. O "nós" era o grupo de pessoas que consumia o que eles faziam. "Eles" estava separado de "nós" porque "eles" estava criando material que era depois disseminado, em larga escala, para "nós", que estava aqui no mundo real. "Nós" podia gostar do trabalho feito por "eles", mas "nós" não podia contribuir para as criações que adorávamos de nenhuma maneira apreciável.

Mas então aconteceu algo interessante: a internet se espalhou pelo mundo, e esta regra inflexível lentamente começou a se desintegrar. De repente, o "nós" foi capaz de se intrometer no "eles" e em seu processo criativo de uma forma muito pública — mais notavelmente na forma da fanfiction.

fanfiction.

Tudo em letras minúsculas.

Sem espaços.

Sem MAIÚSCULAS.

Tenho perspectivas estranhas sobre o assunto.

Sou atriz, às vezes.

E já representei uma personagem que é uma das favoritas da fanfiction.

Ouvi dizer que ela/eu faz muito "slash-ing"... espera, este não é o uso apropriado da palavra. Poderia ser melhor: ouço que há muita fanfiction slash sobre ela/eu na internet. Que tristeza, porque isso significa que a versão fanfiction dela/eu tem uma vida muito mais agitada que a verdadeira eu.

Antes de começar, eu deveria esclarecer exatamente quem/o que sou. Se o nome no crédito acima não lhe é familiar, você talvez reconheça o título da série em que apareci, ou o nome da personagem que representei naquela série: *Buffy, a Caça-Vampiros* e Tara Maclay, respectivamente.

Só para você saber, eu tive que procurar na internet se o "c" em Maclay é em maiúscula ou não. Você poderia pensar, pela quantidade de tempo que passei fingindo ser esta personagem ficcional (três anos), que eu deveria saber como escrever seu sobrenome de forma correta. Mas a verdade é que há muitos fãs aí fora que sabem muito mais sobre ela do que eu.

E alguns destes fãs com mais conhecimento escrevem fanfiction.

Tento não ler fanfiction sobre ela/eu. Acho que seria estranho, e ficaria para sempre me questionando por que ela/eu é muito mais legal no papel/na internet do que eu sou na vida real. Também sou muito cautelosa lendo sobre ela/eu porque realmente não quero ler sobre meu Eu fingido fazendo coisas safadas com personagens/pessoas que posso ou não ter gostado na vida real.

Quando eu estava em *Buffy* (isso foi há muitas luas), não ler fanfiction de *Buffy* era outra regra inflexível. As pessoas são litigiosas, então nenhuma coisa escrita por um fã e enviada aos roteiristas/produtores podia ser lida. Eu aperfeiçoei esta regra para se encaixar em minhas próprias necessidades — principalmente por causa da preocupação de "não querer pensar em mim fazendo coisas safadas com personagens ficcionais" —, então saibam que, quando o vejo numa convenção de ficção científica e você me entrega sua fanfiction sobre Tara/eu, vou sorrir e aceitar... mas provavelmente não vou ler se Tara/eu fizer sacanagens.

Eu leio fanfiction sobre outras coisas, coisas que não têm relação criativa/pessoal comigo. Posso até ler as coisas sobre *Buffy* que você escreve, se a Tara Maclay não aparecer fazendo sexo oral na Conselheira Troi (que é, de longe, a personagem de *Jornada nas estrelas* favorita de meu pai). Se você me entrega algo como isso, então eu provavelmente vou deixar de lado.

Pausa.

Devo colocar uma nota de esclarecimento como prefácio a tudo isso. Eu coescrevi (com Christopher Golden) alguns álbuns de quadrinhos sobre Willow/Tara. Há uma diferença entre escrever essas novelas gráficas e escrever fanfiction e a diferença se resume a duas coisas: as narrativas dos quadrinhos são cuidadosamente verificadas pela Dark Horse Comics/20th Century Fox, e não há nenhum sexo oral nelas. (Bom, pelo menos nenhum que tenha acabado aparecendo nas páginas. Talvez algumas partes mais sujas tenham sido cortadas antes de ir para a gráfica... e agora você vai ficar imaginando para sempre se eu estava apenas provocando ou se realmente *havia* sexo oral cortado daqueles quadrinhos, não é mesmo?)

Acho que todos nós podemos concordar que há algo meta sobre minha situação, algo estilo *Adaptação*, com uma camada de estranheza em cima da outra. Bem, deixe-me contar algo, por mais que você possa pensar que *minha* vida criativa é meta, não chega nem perto de ser tão meta quanto a vida criativa de meu amigo Javier Grillo-Marxuach.

Prepare-se. Isso pode abalar suas estruturas meta.

Meu amigo Javi é realmente um dos roteiristas/produtores mais doces e talentosos que já tive o prazer de conhecer. E ele possui duas qualidades que eu valorizo muito em outros indivíduos criativos: ele trata o negócio das séries como um esporte de equipe e possui um interesse genuíno em ajudar os outros... ao contrário de muitas pessoas que conheci em Hollywood.

Oh, e há uma terceira coisa, também.

Ele é um verdadeiro e completo *Fã*.

Com um "F" maiúsculo.

Então, apenas para apontar o borrar das linhas aqui, Javi não é apenas um artista, ele também é um fã. Para ele, as palavras *artista* e *fã* são sinônimas.

Há alguns anos, Javi criou uma brilhante série de TV para a ABC Family chamada *The Middleman*. (Para aumentar o quociente de meta, *The Middleman* foi uma história em quadrinhos antes de ser adaptada à televisão.)

The Middleman tinha (e ainda tem) uma dedicada base de fãs — especialmente por causa de sua heroína corajosa e inteligente, Wendy Watson (interpretada pela atriz Natalie Morales). Então, nem é preciso dizer, muitos fãs ficaram frustrados quando a série foi cancelada depois de apenas uma temporada.

E um destes fãs frustrados era o próprio Javi.

Três anos depois, ele fez algo a respeito.

No máximo de crossover metafanfiction, Javi escreveu um texto de fanfiction sobre sua própria série... e *Doctor Who*.

Você pode ir a The Middle Blog no LiveJournal e ler toda a fanfiction. Eu realmente acho que você deveria. É brilhante, juntando o melhor de *The Middleman* com o amor apaixonado de Javi por *Doctor Who* — o mais intrigante para mim não foi o texto em si (por mais legal que possa ser), mas o que ele representou em termos de borrar as linhas.

Percebi que, por mais que tentássemos forçar uma divisão entre os dois mundos ("eles" e "nós"), não existe mais divisão nenhuma. Não depois do advento da transmídia, da ascensão do conteúdo de propriedade do criador na internet, do domínio do Twitter e do Facebook. Não quando a fanfiction de *Crepúsculo* se torna uma série de romances eróticos best-sellers. Não quando o cara que fez *The Middleman* decide escrever um trabalho de fanfiction sobre a série de televisão que ele criou porque ainda está interessado em contar histórias sobre seus personagens.

Todos estes componentes criaram uma tempestade perfeita que vai derrubar para sempre o muro de separação entre artista e audiência.

Seria louco postular, então, que com o borrar dessas linhas, as palavras "artista" e "fã" se tornaram intercambiáveis de certa forma? Só porque você criou um personagem, isso não significa que você poderá contar toda a história dele — especialmente se você vender seus personagens para estúdios/redes de televisão/editoras de quadrinhos. De repente, esses conglomerados são donos do seu conteúdo criativo e decidem o destino deles. Fazendo de você, em todos os sentidos, somente outro fã da coisa que você criou.

Isso acontece desde sempre no mundo dos quadrinhos. Pobres super-heróis de quadrinhos são passados de uma mão para outra como prostitutas em uma orgia — eles sempre têm alguém novo escrevendo, desenhando, aumentando sua mitologia.

Então, da mesma forma, quando um fã escreve fanfiction, poderíamos compará-lo com outro escritor contratado para algum projeto — eles apenas não estão sendo pagos em dinheiro pelo trabalho. Para eles, o pagamento é o prazer de escrever sobre os personagens que amam. Não são mais apenas "fãs". Agora eles são "artistas".

Vou me inserir aqui de novo porque ainda estou tentando descobrir onde me encaixo em tudo isso.

Como atriz, dei minha voz e rosto a um personagem que outra pessoa criou e escreveu os diálogos. Quando alguém se senta para escrever fanfiction sobre meu personagem, está visualizando e geralmente descrevendo aquele mesmo rosto e voz, que por acaso são meus, mas que eu emprestei ao personagem quando o interpretei.

Trabalhando nos quadrinhos Willow/Tara como escritora, escrevi sobre e para o personagem que interpretei em *Buffy*. Neste ponto, eu me tornei uma artista que estava usando meu próprio rosto e voz para dar continuidade a um personagem ficcional que interpretei na televisão, mas não criei.

Estão vendo? É tudo muito confuso.

Então, vamos somar a forma como tudo é acessível pela internet — que é uma ferramenta gigantesca quando queremos "borrar as linhas" — e tudo fica ainda mais complicado. No Twitter, sou apenas eu mesma, Amber Benson? Ou sou uma atriz chamada Amber Benson que interpretou uma personagem chamada Tara Maclay? Ou sou somente vista como Tara Maclay, a personagem daquela série de televisão a que você adorava assistir, e que por razões desconhecidas gosta de andar por aí chamando-se de Amber Benson?

Além disso, será que estou de alguma forma criando fanfiction quando interajo com as pessoas na internet — somando à minha vida real, minha narrativa pessoal contínua *e* à agora falecida narrativa da personagem que interpretei na televisão? Isso faz minha cabeça girar e não ajuda em nada a responder a verdadeira pergunta: Se não podemos dizer quem são os "artistas" e se os "fãs" são tão difíceis de categorizar, então onde isso nos deixa?

Eu na verdade acho que — tirando minha própria crise existencial de identidade — isso nos deixa em um bom lugar. A fanfiction abriu uma porta, permitindo que os fãs tivessem uma chance de participar na continuidade da narrativa dos personagens que eles amam. A internet deu a estes fãs e sua fanfiction um palco de alta visibilidade, para que assim o mundo possa encontrar e desfrutar de seus empreendimentos artísticos. Também deu aos "artistas" uma chance de criar por fora do sistema — como Javi e sua fanfiction de *Middleman* — e de responder a questões, comentários e sugestões de seus "fãs" diretamente e de uma forma criativa.

Para o bem ou para o mal, parece que as linhas foram borradas para sempre. Eu só gostaria que este ensaio tivesse me dado um pouco mais de clareza pessoal. Talvez eu deveria seguir o exemplo de Javi e escrever um pouco de fanfiction. Talvez um pouco de slash fanfiction Amber/Tara — assim eu poderia *realmente* me confundir...

Agradecimentos

Gostaria de agradecer, em primeiro lugar, aos muitos escritores e leitores de fanfiction que conheci nestes anos. São demais para serem nomeados, e alguns não querem ser, mas todos eles serviram como desafio e aprendizado para mim.

Sou enormemente grata a todo mundo que ajudou a escrever este livro: meus coautores, os colaboradores de *Fic* e aqueles que concordaram em ser entrevistados. Minha editora Leah Wilson, que também atuou como coautora. Mesmo o Twitter às vezes parece um coautor, já que fornece incontáveis dicas, links, verificações de fatos, recomendações e debates sustentáveis (estou olhando para você, @einfach_mich e @LyricalKris). Gretchen, Ivy Blossom, Jane e Myg, assim como muitos colaboradores, foram especialmente generosos com seu tempo e ideias. Meu agente, Michael Bourret, me ajudou intelectualmente assim como em formas muito práticas durante o que foram (para mim) dias difíceis. Todo o pessoal do editorial e produção da Smart Pop foi incrível, me apoiou e foi um prazer trabalhar com eles.

Obrigado também a todos que me ajudaram, durante meu verão em 2010, a fazer das aulas de Teoria da Cultura Popular uma verdadeira aventura intelectual: as escritoras BellaFlan, Algonquinrt/d0tpark3r, ItzMegan73, The Black Arrow, Snowqueens Icedragon, Sebastien Robichaud, Anais Mark, AngstGoddess003, Mrs. TheKing, Gondolier e m81170 compartilharam suas fics e, em muitos casos, tempo e ideias com minha classe. tby789, LolaShoes, Ms Kathy, HMonster e Sleepy Valentina também foram uma parte importante da conversa. Os estudantes de ENGL 5960 — Myles Barker, Kacey Bowles, Elizabeth Cornwall, Molly Daines, Chris Dammert, Edward Granda, Joshua Lund, Jesse Maynes, Michelle McKonkie, Pace Measom, Gillian Nelson, Dai Newman, Katie Prottengeier, Cooper Savage, Mary Jane Snyder e Richard Wentworth — eram de uma classe própria (não, mas na prática) e todos fizeram importantes contribuições para um campo que não tinham nem ideia de que existia antes do começo das aulas, assim como para este livro. Durante estes anos, o Utah Browncoats e algumas adoráveis comunidades Spuffy no LiveJournal foram generosas com meus estudantes e comigo também.

Minha família foi muito paciente e solidária, já que este projeto acabou sendo bem mais extenso do que eu tinha imaginado. Não consigo imaginar ninguém melhor para me ajudar a pensar em métodos alternativos para escrever e ler do que meu querido companheiro, Craig Dworkin, que também fez o café que alimentou este projeto desde o começo.

Sobre os Colaboradores

Cyndy Aleo (algonquinrt/d0tp@rk3r) é escritora freelancer, editora e resenhista de livros, e ainda lê mais fanfiction do que deveria. Seu envolvimento com *Crepúsculo* foi reduzido a assistir novamente aos filmes com acompanhamento de RiffTrax, apesar de ainda fazer discursos inflamados de vez em quando. Seu romance de estreia, *Undying*, saiu agora em formato ebook. Você pode encontrá-la no Twitter em @cyndyaleo.

V. Arrow (aimmyarrowshigh), formada na Faculdade Knox, em 2008, com graduação em história e redação criativa, especializou-se em cultura pop do século XX e literatura infantojuvenil. Com outro pseudônimo, ela já publicou em Pop Matters, The One Love, Tommy2.net e *The Hollywood Reporter.* Acredita que a cultura pop afeta, reflete e forma todos os aspectos da vida diária na cultura ocidental, e que talvez seja a mais crucial forma de expressão de mídia e deve ser analisada e discutida.

Tish Beaty (his_tweet) foi parte da equipe que em 2010 desenvolveu a editora The Writer's Coffee Shop. Durante seu tempo com TWCS, ela gerenciou tanto autores quanto editores, e editou muitos títulos, incluindo o mais vendido do *New York Times*, *Cinquenta tons de cinza.* Nenhum tópico é tabu em seu blog autoral, tishbeaty.com. Receitas para viver de forma saudável podem ser encontradas em seu site lusciousandhealthyliving.blogspot.com. Quando não está brigando com seus filhos, cozinhando ou blogando, Tish pode ser encontrada dando dicas de autoedição e desenvolvimento de personagens. Publicações recentes incluem um ensaio em *Fifty Writers* sobre *Fifty Shades of Grey*, assim como um conto na antologia *We Love NY!*.

Brad Bell é cocriador, produtor executivo e estrela da sitcom recém-criada *Husbands*, pela qual ganhou prêmios de roteiro e atuação. No ano passado, ele foi coautor de *Husbands: The Comic*, com Jane Espenson, e foi produtor consultor do programa *Pop Up Video*, da VH1. Desde 2008, Bell produz curtas satíricos no YouTube e lançou música eletrônica no iTunes como sua persona online, "Cheeks".

Amber Benson é escritora, atriz, diretora e criadora de coisas. Ela vive em Los Angeles e não tem televisão. Sua nova série de fantasia urbana, *The Witches of Echo Park*, será lançada em 2014, mas se você quiser conhecer toda sua insanidade, pode pegar a série de cinco livros de Calliope Reaper-Jones na livraria mais próxima. Ela também codirigiu o filme *Drones*, que você pode assistir no Netflix... agora... já!

Peter Berg (Homfrog) é um geek de dezessete anos com grandes ambições. Tendo conseguido nota 2180 em seu SATs e um INTP no Myers–Briggs, ele estuda no Lab School de Washington, no Distrito de Columbia. Trabalhou em um jornal comunitário e liderou um clube de computadores no colégio. Seus livros favoritos são *Godel Escher Bach*, *The Phantom Tollbooth* e *The Cyberiad*. Ele escreveu em torno de dez fanfictions na fandom de *My Little Pony* e tem muitas outras ideias ainda não publicadas. Além de *MLP*, os outros fandoms dos quais ele participa incluem *Homestar Runner*; *Hora de aventura; Gravity Falls; Eureka*, *Warehouse 13*, *Alphas* e *Haven;* a SCP Foundation; e *Supernatural*. A cor favorita de Peter é laranja e seu adjetivo favorito é "hella". Ele não é o cara que dirigiu *Battleship*. Ele gosta de deixar as outras pessoas felizes.

Lauren Billings (LolaShoes) divide seu tempo entre sua carreira de pesquisadora e sua paixão por escrever, em que se dedica tanto à literatura jovem quanto à erótica, com Christina Hobbs, sob o pseudônimo de Christina Lauren (christinalaurenbooks.com). Dá para encontrar sua série Beautiful Bastard online ou nas prateleiras. Lauren vive na Califórnia com seu marido e seus dois filhos. Seu nome no Twitter é @lolashoes.

Kristina Busse encontrou os fandoms de mídia online quando estava procurando desesperadamente na internet depois que Buffy mandou Angel para o inferno — e ficou perdida desde então. Seus fandoms hoje incluem *Generation Kill*, *Hannibal*, *My Chemical Romance*, *Teen Wolf* e *X-Men: Primeira classe*. Mas pergunte de novo amanhã e esta lista pode ter mudado. Kristina tem publicado ensaios acadêmicos sobre fanfiction desde 2002, e seus trabalhos apareceram em numerosas antologias e revistas. Ela é a coeditora e fundadora da revista acadêmica online *Transformative Works and Culture*, e é coeditora de *Fanfiction and Fan Communities in the Age of the Internet* (2006), *Sherlock and Transmedia Fandom* (2012) e *Fanfiction Studies Reader*, que será lançado em breve. Seu atual projeto de livro é *Fanfiction and Literary Theory*.

Rachel Caine é a escritora das populares séries *Weather Warden*, *Outcast Season*, *Revivalist* e *Red Letter Days*, de fantasia urbana, e a série *Morganville Vampires*, para jovens. Recebeu vários prêmios, mais recentemente o Career Achievement Award de *Romantic Times*. Ela ainda ama filmes, televisão e todas as formas de narrativa. Oh, e ela escreveu um romance baseado em *Stargate: SG-1*, também. Você pode encontrá-la online em rachelcaine.com ou segui-la no Twitter em @rachelcaine.

P.S.: Se quiser ler sua fanfic de *Prey*, está arquivada em juliefortune.tumblr.com/prey.

Francesca Coppa é professora de inglês no Muhlenberg College, onde ministra cursos de literatura dramática, estudos performáticos e narrativa em mídia de massa. É membro fundador da Organization for Transformative Works, uma organização sem fins lucrativos estabelecida por fãs para fornecer acesso e preservar a história dos fanworks e sua cultura. Atualmente, é professora de Estudos de Mídia na Universidade da Pensilvânia. É possível segui-la no Twitter em @fcoppa.

Randi Flanagan é escritora e profissional do mercado editorial; ela completou várias fics de *Crepúsculo* e atualmente está escrevendo uma obra de ficção original. Vive em Toronto, Ontário, com seu marido, filho e dois pinchers.

Jolie Fontenot tem doutorado em estudos de comunicação pela Universidade do Texas, em Austin. A maior parte de sua pesquisa examina a liga social que mantém as pessoas unidas na forma de identificação organizativa. Começou estudando o fandom de *Crepúsculo*, em 2006 e, neste tempo, conheceu pessoas muito fascinantes e aprendeu suas histórias. A Dra. Fontenot ensina pelo método do Campus Regional da Universidade da Carolina do Sul. Ela pode ser encontrada em jfonteno@mailbox.sc.edu.

Wendy C. Fries (Atlin Merrick) ganha a vida escrevendo não ficção de dia e fica feliz escrevendo ficção à noite, incluindo roteiros originais de uma hora para TV e contos. O louco objetivo a partir daqui? Criar ficção tanto por prazer *quanto* por dinheiro. E ficar louca de pedra.

Christina Hobbs (tby789) montou sua casa em Salt Lake City, Utah. Ela é coautora da série Beautiful Bastard, best-seller na lista do *New York Times*, assim como o romance infantojuvenil *Sublime*, que será lançado em breve.

Ron Hogan é o fundador de Beatrice.com e TheHandsell.com. Seus projetos literários vão da história pop da Hollywood dos anos 1970 a antologias de histórias tiradas dos arquivos de revistas de romance pulp. Ele organiza eventos literários por toda Nova York, incluindo Salon de Lady Jane, as primeiras séries de leitura mensais dedicadas à ficção. Ele vive em Queens com sua esposa, Laura, e seus gatos. É possível segui-lo no Twitter em @RonHogan.

Bethan Jones é candidata a doutorado no Departamento de Estudos Cênicos da Universidade de Aberystwyth. Sua tese, por enquanto com o título "The G Woman and The Fowl One: Fandom's Rewriting of Gender in *The X-Files*" foca a forma como os escritores de fanfiction resistem e revisam significados ao redor do gênero nas séries cult de televisão. Bethan escreveu extensivamente sobre fandom, nova mídia e gênero, e seu trabalho foi publicado nas revistas *Transformative Works and Culture*, *Participations* e *Sexualities*. Bethan está na diretoria da Fan Studies Network, seu blog é bethanvjones.wordpress.com e ela pode ser seguida no Twitter como @memories_child.

Jacqueline Lichtenberg é resenhista profissional e editora, criadora do Universo Sime~Gen®, a autora principal de *Star Trek Lives!*, a fundadora do Welcommittee de *Jornada nas estrelas*, criadora do termo "Intimate Adventure" e é a vencedora do Galaxy Award for Spirituality in Science Fiction e o primeiro *Romantic Times* Award por Melhor Romance de Ficção Científica. Seus livros estão disponíveis em ebook, impressos, audiobook e dramatização na rádio satélite. Seus livros mais recentes são *The Farris Channel*, Sime~Gen #12 (Wildside Press, 2012). Sime~Gen está em desenvolvimento como um RPG, com foco na história, multiplataforma de ficção científica *Ambrov X* (ambrovx.com), levando Sime~Gen para a era espacial.

Samira Nadkarni está completando seu doutorado na Universidade de Aberdeen. Ela cresceu em Mumbai, Índia, e participou ou foi lurker em vários fandoms desde 2002. Suas publicações vão de análises de poesia contemporânea à cultura pop. Em seu tempo livre, ela escreve poesia terrível e tuítes sobre seu gato.

Rukmini Pande está completando seu doutorado na Universidade da Austrália Ocidental, Perth, com foco na construção do corpo erótico em fanfiction slash. Também completou um mestrado em fan culture na Universidade Jawaharlal Nehru, na Índia, sobre a fandom como um meio de criação de identidade online para mulheres. Ela passa boa parte de seu tempo discutindo com pessoas na internet.

Chris Rankin nasceu em Auckland, Nova Zelândia, e ali viveu até mudar-se com seus pais para o Reino Unido, quanto tinha 6 anos. Em agosto de 2000, ele fez testes para os filmes de *Harry Potter*, e agora é internacionalmente reconhecido por interpretar Percy Weasley em seis dos oito filmes. Além disso, apareceu em *The Rotter's Club* (BBC2), *Victoria Cross Heroes* (C5) e vários "celebrity shows", incluindo *Celebrity Total Wipeout*. Fez turnês pelo Reino Unido interpretando Edgar Linton em *Wuthering Heights*, Eilert Loevborg em *Hedda Gabler* e Young Syrian em *Salome*, de Oscar Wilde (nas duas últimas também foi o produtor).

Desde os dezesseis anos, Chris produziu, dirigiu, atuou e liderou masterclasses. Nos últimos anos, formou-se na Universidade de Lincoln (Reino Unido), com bacharelado em Produção de Mídia. Está atualmente trabalhando com produção televisiva para um grande novo drama da BBC ONE.

Sinta-se livre para segui-lo em seu twitter @chrisrankin, ou visitar seu website www.chrisrankin.co.uk.

Tiffany Reisz é autora da série Original Sinners, que está entre as mais vendidos internacionalmente, da Mira Books. Seu romance de estreia, *The Siren*, ganhou o RT Book Lover's Magazine Editor's Choice Award por Melhor Romance Erótico, em 2012. Ela continua a desejar que algum dia Jason Isaacs leia *The Siren* e roube-a de seu namorado.

Andy Sawyer é bibliotecário da Science Fiction Foundation Collection, na Biblioteca da Universidade de Liverpool (www.sfhub.ac.uk), e crítico/resenhista de ficção científica e fantasia, usando trajes acadêmicos e de fã, geralmente ao mesmo tempo. Sua coluna "Foundation Favourites" aparece em *Vector*, da British Science Fiction Association. Ele coeditou recentemente (com David Ketterer) *Plan for Chaos*, um romance ainda inédito de John Wyndham (Liverpool University Press, 2009; Penguin, 2010) e (com Peter Wright) *Teaching Science Fiction* (Palgrave, 2011).

De 2002 a 2012, ele foi diretor do mestrado em estudos de ficção científica da Faculdade de Inglês da Universidade de Liverpool. Recebeu em 2008 o Clareson Award da Science Fiction Research Association por serviços à ficção científica, e foi Curador Convidado da Mostra "Out of This World: Science Fiction but Not as You Know It", na British Library, em 2011.

Andrew Shaffer é o autor de *Fifty Shames of Earl Grey: A Parody* (semifinalista do Goodreads Choice 2012), assim como de vários trabalhos de não ficção. Seu website é www.literaryrogue.com. Seu nome de usuário no FanFiction.Net é andrewshaffer.

Heidi Tandy (Heidi8) foi parte do fandom da internet de *Harry Potter* desde o dia do lançamento de *O Cálice de Fogo*, e desde então se envolveu com a fanfiction (fundando e postando em FictionAlley.org), sites de notícias (The Leaky Cauldron, HPANA), discussões e meta (HPForGrownups), fancons HPEF de Nimbus, em 2003, até Ascendio, em 2012. Desde pelo menos 2000, Heidi Tandy defendeu fãs, construiu fansites, organizou arrecadações para caridade apoiadas por fãs, como Help_Haiti no LiveJournal, e defendeu que os empreendimentos criativos dos fãs são frequentemente transformados e, portanto, protegidos sob a lei de direitos autorais e marcas dos EUA. Ela já palestrou em eventos organizados por fãs, com foco na lei sobre direitos autorais e marcas, assim como fanfiction escrita; criou mais de cinquenta fanvids, e criou fanart medíocre porque ela realmente não sabe desenhar, para *Harry Potter*, *The Magicians*, *Doctor Who/Torchwood*, *Heroes*, *Supernatural*, *Sherlock*, *Glee*, Marvel Cinematic Universe, XMFC, *Teen Wolf* e *Schoolhouse Rock*. Heidi foi colocada na Ravenclaw (Corvinal), em Pottermore, tuíta como TravelingHeidi e escreve com outros advogados com foco em fandom no blog fyeahcopyright.tumblr.com. "Criatividade é mágica!"

Darren Wershler, conhecido como Darren Wershler-Henry, é pesquisador em Mídia e Literatura Contemporânea na Universidade de Concordia, onde trabalha com o grupo de Tecnocultura, Arte e Games (TAG) com videogames, quadrinhos, poesia contemporânea e outras coisas absurdas. Darren é autor ou coautor de doze livros, mais recentemente *Guy Maddin's My Winnipeg* (University of Toronto Press) e *Update* (Snare), com Bill Kennedy.

Jules Wilkinson (missyjack) é uma fangirl, escritora e comediante da Austrália que assiste a muita TV. Ela dirige a premiada Wiki de *Supernatural* — um site cobrindo tanto o show quanto o fandom de *Supernatural*, que começou em 2006 e atrai quase um milhão de visitantes por mês. Ela coeditou a primeira coleção de ensaios sobre *Supernatural*, *Some of Us Really Do Watch for the Plot*.

A fanfic e a literatura original de Jules exploram o ego pós-moderno, identidade de gênero e desejo. Para ser honesta, muito dela parece ter a ver com sexo.

Como comediante ocasional, Julies impressionou e, ocasionalmente, divertiu muitas audiências em festivais por toda a Austrália.

Está atualmente editando uma antologia de histórias por e sobre fangirls chamada *SQUEE!* Você pode descobrir mais sobre ela em juleswilkinson.com.

Jen Zern (NautiBitz) é uma nativa de Nova York e ex-moradora de Los Angeles que recentemente descobriu a ilha encantada de Martha's Vineyard. Ali, ela escreve livros, passeia com cachorros, serve comida e ri realmente alto. À noite, procura sereias. Você pode segui-la no Twitter em @jenizee ou ler sua fic em nautibitz.com.

Sobre a Autora

Anne Jamison é Professora Associada de Inglês na Universidade de Utah. Ela tem doutorado em Literatura Comparada pela Universidade de Princeton e é a autora de *Poetics en passant* (Palgrave, 2009), um livro no prelo sobre Franz Kafka e a cultura checa, vários ensaios e artigos, e muitos tuítes (como @prof_anne). Seu trabalho sobre fanfiction foi citado em publicações de *The New York Review of Books* a *The Wall Street Journal* e PopWatch *Entertainment Weekly*. Ela vive feliz em Salt Lake City em uma casa cheia de crianças, basset hounds e um poeta vanguardista. E, sim, *claro* que ela escreve fic.

Notas

1. Jeffery, Morgan. "'Sherlock': Edinburgh TV Festival Masterclass — Live Blog." Digital Spy, 24 de agosto de 2012. http://www.digitalspy.com/british-tv/s129/sherlock/news/a401513/sherlock--edinburgh-tv-festival-masterclass-live-blog.html.
2. Lauzen, Martha. "Boxed In: Employment of Behind-the-Scenes Women in the 2011-12 Prime--time Television Season." Center for the Study of Women in Television and Film. http://womenintvfilm.sdsu.edu/research.html.
3. Lauzen. "The Celluloid Ceiling: Behind the Scenes Employment of Women on the Top 250 Films of 2012." http://womenintvfilm.sdsu.edu/files/2012 _Celluloid_Ceiling_Exec_Summ.pdf.
4. Vida. "The Count 2012." http://www.vidaweb.org/the-count-2012.
5. de Cervantes, Miguel. *Don Quixote Part II*, John Ornmby, trad. http://www2. hn.psu.edu/faculty/jmanis/cervante/quixote2.pdf.
6. Berk, "Dodgy Don Quixote Sequel", Comic Book Resources, 24 de agosto de 2007, http://forums.comicbookresources.com/showthread.php?187694-Dodgy-Don-Quixote-sequel.
7. Richardson, Samuel e Anna Laetitia Barbauld, ed., *The Correspondence of Samuel Richardson*. Cambridge, Inglaterra: Cambridge University Press, 2011.
8. Judge, Elizabeth F. "Kidnapped and Counterfeit Characters: Eighteenth-Century Fan Fiction, Copyright Law, and the Custody of Fictional Characters." Em Reginald McGinnis, ed., *Originality and Intellectual Property in the French and English Enlightenment* (Routledge, 2012).
9. William Makepeace Thackeray (como M. A. Titmarsh). *Rebecca and Rowena: A Romance upon Romance*. Londres: Chapman and Hall, 1850.
10. "The Truth about Sherlock Holmes", em *The Complete Sherlock Holmes*, vol. 2, 683.
11. Como citado por Green. *The Further Adventures of Sherlock Holmes*, Richard Lancelyn Green, ed. Londres: Penguin Books, 1985.
12. *The Further Adventures* de Richard Green e *The Game is Afoot: Parodies, Pastiches, and Ponderings of Sherlock Holmes* de Martin Key (St Martins, 1994) foram valiosos na preparação desta seção.
13. Apresentado originalmente no Baker Street Irregulars, em janeiro de 1941, o texto de Stout foi subsequentemente publicado em 1º de março de 1941, edição de *The Saturday Review of Literature*. http://www.unz.org/Pub/SaturdayRev-1941mar01-00015.
14. Shklovsky, Viktor. "Art as Technique" (publicado originalmente em 1917). Em *Russian Formalist Criticism*, editado por Lee T. Lemon e Marion J. Reiss. Lincoln: University of Nebraska Press, 1965.
15. greywash. "Confessions: Meta Coda to 'The Sensation of Falling Just as You Hit Sleep'." 13 de fevereiro de 2012. http://greywash.dreamwidth.org/16168.html.

16. "Katie Forsythe." Fanlore. http://fanlore.org/wiki/Katie_Forsythe. Acessado em 23 de agosto de 2013.
17. damned_colonial. "Doylist or Watsonian?" 22 de abril de 2010. damned-colonial.dreamwidth.org/470356.html.
18. Berry, John, ed., *A Time Regained (Fables of Irish Fandom Volume 1)*, Halesowen, Inglaterra: 1998. Berry, John, ed., *A Time Regained (Fables of Irish Fandom Volume 2)*, Halesowen, Inglaterra: Shoestring Press, 1999; Berry, John, ed., *Tales of Oblique House (Fables of Irish Fandom Volume 3)*, Halesowen, Inglaterra: Shoestring Press, 1999; Berry, John, ed., *Each Charter'd Course (Fables of Irish Fandom Volume 4)*, Halesowen, Inglaterra: Shoestring Press, 1999; Berry, John, ed., *Fandom Denied (Fables of Irish Fandom Volume 5)*, Halesowen, Inglaterra: Shoestring Press, 1999.
19. Berry, *A Time Regained*, 1.
20. Ao mesmo tempo em que Cheslin reimprimiu "Fables", ele reimprimiu outra coleção de ficção baseada em fãs, descrita mais tarde em seu ensaio: paródias de histórias de detetive que também traziam fãs como personagens, apresentando "Goon Bleary".
21. Berry, *Tales of Oblique House*.
22. Ibid; elipses são de Berry.
23. Willis, Walter e Bob Shaw. *The Enchanted Duplicator.* Belfast, Irlanda do Norte: impresso por Walter Willis, 1954. http://fanac.org/fanzines/Enchanted_ Duplicator/Enchanted-00.html.
24. Hansen, Rob. *Then* (1988–93; 4 vols). Londres: Rob Hansen, 1988–1993. http://www.dcs.gla.ac.uk/SF-Archives/Then/Index.html.
25. Berry, *Tales of Oblique House*.
26. Berry, *The If Files*.
27. Berry, John, ed., *The Bleary Eyes: The Early Years*, Halesowen, Inglaterra: 1993. Berry, John, ed., *A Time Regained (Fables of Irish Fandom Volume 2)*, Halesowen, Inglaterra: Shoestring Press, 1993; Berry, John, ed., *Nor the Years Condemn (The Bleary Eyes Volume 3)*, Halesowen, Inglaterra: Shoestring Press, 1994; Berry, John, ed., *Kitsch in Sync Legends (The Bleary Eyes Volume 4)*, Halesowen, Inglaterra: 1995. Berry, John, ed., *A Time Regained (Fables of Irish Fandom Volume 5)*, Halesowen, Inglaterra: Halesowen, Inglaterra: Shoestring Press, 1996.
28. *The Bleary Eyes*.
29. *Retribution* 15, 1960/*Bleary Eyes: Volume 2*.
30. *The Bleary Eyes. Volume 2*.
31. Ibid.
32. Ibid.
33. *Fandom Denied (Fables of Irish Fandom Volume 5)*.
34. Shatner, William, Sondra Marshak e Myrna Culbreath. *Shatner: Where No Man... The Authorized Biography of William Shatner.* Nova York: Ace Books, 1979.
35. Roddenberry, Gene. *Star Trek: The Motion Picture*. Nova York: Pocket, 1979.
36. O boneco de Luke Skywalker em seu uniforme X-Wing cabe dentro do avião com a hélice da Patrulha da Selva da Fisher Price? Tenho certeza de que meu irmão e eu devemos ter tentado. Eu me lembro de que Gonk, o Power Droid, se tornou um membro valioso da Adventure People TV Action Team.
37. Eu e minha esposa temos um debate em andamento sobre se sou um Trekker, um ex-Trekker, ou, como às vezes coloco, um cara que sabe que o nome do meio de Harry Mudd é Fenton porque é uma questão básica de conhecimento cultural do século XX.
38. A versão curta da hipótese da família Wold Newton é que um meteorito que realmente caiu nos arredores daquela vila em Yorkshire, em 1795, expôs à radiação dezesseis personagens "ficcio-

nais" que estavam passando em uma carruagem, dando a eles e a seus descendentes superpoderes: Tarzan, por exemplo, é tetraneto de Elizabeth e Darcy, de *Orgulho e preconceito*, por parte de pai, e do Pimpinela Escarlate, por parte de mãe. Apesar de Farmer geralmente ter se limitado a traçar as linhagens entrelaçadas deste grupo central, outros acadêmicos posteriores — mais notavelmente Win Scott Eckert — iriam expandir o "Universo Wold Newton" para incluir seus personagens favoritos da literatura, televisão e filme.

39. Dobbs, Michael Ann. "Learn to Be a Better Writer by Reading Fanfiction." io9.com, 1º de janeiro de 2013. http://io9.com/5972357/things-you-can-learn-about-writing-by-reading-fanfiction.
40. Comunicação pessoal via e-mail, março de 2013.
41. Ibid.
42. Comunicação pessoal via e-mail, dezembro de 2012.
43. Reed, Jessica. "David Duchovny and Gillian Anderson: A Dream Couple?" *The Guardian*, 9 de agosto de 2012. http://www.guardian.co.uk/commentisfree/2012/aug/09/david-duchovny-gillian-anderson-dream-couple.
44. Wills, Emily Regan. "The Political Possibilities of Fandom: Transformational Discourses on Gender and Power in *The X-Files* Fandom." Acessado 21 de novembro de 2009. http://www.allacademic.com//meta/p_mla_apa_research_ citation/3/6/2/9/2/pages362928/p362928-1.php.
45. Knowles, Chris e Michael Hurwitz. *The Complete X-Files: Behind the Series the Myths and the Movies*. Nova York: Insight Editions, 2008.
46. Den of Geek. "The 10 Most Disappointing Female Characters in Sci-fi TV." 1º de julho de 2010. http://www.denofgeek.com/television/525697/the_10_most_disappointing_female_characters_in_scifi_tv.html.
47. Scodari, C. e J. L. Felder. "Creating a Pocket Universe: 'Shippers', Fan Fiction, and The X-Files Online." *Communication Studies* 51, no. 3 (2000).
48. Ibid.
49. Ibid.
50. wendelah1. "Fic Recs: Diana Fowley (The X-Files)." 6 de fevereiro de 2012. halfamoon. livejournal.com/270567.html.
51. Maidenjedi. "Something Strange." Acessado em 6 de fevereiro de 2012. http://users.pdsys.org/~maidenjedi/fanfic/something_strange.txt.
52. Ibid.
53. Penley, C., "Feminism, Psychoanalysis, and the Study of Popular Culture", em *Cultural Studies*, editado por L. Grossberg, C. Nelson e P. A. Treichler, Nova York: Routledge, 1992; Jenkins, H., *Textual Poachers: Television, Fans, and Participatory Culture*, Nova York: Routledge, 1992; Jenkins, H., *Convergence Culture: Where Old and New Media Collide*, Nova York: New York University Press, 2006.
54. Brooker, W. *Using the Force: Creativity, Community and Star Wars Fans*. Nova York: Continuum, 2002.
55. Lamb, P. F. e D. L. Veith, "Romantic Myth, Transcendence and Star Trek Zines". Em *Erotic Universe: Sexuality and Fantastic Literature*, editado por D. Palumbo. Nova York: Greenwood, 1986.
56. Bacon-Smith, C. *Enterprising Women: Television Fandom and the Creation of Popular Myth*. Filadélfia: University of Pennsylvania Press, 1992.
57. Green, S., C. Jenkins, e H. Jenkins. "Normal Female Interest in Men Bonking: Selections from the *Terra Nostra Underground* and *Strange Bedfellows*". Em *Theorizing Fandom: Fans, Subculture, and Identity*, editado por C. Harris e A. Alexander. Cresskill, NJ: Hampton Press, 1998.

58. idella. "The Future's So Bright I Gotta Wear Shades." 8 de janeiro de 2010. xf-santa. livejournal. com/48315.html.
59. Tosenberger, C. "Homosexuality at the Online Hogwarts: Harry Potter Slash Fanfiction." *Children's Literature* 36 (2008): 185–207.
60. idella, "The Future's So Bright".
61. Bronze Archive de 2–3 de janeiro de 1998. http://www.cise.ufl.edu/cgi-bin/cgiwrap/hsiao/buffy/get-archive?vip=joss-whedon.
62. Bronze VIP Archive de 18 de novembro de 1998. http://www.cise.ufl.edu/cgi-bin/cgiwrap/hsiao/buffy/get-archive?date=19981118.
63. Joss Whedon, comentário com data de 29 de janeiro de 2000, 16:37:03. Bronze VIP Archive de 29 de janeiro de 2000. http://www.cise.ufl.edu/cgi-bin/cgiwrap/hsiao/buffy/get-archive?date=20000129.
64. Joss Whedon, comentário datado de 6 de fevereiro de 2000, 09:50:47. Bronze VIP Archive de 6 de fevereiro de 2000. http://www.cise.ufl.edu/cgi-bin/cgiwrap/hsiao/buffy/get-archive?date=20000129.
65. Ibid.
66. Jenkins, *Convergence Culture.*
67. Bronze VIP Archive de 18 de novembro de 1998.
68. "Joss Whedon Speaks about 'Grave'." The Bronze Beta, 22 de maio de 2002. http://www.bronzebeta.com/Archive/Joss/Joss20020522.htm.
69. Bianculli, David. "Joss Whedon: Slayers, Dolls and Singing Villians." entrevista para NPR, 12 de fevereiro de 2009. http://www.wbur.org/npr/100601869/joss-whedon-slayers-dolls-and-singing-villains.
70. Bronze VIP Archive de 18 de novembro de 1998.
71. Jane Espenson, comentário com data de 12 de dezembro de 1999, 15:23:00. Bronze VIP Archive de 12 de dezembro de 1999. http://www.cise.ufl.edu/cgi-bin/cgiwrap/hsiao/buffy/get-archive?date=19991212.
72. Jane Espenson, comentário com data de 12 de dezembro de 1999, 15:58:14. Bronze VIP Archive de 12 de dezembro de 1999. http://www.cise.ufl.edu/cgi-bin/cgiwrap/hslao/buffy/get-archive?date=19991212.
73. Barnet, Barbara. "A Conversation with Jane Espenson: Part One." Blogcritics, 29 de setembro de 2012. http://blogcritics.org/a-conversation-with-jane-espenson-part/.
74. Lewis, Lisa A., ed. *The Adoring Audience: Fan Culture and Popular Media.* Londres: Routledge, 1992. http://www.scribd.com/doc/47984716/The-Adoring-Audience-Fan-Culture-and-Popular-Media.
75. HPEF Presents: Ascendio 2012. "About HPEF." Acessado em 16 de julho de 2013. http://hp2012.org/?page_id=3064.
76. LeakyCon. "Special Guests: A Quick Who's Who of LeakyCon 2012." Acessado em 16 de julho de 2013. http://www.leakycon.com/london/special-events/.
77. Gunelius, Susan. *Harry Potter: The Story of a Global Business Phenomenon.* Nova York: Macmillan, 2008.
78. Melissa Anelli, comunicação pessoal via e-mail, abril 2011.
79. Ibid.
80. Ibid.
81. Heidi Tandy, comunicação pessoal via e-mail, abril 2011.
82. Russon, Mary-Ann. "HP Webmasters Interview: Heidi Tandy, FictionAlley.org." *UrbanWire*, junho de 2004. http://www.theurbanwire.com/jun04/heiditandyprint.html 2004.
83. Heidi Tandy, comunicação pessoal via e-mail, abril 2011.

84. Ibid.
85. The Harry Potter Alliance. "What We Do." Acessado em 16 de julho de 2013. http://thehpalliance.org/what-we-do/.
86. The Harry Potter Alliance. Página de capítulo amostra. Acessado em 16 de julho de 2013. http://thehpalliance.org/chapters/featured-chapter-sample-page/.
87. Noxon, Christopher. "Oh Harry, You Naughty Boy." Inside.com, 18 de outubro de 2001. http://www.christophernoxon.com/index.php/cnsite/clip/oh_harry_you_naughty_boy/.
88. Odlyzko, Andrew. "Content Is Not King." *First Monday* 6, no. 2 (5 de fevereiro de 2001). http://firstmonday.org/ojs/index.php/fm/article/viewArticle/833/742.
89. Fóruns de FictionAlley.com. Comentário com data de 28 de junho de 2004. Acessado em 17 de julho de 2013. http://forums.fictionalley.org/park/showthread.php?s=&threadid=64277.
90. Ventre, Michael. "Devoted 'Twihards' Get Their Fix Online." *Today Movies*. 16 de novembro de 2009. http://www.today.com/id/33921402/ns/today-entertainment/t/devoted-twihards-get-their-fix-online.
91. Astraea, "BUFFY Fans: Can a Buffy Fan Watch Twilight?" The Trek BBS. 3 de outubro de 2011. http://www.trekbbs.com/showpost.php?p=5264523&postcount=6.
92. Jamison, Anne. *Fifty Shades of Pop Culture Theory: Twilight Fan Fiction Unit from Theories of Popular Culture (ENGL 5960)* (blog). http://fiftyshadesofpopculturetheory.blogspot.com/.
93. "Legitimate Concerns about Breaking Dawn." PetitionOnline. Acessado em 16 de julho de 2013. http://www.petitiononline.com/petitions/BDFailed/signatures.
94. Kelly Hardy (autumnblossom1972). Comentário a "Reviews for 'Sacrifices'", 14 de junho de 2009. www.fanfiction.net/r/3940174/0/60/.
95. bronzed topaz. Comentários a "Reviews for 'Waiting for Dawn'." 26 de junho de 2012. http://www.fanfiction.net/r/3766104/33/1/.
96. Lewis, Andy. "25 Most Powerful Authors: EL James Opens Up about Her 'Roller Coaster' Year Since 'Fifty Shades' Hit Big." *The Hollywood Reporter*, 30 de novembro de 2012. http://www.hollywoodreporter.com/news/fifty-shades-writer-el-james-395588.
97. Icedragon. "Re: Master of the Universe by Snowqueens Icedragon." *Twilighted Forum*, 27 de outubro de 2009. http://www.Twilighted.net/forum/viewtopic.php?f=44&t=6627&start=200#p759242.
98. Scalzi, John, "My Policy on Fanfic and Other Adaptations of My Work", *Whatever* (blog), 25 de maio de 2007, http://whatever.scalzi.com/2007/05/25/my-policy-on-fanfic-and-other-adaptations-of-my-work; Scalzi, John, "Quick *Fuzzy Nation* Addendum," *Whatever* (blog), 7 de abril de 2010, http://whatever.scalzi.com/2010/04/07/quick-fuzzy-nation-addendum/; Scalzi, John, "Wil Wheaton/John Scalzi Fan Fiction Contest to Benefit the Lupus Alliance of America" (post de resposta de Scalzi-Wheaton [ou não explicitamente Scalzi/Wheaton]), *Whatever* (blog), 30 de maio de 2010, http://whatever.scalzi.com/2010/05/30/fanfic-contest/.
99. Comunicação pessoal via e-mail, 2013.
100. Neil Gaiman. "Fair Use and Other Things." 19 de abril de 2008. http://journal.neilgaiman.com/2008/04/fair-use-and-other-things.html.
101. einfach mich. "Open Letter to the Fan Fiction Fandom." 11 de março de 2012. http://einfachmich.tumblr.com/post/19146182920/open-letter-to-the-Crepúsculo-fan-fiction-fandom.
102. Comunicação pessoal, julho de 2013.
103. Archive of Our Own. "FAQ." Acessado em 21 de agosto de 2013. http://transformativeworks.org/faq#t456n26.
104. Comunicação pessoal, dezembro de 2012.
105. Braden, Kara. "Filing off the Serial Numbers-from Fanfic to Novel (Part 1)." 23 de maio de 2013. http://karabraden.tumblr.com/post/51153188418/filing-off-the-serial-numbers-from-fanfic-to-novel.

106. de Sade, Marquês. *Juliette*. Grove Press: Nova York, 2000. Publicado pela primeira vez em 1797.
107. Braden, "Filing off the Serial Numbers".
108. Scalzi, John. "Amazon's Kindle Worlds: Instant Thoughts." *Whatever* (blog). 22 de maio de 2013. http://whatever.scalzi.com/2013/05/22/amazons-kindle-worlds-instant-thoughts/
109. JaneDavitt. "Reunion." 14 de setembro de 2005. http://supernaturalfic.livejournal.com/550.html.
110. Estimativas de proporções de gêneros e casais na fanfic de *Supernatural* baseia-se na análise da fic listada na diária "*Supernatural* Newsletter" (http://www.spnnewsletter.livejournal.com), que só cobre histórias postadas no LiveJournal.
111. De 28 de junho de 2013.
112. De 28 de junho de 2013.
113. Black Samvara @supernatural_fic. Acessado em 16 de julho de 2013. http://delicious.com/supernatural_fic.
114. Homepage da comunidade spn_anna. Acessado em 16 de julho de 2013. http://spn-anna.livejournal.com/.
115. Homepage da comunidade Winchester Mpreg. Acessado em 16 de julho de 2013. http://mpregwinchester.livejournal.com/.
116. "Knotting." *Supernatural Wiki*. Última modificação em 29 de junho de 2013. www.supernaturalwiki.com/index.php?title=Knotting.
117. O desafio SPN J2 Big Bang pode ser encontrado em spn-j2-bigbang.livejournal.com.
118. Análises de histórias e uma lista de outros desafios Big Band centrados em *Supernatural*, podem ser encontrados em www.supernaturalwiki.com/index.php?title=Big_Bang.
119. "Drinking with the Stars: 'Supernatural's Misha Collins." YouTube.com, 21 de outubro de 2009. http://www.youtube.com/watch?v=TGl-hkjcZRU.
120. "Cockles" é o nome mashup de casal na fanfiction para histórias apresentando Misha Collins e a coestrela Jensen Ackles. Ryan, Maureen. "'Supernatural' Season 8: Misha Collins Talks Castiel's Big Return and More." HuffPost TV, 31 de julho de 2012. http://www.huffingtonpost.com/2012/07/31/supernatural-season-8-misha-collins_n_1726114.html.
121. Samlicker81. "Burning Desires", postado em "The Completion of My Fic from Sympathy for the Devil." 13 de setembro de 2009. http://wincest.livejournal.com/2647212.html.
122. Chuck Shurley escreve sob o pseudônimo de Carver Edlund, que é uma mistura do nome de dois roteiristas da época — Jeremy Carver e Ben Edlund.
123. Jenkins, Henry. "Supernatural: First Impressions." *Confessions of an Aca-Fan*. 15 de janeiro de 2007. http://www.henryjenkins.org/2007/01/supernatural.html.
124. "Robdam." *Supernatural Wiki*. Última modificação em 30 de abril de 2013. http://www.supernaturalwiki.com/index.php?title=Robdam.
125. Walschots, Natalie Zina. "Teenage Dread." *Toronto Standard*, 12 de julho de 2012. torontostandard.com/culture/teenage-dread.
126. Arrow, V. "Real-Person Fanfiction: Looking at Band Fandom(s), One Direction Edition." *Survey*, 28–31 de outubro de 2012.
127. Colazitron. Entrevista pessoal, 29 de dezembro de 2012.
128. Jones, Lucy. Entrevista pessoal, 30 de dezembro de 2012.
129. Elle. Entrevista pessoal, 30 de dezembro de 2012.
130. Thomas, Kayley. "Remediating Reality in Real Person Slash Fiction." (Tese de mestrado, Universidade da Flórida, 2010). http://www.worldcat.org/title/remediating-reality-in-real-person-slash-fanfiction/oclc/741565148.
131. Mitchell, Ramona. Entrevista pessoal, 30 de dezembro de 2012.

132. Shrew. Entrevista pessoal, 26 de dezembro de 2012.
133. Cat. Entrevista pessoal, 31 de dezembro de 2012.
134. Darcie. Entrevista pessoal, 30 de dezembro de 2012.
135. Comunicação pessoal, 2012.
136. "IRL" é a sigla no fandom para "in real life".
137. Em 2 de julho de 2009, a homossexualidade foi descriminalizada na Índia depois de uma longa luta do movimento queer em nome da população LGBT indiana. Vale a pena notar que a lei de 2009 trata exclusivamente da sodomia como no artigo 377 do Código Penal Indiano; o lesbianismo nunca foi incluído dentro desta lei ou de sua revogação, pois estava além do tabu — era considerado praticamente impensável em uma cultura que enfatiza uma família nuclear tradicional e a estrutura patriarcal que isso envolve.
138. Um lurker de fandom é alguém que consome fanworks, mas não produz, e que não interage com outros produtores ou consumidores dos fanworks online. O termo é usado por alguém que existe à beira da atividade do fandom e que se abstém de se identificar para a comunidade.
139. Slash carrega um tabu por todo o mundo pois movimentos sociossexuais globais na atualidade claramente indicam que a homossexualidade ainda é um assunto polêmico. Ser um slasher é, no geral, envolver sua própria sexualidade pessoal com essas diferentes questões. Não é um assunto fácil de ser iniciado com alguém que está fora da comunidade, que poderia não entender este elemento. O tabu de ser um slasher no fandom não é um tabu apenas dentro da comunidade do fandom, vai além destas fronteiras para interações com o mundo em geral; quer dizer, eu poderia escolher revelar minha identidade como slasher para pessoas que conheço, mas suas próprias posturas em relação à sexualidade (dentro ou fora do fandom) poderiam influenciar nossa interação.
140. "RaceFail '09" se refere a uma série de posts de blogs inicialmente escritos em resposta ao conselho da escritora de FC/F Elizabeth Bear sobre "escrever o outro" na ficção. Estes posts apontavam tanto a aparente hipocrisia de Bear, criticando como retratava pessoas de cor, e englobava a incapacidade do gênero FC/F como um todo quando lidava com a questão da raça. O termo também inclui as respostas que os posts geraram e as discussões (às vezes acaloradas) resultantes. Mais informações sobre RaceFail '09 podem ser encontradas em http://fanlore.org/wiki/RaceFail_'09 (acessado em 2 de janeiro de 2012). Descobrimos que nossa própria experiência da fandom ecoava bastante forte com "I Didn't Dream of Dragons", de Deepa D: http://deepad.dreamwidth.org/29371.html (13 de janeiro de 2009).
141. Bollywood tem suas próprias fanworks; há uma subseção específica no arquivo FanFiction.Net, e há numerosas revistas online que contêm fanworks devotadas ao cinema indiano e literatura especificamente, apesar de, estranhamente, a maioria delas ser produzida tanto em inglês quanto hinglês (mistura de hindu com inglês).
142. Podemos argumentar que isso pode ser traçado de volta até a ideia na apresentação de Anne Jamison para este ensaio, em que raça como questão é subvertida a favor de raças alienígenas ou ciborgues. No caso de *Supernatural*, racismo, apesar de ainda estar presente como uma questão global, também vai além destes limites chegando a uma questão que lida com a divisão teológica de anjos, demônios e humanos.
143. James, Kendra. "What's Not Going Bump in the Night?: The Missing Folklore of *Supernatural*." 14 de abril de 2011. http://www.racialicious.com/2011/04/14/whats-not-going-bump-in-the-night-the-missing-folklore-of-supernatural-tv-correspondent-tryout.
144. Esta informação está documentada por Kendra James em Racialicious.com, 1º de agosto de 2012. http://www.racialicious.com/2012/08/01/this-show-was-supposed-to-be-a-gift-teen-wolf-race.

145. Incluído aqui está apenas um pequeno exemplo dos textos disponíveis online em relação aos papéis e às apropriações de "Kali" no fandom de *Teen Wolf*: "Kali, Motherfuckers... or You Know Vengeance, Motherfuckers," 22 de outubro de 2012, http://zorana.tumblr.com/post/34110118173/kali-motherfuckers-or-you-know-vengeance; "For Every One of You Who Thinks...", 29 de novembro de 2012, http://beliel.tumblr.com/post/36801233111/for-every-single-one-of-you-who--think-kali-is-an; Joseph Lamour e Kendra James, "*Teen Wolf*: I Came for the Hot Guys, I Stayed for the Consistent Race Fail... and I Wish I Could Quit" em "The Racialicious Entertainment Roundup: 23-29 de novembro", *Racialicious.com*, 30 de novembro de 2012, http://www.racialicious.com/2012/11/30/the-racialicious-entertainment-roundup-nov-23-29/#more-26472.
146. A negação da cultura surge quando a propagação de referências culturais para aquela sociedade em particular privilegia noções populistas em vez de qualquer compreensão verdadeira ou factual. Prioriza uma falsa história que é geralmente propaganda histórica e que carrega muito preconceito racial, social e político. Por exemplo, pessoas assistindo a *Indiana Jones e o templo da perdição* poderiam agora ficar envergonhadas com a hipótese de que o sul da Ásia é uma terra de sacrifícios rituais onde se consome cérebros de macaco. Se isso envergonha os espectadores, por que eles não fariam o mesmo quando Davis usa noções populistas de uma deidade do sul da Ásia para acrescentar um sabor cultural à representação de um lobisomem vilão?
147. Goldsmith, Kenneth. *Day.* Great Barrington, MA: The Figures, 2003.
148. Alberro, Alexander. "Reconsidering Conceptual Art, 1966-1977." Em *Conceptual Art: A Critical Anthology*, editada por Alexander Alberro e Blake Stimson. Cambridge, MA: MIT Press, 1999, pp. xvi, xvii.
149. John Guillory, "The Memo and Modernity", *Critical Inquiry* 31 (2004).
150. Cobbing, Bob e Steven Ross Smith. *Ballet of the Speech Organs: Bob Cobbing on Bob Cobbing.* Saskatoon/Toronto: Underwhich Editions, 1998.
151. Dworkin, Craig e Kenneth Goldsmith. *Against Expression: An Anthology of Conceptual Writing. Avant-Garde & Modernism Collection.* Evanston, IL: Northwestern University Press, 2011.
152. Bergvall, Caroline, et al., eds. *I'll Drown My Book: Conceptual Writing by Women.* Los Angeles: Les Figues Press, 2012.
153. Dworkin, Craig Douglas. "The UbuWeb Anthology of Conceptual Writing." *UbuWeb.* Acessada em 9 de junho de 2013. http://www.ubu.com/concept/.
154. Lippard, Lucy R. *Six Years: The Dematerialization of the Art Object from 1966 to 1972; A Cross--Reference Book of Information on Some Esthetic Boundaries.* Nova York: Praeger, 1973.
155. Dworkin, "UbuWeb Anthology."
156. Jencks, Charles. "From 'The Death of Modern Architecture' de *What Is Post-Modernism?*" Em *From Modernism to Postmodernism: An Anthology*, editado por Lawrence Cahoone, 2ª ed. expandida. Malden, MA: Blackwell.
157. Ibid.
158. Dworkin e Goldsmith, *Against Expression.*
159. CBC Books. "To Read or Not to Read: Fresh Air Considers the State of Poetry in Canada." *CBC Books*, 11 de abril de 2011. http://www.cbc.ca/books/2011/04/to-read-or-not-to-read-fresh-air--considers-the-state-of-poetry-in-canada.html.
160. Romano, Aja. "10 Famous Authors Who Write Fanfiction." *The Daily Dot*, 30 de agosto de 2012. http://www.dailydot.com/culture/10-famous-authors-fanfiction/.
161. Sonne, Paul e Jeffrey A. Trachtenberg. "Penguin Group Dives into Self-Publishing." *Wall Street Journal*, 19 de julho de 2012. http://online.wsj.com/article/SB10000872396390444643045775 37092288601370.html.

162. Jenkins, Henry. *Convergence Culture: Where Old and New Media Collide.* Nova York: New York University Press, 2006. Veja especialmente o Capítulo 3.
163. Perloff, Marjorie. "'Vocable Scriptsigns': Differential Poetics in Kenneth Goldsmith's *Fidget.*" Em *Poetry, Value, and Contemporary Culture*, editado por Andrew Roberts e John Allison. Edimburgo: Edinburgh University Press, 2002.
164. Wershler, Darren S. *Guy Maddin's* My Winnipeg *(Canadian Cinema vol. 6)*. Toronto: University of Toronto Press, 2010.
165. Dworkin e Goldsmith, *Against Expression.*
166. Skinner, Richard. "Max Sebald's Writing Tips." *Richard Skinner* (blog). 14 de janeiro de 2013. http://richardskinner.weebly.com/2/post/2013/01/max-sebalds-writing-tips.html.
167. Ibid.
168. *Harper's*, fevereiro de 2007. http://harpers.org/archive/2007/02/the-ecstasy-of-influence.

Notas das Imagens

A. falling_voices. "fic: the theory of narrative causality; i." 31 de julho de 2011. http://falling-voices.livejournal.com/18360.html. Acessado em 21 de agosto de 2013.
B. falling_voices. "fic: the theory of narrative causality; iv." 31 de julho de 2011. http://falling-voices.livejournal.com/19055.html. Acessado em 21 de agosto de 2013.
C. Lichtenberg, Jacqueline. Kraith Collected, volume um. 1976 reimpressão da primeira edição de 1972.
D. Lichtenberg, Jacqueline. "Spock's Argument." Kraith Collected, volume um. 1976 reimpressão da primeira edição de 1972.
E. Han, Steven. "The Calamari." Postado em alt.tv.creative.x-files.creative. ftp://ftp.gossamer.org/stories/c/Calamari. Acessado em 21 de agosto de 2013.
F. Homepage. The Slayer's Fanfic Archive. 25 de janeiro de 1999. http://web.archive.org/web/1999012--5092016/http://slayerfanfic.com/.
G. Mediancat. "There Are No Willows Here." The Slayer's Fanfic Archive. 13 de outubro de 1999. http://web.archive.org/web/19991013153553/http://slayerfanfic.com/Mediancat/willows1.html.
H. Homepage. FictionAlley.org. 1º de agosto de 2001. http://web.archive.org/web/20010801160819/http://www.fictionalley.org/
I. AliciaSue. "An Unlikely Coven." Schnoogle.com (parte de FictionAlley.org). http://web.archive.org/web/20071209151302/http://www.fictionalley.org/authors/aliciasue/AUC01.html.
J. d0tparker. "Dear D0t: What's With the Love for Abusive Edwards?" 26 de abril de 2010. http://web.archive.org/web/20110209051702/http://www.twificnews.com/dear-d0t/dear-d0t-whats-with-the-love-for-abusive-edwards/. Acessado em 21 de agosto de 2013.
K. Mrs.TheKing. "GYNAZOLE." http://www.fanfictlon.net/s/5682539/1/ GYNAZOLE. Acessado em 21 de agosto de 2013.
L. Wattpad. "Fanfiction Stories and Books Free." http://www.wattpad.com/stories/fan-fiction. Acessado em agosto de 2013.
M. Archive of Our Own. "Tags." http://archiveofourown.orgs/tag. Acessado em agosto de 2013.
N. cumberchameleon. "AU — The Bet (Part One)." http://cumberchameleon.tumblr.com/post/52644335369/au-the-bet-part-one-after-an-argument-about. Acessado em 21 de agosto de 2013.

Glossário

Aca-fan — Acadêmico que estuda a comunidade de fãs e que também é fã.

Angst — Histórias de angústia, centradas no sofrimento emocional do personagem.

Anon — Anônimo.

BDSM — Bondage, Disciplina, Dominação, Submissão, Sadismo e Masoquismo. O universo de *Cinquenta tons de cinza.*

BNFs (Big Names Fans) ou BNAs (Big Name Author) — Os fan writers com prestígio dentro da comunidade de fãs.

Canon — Cânone são as histórias que seguem fielmente a história original, em termos de casais e caracterização dos personagens.

Cease and desist — Ordem ou pedido para cessar uma atividade, sob pena de ação judicial.

Crack — São histórias disparatadas, misturando tramas e personagens de fontes diferentes.

Crossover — Inter-relação de histórias ou personagens de diferentes fontes.

Doppelgängers — Segundo as lendas alemãs, estes seres são capazes de representar uma cópia idêntica de uma pessoa viva.

Dub-con — Histórias com consentimento (sexual) dúbio, por dúvidas ou questionamentos.

Fan Culture — Tudo ligado à cultura de fãs, desde as primeiras convenções de leitores de ficção científica na primeira metade do século XX nos EUA.

Fan writers — Escritores, em geral amadores, dedicados a escrever contos ou romances baseados no universo ou nos personagens das suas séries (de livros, filmes ou séries de TV) favoritas.

Fanart — Arte (desenhos, GIFs, vídeos) relacionada com estas séries.

Fandom — A comunidade de fãs.

Fanon — Ideias criadas nas próprias fanfictions e que se tornam tão populares quanto a original.

Fanworks — Toda obra criada por fãs.

Fanwriting — A forma como é conhecida a literatura criada por e para fãs.

Fanzines — Antigas revistas, em geral, feitas de maneira artesanal, escritas e editadas por fãs. Perderam muito espaço com o crescimento da internet.

Femslash — Histórias cujo centro é um relacionamento homossexual entre duas personagens femininas.

Fic boy/fic girl — Quem se dedica a escrever, ler e divulgar a fanfiction.

Filk — Geralmente definido como músicas compostas e cantadas por pessoas que originalmente se reuniam em convenções de ficção científica. Está muito ligado à fan culture.

Flamewars — Interação hostil entre usuários da internet.

Fluff — Fanfic extremamente açucarada, mais do que um romance.

Gen — De "gênero", histórias gerais, sem necessariamente entrar em questões sexuais.

Genderswap/sexswap — Histórias com mudança de gênero, como Watson retratado como uma mulher.

Headcanon — Ideias que não são mencionadas no cânone, mas podem ser aceitas pelos leitores ou por um fandom em geral.

Het — Histórias onde o relacionamento sexual é heterossexual.

Hurt/comfort — Dor/Conforto, histórias nas quais um personagem sofre física ou emocionalmente e outro (ou ele mesmo) oferece conforto.

Imprint — Impressões sentidas por lobisomens em geral por um humano que criam uma conexão eterna.

Kink — Na fanfiction, esta palavra pode ser usada em diversos sentidos, principalmente em tropos e situações sexuais. Mas também pode ser usada para descrever tramas genéricas.

Lurker — Alguém que lê as discussões em fóruns, mas raramente participa.

Mary Sue — Geralmente um personagem que representa o autor inserido na ficção. Geralmente pobre em desenvolvimento, muito perfeito e pouco realista.

Mpreg — Gravidez masculina.

OOC (Out Of Character) — Fora do personagem, quando este age de forma diferente do normal.

Other character (também original character) — Quando o fan writer inclui novos personagens, criados por ele, na história original.

OTP (One True Pairing) — O casal que nasceu para ficar junto.

Podfic — Fanfiction gravada e depois distribuída como podcast.

Poly — Fanfiction com relacionamentos poliamorosos.

PWP (Porn Without Plot) — Pornô sem estrutura narrativa.

Raunchy — Histórias obscenas.

Real Person Fic (RPF) / Real Person Slash — Fanfiction baseada em pessoas reais, músicos são os favoritos.

Ship — Vem de "relationship", é o relacionamento entre dois personagens. Pode ser cânone, como Mulder e Scully. O fã que defende estes relacionamentos é conhecido como shipper.

Slash — Histórias com relacionamento homossexual masculino.

Smut — Histórias nas quais o sexo é o mais importante.

AU/UA (Universo Alternativo) — Quando os personagens da história original são colocados em outros ambientes.

Wank — Quando as conversas online se degeneram em brigas, ataques e divisões.

Este livro foi impresso na
LIS GRÁFICA E EDITORA LTDA.
para a Editora Rocco Ltda.